U0927362

战争树

两位青年军官的防务观察

Tree of Wars

Defense Observation by Two Young Military Officers

石海明　林　涵◎著

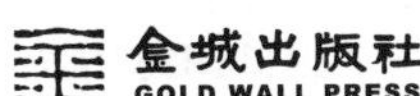

图书在版编目（CIP）数据

战争树 / 石海明，林涵著 . — 北京：金城出版社，2018. 9
ISBN 978-7-5155-1741-4

Ⅰ. ①战… Ⅱ. ①石… ②林… Ⅲ. ①国家安全—中国—学习参考资料 Ⅳ. ① D631

中国版本图书馆 CIP 数据核字（2018）第 218620 号

战争树

作　　者　石海明　林　涵
责任编辑　李　涛
开　　本　710 毫米 × 1000 毫米　1/16
印　　张　23
字　　数　380 千字
版　　次　2018 年 9 月第 1 版
印　　次　2019 年 3 月第 2 次
印　　刷　三河市百盛印装有限公司
书　　号　ISBN 978-7-5155-1741-4
定　　价　59.80 元

出版发行　**金城出版社**　北京市朝阳区利泽东二路 3 号　　邮编：100102
发 行 部　（010）84254364
编 辑 部　（010）64391966
投稿邮箱　balimist0213@163.com
总 编 室　（010）64228516
网　　址　http://www.jccb.com.cn
电子邮箱　jinchengchuban@163.com
法律顾问　北京市安理律师事务所　18911105819

不畏浮云遮望眼

（代序）

国防科技大学教授 朱亚宗

崇理远实和崇实黜虚的竞争与互补，是任何有生命力的文化体系的内部必要的张力，也是维持文化史跌宕起伏和丰富多彩的重要动力。先秦百家争鸣开创了中国文化多样性的源头，魏晋玄学和宋明理学以崇理远实为主流的明代中叶以后，封建末世的危机、西方强敌的威胁和外来文化的输入，催生出了以崇实黜虚为主流的明清实学思潮。这一文化思潮延续至今，仍是当代中国文化思潮的主流，而且在中国实现伟大复兴之前，仍将一直是中国文化思潮的主流。其中，中国化的马克思主义，近现代科学技术工程，以及经世致用的各种具体理论、方法、举措等，是其最重要的内容。

但是中国学术界深受魏晋玄学、宋明理学崇理远实精神的影响，又受到发达国家纯粹理性成果引领世界学术潮流的巨大压力，在自然科学界和哲学社会科学领域里，对崇实黜虚的应用研究常常存在偏见。而大力倡导传统文化的思潮若不全面介绍中国传统文化的各个方面，“正其谊不谋其利，明其道不计其功”的反对功利主义文化思潮，或会酿成宋明理学式空疏文化思潮的巨大风险。

在顺应时代主题坚持崇实黜虚的主潮流前提下，也非完全摒弃崇理远实的文化，而应支持比较远离现实的自然科学基础研究等探索性工作，并且还应在虚实两种路径之间架起缺失的桥梁。

石海明本是上海交通大学物理学史博士及国防科技大学科技哲学硕士，师从清华大学刘兵教授、上海交通大学江晓原教授等名师，有多年从事科技史、科技哲学的教学、科研经历，并取得了丰硕成果。林涵本是国防科技大学科技哲学硕士，近年来在军事科学院工作期间，潜心钻研，又去瑞典访学深造，潜心治学，思维水平与学术视野得到了极大提升，近期翻译出版了《好莱坞行动：美国国防部如何审查电影》，引起学界广泛关注。然而，两位青年学者并不满足于抽象而相对远离实际的哲学性教学研究工作，大胆跨入崇实黜虚的战略研究领域，科技哲学的学术背景与国防科技大学的科技氛围，以及对战略问题的独特敏感性，造就了他们的锐利目光和非凡功力。近年来，从国防科技大学科技哲学学科点走出来的青年学子，在多个领域跨界耕耘、硕果累累，在军内国内抽象的哲学领域与务实的战略领域成功架起了一座座独特的桥梁，为中国战略学界吹进了一股新风。

众所周知，战略研究是科学性、综合性、政策性极强的研究领域，通常专属于学界耆宿、智库专家或退职政要，作为游离于专门战略研究机构之外的青年学者，两位才俊纵横驰骋，与众多资深专家同台竞技，各擅其长，并取得这样的成绩，令人惊赞，也让人感动。这样的业绩，也已引起军内外多家大报、著名网站、高等学府及智库机构的关注与青睐，他们未来的学术之路必将更加宽广深厚，学术前景将不知所止。

这部著作汇聚了石海明、林涵两位青年学者多年来合作探索的部分思想，拜读以后，惊叹之余，脑海中不知不觉浮现出云天飞鹤的形象，深感这是一部综罗百题、切合网性、虚实交融、特色鲜明的作品。

一、综罗巨详，百题归一

作品含六大主题，多个议题。上穷碧落下红尘，从美国的航天战略到好莱坞电影；极广大而至微小，从航空母舰到 AK-47 步枪；评说战争之利器与科幻之想象，从高超声速导弹到脑机接口技术（BCI）；研判科技创新与人文教育，从美国科技霸权到西点军校的人文基石；文集议题非常广泛，从科技、教育、历史、经济、艺术到军事、安全，从过去、现在到未来，从社会生活空间到太空，然而，百题归一，万殊一本，均围绕中国的发展战略与安全战略，或大题大作，或一叶知秋，作者的爱国和拳拳之心，从大国军事对抗的历史中，指出富国与强军的统一逻辑：

“历史上，美国在富国与强军问题处理上，属于成功者，而最失败的例子莫过于走上了法西斯的德国、日本以及冷战期间的苏联。就苏联来说，在美国的诱骗与误导下，逐渐陷入了军备竞赛的泥潭，走入了单骑突进的陷阱，最终使自己国家的经济一塌糊涂。……知晓了美苏冷战对抗这段历史，我们就明白了富国与强军的逻辑，就明白了今日中国在处理国防建设与经济建设上的着力点。可以讲，‘持剑经商’已经落伍，我们要‘持技经商’，要通过军民融合的道路实现国家的和平崛起。”

又如通过国产影片《歼十出击》与美国好莱坞影片《洛杉矶之战》社会反响的比较研究，因小见大地指出，“相比与好莱坞强势的军事科幻影片，我们的同类军事题材影片还有极大的发展空间。……在信息时代，公共国防正在向我们走来，战争已经不再是军方的自留地，没有硝烟的战争每天都在发生，……在遵守必要的保密原则下，通过军事电影这一‘窗口’，让公众更多地走近国防，是构筑新时代国家安全屏障的必要，也是大国防观下我国国家安全战略拓展的必然。”

二、追溯源流，论从史出

历史并不等于未来的路标，但历史的经验确可指示未来的可能状态的变化。战略研究是顶层设计的基础，是粗估未来可能性的指南，因此战略研究必须与历史研究相结合。与瞬息万变、千头万绪的现实世界相比，历史的脉络虽然简约，却确定而易于清理出理性的逻辑。中国历代皆重修史，从司马迁的《史记》开始已有二十四史，另有宋代司马光编著的历史巨著——宋神宗赐名的《资治通鉴》，皆是历代治国经世的重要镜鉴。两位青年学者的战略研究所以别开生面而影响日隆，所以能提出不少振聋发聩的真知灼见，从某种视角来看，就因为出色地继承了中国悠久的论从史出的历史传统。

长达万余言的《物理战的未来图景》一文，作者在描述和想象未来物理战的图景和威力后，笔锋一转，对两次世界大战及近年来的现代化战争做出历史性评判（据作者讲，这是刘戟锋教授的思想）：“物理战虽然势所必然，但对其进行检讨，可以发现它已面临着三大困境：其一是作战对象偏转；其二是作战时空受限；其三是作战费用飙升。……据估算，拿破仑时期消灭一个敌兵花费3000美元，第一次世界大战中歼敌成本上升到2.1万美元，二战时为20万美元，朝鲜战争时要花费57万美元的代价，马岛之战时就高达285万美元了。而前不久发生的伊拉克战争，美军每歼敌1名的成本高达600万美元。显然，这样的战争实际上已成了贵族式的决斗，也是物理学成果大量用于战争的必然结果。”作者从这一历史数据的统计中，看出传统物理战已难以为继，并为未来战争方式的转折点发表了基于历史经验的战略性思考：

“追踪物理战的进化，剖析物理战的困境，探寻物理战的未来，就是要说明，装备发展要有更宽广的视野，要广泛吸收和应用现代科学技术（也包括社会科学）的最新成果，……走出物理战的困境，达致人无我有、人有我优的理想目标。就是要认定心理战的优势，把握心理战的未来。”

三、紧贴前沿，探路谋策

前沿的探索，摸索于已知和未知的边缘，充满荆棘与风险，但也有巨大的价值和魅力。毛泽东在抗日战争初期写下的《论持久战》，为当时迷茫的抗战前景拨开迷雾，指明方向，为全国人民的抗日战争树立了信心。穿透现实与未来的哲理辉光，不仅未后来的战略研究树立了典范，而且为毛泽东的哲学思想宝库增添了瑰宝。从全球范围看，托夫勒的第三次浪潮预言、亨廷顿的文明冲突论、保护环境的可持续发展宣言、世界新军事革命的判断等战略研究成果，都引起了全球许多国家的巨大反响和警觉，各取所需地转化为自身的自觉行动。该作品中也有不少文章涉及当代战略研究的前沿问题。有的研究成果已引起军内和国内的密切关注，其影响正在不断地扩大，或可对有关方面的理论认识与实际决策发挥积极的作用。

例如，作者客观、形象地描述出当代大国力量博弈的通行规则——大战略与微战争：“在战略核武器掣肘及尖端信息技术支撑下，今天的人类战争已然超越传统‘体能较量’主导的大规模厮杀，如何依托大战略指导在军事上精准发力，正在成为战争对弈双方的普遍共识与较量焦点。正所谓，战略与战争需要灵巧配合，用大战略设计微战争，用微战争支撑大战略，正在成为大国竞逐世界的通行规则。”作者并对“大战略·微战争”时代的战争新面貌做出了具体描述：“其一，军事对抗主体由‘军人’转向了‘军民’……其二，军事对抗重心由‘摧毁’转向了‘控制’……其三，军事对抗的时空由‘一维’转向了‘全维’。基于上述新的变化，文章提出了主动迎领军事变革的三大对策建议：树立大国防观念，打造小规模尖兵与应对全时空战争。”

其他如提出建设高水平的演练新型战争理论的虚拟演兵实验室，提出制脑权研究汇聚物理、生物、认知三域，必须占领这一未来军事革命新的战略制高点。这些对策建议都是立足科技前沿、深谙国情军情的真知灼见。

四、辩证思维，哲学思维

两位作者的哲学专业背景使文集充满辩证思维这一马克思主义认识论的气息，这在功利盛行、哲学冷落的学术大环境中殊为难得。阅读本书，不仅可使读者获得科技、军事、安全战略等领域丰富的历史和前沿知识，而且还可从中获得深邃的哲学智慧启迪。

哲学高度的逻辑思维使作者对许多问题的论述融严密性、普遍性和完整性于一体，如《关于网电作战人才的三大战略思维》一文，便从哲学的高度提出完整的三大战略思维：全局性思维，感知网电作战态势，动态性思维，洞察网电作战先机，复杂性思维，掌控网电作战胜律。作者善于运用基于辩证思维的大战略观，常能突破流行的只见其一、不见其二的形而上学思维，深入地看待问题的全貌。

如针对美军伊拉克战争彻底失败的评论，作者辩证地指出：“而今，美军走了，尽管在其挥挥手离开的身影背后，是绞刑架下的萨达姆，是4415条美军生命，是10万伊拉克平民尸骨，是一个失信的美国，是一个乱象丛生的中东。但扶植起一个亲美的伊拉克政权以确保美国实现对石油的掌控，不正是美国曾经孜孜以求而且通过战争也已达到了的目的吗？由此看来，单纯从军事角度将此番撤军评判为美军‘彻底失败’是否略有不妥呢？大战略观不正是评判美军伊拉克战争胜败的另一把标尺吗？”而关于美国军事优势的辩证思考，对公开发表的美国政要演讲和战略研究报告透露出的信息及观念，做出了全面深入的辩证分析，指出美军拥有的物理、信息方面的优势，也是相对的，面对数字化攻击等网络战、信息战新型战法，美军也有脆弱的一面，而战争中的心理、文化、政治和人的因素，更会带来无法预计的不确定性影响。基于上述分析，作者提出了要“辩证地看待美军的优势，注重打造我军的非对称优势，以此来谋划打赢未来的信息化战争”。

伟大的时代召唤杰出的人才，中华民族的复兴必有先行的战略，而先行的战略需有一流的人才。迄今为止，中国除了国家层面的宏观战略享誉全球外，鲜有影响世界战略和发展格局的大师型战略家。如果把每个领域比作一个巨人，则大师型战略家与各部门杰出专家的关系，犹如聪明的大脑与灵巧的手足的关系。要成为强大的巨人，手足不能不灵活，大脑更不能不聪明。未来数十年必是中国大师级人才层出不穷的时代，唐、宋及 20 世纪初人才辈出、群星璀璨的局面一定会重现，今日的杰出青年人才应记住杜甫诗句的激励：“丈夫垂名动万年”。石海明、林涵两位青年才俊硕果累累、基础扎实、志存高远，又在国防科技大学和军事科学院这样的高端学术平台，若能进一步凝聚方向，立足平台，有所为有所不为，实践图灵奖得主狄克斯特拉的名言：“只做只有我才能做的事”，既争一时，亦争千秋，就一定能在中国乃至世界战略研究领域引领潮流，成为高层次、专业化与大众化兼得的新型战略人才，成就无愧于时代、彪炳史册的光辉业绩。

2018 年春节于黄土岭军干寓所

战争之树常青

（代前言）

战争，作为人类社会最激烈、最残酷、最普遍的现象，由于事关利益集团的生死存亡，从一开始，就与科技结下了不解之缘。正是科技成果在军事领域的广泛应用，推动着作战手段的急剧更新，催化着作战思想的激烈绽放，影响着作战体制的深刻变革，引导着作战模式的火速演进。如今，兵器的发展一路高歌猛进，左右着现代战争的每一根神经。显然，在这种现代科技飞速发展并深刻影响军事领域的时代，一支军队对科技前沿的认知，已然成为一切军事活动的逻辑起点。

幸运的是，我们两位作者都先后在湖南求学，并于科技味道浓郁的国防科技大学获得科技哲学硕士学位，在那里遇到了朱亚宗教授、刘戟锋教授、曾华锋教授等几位恩师。从他们身上，我们感悟到了仰望浩瀚星空的情怀、从事理论研究的方法及走好军旅人生的自信。

从国防科技大学毕业后，我们一直在合作跟踪研究战争理论问题。正如英国科技作家马特•里德利在《自下而上：万物进化简史》中所言，“演变就发生在我们身边。它是理解人类世界和自然世界如何变化的最佳途径。人类制度、人工制品和习惯的改变，都是渐进的、必然的、不可抵挡的。”“演变不仅仅局限于遗传系统，还能解释几乎所有的人类文化改变方式：从道德到技术，从金钱到宗教。”大约在三年前，我们开始意识到要从演化的角度思考战争问题、军事问题及战略问题，从而构建一个不断生长的知识树。也正是在这种思想的牵引下，我们想到了本书的名字《战争树》。

我们认为，随着信息技术、人工智能等前沿科技的飞速发展，战争形态正在发生着深刻变化，信息化战争方兴未艾，智能化战争、生物化战争又扑面而来。在此背景下，如何透视战争？成为一个必须回答的时代课题。

一是要深入理解战争的阶级性。毛泽东同志指出，战争“是政治通过暴力手段的继续”。这也就是说，战争是政治的工具，是直接为政治服务并受政治支配的，而政治总是阶级的政治，是一定阶级的阶级利益的集中体现。恩格斯在《反杜林论》中，从经济基础决定上层建筑这一基本原理出发，深刻分析了战争的阶级利益和经济根源，明确指出："暴力仅仅是手段，相反，经济利益才是目的。"20世纪以来人类社会的军事斗争实践，特别是某些西方发达国家打着人权的幌子发动的对外军事干涉，其实质还是为了自身的经济利益。

当前，在关于战争带不带政治性的问题上，有人认为战争主体超越了阶级、政党、民族、国家，战争已不具备政治性。也有人认为，"战争是政治的继续"的命题只适用于过去，用政治的观点考察当代战争已难以区分战争的正义性和非正义性。其实，无论是高技术战争，抑或当代反恐战争，当代战争的主体依然是阶级、政党、民族或国家，战争主体没有改变，因而战争的政治属性也没有改变。

二是深切把握战争暴力性的新表现。战争的暴力特征，是战争的本质属性之一，也是马克思主义战争观的基本观点之一。战争的暴力表现为敌对力量的对抗，敌我双方战争体系涵盖军事、政治、外交、经济、意识形态等领域，其构成要素也必然成为战争的目标。因此，战争不单是武力冲突，而且还包括政治、经济、外交、意识形态等领域的斗争。依靠军事作战实现其政治目的，在军事上，主要是消灭敌人的有生力量和摧毁敌方支持战争的物质基础；在政治上，表现为尽可能地摧毁敌对国家的政治体系，进而将己方的政治意志强加给敌方；等等。

在当代战争条件下，单纯的军事作战已不能有效地解决国家之间的冲突，也不能完全实现其政治目的。今天的战争所表现出的暴力性，已演变为一种结构性暴力。它包括在自然空间、技术空间的直接军事作战，更包括在认知空间、社会空间展开的"没有硝烟的较量"。美国在全球推行的文化渗透、经济侵略等活动，就是这种结构性暴力的体现。尤其是在当前互联网已经成为舆论斗争的主战场，成为意识形态领域斗争的最前沿的背景下，我们必须强调网上意识形态安全是重要的国家安全，切实掌控网络舆论斗争的主导权、管理权和话语权，始终把打赢网上舆论斗争作为重要任务，赢得未来战争的制脑权。

三是深刻认识战争艺术的确定性与不确定性。有人说，战争既是科学，又是艺术。战争之所以是科学，是因为战争具有确定性，人们可以借助"拓扑学”“博弈论”“模糊数学”“灰色理论”“大数据分析”等先进数理工具，让当代科学的光芒逐渐照亮战争的每一个角落，不断揭示战争谋略的科学本质、思维规律、内在结构和行为方式，不断廓清战争的迷雾。战争之所以是艺术，是因为战争又具有不确定性，战争的不确定性一方面源自作战双方力量的复杂变化，另一方面产生于军事指挥员对形成、提升和运用战争力量的主观创造，而这种主观创造见诸军事实践，便是战争艺术。克劳塞维茨曾说，战争是一个“充满不确定性的领域”，“人类任何活动都不像战争那样给偶然性这个不速之客留有这样广阔的天地”。正是战争这种不确定性的存在，为历代军事家演绎战争艺术提供了广阔舞台。

今天，科技发展解决了确定性问题，但又增加了新的不确定性，当人类战争从过去的陆、海、空、天（自然空间）的较量，不断拓展到电磁空间（技术空间）、认知空间及社会空间的较量时，多维空间的耦合与叠加无疑增加了战争的复杂性，这就向应对战争的军事人才素质提出了新的标杆，“有本事”的军人不仅要有一颗过硬的科技头脑，更应该有宽广的视野、艺术的修养、敏锐的思维等，唯有如此，才能号准未来战争的脉搏。

军事理论的发展水平集中反映了国防和军队现代化的整体水平，其精度、深度与韧度体现着一国军事能力的强度、宽度与高度。近十年来，各种军事理论走马灯似的照耀在世界军事舞台上，考验着我们对世界军事变革大潮的应对。

当然，任何一个国家的军事理论创新，首先源自对世界格局走势、国家安全状态及军事变革潮流的深刻洞察。作为一支在革命战争年代所向披靡的英雄军队，站在信息化、智能化或生物化的夜空下，该如何面对自己昨日的辉煌？该如何廓清历史与现实的方位，有所为有所不为？该如何描绘转型的“路线图”，在“世界型”中闯出“中国式”？多年来，作为青年军事学者，我们站在理论与实践、历史与现实的结合点上，紧盯军事变革潮头，一直进行着持续深入的探索。

我们坚信，思想指向哪里，未来就在哪里。面对这场智能化转型的“冲击波”，我们要精准把握军事理论创新的时代方位。这本《战争树》只是我们探索之路上留下的一串脚印。未来，我们将继续关注前沿科技、未来战争及大国战略，用我们的一双慧眼为国家安全眺望未来。

前沿科技。当前，以人工智能、大数据、云计算及生物交叉技术为代表的前沿科技，正在军事领域激起深刻变革的浪潮。比如人工智能，有人说，它是泡沫，其实不尽然。任何一个时代，任何一个社会，任何一个领域，泡沫本身就是一个泛在的东西。人工智能之所以能引爆公众的关注点，最根本的原因在于，人类社会发展到了一个变革的门槛，这种变革是颠覆性的，是让以往人类历史上任何科技革命都相形见绌的变革。尽管这种智能化变革的浪潮可能还需要经历几次潮起潮落，但总的方向已乃大势所趋。无论我们给它冠之什么样的称谓，“后信息时代”“智能时代”“后人类时代”“增强时代”，我们都感觉到了这种变革的力量。交通、翻译、军事、通讯、商务、教育等各行各业都面临着前所未有的变革危机。因此，在未来，我们将继续关注以人工智能为代表的前沿科技动向，并深入思考其颠覆性变革背后所蕴含的军事价值。

未来战争。战争向何处去？这是一个大问题，同时也是一个复杂的问题。近年来，大洋彼岸的美军不断推出一些新概念，“空海一体战”“混合战争”“影子战争”等，搅动着军事创新的天空。一支军队要主宰战场，就必须把目光投向远方，从科技颠覆战争的源头寻找变革的力量。明白了这个道理，我们就会知晓有关战争的一切，都离不开对前沿科技的聚焦。生物交叉技术、大数据、智能科技、云计算、算法革命、基因剪辑等，所有一切可能重塑社会的革命，都会在军事领域掀起惊涛骇浪。因此，在未来，我们仍然需要敞开心智的大门，捕捉科技地平线的任何风吹草动，思考着后天的事情，才能应对好明天的变革。

大国战略。大国较量，是生与死的博弈，是力与智的竞逐。在人类社会依然奉行丛林法则的今天，没有哪一个国家敢于随心而为，必须在理性主义的框架下深耕精谋，构建起一整套应对挑战、化解危机、经远谋略的思、策与案。这就需要对人类社会建构的科技、军事、金融等领域有融会贯通后的大整合、大思考与大想定。在未来，我们将一如既往地穿越多学科的篱笆，转换思维，以新全球化时代的中国为圆心，放眼世界，观国际时政风云，察天下军情大事，谋民族复兴良策。

最后，需要指出的是，就在我们全书完稿之际，我们敬爱的老师刘戟锋将军却永远地离开了我们。2018 年 1 月 6 日上午，《科技日报》军事部主任张强说要组织一个悼念稿件。在发给张强的稿件中，我们这样写道：

“刘老师有多重身份，作为哲人，他把智慧传递给学生；作为将军，他把担当传递给学生；作为军队理论工作者，他把坚定的信仰传递给学生。我们每个人看似与世界的接触面很大，其实很小。作为老师，他最大的影响不是知识、方法及学问，而是让学生们从他身上看到了如何做人，做一个真正的人、坦荡的人、通达的人、坚定的人。我想，随着时间的流逝，他这种教育理念对学生的深远影响，将越发显现出来。我们学生也深切地怀念这样的老师，敬重这样的老师，也愿意将这份爱出传递下去。我想这也是老师的心愿。”

感情就是泥和土，很多时候是说不清的，是混沌的。如果非要用语言来表达感情的话，学生们只想说，刘老师，我们想您！

人类最终是要消灭战争的，这毫无疑问。在这一终点到来之前，可以说，战争之树常青，思维之花常新。本书是国防科技大学科技哲学学科点集体智慧的结晶，也是我们交给老师的答卷。

目　录

一、安全战略

当前我国国家安全内涵和外延比历史上任何时候都要丰富，时空领域比历史上任何时候都要宽广，内外因素比历史上任何时候都要复杂，必须坚持总体国家安全观，以人民安全为宗旨，以政治安全为根本、以经济安全为基础，以军事、文化、社会安全为保障，以促进国际安全为依托，走出一条中国特色国家安全道路。

——习近平

战略前沿技术与国家安全

早在二战的硝烟尚未散去的时候，受罗斯福总统委托，时任美国科学研究与发展局局长的万尼瓦尔·布什提交了一份著名的《科学：无止境的前沿》报告，深刻洞察到科技创新对美国优势的支点作用，强调美国在战后应更加注重战略前沿技术创新，以此来维系国家安全与繁荣。布什断言："如果没有科学的进步，那么其他方面再多的成就也不能保证我们作为现代世界上一个国家的兴旺、繁荣和安全。"抛却布什言论的历史背景与目标指向，它揭示出一个冰冷的规律：战略前沿技术与国家安全耦合的新时代悄然而至。

在新的历史时期，习近平总书记更加深刻地强调："只有把核心技术掌握在自己手中，才能真正掌握竞争和发展的主动权，才能从根本上保障国家经济安全、国防安全和其他安全。"当前，伴随着国家安全边界的拓展、内涵的丰富及较量的复杂，战略前沿技术与国家安全之间的关联越发紧密，竞逐的大幕已然拉开，主动应对者生，被动适应者死。

一、拓展的疆域：从自然空间到认知空间

当今世界处在大变局、大动荡时期，国际霸权主义、强权政治和新干涉主义有所抬头，科学技术加速向社会各领域渗透，因此，网络安全、能源资源安全、科技安全、信息安全等形势严峻。此外，国际范围内的经济战、贸易战等也不时出现，可以讲，传统安全与非传统安全叠加，综合力量博弈非常激烈。纵览国家安全的大局，不难发现，其中贯穿着一条主线，即伴随着科技的飞速发展，国家安全的边疆逐渐由自然空间、技术空间拓展到了认知空间。

（一）自然空间波诡云谲

人类社会是在特定的地理空间中存在和演进的，作为一种先天因素，

地缘环境深刻地形塑和雕刻着人类历史的进程和面貌。在漫长的历史进程中，传统的国家安全主要指的也是自然空间的安全。毕竟，战争或军事，作为一种人类的特殊暴力实践活动，一开始也是臣服于自然的。随后，科学技术的发展逐渐颠覆了这一切，在技术逻辑的强制驱动下，战争逐渐摆脱了自然环境的制约与束缚，国家安全的边界也逐渐从陆地向外拓展。

在经历了漫长的农耕文明之后，人类开始逐步进入海洋时代。伴随着海上动力源的革命性变化，马汉认为，海权对于世界历史具有决定性影响。全球霸权体系从“英国治下的和平”转向“美国治下的和平”，两个世界大国围绕国家安全战略之“制海权”的长期争夺，印证了“海权论”崛起时代的铁律。飞机的发明给国家安全之地缘政治学又增加了一个崭新的维度，带来了一系列崭新的变革。意大利的朱里奥·杜黑在1921年发表的《制空权》一书中，认为飞机为进行战争提供了前所未有的可能性。世界大国围绕“制空权”展开长期争夺。1957年10月4日，苏联把第一颗人造地球卫星“伴侣-1”号送入了太空，迈出了人类探索太空的第一步，外层空间的面纱从此被揭开，航天时代正式宣告到来。1961年，美国总统肯尼迪公开宣称：“谁控制了宇宙，谁就能控制地球。”至此，国家安全的自然疆域已完成了从陆地到海洋、天空、外空完整逻辑链条的进化。

（二）技术空间博弈激烈

19世纪末20世纪初，电磁波的发现和无线电技术的发明，既为人类进入信息时代奠定了技术基础，也为人类战争提供了新舞台——电磁空间。从第一次世界大战到海湾战争，电磁空间的斗争愈演愈烈，范围也越来越广泛。1969年，在美国国防高级研究计划局（DARPA）的资助下，互联网的雏形，世界第一个网络——美军阿帕网——宣告诞生。20世纪90年代，互联网在全球范围内得到了异常迅速的发展与推广。在信息网络时代，人们的活动领域在“有形空间”的基础上又叠加了“虚拟空间”，传统的单纯地缘政治理论也发展为地缘政治与网络政治并存。网电空间不具备长、宽、高等传统物理概念，但因其对诸多领域的渗透性及其倍增效应，其中演绎着同样惊心动魄的搏杀，是新一轮大国角逐的重要疆域。网电空间的快速成长，正在塑造一个“一切皆由网络控制”的未来世界，催生“谁控制网电空间谁就能控制一切”的国家安全法则。

当前，世界主要军事强国都在加紧筹划网电空间国家安全战略，以便抢得先机。美军2011年以来也加紧制定并完善网电空间相关作战条令，比如美国陆军颁布了《网络空间作战概念能力规划2016—2028》，美国空军颁布了《网络空间作战条令》。我国作为网络大国，网电空间安全整体防护能力还不强，基础信息技术水平较为薄弱。据国家互联网应急中心数据显示，2014年3月19日至5月18日，2077个位于美国的木马或僵尸网络控制服务器，直接控制了我国境内约118万主机。2016个位于美国的IP对我国境内1754个网站植入后门，涉及后门攻击事件5.7万次。特别是，少数国家极力谋求网电空间军事霸权，组建网电作战部队，研发网络攻击武器，出台网电作战条例，不断强化网电攻击与威慑能力，对我国国家安全构成了威胁。

（三）认知空间暗潮涌动

作为大国战略博弈的疆域，认知空间中的对抗与冲突是一种古老而又年轻的事物。说它古老，是指物理战与心理战，作为两种基本的作战样式，一直是人类战争演进的主要支流。而说它年轻，是指近年来，有关认知空间的较量，世界主要军事强国都在积极探索，提出了一系列新的理论。如美军近年来先后提出了“战略传播”“公共外交”“思想战”“认知战”等概念。而俄罗斯军队则先后提出过“思想战”“战略心理战”“战略信息战”“媒体战”等概念，以呼应认知空间较量的理论需求。

当前，伴随着全球媒体时代的日益走近，国家认知空间安全开始受到全面的威胁和挑战。特别是伴随着新兴社交媒体的发展，大国之间在认知空间的博弈持续加剧。尤其是以信息技术为基础的新技术为实施认知空间感知操纵提供了可能。它通过利用面对面的交流、印刷品、广播、电视以及计算机网络等手段，将某些加工过的精心理信息注入人们的认知空间从而进入人们的思想，对其意志、意识和行为施加最大影响，从而达到“不战而屈人之兵”的目的。

二、较量的焦点：国家安全“三大效应”凸显

战略前沿技术与国家安全的内在机理，离不开系统层面的剖析。无论是技术决定论，抑或社会建构论，面对科学技术的渗透与重构，一切都需要重新考量，从安全机理的内核寻找规律性，揭开尖端领域较量的黑箱。

（一）“抵消效应”前所未有

自有主权国家以来，传统国家安全的边界往往是确定的，如领土范围的划定、领海区域的划分等。在此基础上的国际交往中，友好或威胁往往以结盟或敌对的方式明确表达，容易辨识。一旦战争打响，无论是攻城略地，抑或战役取胜，都是可观察的，也是可量化的。然而，在战略前沿技术重构国家安全领域之后，这一规律正在被打破。在战略前沿技术渗透的诸多领域，国家之间早已不再是非黑即白的敌人或盟友，在交往中涉及的国家安全风险往往隐匿于无形，于无声处发酵。

战略前沿技术对国家安全的这种威胁是模糊的、隐蔽的及缓慢的。然而，一旦在特定时期矛盾激化，冲突爆发，将带来多米诺骨牌似的连锁威胁。在全球化时代，这种“一剑封喉”式的抵消性威胁，是各国科技创新高度融合情景下国家安全威胁的新形态，其威胁诱因、发作机理及危害程度，必须引起我们的足够重视。目前来看，正如在医学领域中潜藏的病毒需要诱发一样，在国家安全领域，这种战略前沿技术的“抵消效应”，也有独特的诱发点，一旦威胁源在特殊的时间点，特殊的空间域，针对特殊的对象被激发后，就会迅速形成一种竞争优势，对目标对象带来严峻挑战。近期发生的美国限制对中兴出口芯片事件，就让我们窥见到了国家安全领域战略前沿技术“抵消效应”的危机。

（二）“亚安全效应”浮出水面

国家安全涉及政治、军事、科技及经济等多个领域，作为典型的非线性复杂系统，其无法用简单的因果关系、加和性质、稳定状态及可预测性等来描摹。许多时候，揭开其模糊的面孔往往需要借助新工具、新方法及新思维。从战略前沿技术的角度审视，我们会发现在国家安全领域，有一种“蝴蝶效应”渐次浮出水面，这也是一种“亚安全效应”。正如在高速公路上奔驰的汽车或日常生活中健康的人一样，正常情况下，安全主体往往感知不到威胁源，处于一种稳定与安全状态，但由于大系统中影响全局的自变量数量在增加，一些自变量引起大范围波动的阈值在降低，从而使安全系统的脆弱性大大增加，处于一种亚安全与亚稳定状态。看似没有明确的威胁源，但却面临着处处都是威胁、时时都是威胁的亚安全态势。

在未来，随着生物交叉技术与人工智能的革命性发展，人与人、物与物、人与物的联系将越发紧密，世界终将进入一个人机一体、万物互联、信息融通、普适计算的后人类时代。到那时，战略前沿技术将会进一步成为国家安全大系统稳定与否的触发点，一旦某些关键技术被他者掌控，就会直接诱发国家安全危机。前些年席卷西亚北非地区的“颜色革命”至今余震不断，其引发的导火索就是大数据技术支撑下的社交媒体被某些势力介入和掌控。此外，2017 年，美国不顾我方强烈反对，执意要在韩国部署萨德反导系统并投入运行。作为号称“当今世界唯一能在大气层内外拦截弹道导弹的陆基反导系统”，萨德系统的部署对地区安全与稳定也会产生预料不到的刺激与影响。

（三）“内增生效应”值得关注

作为一个大系统，国家安全是指国家所面临内外威胁的现实和心理感受，以及为了确保安全所用的科技、经济及军事等综合手段。应该说，国家安全是客观状态与主观认知的统一，绝对的安全是不现实的，也是不可能的。国家安全具有竞争性、动态性与建构性。当一方对自己的状态感到不安全时，其就会针对性地研发某些领域的战略前沿技术，而一旦这样做，就会刺激相应的安全关联者连锁动作，产生链式反应，这是国际上大国之间军备竞赛的根源，也是我们考量国家安全问题时必须要领悟的道理。

面对战略前沿技术与国家安全的这种链式反应，我们在应对威胁时，就需要有新思维。尤其是在舰船技术、航空技术、航天技术及深海技术等战略威慑性强的科技领域，必须综合考虑其战争工具与战略符号的双重价值。在具体决策发展某类战略前沿技术时，不仅能看到其提高竞争博弈话语权的价值，也能看到其诱发潜在新威胁的可能性，而不是将其简单看作是解决一切安全问题的灵丹妙药。要注意从战略层面，把握前沿探索、威慑展示及话语传播等方面的有机统一。真正灵活掌控战略前沿技术作为“杀手锏”运行的双刃剑效应、“内增生效应”，在策略性运用方面谋求长袖善舞、举足轻重般的艺术性。

三、对冲的方略：三位一体，多策并举

应对国家安全对战略前沿技术的潜在需求，我们需要从基础科学、技术预警及思维范式等多维度发力，切实提高科技创新能力，突破关键核心技术，并在重要科技领域成为领跑者，缩小与发达国家在战略前沿技术领

域的落差，掌握国际竞争的主动权。

（一）加强基础科学研发，孕育颠覆性技术

著名抽象派数学家哈代曾不无自豪地说：“我从未做过任何‘实用’的事情。没有任何一个我的科学研究被发现有过，或者可能有过对现实世界造成直接或者间接的影响，哪怕是一点点不同。……如果用现实的标准来衡量，我从事的数学研究的价值为零。”其实，哈代是谦虚的。抽象数学在国家安全领域有诸多实践性应用，诸如密码术和电子保密技术等就是明证。我国著名科学家、“两弹一星”功勋科学家王淦昌就战略前沿技术与国家安全，也有过一段精辟的论述：“科学的发展永远离不开坚实的基础理论和实验研究，尤其是在高科技迅猛发展的今天，更有必要加强基础研究。……我国核科学技术的发展，之所以在60年代达到一个高峰期，成功爆炸了原子弹和氢弹，这是与50年代所打下的基础分不开的。如果没有培养出一批理论功底较深的专业人员，如果没有在反应堆、加速器、核探测技术，以及核材料等方面的研究成果，我国要独立研制核武器并取得重大成就是不可能的。”

的确，基础科学领域的研究是捍卫国家安全的基石。激光技术可以摧毁来袭的导弹，新一代信息技术可以破译恐怖分子的密码，这些战略前沿技术支撑国家安全的作用一目了然。但当战略前沿技术的探索遇到瓶颈的时候，基础科学的价值就越发凸显出来。例如，伴随着人工智能的发展，要攻克相关前沿智能科技，就必须将探索的目光锁定到人脑本身的基础研究。倘若没有这种基础科学研究的关键性突破，所谓颠覆性技术的涌现也是“水中花，雾中月”。

（二）构建战略前沿技术预警机制，在大脑深处准备未来

哲学家罗素曾说：“科学的实际重要性往往从战争方面得到体现。”科学社会学的奠基人贝尔纳在研究科学史后也宣称：“科学与战争一直是极其密切地联系着的，实际上，除了19世纪的某一段时期，我们可以公正地说，大部分重要的技术和科学进展是海、陆军的需要所直接促成的。”在这里，罗素与贝尔纳都指出了科技与军事之间的姻缘，即战争如何刺激了科学。事实上，科技与军事之间的关系是辩证的。鉴于战略前沿技术与国家安全的紧密耦合性，以及军事前沿科技对国家安全的保底性作用，着眼未来，我们必须要遵循科技兴军的逻辑，让军队成为战略前沿技术的探

索者、创造者及供给者。

如今，美军已经建立了一整套军事科技预警机制，主要凭借国防高级研究计划局、国防部净评估办公室及国防情报局等机构协同运行，确保通过对遥远未来的科技萌芽捕捉来捍卫国家安全。尤其是在当前面对智能化军事变革的浪潮，近年来更是加快了相关战略部署和研发脚步，密切追踪人工智能前沿动态，谋求制胜未来，抢占先机。美国于 2016 年 10 月就发布了《为人工智能的未来做好准备》和《国家人工智能研究与发展战略规划》两份报告。应美国情报高级研究计划局（IARPA）的要求，2017 年 7 月，哈佛大学肯尼迪政府学院贝尔弗科学与国家事务中心又发布了《人工智能与国家安全》报告，详细剖析了人工智能的发展对美国国家安全的巨大影响及潜在机遇，报告对美国政府有关人工智能技术的国家安全政策提出了 3 项目标及 11 项具体建议。

（三）超越牛顿科学范式，以复杂性思维应对安全挑战

300 年前，牛顿科学体系横空出世，为人们认识世界廓清了迷雾。100 年前，随着相对论、量子理论等基础科学的突破，牛顿科学范式受到前所未有的挑战，科学还原论思想的局限性逐渐清晰，一种新的科学认识论呼之欲出，这就是复杂性科学认识论。它是我们认识天然世界的科学方法，也是我们参悟人类战争、洞察国家安全的思想利器。毕竟，在综合国家安全观主导的今天，安全主体的多元性、安全威胁的交织性及安全对抗的迭代性，都在呼唤我们要切实关注国家安全大系统的动态适应性、不确定性、涌现性及非线性等特征，学会用一种复杂性思维来应对国家安全挑战。

具体而言，我们要善于运用互联网思维，关注网络的“梅特卡夫效应”“去中心化效应”“长尾效应”等特性，聚焦网络从互联网、物联网向智联网、脑联网发展的大趋势，研究互联网背景下国家安全领域权力扩散、转移及变迁；要善于运用大数据思维，关注云计算、社会计算及算法革命等前沿技术动态，提升国家安全领域数据挖掘、情报处理及威胁判断的科学性，筑牢国家安全的数据边疆与信息边疆；要善于运用交叉性思维，聚焦基础科学、关键技术及国家安全的交汇点，综合利用多种“工具箱”诊断安全难题，打通自然科学、社会科学及人文科学之间的隔离墙，共同为国家安全构筑跨学科的保护带。

富国与强军的逻辑

2010年初，国防大学刘明福大校出版《中国梦》一书，再次引发国防建设与经济建设关系之争议。刘大校主张“中美无大战，中国要有大军”，建议“中国应该建立起全球最强大的军事力量，与美国竞争‘冠军国家’”。这似乎无可厚非、无可置疑。但很快在2010年3月16日，《环球时报》发表商榷文章，作者为连云港发展研究院院长孙培松，认为这种发展模式只会带来更多的对抗，而且与中国提倡的“和平”“无霸”理念相违背，对刘明福大校的观点提出严重置疑。

对此，如果明白了21世纪富国与强军的逻辑，就会发现两者的观点并不冲突。

中国坚持和平发展，并不是说不要国防，“天下虽安，忘战必危”“要想得到和平，必须准备战争”“能战方能言和”“军队只有战争时期和战争准备时期，没有和平时期”——这些广为流传的言语都说明了，没有国家强大军力作后盾，一切都无从谈起。而且，历史上因武备废弛而招致祸殃的悲剧并不罕见。如法国在拿破仑时代曾威力无比，但之后因国内政治腐败，国防意识淡薄，导致在普法战争中巴黎这个数百年来的欧洲政治经济中心不得不挂出白旗。而今的我国，自改革开放以来，随着和平时期的延长，一些人的忧患意识也正在淡化，只知道“无工不富”“无农不稳”“无商不活”，而不知道“无军不安”。古典经济学主要代表人物亚当·斯密曾说过：“国防比富裕更重要。”著名军事理论家约米尼在《战争艺术》中也曾指出：“一个政府，无论以什么借口，若不重视国防建设，则从后世眼光看，他们绝对是民族的罪人。”显然，如果我们缺乏应有的国防意识，甚至“刀枪入库，马放南上”，则有可能会吞食“忘战必危”的苦果。

而且，从某种程度来讲，战争是最伟大的审计员，它能映照出你的国家实力。何况现在全球各国劲旅都在“信息化建设”“智能化布局”的跑道上冲刺，我们不能落后，否则，十分危险。相反，我们认为，小国可以没有大国防，但大国绝对不能只有小国防。特别是像我们这样对近代列强欺压有切身之痛的大国，打造一支强大的军队、建设一个强大的国防，为祖国和人民铸起一道长城，为世界和平贡献一份力量，是毋庸置疑的，也是无可指责的。

然而，接下来的问题在于，强大的军事实力是什么？大国防又是什么？家里堆满大刀长矛，就是强大的军事实力吗？准备 19 世纪的战争，答案是肯定的，但倘若准备 21 世纪的战争，我们认为，那还值得深思。

具体而言，21 世纪军事领域的较量，都是军民“复合实力”的较量。没有真正的军民融合，单靠造枪造炮，在今天的世界，想要打造一支强大的军队，可以讲，此路早已不通。对此，著名未来学家、多部畅销书作者阿尔文•托夫勒在《战争与反战争》一书中，也有预言。与托夫勒的军民融合理论遥相呼应，美国自 20 世纪 80 年代以来，迅速打造了一支超级强大的军队，其军事优势的支点就在于良好的军民融合机制、一流的研究型大学、雄厚的国防科研实力、极富活力的创新氛围以及全球顶尖战略智库。

从另一个角度而言，单靠造枪造炮，也容易招致“中国威胁论”的无理起哄。相反，倘若我们创建世界一流的研究型大学、打造高水平的全球顶尖智库，培育全国浓郁的创新文化，创建发达的高等教育体系，储备一流的战略研究人才，这种深藏不露的实力，才是真正的军事实力，才是对手真正惧怕我们的地方。当初，为什么要横加阻挠科学巨匠钱学森归国，“一个钱学森能抵 5 个师”，我们应该怎样真正去解读它呢？其实，只要有科技、人才，把它们转换为强大的国防，是水到渠成的事！当初，我们能够很快搞出“两弹一星”，震惊世界，靠的是什么？不就是科技人才！国家运筹帷幄，调兵遣将，统领我们的科技大师，演绎了一段“惊天动地”的壮举，将“两弹一星”工程的丰碑永远伫立在了中华崛起的历史长河中。

总之，富国与强军，两个词语组合在一起，不是一种偶然、一种随意，实在是因为两者之间有着太多的内在瓜葛。早在 18 世纪，经济学巨匠亚当•斯密就在其名著《国富论》中，开启了对富国与强军问题的叩问，其后的一代代经济学家，如大卫•李嘉图、罗纳德•科斯等，都对这一谜题充满了探索的热情。

历史上，美国在富国与强军问题处理上，属于成功者，而最失败的例子莫过于走上了法西斯德国、日本以及冷战期间的苏联。就苏联来说，在美国的诱骗与误导下，逐渐陷入了军备竞赛的泥潭，走入了单骑突进的陷阱，最终使自己国家的经济一塌糊涂。而此时，阴谋的导演者美国却在一旁边偷笑、边嘲讽。如当时的美国总统里根就曾挖苦道：“为什么苏联的经济业绩不佳呢？据说，他们找到了四个原因：春、夏、秋、冬。”“哈！哈！哈！”美国人一阵狂笑。而美国自己却在实施“阿波罗登月”和“星球大战”计划中通过军民融合，实现了富国与强兵的统一。

知晓了美苏冷战对抗这段历史，我们就明白了富国与强军的逻辑，就明白了今日中国在处理国防建设与经济建设上的着力点。可以讲，“持剑经商”已经落伍，我们要“持技经商”，要通过军民融合的道路实现国家复兴。历史上，“持剑经商”的确有过成功的记录，如全球第一个跨国股份有限公司——荷兰东印度公司（或称联合印度公司），当年就拥有 150 艘武装商船、40 艘战船和 1 万名士兵。当时，荷兰凭借世界上最发达的造船业和航海技术称霸于世，被誉为“海上马车夫”。然而，时至今天，参与全球经济竞争，更重要的已不再是“持剑经商”，而是“持技经商”，你要在全球“科技—商业”链条中占据上端位置，掌握核心技术，拥有一流的研发能力，如此，你才能在全球经济产业蛋糕中切出一大块利润，才能奠定国防建设的雄厚实力。

这就是 21 世纪富国与强兵的逻辑，也是化解相关争论的钥匙。

聚焦印度“核”心“核”力

印度成功试射“烈火”-5型远程弹道导弹，引发全球关注。尽管受到了各种各样的外部压力，印度的核计划一直有条不紊地进行。据印度专家称，该弹射程达5000公里（另说8000公里），能覆盖全部亚洲地区及部分欧洲地区，标志着印度跻身洲际导弹俱乐部。本文从历史角度分析印度核战略的发展，解读各阶段核战略形成的原因，并且对印度核战略的自我定位及发展进行了一番剖析。

一、初期“和平利用”

印度的核研究，很早就开始了。早在20世纪30年代，以巴巴为代表的一批印度科学家就在西方发达国家学习原子能理论。他们中的一些人回国后建立起自己的研究院和实验室。二战末期，核武器投入实战，其足以毁灭全人类的巨大破坏力，使现代战争也面临着“物理战的困境”。在这种“困境”中，各国更加理智，发展核武器更多地着眼于战略意义，核武器已成为不折不扣的政治工具。同样，印度核战略起始，就与国家战略和国际政治有着密切的联系。

1947年印度独立后，发展核能即成为科学研究的重要领域，其目的是解决能源紧张和消除贫困。印度是当时在国际舞台上提出和平利用核能的少数国家之一，曾公开承诺“不谋求制造核武器”，主张“全面禁止”“以军事为目的”的核试验。印度在这一时期大力倡导和平利用核能，虽然与甘地留下的“非暴力”传统和当时奉行的“尼赫鲁主义”有很大关系，但真正起决定性作用的还是印度的现实国情。由于刚刚从长期的殖民统治下独立，经济和科技基础都比较薄弱，印度在建国初期奉行“先经济、后国防”的发展战略。当时的尼赫鲁政府认为，只有印度经济发展了，工业资源增加了，军队的需求才能得到满足。此外，刚刚建国的印度需要在世界为自己树立热爱和平的良好形象，营造良好稳定的国际环境。这些都直接决定了印度在建国初期奉行“和平利用核能”的战略。

不过，随着冷战不断深入，印度一方面主张销毁已存在的核武器，一方面却在关注核能的军事应用。早在独立之前的 1946 年，尼赫鲁就指出：“我希望印度的科学家以建设为目的研究原子能，但如果印度受到威胁，那就不得不使用各种手段来保卫自己。”可见，尽管对核武器的毁灭性有清醒认识，尼赫鲁依然渴望利用核武器，为印度带来“相应的国际地位”，并做出了指导性规划。不过，从总体上看，印度在此期间并未将核能视为军事工具，其价值更多地体现在政治和经济上。

二、冲突催生“反核威慑”

从20世纪60年代初到1974年进行首次核试验，印度政府开始奉行“反核威慑”战略。在这一阶段，印度之所以奉行“反核威慑”，也是由于当时的国内外形势。冷战格局形成后，美苏争相通过进行核武器试验，来彰显各自的军事实力和国家实力。核武器的政治效应开始明显超过其用于实战的军事效应。有核国家对无核国家构成了非对称威胁，这让印度如坐针毡。除了国际上“有核”与“无核”冲突的外部环境，印度自身的冲突，也对其核战略的调整产生了决定性影响。

进入 20 世纪 60 年代，印度国内经济建设取得了一定成就，但频繁的战争和国内暴力事件的增多，使印度更加重视增强军事硬实力。特别是，1962 年印度在中印边境冲突中遭到“耻辱的失败”后，其从甘地到尼赫鲁一直秉持的所谓“反核武理想主义思想”的主导地位开始动摇。美国著名的南亚学者斯蒂芬·科恩教授认为，中印边境冲突的失败“教训了整整一代印度人……从那时起，印度在心理上已经成了军事化国家”。西方有观点认为，1964 年中国第一颗原子弹爆炸，给印度造成了极大心理压力。对印度这样一个新独立的发展中国家来说，国家道路的选择，似乎只有区区两条：要么向超级大国寻求“核庇护”，要么加快发展自己的核武器。显然，印度选择了后者。

1964 年，夏斯特里取代尼赫鲁就任总理。他一方面强调印度发展核设施只用于和平目的，另一方面又支持印度进行“和平核爆炸”。1965 年印度建成第一个核燃料处理厂；同年开始批准实施地下核爆炸的计划；1970年提出“萨拉巴伊”核发展计划；1974年进行首次“和平核试验”。印度对核武器的态度，并非只是政治人物的“一厢情愿”。1970年一项民意调查表明，接受调查的三分之二的印度人都赞成印度制造核武器。印度人认为，在当时所处的国际环境中，拥有原子弹可以使印度有底气，既可摆脱对苏联的依赖，也能改变美国的蔑视态度。没有核武器，印度不可能“享受地区性强国的待遇”，更不能“跻身世界大国行列”。

另一方面，时任印度总理的英·甘地，正处于政治困境之中，面临矛盾的抉择。印度一方面要向世人展示其核武器生产能力，一方面又担心核试验为其带来的经济、政治和国际压力。因此，“反核威慑”“和平核试验”的提出，可以帮助英·甘地摆脱当时的政治困境。这样，既缓和了其国内对发展核武器的争议，减小了政治风险，又避免了西方国家制裁，维护了其和平利用核能的形象和在第三世界国家声望。这也是印度1974年核试验声称，只是使用一颗“用于和平目的”核装置的原因。

三、灵活的“相对克制”

1974年首次核试验后，印度并未“趁热打铁”继续核计划，转而奉行“相对克制”的核战略，长期暂停核试验，直到1998年5月地下核试验。这期间，印度领导人不仅几次否决了核试验请求，还推动了几次核裁军计划。1982年，印度号召进行“核冻结”——禁止生产武器级裂变材料，禁止生产核武器和相关的运输系统。1988年印度提出有时间表地消除所有核武器行动计划。到80年代末，印度宣称仍然坚持不装配、实验和部署核武库。印度甚至还表示，只有在认为巴基斯坦处于“生产核武器的边缘或更糟糕”时，才会做出制造核武器决定。

作为世仇，当时的印度和巴基斯坦，其实都把核武器看作是夺取优势地位、打破两国僵局的重要砝码。对印度来说，拥有核武器意味着对巴基斯坦的全面军事优势；而对巴基斯坦来说，由于在常规力量上明显地弱于印度，核武器是巴基斯坦弥补力量不足、保持对印度军事平衡的重要工具。在地区存在的安全威胁愈发严重的情况下，印度却能在这一时期，始终奉行相对克制的核战略，可谓“处心积虑”。

印度发展核技术，不可能不受到国际国内两方面制约。国际方面，根据《不扩散核武器条约》，禁止任何无核武器国家进行核试验。印度当时虽然以不平等为由拒签条约，但单方面进行核试验还是会受到来自国际社会巨大压力。同时，印度在南亚地区拥有常规军力绝对优势，又在冷战中“左右逢源”，不会面临超级大国和其他国家核威胁，继续进行核试验的紧迫感并不太强。国内方面，受体制影响，印度政局一直不稳，经济增长缓慢，科技基础薄弱，既需要时间消化首次核试验获得的数据和发展新核爆炸装置，也需要时间发展核武器运载工具。因此，从实际效果看，在长达20多年时间内，奉行“相对克制”核战略对印度十分有利。所谓“相对克制”，实质上是一种边缘政策，即通过民用核能计划秘密存储核武器材料和研究、开发核武器技术，但又不公开宣布拥有核武器。这样既能在政治上不违背“不制造核武器的立场”，取得外交利益，同时又不受《不扩散核武器条约》束缚，随时能做出核选择，保持了政治上和军事上主动。在这段“韬光养晦”时期内，印度虽然已经具备了生产核武器能力，但仍然坚持“最后一根导线”政策。同时，印度在核武器设计和弹道导弹发展方面取得了一些进展。“相对克制”实际上增强了印度自身核战略弹性。

四、“最低限度有效核威慑”

随着冷战结束，世界多极化趋势愈发明显，“相对克制”逐渐“不合时宜”了。1998 年 3 月，瓦杰帕伊政府上台。为提高内阁支持率，维护在南亚的优势，同时“更好地”谋求“世界大国地位”，印度在时隔 24 年后，再次进行公开核试验。当年 5 月，印度在 48 小时内连续进行了 5 次核试验。核试验后，瓦杰帕伊便向世界宣布，印度已成为核国家。这样非常规的连续安排核试验，收获了更为轰动的政治效应。尽管如此，印度依然毫无意外地遭到国际舆论谴责，甚至招致了美国制裁（2001 年 9 月解除）。不过，这并未使印度停下脚步。

1998 年核试验之后，印度开始对其核战略进行系统化表述。1999 年 8 月，印度政府公布了“最低限度有效威慑”核战略草案。该草案指出，在全球核裁军进展不力的情况下，印度战略利益需要“有效、可靠的核威慑”以及“在威慑失败情况下的足够报复能力”，其将奉行“可靠的”“最低限度的”核威慑原则。印度核武器的基本目标是威慑“任何针对印度及其部队使用或威胁使用核武器的行为”。这份文件并未对威慑进行“量”的界定，而是给出一个与其他条件相关联的动态概念，具有相当大的灵活性。尽管这一战略只是一个草案，但它从根本上颠覆了印度早期领导人为印度核能利用立下的原则。从尼赫鲁“非暴力”的“理想主义”，到卡拉姆“实力尊重实力”的现实主义，印度核战略的转型其实是印度政治决策层对外战略思想转变的一个缩影。

在新的核战略指导下，自核试验以来，尽管受到各种各样的外部压力，印度核计划一直有条不紊地实施，其中核导弹项目进展尤为突出。从“大地”到“烈火”，印度着力打造“三位一体”战略导弹力量。其中，“烈火”系列中程、中远程和洲际导弹试射成功是其导弹实力跃升的重要标志。

从 1998 年核试验至今，以及在今后可预见的很长一段时期内，印度都将奉行“最低限度有效威慑”的核战略。这是由当代印度国情和国际环境矛盾所决定的。国际方面，苏联解体使印度失去了强有力的战略支持，迫使印度对国防政策进行调整。印度需要在国际社会谋求民族尊严和大国地位，更加强调自己在地区事务中的话语权；可国际社会的裁军与军控步伐明显加快，印度在对待《不扩散核武器条约》和《全面禁止核试验条约》上的态度引来国际社会批评，承受了巨大压力。国内方面，经过几十年的发展，尤其是在辛格的经济改革后，印度综合国力显著增强，已经拥有在南亚地区占主导地位的经济实力和军事工业；但是印度政坛持续动荡，再也没有一个政党能够控制议会的绝对多数席位，印度先后组建了几届联合政府。尽管其国内相当一部分民众和舆论对印度大国地位十分渴望和期待，可在政府操作层面上存在诸多不便。这一系列国内外因素，导致了当代印度“最低限度有效威慑”核战略的形成。

五、深谙“拥核之道”

回顾印度核能发展史，我们不难发现，印度各个历史时期的核战略都是由当时印度国情和其所处国际环境决定。另一方面，从印度自身角度看，无论是最初和平利用、反核威慑，还是后来的相对克制、最低限度有效核威慑，印度核战略演化发展的四个阶段，无不是从自身战略地位定位出发的自主、自发行为。这表明，印度核战略的出发点，从来不是被动需求。印度核战略制定不仅致力于维护国家安全，更多的是在打“核武牌”去谋求政治利益。经过半个多世纪努力，作为发展中大国的印度，不仅成功跨入了有核国家俱乐部，同时也尽可能最大限度地维护其国际形象。结合印度“新核国家”的“身份”，这一点显得十分突出。

有观点认为，印度核战略的发展，有中国因素。看上去，两国的确很相似：同为二战后独立的第三世界大国；历史上都遭受了长期外国入侵；建国后都面临严峻国内外形势……诸多共通点，这使一些印度学者也认为“中印的核战略选择曾相互借鉴”，如两国都经历了反核威慑到最低限度核威慑发展过程。其实不然，中国发展核武器的外部环境极其恶劣。当时中国同时面临冷战两极“核威慑”的巨大压力，台海剑拔弩张，周边存在诸多敌对势力，安全形势极其恶劣。在这种情况下，发展核武器的最直接需要是国家安全，和美、苏、英、法以“核武器”推行对外战略不同。中国发展核武器的时间较早，使中国搭上了“第一批俱乐部成员”的末班车。由此观之，印度以中国作为参照，尽量淡化其对外“核战略”的真实意图，聪明的印度人可谓深谙“拥核之道”。

不论哪一阶段，印度都能从本国国情出发，认清国际形势，做出相对“正确”的核战略选择。印度地处非洲、中东和东亚之间，几乎全世界的石油补给都要经由印度洋运输。在多极化的今天，这自然将印度推向了地缘政治竞争的中心。当代印度也以“印度洋主人”自居，试图依靠核武器等实力砝码的发展，实现其“大国梦”。只是，和冷战时期相比，印度其实面临着比以往都要更复杂的国际形势，还有许多亟待解决的国内问题。受如此多内外变量影响，印度是否能靠“核武力”梦想成真有待商榷。因此，印度未来核战略的发展变化，还很值得观察和探讨。

（陈童、石海明）

网络战：超越第五空间的搏杀

美国曾在一份战略报告中将网络攻击视同“战争行为”，宣称要用传统军事力量“对等”报复来自他国互联网的攻击，“如果你关掉我们的电网，我们也许会向你的烟囱里扔枚导弹”。英国则宣称要发展网络武器针锋相对，围绕网络战的相关探讨也日渐升温，网络战是否乃继陆、海、空、天之后的第五空间战争？在美军网络筹军的足迹背后蕴藏着怎样的玄机？贯通了自然空间、技术空间、社会空间及认知空间的网络，到底要将战神的面孔幻化为哪般模样？美国国防高级研究计划局对脑机接口技术（BCI）的密切关注，是否预示着大脑乃网络战的终极战场？

一、网络：谁给了你战争冠名权？

纵观人类战争史，战争的冠名权一直与战场密切相关，在漫长的冷兵器时代，受自然条件限制，对垒双方往往是“日出列阵厮杀，日落鸣金收兵”，战场自然仅限于陆地，于是陆战长期拥有战争冠名权。然而，在战争仍在平面展开的时候，人类的思维却早已超越了地面。伟大军事家孙子就用浪漫夸张的笔法表达了一种预言，“善守者，藏于九地之下；善攻者，动于九天之上”。当战争对抗之强大逻辑所孕育的军事需求，加上科学进步所催生的技术推动一起汇聚到战争领域时，就有无数理由相信，人类军事对抗的触角伸入天空迟早是要到来的。

1903 年 12 月 17 日，来自美国俄亥俄州代顿市的莱特兄弟，经过多年来对风筝、系留滑翔机和自由滑翔机的孜孜探索，终于搭载“飞行者”号成功进行了全球第一次有动力和可操控的持续飞行，在开创人类航空时代崭新纪元的同时，也赐予了天空之战争冠名权的资格。而后的两次世界大战更是让战争在自己的轨道上加速前行，越发变本加厉地向着寂寥的太空入侵。1957 年 10 月 4 日，苏联把第一颗人造地球卫星“伴侣 -1”号送入了太空。自此，太空也获得了战争的冠名权。

如果说陆、海、空、天所构成的三维战场不过是一种自然空间的话，那么1969年美国国防高级研究计划局孵化的“阿帕网”，却给战争带来了一种技术空间，它不具备长、宽、高等传统物理概念，但其中却演绎着同样惊心动魄的搏杀。于是，依照思维惯性，赋予该领域之战争冠名权，自然而然。从此，作为继陆战、海战、空战及太空战之后的第五空间战争，网络战的概念得以迅速传播开来，在许多场合，甚至还被称为“赛博战争”。殊不知，赛博空间（Cyberspace）并非网络空间的同义词，前者是加拿大作家威廉·吉布森1984年在其科幻小说《神经症漫游者》（*Neuromancer*）中创立的词汇，与网络空间的内涵有别。

除了与赛博战争混淆之外，网络战的冠名权还使人们误以为，网络战就是与鼠标、键盘及病毒相伴，和攻击银行、扰乱电信及瘫痪电网等相随的一种高科技战争形态，从而忽视了对这一崭新战争形态内涵的解码。的确，从美国不断渲染的遭受黑客攻击来看，似乎网络战就是黑客战的代名词。而经常作为网络战经典案例的是，“海湾战争期间美军通过偷换病毒芯片瘫痪伊拉克防空体系”，“科索沃战争期间南联盟‘黑客’阻塞北约邮件服务器”，“伊拉克战争中美军‘黑客’瘫痪伊拉克电视台网络”等，时间一长，人们似乎觉得，参透了这些案例，就窥见了网络战的全貌。其实，这是一种误解与偏颇，用昨天的眼光看待明天的战争，是人类思维定势的局限。当然，上述这些案例揭示了网络战的一些特征，发生在更近时段的俄罗斯与爱沙尼亚的网络袭击，以及俄罗斯与格鲁吉亚的网络攻击，也的确蕴涵着目前网络战的内涵。然而，这些经典案例，难道就不会遮蔽我们参悟网络战更本质、更深刻内涵的双眸吗？对此，回顾美军网络筹军史，就会发现其背后另有玄机。

二、美军网络筹军背后的玄机

美国是世界信息产业的发源地。1946年，世界第一台计算机“ENIAC”在美国诞生。时隔23后，全球第一个网络“阿帕网”也在美国问世。此外，美国还拥有一大批高水平的信息化专家，如未来学家奈斯比特、托夫勒，以及盖茨和尼葛洛庞蒂等。而且，在全球13台网络根服务器中，绝大多数也由美国政府掌控着。由于美国掌握着全球网络战的关键技术设施，其网络筹军动向对未来网络战走势不凡路标意义。

就美军公开的报道而言，1995 年 6 月，美军 16 名“第一代网络战士”从美国国防大学毕业。同年 10 月 1 日，美军在南卡罗来纳州空军基地组建了第一支网络战部队，即第 9 航空队第 609 中队。1998 年 10 月，美国国防部正式将信息战列入作战条令，同时，批准成立“计算机网络防御联合特种部队”。2001 年，美国国防部正式提出了“网络中心战”理论。2002 年，小布什总统签署“国家安全第 16 号令”，组建了网络战部队——网络战联合功能构成司令部（JFCCNW）。2005 年 4 月，美军宣称已组建专门负责网络作战的“网络战联合构成司令部”。2006 年 2 月，美、英、加及澳大利亚联合举行了第一次代号为“网络风暴”的网络战演习。2007 年，美国空军以第 8 航空队为依托，组建了空军网络战司令部；海军也组建了“海军计算机应急反应分队”；西点军校成立了网络科学中心。2008 年 3 月，美、英、加、澳及新西兰联合举行了第二次代号为“网络风暴”的网络战演习。同年 5 月，美国政府启动“国家网络别动部队”（NCR）计划，声称将通过这一“电子曼哈顿”工程来发展“革命性”的新技术，赢得网上新的“太空竞赛”，确保“网上美国”的安全。2009 年，时任美国国防部部长盖茨宣布正式成立美军第 11 个司令部——“网络战司令部”，国家安全局长基思·亚历山大四星上将被提名担任司令，标志着美国已经吹响了争夺网络空间霸权的号角。

在上述美军网络筹军史中，1998 年是个特殊的年份，据美军著名军事专家里·阿米斯德的研究，90 年代中晚期恰是美军信息网络战的试验期，期间进行的许多演习提升了美军对未来战争的认知。尤其是 1996 年和 1997 年的“电脑网络攻击作战演习”成效最为显著，当时发现国防部在应对网络攻击时毫无招架之力。

也恰在这时，美国国防部著名信息战专家托马斯写了一篇文章，题目为《大脑没有防火墙》，文章对美军 97 联合军演做了深刻反省，明确提出美军在信息战方面存在着重大隐患，那就是硬件建设不惜工本，设施齐备，但却忽视了对操作这些设施的关键——人的大脑、人的意识、人的精神的进攻与防护，而恰恰是这些软的东西，为信息进攻留下了没有设防的广袤空间。就在托马斯的文献发表以后，美军很快提出了“感知操纵”的概念，认为未来战争将在物理域、信息域及认知域“三域”展开。同年10月9日，美国国防部发布文件，强调要在联邦政府内部各机构之间加强协作，以应对网络战。至此，我们是否看到了美军网络筹军背后的玄机呢？

三、大脑：网络战的终极战场

2010年5月4日，美国公布了网络战部队专用徽章，该徽章的中心部分以一个圆形图案代表地球，交叉围绕地球的是两个椭圆形轨道，代表军用卫星。该徽章揭示了美国网络战部队的三大宗旨，即“向全球投送网络力量”、“从太空控制网络空间”及“通过空、天、网发动全面打击”。

显然，从美军的网络战部队徽章中可以看到，作为一种技术，网络的本质在于贯通了自然空间、技术空间、社会空间及认知空间，从而为战争的进行开启了多个介入的端口。这一点，从美军近年来对我国战略学者乔良与王湘穗的《超限战》理论的极大关切中可见一斑。此外，近年来，在国际关系学界热议的网络外交，在传播学界走俏的网络传播等相关动向，也从另一个侧面揭示出，网络战不仅仅是病毒战与黑客战，更是信息战与心理战，大脑或许才是网络战较量的终极战场，而这一点还要从科幻电影《阿凡达》谈起。2010年，科幻电影《阿凡达》在国内上映。从未来战争的视角而言，影片中出现的用意念控制“战士”作战已经不再是幻想。

作为人类所有器官中最复杂的一部分，大脑是全身神经系统的中枢，也是人类了解最少、最有开发潜力的一个器官。目前，世界诸多国家在对大脑进行开发利用的同时，还尝试着将这些研究成果应用于军事领域。美国情报机构官员就曾指出，由于神经科学的发展突飞猛进，未来将可以通过“药理地雷”解除敌方武装，还可借助与大脑相关的新设备来驾驶无人飞机等，并断言人类大脑将成为未来战争的又一战场，由此对国家安全及未来作战产生深远影响。美国华盛顿大学计算机安全专家大仓河野更是表示，神经电子控制技术以极快的速度发展，在各国纷纷启动网络战计划的背景下，美军更进一步，正在攻克脑机接口技术，未来网络战的一个重要目标就是通过互联网入侵并控制敌方人员的大脑，从而控制思想，达到窃取情报甚至扭转战局的效果。依照这一思路，网络战已不单只是第五空间的搏杀，更是指向社会空间、认知空间的终极较量。

外层空间探索利用中的角色冲突与道德抉择

道德抉择是人在一定道德意识支配下，依据某种道德标准在不同价值准则及善恶冲突之间所做的自愿选择，其往往需要在价值冲突中进行。显然，价值冲突在彰显道德抉择意义的同时，也增加了困难。价值冲突表现在个人身上，就是社会角色所承担的道德义务的冲突。当一个人扮演一个角色或同时扮演几个角色时，往往会在不同的道德义务之间引发冲突。根据冲突的不同起因，社会角色的价值冲突也表现为以下三种形式：第一，由社会或他人对同一角色的期待或要求差异所激起的该角色内心的矛盾；第二，由个人改变角色而形成的新旧角色所承担的义务之间的冲突；第三，由于社会生活的复杂性，一个人往往身兼几种社会角色，不同角色往往赋予其相异的义务，从而形成义务间的冲突。

外空探索利用中价值冲突本质上是由国家利益与人类共同利益发生冲突而引发的。依据“小善服从大善”原则，似乎国家利益应该服从人类利益，然而，人类利益往往显得虚无缥缈，并且各国出于自身的需要会有不同解读，这就使得特定情况下外空探索利用主体的道德抉择变得异常艰难。

一、政治家：国家利益与人类利益的取向权衡

《外空条约》等国际外空法文件确认为和平目的探索和利用外层空间是全人类的共同利益，其第一条就规定了：“探索和利用外层空间，包括月球与其他天体在内，应本着为所有国家谋福利与利益的精神，不论其经济或科学发展的程度如何，这种探索和利用应是全人类的事情”，这就是国际外空法中著名的“共同利益”条款。“条约必须信守”是国际社会的基本行为准则，一个国家只有认真履行其签署的各项条约方可赢得其他国家的信任，建立起自己的国际地位与声誉。具体到外空探索利用中，国家应该为全人类的共同利益而探索利用外空，任何严重违背共同利益的行为，

如外空核试验、外空武器化等，都必然会受到国际社会的强烈谴责。这就要求政治家在进行有关外空问题的决策时必须考虑到全人类的共同利益，维护它而不能践踏它。另一方面，政治家作为人民意志的执行者和国家的治理者，有义务维护国家利益，实现国家利益最大化。于是，在外空事务方面，政治家们不得不在国家利益和人类共同利益两种取向之间做出权衡。

外空探索利用中的国家利益与人类利益在很大程度上是一致的，各主要太空大国的外空探索利用实践也无不宣称是为了全人类的共同利益。外空探索致力于丰富人类知识的神圣事业，是拓展国家利益之举措，也是追求人类利益之所在。外空探索中的重大进展是国家的荣耀，也是人类智慧与力量的展现。外空探索中的重大挫折和损失是国家的灾难，也是全人类的悲剧。各国派往外空的宇航员既是各国各民族的优秀儿女，也是“人类的使节”。

外空探索利用中，尤其是外空开发利用中，国家间利益及国家利益与全人类共同利益之间往往也会发生冲突。外空中的诸多资源是有限的，如地球静止轨道、外空无线电频谱资源等，一个国家占用了，其他国家就不能同时占用，不同国家之间的利益必然会发生冲突。国家安全是国家利益的核心所系，但为了追求国家的绝对安全，建立导弹防御系统，就会破坏国际社会的互信，推动外空军事化进程，甚至可能引发全球核战争，造成国家和人类的灭亡。

即使是“人类利益”本身，也非一个明确的概念，各国可以做出不同但各自合理的解释。一方面，国际社会的公正和谐是“全人类的利益”。“先登先得”原则符合空间科技发达国家的利益，但却损害了发展中国家的利益，进而有违人类社会的和谐公正，违背了全人类的利益。另一方面，合理利用人类共有的自然资源，增加人类社会财富总量同样也是“全人类的利益”。无视各国空间科技的实际水平，平均分配外空稀缺资源，维护了发展中国家的潜在利益，却造成宝贵资源的长期闲置，同样也很难说是符合人类利益。

政治家们在外空政策决策过程中经常需要在国家利益与人类共同利益之间做出艰难抉择。作为一个有良知和信仰的个人，政治家们在一些情况下可能倾向于为了全人类更高的利益而做出国家利益的让步与牺牲，然而，作为政府官员，他们必须对人民负责，有义务实现本国人民利益的最大化。

个人可能会牺牲自己的利益，当他这样做时要么是不希望有回报，要么是希望有终极的补偿。但是，对于一个对其群体的利益负有责任的人来说，他又如何证明牺牲别人的利益而不是自己的利益是正当的呢？胡•塞西（Hugh Cecil）就宣称：“由此可见，要求个人为别人而牺牲自己的利益的那部分道德学说，即归于无私名义下的有关一切要求，不适合运用到一个国家的活动上去，因为任何人都没有一种作为无私的权力，以牺牲自己利益的态度来对待他人的利益。”

二、科学家及其共同体：知识保密与知识共享的规范冲突

知识公有原则或知识共产主义是科学共同体重要的行为规范，曾被著名科学社会学家默顿列为科学家行为的四项规范（普遍性、知识公有、无私利、有条理的怀疑主义，又称为科学的精神气质）之一。对此，默顿的论证逻辑是：科学是积累知识的长期的、广泛的社会协作的产物。对其做出贡献的每个人都是因为利用这份公共财产而做出贡献的。因此，一旦他研究出成果就应毫无保留地发表出来，而不宣布占有这一新思想、新信念或新理论。在科学史上也不乏饯行默顿规范的人物，现代航天事业的奠基人齐奥尔科夫斯基、戈达德等人的研究成果无不是在做出之后即予以公布，从而赢得了全世界的尊敬。

然而，现代航天和空间科技属于典型的“大科学”，并且具有鲜明的军民两用性。国家为了在未来的军事和商业竞争中占据优势地位，必须获得竞争对手所不具备的知识并对此类知识实施严格的保密，作为国家公民和政府科研机构的雇员，空间科学家应该公开研究成果的道德义务受到严格限制，有时还得冒政治风险，被定为泄漏国家机密罪。这种限制甚至会波及一些有实用性的基础研究。

巴伯在阐述默顿的知识公有性原则时，强调了保密与道德之间的关系：“在科学共同体中，所有科学同行都有权分享现存的知识，因为许多人都曾经在过去或将来有可能为科学做出奉献。”正是在这一“公有性价值的严格指引下，在科学中保密成为不道德的行为”。因为保密造成了重复研究，阻滞了科学家之间的交流和讨论，妨碍了科学的创造。“只有当面临极端危机的时候，当战败不仅威胁科学而且将给自由社会带来灭顶之灾时，科

学家才可以接受保密的限制。”但是巴伯认为保密对科学家来说是“一种可悲的选择”。科学没有专利，只有技术才有专利。当对各种利益的追求而将保密扩大到科学领域时，就与科学的精神发生了冲突，实际上，在存在阶级对立和利益追求的当今社会要求彻底的知识公有，只能是一种理想。

作为一个连续体，空间科技在科学和技术之间并不存在截然分明的界线，就成果是应该作为科学成果予以公开还是应该作为技术成果而申请专利保护，空间科技专家难以做出明确判断。如对外空开发利用中的“智能轨道”问题，空间科学家通过计算和实验，得到了能够用于特定用途的外空轨道参数，他应该将这些数据公开吗？外空轨道是外空的一部分，也即天然自然界的一部分，恰如海上航线是大海的一部分一样。没有人为发现海上的新航线而申请专利，因而外空轨道也不应受到专利的保护。因此，对“智能轨道”授予专利就模糊了科学和技术的界线，是对空间科技领域知识共有原则的挑战。

三、航天员：外空战士与“人类使节”的角色定位

载人航天飞行耗资巨大，对技术要求极高，是一个国家工业和科技综合实力的象征，目前只有美、俄、中等少数国家能独立将宇航员送入太空。既然宇航事业是全人类的事业，那么宇航员就不仅代表其所在国，而且代表全人类从事外空探索，理应受到全人类的尊重。有鉴于此，《外空条约》第五条第一款规定，各国应把宇航员视为“人类派往外层空间的使节”，这是赋予宇航员的崇高荣誉。

作为“人类的使节”，宇航员在太空中迈出的每一步都是人类足迹的扩展，宇航员取得的成就都是全人类的荣耀。阿波罗 11 号载人登月飞船登月舱驾驶员奥尔德林上校在月球上留下了铭刻有如下文字的不锈钢饰板：“公元 1969 年 7 月，来自行星地球上的人首次登上月球，我们是全人类的代表，我们为了和平而来。”返回地球后，指挥舱驾驶员迈克尔·柯林斯中校在欢迎会上做了如下评论：“在完成登月任务后为期数月的环球旅行中，我经常感触到这样的事实：不管我们到了哪儿，人们的反应是同样的，而且是出乎我意料的。我从没有听到过这样的评论：‘不错，你们美国人最终办到了。’人们总是使用‘我们’这个词。在那短暂的一刻里，

全人类都被吸引到一起，见证着我们中的两位行走在地球以外的天体上。”在剑拔弩张的冷战时期，来自美国的三名军官受到全人类的共同敬仰正是因为他们是代表全人类登上月球的，在他们身上体现了人类对于和平的向往，对于未知世界不懈探索的精神，体现了人类的尊严与力量。

迈克尔·柯林斯在欢迎会上所做的评论与宇航员在国际法上的地位“人类的使节”相关。“使节”一词具有“代表”的含意。在国际法中，“使节”可以指“外交代表”，也可以指持休战旗帜的谈判者。“人类的使节”应指代表人类从事某种活动的人，而不是指仅仅为了某一个国家从事外空活动的人，这和《外空条约》确立的共同利益原则之精神是相吻合的。值得注意的是，在《外空条约》中，紧靠在含有“使节”这一表述之前的条文为“不禁止使用军事人员进行科学研究或把军事人员用于任何其他的和平目的”。除了两个并列的条文之外，“宇航员”这一术语适用于外空中的所有人员以及“使节”这一术语没有区分服务于军事和民用目的的航天员的事实，充分表明《外空条约》中“使节”这一术语适用于外空中的军事人员，但《外空条约》却并不支持空间武装冲突。

用于描述宇航员崇高地位的“人类的使节”这一词汇似乎赋予宇航员外交官的法律地位。然而，当航天员由从事本质上属于科学探索的活动转向从事与军事相关的活动时，就会产生重大的伦理和法律问题。从国际法的角度分析，我们必须明确如下观点：条约中用到的术语需要做出与条约中其他地方的假定以及条约的旨意相一致的解释，这是解释任何条约都应满足的基本要求。赋予宇航员以使节地位的同一条约同样假定各国会履行其义务，将国家行为限定在和平目的范围内。声称宇航员享有合法交战者地位的必要前提在某种意义上会违反“和平目的”的规定。因此，在未来的外空军事行动中，作为战争法中“合法交战者”的宇航员是不应同时享有“人类使节”地位的，因为一个人被赋予了类似外交人员的地位，却同时拥有使用武力的权力，这就会导致伦理和法律上的尖锐冲突。这一结论也得到如下事实支持：享有外交豁免权的人员是不得参与武装敌对行动的。因此，有人指出，参与敌对行动的军事宇航员并不履行外交职能。一个人同时拥有交战者和“人类使节”两重身份是不合逻辑的。对《外空条约》较为实际的解释应当是这样的：只有当宇航员从事《外空条约》所假定其从事的“和平”行动时，各缔约国方“应把宇宙航行员视为人类派往外层空间的使节”。当此前提不存在时，对敌对的另一方而言，视宇航员为“使节”就不具有任何逻辑或法律意义。

法律问题的背后是伦理的困境，即宇航员作为“人类使节”与外空战斗员双重角色的矛盾冲突。宇航员往往是从优秀的战斗机飞行员中挑选出来的，他们同时具有军人，即“战斗员”的身份，许多太空飞行任务本身也具有军事性质。作为军人，宇航员应当捍卫国家的利益，执行军方赋予的任务，在战时则应当像陆海空战场上的军人一样，不惜一切代价，为祖国而战。而作为“人类的使节”，宇航员代表的是全人类的利益，应当超脱国家恩怨瓜葛，致力于促进人类的和谐与合作，不应当为了本国的利益而在外空挑起或展开战斗，破坏外空的和平与安宁。宇航员所面对的角色困惑从根本上说是两种价值观的冲突：旧有的国家利益本位主义的价值观和太空时代所要求的全新价值观。在这种全新价值观里，宇航员不分国家和民族，都是人类的代表，在同可能存在的外星文明的交往中展示地球人的智慧和风采，在同自然界、宇宙的斗争中展现人类的本质和力量。在这种价值观里，宇航员也可能会成为外空战斗员，但他们是为了捍卫全人类的利益而战，抛弃了狭隘的“国家”“民族”观念后，“人类使节”和“外空战斗员”的双重身份也将不构成伦理上的矛盾。当然，随着太空军事化与太空武器化的不断加速，对航天员而言，军人与“人类使节”的角色冲突将越发明显。

四、太空产业运营商：商业利润与社会公益的价值考量

20世纪80年代以来，尤其是冷战结束后，各主要太空大国，尤其是美国，逐步开启了空间科技商业化的进程。过去由政府投资和运营的空间科技设施纷纷被交由企业管理和运营，使空间资产能够更好地被利用，确保其价值并增值，政府空间机构则专注于从事外空探索、开发空间基础科技以及发展军用空间科技。空间科技产业化、商业化极大地增加了社会财富，为社会提供日益丰富多样、优质廉价的空间科技服务，极大地便利了人们的日常生活，同时也引发了一些伦理问题，突出体现在空间产业运营过程中商业利润与社会公益的价值考量上。

企业是以盈利为目的的社会经济组织，追求利润是市场经济条件下企

业的一个共同特征。如弗里德曼就认为，公司只有一项“社会责任”，就是最大限度地增加其利润，并认为公司不应有社会良知；哈耶克也曾指出，公司的唯一目标在于按照最能获利的方式使用股东授予经营层的资本，对利润最大化目标的偏离都将危及公司的生存，并使股东获得无休止追求社会目标的难以控制的权利。公司不是慈善家，不能将其资源用于利润以外的其他社会目的。显然，由于空间科技产业的特点是高投入、高风险、高回报，技术更新换代速度快。空间科技运营商必须不断以优质的产品和服务满足社会的需要，赚取大量的利润才能支付高昂的研发成本，应对大量的风险和不确定性，从而得以生存和发展。

然而，另一方面，空间科技产业又具有公益特性。气象卫星可以观察和预报天气现象，对于预防和减轻自然灾害，组织生产生活具有重要意义；遥感卫星可以获取地形地貌地质等多方面信息，在经济发展规划、防止地质灾害，确保可持续发展等方面发挥着不可替代的作用；通信卫星可以用来向边远地区提供通讯、广播服务，卫星支持的远程教育对于边远地区的发展有着重要的意义。

企业追求利润的本性和空间产业的公益特性使空间产业运营商们不得不经常在商业利润和社会公益之间做出取舍。作为企业的经营管理人员，空间科技产业运营商们应当对出资人承担资产保值增值的责任。具体而言，防止和杜绝国有资产流失，确保国有资产保值增值，是对国有空间科技企业经营者最起码的伦理要求；而维护股东的权益，对股东的资产保值增值，是股份制空间科技企业的经营者应当具备的基本的伦理素质。空间产业的公益特性则使空间产业运营商们担负着重大的社会责任。企业的气象卫星发现了迫近的台风，运营商应当把所有相关信息免费向社会公布吗？或者是在不那么紧迫的情形下，例如重大节假日的天气预报情况，是否应当或者应当在多大程度上免费公布？遥感卫星发现了某发展中国家的大型油田构造，卫星运营商应当把相关资料高价卖给西方石油公司，以获取大量利润，还是应当低价提供给该发展中国家以维护该国在资源合作开发谈判中的有利地位，从而维护国际社会的公平和发展中国家的权益？和电信部门、银行金融业的通信数据相比，面向边远地区的卫星广播收益要小得多，那么，通信卫星的运营商是否应该、应该在多大程度上将宝贵的通信带宽提供给面向边远地区的卫星广播？就个人来讲，空间科技运营商也许具有利他主义的可贵品质，愿意牺牲自己的利益以增进大众的利益，然而作为对投资人的资产负有责任的人，他是否有这种无私的权力？

外空探索利用既具有重要的科学价值，又具有巨大的现实或潜在的商业价值，既是国家的事业，又是全人类的事业。外空探索利用过程牵涉众多的行为主体，主要包括政治家、科学家及其共同体、宇航员和空间科技运营商等四大类。虽然直接参与外空探索利用的人员只是少数，然而空间科技及其应用却具有广泛而重大的社会影响，涉及经济、政治、文化等社会生活的诸多方面，这就要求各探索利用主体加强对自身行为的道德反思与约束，树立国家利益与人类利益相协调的新伦理观，并以此作为指导自身行为的准则和依据，在实现科学、经济、政治等利益的同时，努力增进全人类的共同福利。

美国意识形态渗透战略：历史沿革与当代发展

意识形态渗透战略是美国对外政策及维护国家安全的一种重要手段，其发展源头可以追溯到本杰明·富兰克林和托马斯·杰斐逊。然而，直到第一次世界大战期间，美国意识形态渗透战略的领导机构才正式确立，其标志就是“公共信息委员会”这一宣传机构的诞生。第二次世界大战时期，美国又成立了“战时新闻处”，具体负责美国的对外宣传及心理战相关工作，这也是后来成立的美国新闻署的前身。随后，冷战的全面爆发促使美国决定建立全面的意识形态渗透战略体系，以便与苏联开展“人心之争”。冷战之后，特别是由于“9•11”事件的发生，伴随着信息时代的全面到来以及随后的执行反恐任务，美国的意识形态渗透战略不断调整，开始注重利用互联网、社交网络等新兴媒体技术来组织实施，与此同时，诸如“战略传播”“网络外交”“影响战”等一些新的认知空间作战理论，也日渐受到美国政府及军方的高度关注。

一、早期的美国意识形态渗透战略

美国意识形态渗透战略的思想萌芽，最早可以追溯到200多年前的殖民地晚期和美国建国初期由开国元勋富兰克林和杰斐逊所主导的外交活动。1757年，在英国，富兰克林充分开掘自己的智慧，运用谈话或发表文章的方式为殖民地塑造良好的形象。“他运用当时一切可以利用的媒体手段为殖民地进行宣传，例如他付给《公民报》1英镑在该报刊登其儿子写给他的一封信；他还撰写了一系列的图书和小册子来表达宾夕法尼亚人民对英国政府的不满。”除此之外，富兰克林还运用政治漫画、公开演讲、隐蔽劝说及其他“黑色宣传”“灰色宣传”等手段，从事反对英国对北美殖民地统治的政治宣传活动。与富兰克林类似，另一位美国开国元勋杰斐逊，在当年出任驻法大使期间，把自己的办公室当作舆论宣传中心，犹如今日美国新闻署这一意识形态运作机构在全球分布的上百个中心一样，积极传播美国的形象，争取国际舆论支持。

1898 年，美国以一场战争将西班牙逐出菲律宾，由此，美国正式登上了世界舞台，其对外意识形态扩张的需求也正式开始。西奥多·罗斯福总统的名言“温言在口，大棒在手，故而致远”（Speak softly and carry a big stick; you will go far），为日后美国的对外意识形态渗透活动确定了基调。1917 年，第一次世界大战期间，美国总统伍德罗·威尔逊在国会宣战一周之后，立即宣布成立了“公共信息委员会”（Committee on Public Information）。该委员会成员包括国务卿、陆军部长、海军部长和商界财阀。委员会主席由记者出身的乔治·克里尔（George Creel）担任。克里尔在该委员会下面设置了无线电服务处、外国新闻局和外国影片处。委员会直接服务于参加第一次世界大战的宣传需要，被称为美国历史上第一个由国家政权主导的“制度化的宣传机构”。“公共信息委员会”是美国新闻署的先驱，是美国意识形态渗透战略正式成型的标志。

该委员会的工作目标：一是通过舆论宣传鼓动美国人民直接参战、生产军火或购买国债；二是通过舆论宣传塑造美国在盟国和中立国的良好形象；三是通过舆论宣传削弱敌对国军民的士气与精神。为了达到这一意识形态渗透战略的目的，“公共信息委员会”印制了大量图书与传单，并拍摄了专门的宣传电影。此外，该委员会还在除轴心国以外的所有主要城市开设了办事处，利用美国海军的无线电装置向全世界进行宣传广播。对于“公共信息委员会”在战时的表现，克里尔在战后的著述中说道：“与战场上的炮火相并行，美国还发动了一场全球范围的舆论战，这是为征服人们的心灵而战，为征服人们的信念而战，战线则延伸到了每个家庭、每个国家……正是由于认识到了公众舆论在战争中的巨大威力，这次大战在根本上有别于过去所有的冲突……在国内，我们针对偏见、冷漠和不忠而战；而在国外，我们针对无知、谬误和荒诞而战。”

虽然新成立的“公共信息委员会”刻意避免使用“宣传”（propaganda）这一术语，但是，其试图影响敌对国社会舆论的目的却是十分明确的。为了达到这一目的，“公共信息委员会”十分活跃，不仅与美国的作家、剧作家、电影制作商、演说家、广告制片人、出版商等开展了广泛的合作，广为营造一切有利于美国的国际舆论，而且也对敌人进行了尽其所能的思想攻击。在此期间，“公共信息委员会”依靠美国已经拥有的大规模生产优势，先后印制了大量图书、传单及电影等，散发出版物的总数达到了7500多万份。此外，“公共信息委员会”还得到了美国商界的大力支持，美国出口商的650多家分部为该委员会的宣传资料提供了展示场所，一些广告商则提供了价值上百万美元的广告版面。后来，当美国真正参战以后，“公共信息委员会”还运用气球投递宣传品到敌军战壕，在炮弹壳内夹带传单投送到敌军部队以及制造假情报把反德国舆论传播到其他中立国家。

总之，从1917年宣告成立到1919年被迫终止，“公共信息委员会”作为美国早期成立的专门从事舆论宣传及心理战的组织机构，在威尔逊总统的直接领导下，它充分利用美国的技术、情报及商业优势，通过积极开展活动，为战时的美国赢得了重要的国际舆论支持，对在促使德国最后崩溃中发挥了重要作用。“公共信息委员会”的这些突出表现，也受到了时任美国陆军部长牛顿·贝克（Newton Baker）和总统威尔逊的高度赞赏。直到最后，当“公共信息委员会”因与美国国会的矛盾逐渐增大而受到广泛质疑时，美国军方及威尔逊总统依然为之努力展开辩护。无奈，随着国会在美国政治体制中权力的日渐扩大，以及“公共信息委员会”与国会矛盾走向白热化，1919年美国国会众议院先是大大缩减了“公共信息委员会”的运作经费，又在1919年6月30日，国会正式宣布取缔了“公共信息委员会”。至此，美国早期的意识形态渗透战略告一段落。

在第一次世界大战之后的一段时期，除美国国务院还继续小规模地通过驻外官员向外国新闻界公布一些时事新闻之外，美国暂停了针对外国政府和公众的大规模舆论宣传活动，转而开始与英国争夺信息传播霸权。众所周知，在两次世界大战期间，英国的帝国信息传播体系开始受到挑战。具体而言，英国在信息传播领域的统治地位，不仅使英国获得了巨大的军事优势，而且使英国电信企业从相关设备的销售中获取了丰厚的海外商业利润，这也引发了其他国家向英国在国际信息传播系统中的霸权地位进行挑战。美国正是看到了信息传播体系对未来争夺全球霸权的战略价值，为此，在第一次世界大战结束之后的1919年，美国政府强迫美国马可尼公司（英国马可尼公司的分公司）将其所拥有的信息传播资产专卖给了美国企业集团，从而创造了一个“全美”机构——美国无线电公司（RCA）。此举目的主要在于，确保美国不再依赖英国控制的海底电缆，并参与到国际无线电领域的竞争中来。到20世纪时，美国已无可置疑地成为全球信息传播的强国。1932年，英国广播公司成立。1939年，美国的五大广播组织——全国广播公司、哥伦比亚广播公司、西屋电气公司、通用电子公司和克罗丝利公司——控制了38个使用国际短波频率的电台。

几乎与此同时，除美国、英国之外的其他国家也开始大力扩展无线电信息广播业务。如苏联于1926年开始用国际短波广播进行舆论宣传；荷兰于1927年开始进行国际广播。随着法西斯主义的日益猖獗，20世纪30年代，英国同德、意、日在对外广播领域也展开了激烈竞争。德、日各自都建立了大批无线电发射台。各国围绕无线电广播的争夺越发加剧。

第二次世界大战期间，富兰克林·罗斯福总统认识到，“我们的安全依赖于我们与其他国家说话并赢得他们支持的能力”，“图书如同舰船，拥有最坚硬的装甲、最长的巡航半径和最猛烈的火力”。因此，在罗斯福任期之内，美国政府先后成立了“新闻协调署”（Coordinator of Information）、“精确资料办公室”（Office of Facts and Figures）、美国之音（VOA）、“战时新闻署”（Office of War Information）、“战略事务局”（Office of Strategic Service）、“国际新闻和文化事务署”（Office of International Information and Cultural Affairs）等众多信息传播机构，并设立了专门负责对外信息传播事务的助理国务卿一职，全力部署服务于美国战争目标的意识形态渗透战略。具体而言，面对纳粹德国的宣传，罗斯福总统先是于1938年5月设立了“同美洲诸共和国合作部际委员会”（后更名为“科技文化合作部际委员会”），负责对外舆论宣传工作，应对敌对国的舆论宣传挑战。随着战争规模的日益扩大，美国政府又于1940年8月成立了“美洲共和国商业、文化关系协调处”（后更名为“美洲国家间事务协调处”），并于1941年7月成立了“情报协调署”，开展舆论宣传相关工作以支持战事活动。

作为美国广播事业管理委员会监管下的一个政府机构，美国之音（VOA）自1942年2月24日成立并首次开展国际广播以来，其每次广播之前都有一句开场白：“This is the Voice of America, signing on.”（这里是美国之音，现在开始广播。）美国之音也因此也成为世界各国谈论美国意识形态渗透战略的一个符号和标签。的确，美国之音是美国政府的喉舌和文化传播的主要工具，长期负责从事对外舆论宣传工作，一项重要使命就是“向其他国家的公众推介美国的信念和信仰”。

在经历了众多机构混杂在一起从事舆论宣传及心理战相关工作之后，到1942年6月13日，除“美洲国家间事务协调处”外，美国所有从事对外舆论宣传的机构都被合并为“战时新闻处”，由著名新闻评论员埃尔默·戴维斯担任主任，全面负责战时舆论宣传和心理战相关工作。在战争结束之时，戴维斯在给总统呈交的报告中对“战时新闻处”评价道：“宣传只是一种辅助武器，它从没有自己赢得一场战争，但是如果运用得当，它会大大加强军事行动的战略效果。”

二、冷战时期的美国意识形态影响战略

在第二次世界大战之后的冷战时期，美苏经历了长达四十年的争霸，双方都建立了完备的意识形态渗透战略框架。如就美国而言，在杜鲁门和艾森豪威尔两任总统的持续努力下，美国政府于1947年至1953年间依照《国家安全法》（National Security Act of 1947）、《美国信息与教育交流法》（The U.S.Information and Educational Exchange Act of 1948）等法规，分别成立了国家安全委员会（NSC）、中央情报局（CIA）和美国新闻署（USIA），为美国的意识形态渗透战略奠定了雄厚的制度基础。特别是杜鲁门总统于1945年就明确指出：“今日对外关系的本质使得美国必须将维护海外信息活动作为运行其对外事务的一个集成部分。”1950年，美国总统杜鲁门发起了所谓的“真理运动”，开始向苏联展开猛烈的意识形态攻势，并在西欧进行了大量赤裸裸的反共宣传活动。为此，美国政府专门拨款1.2亿美元用于相关理论研究工作。这种投资后来被艾森豪威尔总统形象地称为“在宣传上花费一美元就等于在国防上花费五美元”。1951年，杜鲁门又下令成立了“心理战略委员会”（PSB），负责制定意识形态渗透战略的总体目标、政策及计划，并协调相关部门开展行动。直到今天，虽然冷战早已结束，美国信息传播体系的核心仍然是将世界划分为“自由世界”和“专制世界”两大对立阵营的杜鲁门主义。

1953年，在德怀特·艾森豪威尔上台执政后，他进一步强调，“冷战是一场全面战争，一场赢得思想和心灵的战争，美国生活的方方面面都要为赢得这场战争而服务，每个人在这场战争中都扮演着不可或缺的角

色。”事实上，早在1952年的总统竞选演说中，艾森豪威尔就明确表达了这一战略思想。当时，他说：“为了赢得这场争夺心灵和思想的战争，我们必须努力使我们的外交政策适应统一的、连贯的冷战整体战略……在精神和决心上，我们应该将这场冷战看作是不用伤亡就能获得胜利的一个机会。”1955年，美国军方出版了一本手册，在整合当时有关心理战的众多理论基础上，提出了战略心理战的概念，认为“战略心理战就是有计划地使用宣传以及其他相关行为，主要目的在于影响敌对的、中立的或友好团体，影响其观点、情感、态度及行为，以便使其支持我方国家的战略目的”。在整个20世纪50年代，在美国新闻署的主导下，美国政府对苏联执行了多项针对性的意识形态渗透战略项目。

随着冷战的全面展开，美国开始全面开动国家的舆论宣传机器与苏联进行争霸冲刺。为此，美国建立了三个可以穿透“铁幕”的全球广播电台，它们分别是针对东欧国家的自由欧洲电台（Radio Free Europe,RFE）、针对苏联的自由电台（Radio Liberty,RL）以及位于被东德包围的西柏林之美国阵线电台（Radio in the American Sector,RIAS）。这些电台还经常出版一些广播收听技术指导手册，指导人们如何对抗苏联和东欧的干扰活动。这些出版物专门为非专业读者设计，所需的材料在东欧集团国家境内很容易就能买到。自由欧洲电台和自由电台不仅把这些内容向这些国家进行广播，还将其相关内容公开出版，以使人们可以在“地下”秘密地互相传递。

这些电台进行的全球传播效果也是很明显的。如一些历史学家就认为，发生在1956年的匈牙利事件的部分原因，就是自由欧洲电台播出了美军会出面干涉的言论。而我们知道，苏联切尔诺贝利核电站灾难之所以迅速被世人所知，也是因为自由欧洲电台和自由电台及时向东欧集团国家报道了该事件，从而使一向反应迟缓的苏联媒体不得不对这次灾难加以报道，当然，该报道是从苏联的角度做出的。这时候的苏联也不甘示弱，其利用莫斯科电台对西方国家开展舆论宣传，并于1943年开播了对北美的舆论宣传节目，同时开始对自由欧洲电台、自由电台、美国之音、英国广播公司及以色列电台的广播实施技术干扰。

在与苏联展开的争夺信息传播霸权的较量中，除了公开的全球广播之外，美国还利用秘密或非法电台进行全球广播，它通常是由国家资助的从事针对另一个国家的广播宣传活动，该活动隐蔽地进行。如在20世纪50年代至1973年成立国际广播管理局，之前由美国中央情报局所资助的自由欧洲电台和自由电台的活动就属于这种情况。目前，在中东和拉丁美洲仍然有许多秘密电台，这些电台主要针对伊朗、伊拉克、尼加拉瓜和萨尔瓦多进行广播宣传活动。

随后，美国的全球广播电台增加到了五个，其中，美国之音和马替电台（Radio Marti）接受美国新闻署（USIA）的命令，自由欧洲电台、自由电台及自由阿富汗电台（Radio Free Afghanistan,RFA）则由国际广播管理局（Board for International Broadcasting,BIB）管理。在1991年6月，美国之音每星期播出1187小时，自由欧洲电台播出539小时，自由电台播出499小时，马替电台播出162小时，自由阿富汗电台播出14小时。在一星期之内，美国总共播出2401小时的节目，是世界上国际广播时数最多的国家，而在1984年之前，这一地位是由苏联占据。同一时期（1991年6月）莫斯科电台播出1951小时，中国播出1537小时，联邦德国播出841小时，英国广播公司播出778小时。

在这里，我们需要特别提及一下这个“美国之音”。在与苏联展开的冷战中，美国之音一直是美国的一把利器。早在冷战开始之后，1947年2月，美国之音就开始对苏联进行广播宣传。1948年，美国国会终于通过史密斯—蒙特法案，成立了一个常设性国际信息传播机构，为美国之音提供运营经费。1950年4月，杜鲁门总统又发起了所谓的“真理运动”（Campaign of Truth），要求强化美国的国际广播，以对抗苏联的舆论宣传，主张用“真理”去唤醒铁幕背后公众的觉悟，诱导他们产生对现状的不满情绪。很快，美国之音在菲律宾、冲绳、慕尼黑等地先后修建了多座大功率发射台。1953年，负责美国公共事务传播和对外舆论宣传的美国新闻署（USIA）创立，美国之音随即成为该署的一个最大下属部门。在随后的匈牙利事件、苏伊士运河危机、第二次柏林危机、美苏最高首脑会晤等一系列重大国际事件中，美国之音极尽煽风点火之能事，大肆进行反共宣传，成为美国推行冷战全维战略的急先锋。

美国之音的章程最早起草于1960年，并于1963年进行了修改，在1976年福特政府时期则正式调整为法律。它明确阐述了美国之音广播宣传的三项基本原则：其一，美国之音致力于提供一贯的、值得信赖的、具有权威性的、来源正确的、客观的和广泛的新闻；其二，美国之音将代表整个美国社会，而不具有选择性，它将宣传一种系统而完整的美国思想和制度；其三，美国之音将准确而有效地表达美国的政策，同时还将对这些政策进行合理的讨论，并提出自己的看法。

20 世纪 70 年代，美国总统卡特上台之后，继续重视发挥美国之音在意识形态影响战略中的作用，并称“美国之音是美国对外政策的一个关键性因素……电台广播是足以颠覆社会主义制度的重要手段”。随后，尼克松总统也极其重视无线电广播在冷战中的工具价值，他在1980年出版的《真正的战争》一书中就曾说：“它们（社会主义国家）需要我们的技术，需要同我们做生意，他们无法阻挡我们的无线电广播。当他们打开门伸手去取他们所需要的东西时，我们应当竭尽全力把尽可能多的真理塞进门。”而在《1999：不战而胜》一书中，他又进一步宣称，“如果我们在意识形态领域中失利，我们所有的武器、条约、外援和文化交流都将毫无意义……最终对历史起决定作用的是思想，而不是武器。”

20 世纪 70 年代罗纳德·里根政府执政时期，作为实施“广播星球大战计划”的重要工具，美国之音受到了美国政府的大力支持。如在 1982 年 2 月 24 日美国之音成立 40 周年的纪念仪式上，里根总统大为赞赏美国之音“给那些生活在共产党政权之下的人民和独裁暴政统治下的牺牲者带来了希望”。里根将美国之音、自由欧洲电台及自由电台一并誉为“真理的灯塔、自由的象征，是告诉铁幕后面的人们不要放弃希望的工具”。在里根政府的推动之下，美国之音的全球广播得到了进一步发展，尤其重视对他国青少年听众的宣传渗透，试图在社会主义国家的下一代中播下“自由的种子”，努力培养他们亲西方的价值观和思想体系。

在 1987 年下半年，里根总统派出了一组 FB-111 战斗轰炸机，从英国的基地起飞去轰炸利比亚，以报复卡扎菲对国际恐怖主义的支持。正是美国的国际广播电台之一美国之音，在此期间对利比亚人播放了一个呼吁，号召他们推翻卡扎菲。虽然这样一种呼吁违反了国际法准则，因为国际法禁止使用宣传手段来挑唆暴力行动，或者是干涉他国内政，但美国根本不理睬这个所谓的联合国规定。美国之音有多大影响力，从苏联解体的那一刻，我们也能窥见一斑。1991 年 8 月，在那场短暂的苏联政变中，俄罗斯总统鲍里斯·叶利钦利用一台传真机宣布政变，并向华盛顿求助。而被军方扣押在度假别墅中的苏联总统戈尔巴乔夫，则要靠一台短波收音机收听英国广播公司和美国之音的广播，才能了解发生在莫斯科的整个事件进程。全俄罗斯国家电视广播公司（ALL-Russian State Television Radio and Broadcasting Company）国际部主任，对美国之音在政变期间播出鼓动俄罗斯公众“拿出信心和决心来推翻独裁者”的言论表示感谢。

当然，需要指出的是，在整个冷战期间，除了与苏联在意识形态战线上展开激烈争夺外，美国之音还参与了对我国意识形态的渗透与颠覆活动。具体而言，美国之音在成立之后不久的1942年6月便开通了中文广播，起初是普通话和广东话广播，后又陆续增加了闽南话和上海话广播。自20世纪50年代初直至60年代，美国之音对华广播的主旨是，拒不承认中华人民共和国、孤立和封锁新中国的对外政策，大力进行反共反华宣传。20世纪70年代中美建之交后美国之音的对华广播进行过微调，但其在意识形态领域的使命却依旧如此，这一直延续到了20世纪80年代和90年代。1991年4月，美国之音开始设立了藏语广播和藏语节目专栏，每周的藏语广播为28小时，至1997年，藏语广播波段由原来的3个增加到了13个，广播方言由一种增加到了3种，每周的粤语广播为14小时。而根据《世界广播电视手册》1998年的统计数据，美国之音从1997年开始试播维吾尔语和哈萨克语，目前，它对我国的广播共使用42个短波频率和3个中波频率。此外，在1991年和1992年，美国有三个特别委员会还建议考虑成立一个主要针对中国的，类似于“自由欧洲电台”和“自由电台”的广播宣传系统。1996年3月，“自由亚洲电台”正式开始运作。该电台每天对华滚动广播24小时，其中普通话广播为12小时，藏语广播为8小时，粤语广播为3小时，另有1小时为维吾尔语广播。

持续半个世界的冷战最终以苏联解体而告终，然而，此时的美国已彻底在国际信息传播领域登上霸主宝座。如在1993年，美国公民和企业已拥有占世界四分之一多的电话，三分之一的收音机，个人电脑的百分比最高，卫星地面站的数量最多。此外，美国还拥有世界上覆盖面最广的通信卫星网络，而它出口的电影和电视节目，占到了世界第一位，比排名第二至第五位的国家所出口的总和还要多。而且，美国的全球广播节目时数比其他任何国家都要长，每年要耗资10亿美元，专门用于从事针对他国人民的信息发布活动。

与美国主导国际信息秩序相对应的，则是美国为意识形态渗透战略而推行的“文化帝国主义”。“文化帝国主义”一词所蕴含的不仅仅是对文化产品的争议，而且还包括文化强国将其文化产品强加于弱国之上，而弱国又无力抵抗的事实。研究文化帝国主义最著名的学者席勒就曾写道：“美国强大的信息传播系统构成了一个帝国网络，这个网络反映出其强大的技术经济实力，它构成了一个权力金字塔，美国处于控制地位的塔尖，底层则是经济薄弱的新独立国家。”而埃利奥特和戈尔丁则指出：“国际媒体系统实际上就是将发展中国家纳入西方资本主义文化霸权之下的一种机制。”联合国教科文组织则早在1986年出版的一份研究报告中就指明了同样的问题，即根据全球出口情况来看，文化帝国主义的确存在。这份研究报告根据1980年的资料，列出了在书籍、报刊、唱片和录音带方面的五大输出国。其中，在五大输出国的产品中，书籍占全球出口总数的67.5%，报刊占75.3%，唱片和录音带占75.8%。这些数据不仅表明了大国产品的主导地位，似乎也为工业化国家的文化帝国主义行动提供了证据。

三、“9•11”事件之后的美国意识形态影响战略

冷战结束以来，在美国的意识形态渗透战略中，其越来越关注如何增强其运用各种“软实力”的能力，即如何能够使美国有效影响特殊的他国公众，从而改变他们的态度和行为，以致最小化甚至完全避免冲突的发生。在此背景下，受美军训练与条令司令部未来研究中心资助，兰德公司的阿洛佑研究中心启动了一项研究计划，其最后的研究成果就是“影响战”理论。其实，这不过是新时期美国意识形态渗透战略的一种新的表现形态而已。

这个报告的开篇，即介绍了有关“影响战”理论出台的背景：冷战结束至今，美国先后对海湾地区、科索沃、阿富汗和伊拉克采取了军事行动，事实表明，在与各种各样的对手或集团展开的常规军事对抗中，美军似乎是攻无不克、战无不胜的。然而，为了赢得和平，美国面对的挑战远不止这些，相对于军事实力，各种形式的“软实力”显得更加重要。“9•11”事件之前，越来越广泛的共识是：在大部分的穆斯林国家，美国的霸权形象在某种程度上催生了那些致力于摧毁美国的伊斯兰“圣战分子”动员和招募新成员，他们耗费了大量精力在对付圣战者的反美宣传上。美国随后

在维持伊拉克和阿富汗实现“稳定的政治均衡”过程中遇到的困难，更进一步触发了这个国家提升通过影响目标群体来减少甚至避免战争进而维护和平与稳定的能力。现在，大量的研究集中在如何通过各种类型的沟通方式增强美国影响其他国家的能力上。这种能力就包括公共外交、战略传播、信息战，还有其他能够用来影响态度、行动和决定的方式方法——也就是不用诉诸武力而“赢得人心”。

该报告的主要撰写人是埃瑞克·拉森、理查德·达日莱克、丹尼尔·朱卜兰、布莱恩·尼奇珀鲁克、埃米·理查森、洛厄尔·施瓦茨及卡特兰·瑟斯顿。在介绍了上述研究背景之后，报告的作者们谈到了有关“影响战”的理论框架。他们认为，影响战的目标受众可能是一个具体的领导人、精英阶层或决策者，也可能是军事组织及其成员、特定人群或社会公众。“我们的研究分四个层面：其一，给影响战下一个可操作的、实用性强的定义；其二，回顾一下有关影响战的学术文献；其三，描述有效展开影响战的一般模型所具备的要素并提供一种将影响战融入军事行动的研究架构；其四，对于当前有助于设计、实施、评价影响战的方法论和工具给予评判和说明。”

该报告给出的“影响战”定义与美国国防部发布的“战略传播”（Strategic Communication）定义基本一致。“影响战是指在和平时期、危急时刻、冲突及冲突发生之后，通过协调、综合、同步运用国家的外交、信息、军事、经济以及其他实力，达到促使那些国外的目标受众形成对于美国的利益和目标有利的态度、行为和决定。”与此相对照，美国国防部在 2006 年发布的有关“战略沟通”的定义是：“通过统筹使用内在一致的方案、计划、主题、信息和产品并不惜动用国家实力范围之内的所有工具，以达到理解关键受众并与之建立密切联系目标，并以此为美国政府赢得利益、推进政策目标的实现，创造、加强并保存所需的条件和氛围。”

对于美国国防部有关“战略传播”的界定，美国空军总部和空军大学的具体释义是：“通过协调一致的沟通工作，告知并适当地影响目标受众，以发布真实、及时、准确和可靠的信息，因此，信息源、信息本身、信息传递者、受众、时限都具有战略地位；沟通既取决于你说什么，也在于你做什么；需要关注内部沟通，也需要关注外部沟通；操控流程的水平和能力在和平时期与战时同样重要。”而《像打真实战争一样打赢观念之战》（*Fighting the War of Ideas like a Real War*）的作者沃勒给美国联邦政府的战略传播所下的定义是，它包括公共外交、公众事务（由军方公众事务部领导）、信息战（IO，包括心理战），这些统称为一般意义上的“战略传播”。“战略传播”的目标是：了解外国人的态度，并且通过多种有效措施操纵他们的态度。美国国务院则提出了战略传播的三个主要目标：第一，给人们展现美国的形象，包括关于希望、机遇、自由以及对法律的尊重等方面的文化信息；第二，隔绝和排斥极端主义者，与此同时，减轻美国与伊斯兰教之间的冲突；第三，给人们形成一种印象，即美国与善良的人们有着相同的爱好和价值观。

“我们必须明白，美国已经卷入了一场跨越时代鸿沟的全球思想战。这不仅是西方国家与伊斯兰世界之间的战争。这也不仅是针对恐怖主义者所发起挑战的战争。我们必须将思想战置于全球网络中加以思考：政府与非政府在其中到底扮演何种角色？”这是美国国防科学委员会在2004年版本的《战略传播研究报告》中描述的新战争形态，时隔四年之后的2008年，美国国防科学委员会在1月份发布的《战略传播研究报告》中又写道：“虽然国家之间的战争并不多见，但政府与非政府挑战者之间爆发的武装冲突已呈现常态化。遍布全球而又行踪不定的敌人能够成功地挑战拥有国界的主权国家。在这前所未有的时代，媒体是决定性的对抗平台。虚拟冲突、认知伤害与现实冲突、现实伤害一样重要。”

到底如何最终赢得这种新形态战争的胜利呢？时任美国副国务卿的詹姆斯·格拉斯曼于2008年6月24日宣称：“作为协调各部门开展思想战的主要负责人，我的任务就是动员我国一切可以调动的资源投入这项工作，不论是公共资源还是社会资源，也不论是人力资源还是技术资源。”2008年10月29日，格拉斯曼又在一次新闻发布会上说，美国国务院正在实施一项旨在抵制互联网反美宣传的计划。这个名为“数码对外扩展小组”的项目，主要负责浏览阿拉伯语、波斯语和乌尔都语网站，而且“正在研究增加数名俄语工作人员”。他们浏览网页、聊天室和一些热门网站以及一些知名博客，他们探讨美国当局的政策，纠正网民的有些不正确思想观念并推荐正确的文件供网民浏览参考。

再说影响战，兰德公司的研究报告认为，影响战的框架包括影响个人、影响组织和网络、影响对手领导联盟及影响公众四个维度。从兰德公司对影响战的定义来看，其所谓的影响战之目的在于影响一个目标的认知、心理、动机、观念、思想和情感特质等，对于这一新概念与以往的心理战、信息战、战略沟通等概念的关系，《影响战》一书的作者们认为，公共事务（PA）、信息战（IO）、心理战（PSYOP）、战略沟通（STRATCOMM）、公共关系等这些概念都不过是影响战的实现手段而已。当然，该书也提到，使用影响战这个术语，既包括军事活动（例如，信息战、公共事务、对于外交及公共外交的军事支持，部分民事军事行动），也包括民间活动（包括公开的、隐蔽的或秘密的工作）。甚至于，影响战也包括非国防部（non-Department of Defense）的信息活动，如国务院的外交和公共外交活动以及由美国情报界所实施的影响活动。当然，影响战的这些组成要素之间的关系是特别复杂的，自然也就是富有争议的。

对于影响战来说最重要的框架问题，埃瑞克·拉森等人则认为，影响战的总体框架有两个层面。在战略层面，美国白宫、国家安全委员会、国家情报委员会及国防部的官员，地区分队指挥官和联合部队指挥官等主要关注以下四个重大问题：（1）美国当前的目标是什么？现在的目标有可能实现吗？如果不能，在目前的或可行的条件下最有可能出现什么结果？（2）哪些角色或集团对于政治—军事结局最有影响力？（3）什么策略（如武力或谈判）最有可能影响这些集团以促成预期结果？（4）对于其拥护者／追随者，集团的领袖具有多高的权威或影响力？在次战略层面，大家关心的核心问题则是：(1)目标受众使用哪些信息源和渠道？哪些最可靠？（2）目标受众的态度和看法是如何形成的？稳定性如何？（3）目标受众已经掌握了哪些信息？（4）哪种来源、哪些内容、何种形式的信息最易被接受并促成态度的转变？（5）需要向目标受众发出多少信息？为达到影响目标还需采取什么其他行动？

由上述美国著名战略智库及联邦政府对有关“影响战”“战略传播”的最新理论关注可见，当前全球化的发展虽然结束了冷战时代，意识形态的壁垒和边界似乎已经被全球化与信息化冲垮。但是，美国却通过文化渗透，以西方价值观为文化认同，利用发展中国家尖锐的社会矛盾，频繁发起“颜色革命”，改变了南斯拉夫、乌克兰、格鲁吉亚、吉尔吉斯斯坦等国家的政权。尤其值得关注的是，美国近年来在东欧、中亚的“颜色革命”以及在中东的“饥饿革命”之所以频频得手，主要是通过 Facebook 和 Twitter 等网络工具来传递消息和动员群众。当今世界呈现的变革与冲突，日益凸显文化与意识形态安全的重要性。尤其需要关注的是，在美国的意识形态渗透战略中，当前，除了其不断发展的“影响战”“战略传播”等理论之外，其还在着力谋划如何充分利用互联网的优势来开展思想攻击。

具体而言，2011 年 2 月 14 日，美国广播事业管理委员会向国会提交了其 2012 财年预算方案，按照该方案，美国之音于 2011 年 10 月 1 日全面停止其普通话短波、中波及卫星电视广播节目，同时全面取消粤语广播。虽然美国政府公开宣称，美国之音停止对华广播的原因是财政预算问题，然而，其没有说出的更为直接的原因则是，近年来收听广播的人数已越来越少。相反，随着互联网在我国的快速普及，这使得我国网民的数量仅次于美国而成为全球第二。正是在这种背景下，美国广播董事会在其预算报告中写道，“从传统的电台、电视广播转向利用新媒体技术的网络传播。这一战略转变预见到了新媒体技术在中国的日渐崛起，并瞄准了想要获取美国之音普通话节目内容的潜在听众。”

工具和手段的变更并不意味着美国放弃了对我国的意识形态渗透和颠覆政策。美国广播理事会成员维姆布什就明确表示：“我们很清楚，我们要保持短波阵地，因此，我们将美国之音的频率和时间段拨给了自由亚洲电台。我们并没有停止对中国的广播，我们只是重新校准了广播。”路通社则分析说，美英等国关闭各自的对华广播绝不是放弃在意识形态上与中国的全面竞争，而是要把更多精力放在电视及互联网上，因为这些领域云集了更多的受众。就在美国广播事业管理委员会向美国国会提交关于停止美国之音中文广播节目的第二天，2011 年 2 月 15 日，美国国务卿希拉里·克林顿在华盛顿大学发表了题为《互联网的对与错：互联网世界的选择与挑战》的演讲，倡导“互联网自由”，实质是谋求美国在网络世界的霸权。

早在 2010 年 1 月 21 日，希拉里在关于“互联网自由”的一次演讲中，专门针对谷歌与我国政府就网络审查问题宣称：美国国务院将向促进“互联网自由”的草根运动提供资金，并把互联网视为美国政府长期在海外推进意识形态渗透战略的重要工具。与希拉里有关“互联网自由”遥相呼应的是，美国国防部于 2011 年 2 月 8 日公布的《美国国家军事战略报告》则明确提出，“要把争夺公共空间与网络空间的主导权和优势，作为未来美国的战略方向和重点”。由此可见，新一代的美国安全战略与外交政策制定者们早已将目光投向了由互联网兴起所带来的技术空间及认知空间，并将其视为拓展美国国家利益的重要领域。美国广播理事会成员维姆布什的表态，可谓把美国之音停止对华广播的实质表述的一览无余：工具和手段的变更只是为了更好地实现美国对华意识形态渗透战略，关闭美国之音并不“意味着一个时代的终结”。相反，关闭美国之音对华广播的步骤，实质上是美国实施对华意识形态渗透战略的深刻反映，是对互联网技术未来发展动向的现实呼应。

其实，面对全球互联网的蓬勃发展，世界各国都在谋求抢占网络制高点，美国更是捷足先登。自 1978 年以来，美国先后出台了 130 多项涉及互联网管理的法律法规，包括联邦立法和各州立法。尤其是在互联网飞速发展的 1996 年，美国出台了《电信法》，明确将互联网世界定性为“与真实世界一样需要进行管控的领域”。2009 年 5 月，奥巴马政府发布了《网络空间安全评估报告：确保拥有可靠的和抗打击的信息与通信基础设施》，该报告把全球相互联系的数字信息和通信基础设施称为网络空间，提出要确保美国在网络空间的绝对优势，这其中就包括军事力量、思想形塑及政治传播等多个方面。2011 年 5 月 16 日和 7 月 14 日，美国又相继出台了两个互联网政策文件，即《网络空间国际战略》和《网络空间行动战略》，这些文件更是明确提出了美国要在网络空间延伸国家利益，确保主导优势。

追溯美国意识形态渗透战略的历史沿革及当代发展，探讨全球媒体时代的战争法则及国家认知空间安全战略，让我们更清醒地认识到，世界并没有因为信息化、全球化而变得一片太平，积极推进全球意识形态渗透战略，是美国维护其国家利益，谋求世界霸权的逻辑必然延伸。在此背景下，我们的应对策略是，不仅要注重国内的战略应对措施，而且还要重视国际文化环境，通过积极推进国际文化新秩序建设来维护我国的文化利益和意识形态安全。因为，目前的国际文化及信息传播秩序仍是由美国等西方发达国家主导的，它不利于广大发展中国家的文化发展与国家安全，中国作为一个发展中国家，国家文化主权和认知空间安全仍面临着美国文化霸权主义的严峻挑战。为此，我们应积极推进国际文化及信息传播新秩序的建设，推动不同文明间的平等交流与对话，积极利用国际机制，弘扬我国先进文化，使我国先进文化成为构建和谐世界和国际文化及信息传播新秩序的基础，成为维护中国国家安全和国家利益的重要途径。

大战略·微战争：国家安全战略构建的新坐标

在战略核武器掣肘及尖端信息技术支撑下，今天的人类战争已然超越传统“体能较量”主导的大规模厮杀，如何依托大战略指导在军事上精准发力，正在成为战争对弈双方的普遍共识与较量焦点。正所谓，战略与战争需要灵巧配合，用大战略设计微战争，用微战争支撑大战略，正在成为大国竞逐世界的通行规则。

一、“大战略·微战争”时代来临

大国关系的竞争说到底是战略的竞争，大国力量的博弈说到底是战略的博弈。当前世界已经进入一个大变革、大重组、大分化时期，国际力量加快重组，大国关系全位角力，任何一个国家要想在综合博弈的舞台上长歌袖舞，就必须要有大战略、大筹划、大对策，主动应对“大战略·微战争”时代的来临。

其一，国家利益拓展的必然。按照刘戟锋将军的研究，在人类进化史上，国际关系的演变经历了三个阶段：第一个阶段是自然关系阶段，即国家之间的关系主要表现为领土、领海、领空的关系；第二个阶段是经济关系阶段，即国家之间的关系主要表现为经济、贸易、货币关系；第三个阶段是技术关系阶段，即国家之间的关系主要表现为工程、技术和科学的关系。正是由于科学技术依据的是自然原理和规律，是全人类共通的，因此科学技术的本质就是全球化、全人类化。当代科技革命日益呈现的学科交叉、高度集聚、群体突破态势，已然成为拓展和维护国家自然空间、技术空间和认知空间安全的直接推动力。乃至于今天全球因科技的链接、交织、渗透等相互作用，网络、太空、海洋、极地等都日益成为世界各国公共活动的空间，当然，有活动就有利益、有冲突、有争夺，这也印证了国家利益边界的不断拓展。历史表明，每一种新空间的拓展总是以一定国家利益的拓展为先导，随之而来的则是基于实力竞争引发的国家主权变化。特别需要指出的是，与历次人类活动空间拓展相类似，网络空间的出现已经使国家利益在政治、经济、军事和文化等方面发生了重大变迁。从而使以互联网为中心的人类活动空间，正在集聚成为大国较量的主战场，不断上演汹涌惨烈的战略争夺。

其二，人类战争本质的规约。作为一种极其惨烈的暴力活动，有关战争的本质概括，历史上诸多大师都有精辟阐述。近代普鲁士军事理论家克劳塞维茨曾说："战争是迫使敌人服从我们意志的一种暴力行为。"暴力这个概念，在马克思和恩格斯的语汇中也具有较广泛内涵。在《反杜林论》中，恩格斯从经济基础决定上层建筑这一基本原理出发，深刻分析了战争的经济根源，明确指出："暴力仅仅是手段，相反，经济利益才是目的。"恩格斯关于暴力论的思想，为我们理解一切军事冲突行为的本质，提供了一把钥匙。20 世纪以来人类社会的各种军事斗争实践，特别是以美国为首的霸权主义国家，到处打着人权的幌子，发动对外军事干涉，其实质还是为了自身的经济利益。其实，在当代战争条件下，单纯的军事作战已并不能有效解决国家之间的冲突，也不能完全实现其政治图谋、经济利益。今日战争这种暴力活动，已演变成为一种结构性暴力。它包括在自然空间、技术空间展开直接的军事作战，更包括在认知空间展开的没有硝烟的较量。近几年，美军在全球推行的文化渗透、经济侵略等活动，就是这种结构性暴力的体现。这种结构性暴力活动表现为敌对双方战争体系在军事、政治、外交、经济、文化等领域的综合较量。依靠军事作战与非军事作战的组合攻击，超越已往攻城略地般抢劫财富，转而依托通过综合力量的灵巧运用，获得政治和经济利益。这种战略上围堵、经济上压制、政治上诋毁、文化上渗透、军事上封锁、网络上破坏等各种手段的组合拳，已然标志着人类战争上"大战略・微战争"时代的来临。

其三，科学技术力量的撬动。没有科技手段支撑的战略只能是虚幻的设想，没有科技手段支撑的战争已然是遥远的故事。当今世界格局的演变与战争形态的更迭，已经根本无法剥离科学技术的穿插影响。在此，我们讲"大战略・微战争"时代的来临，也得益于科学技术力量的杠杠效应。这主要体现在两个方面：一方面是高精度武器的发展。在挥舞核大棒解决国家间争端日益不可能的情况下，将高精度武器"纳入"一整套政治施压、舆论攻击和经济侵略的组合工具箱中，从纯军事范畴转向“军事—政治—经济”复合范畴，高精度武器正在跃变成最重要的达成战略图谋的现实工具。另一方面是信息战技术的发展。包括大数据、云计算、新媒体等在内的新一代信息技术的发展，使得借助信息战就可以破坏一个国家的体制基础，从而完成目标国家执政当局更迭的军事政治任务，这种对目标国领导人及公众展开的认知空间攻击，虽然没有针对武装力量攻击那样轰轰烈烈，但因战略效费比高，日益受到一些国家的重视。可以讲，美国及其盟友近十年来进行现代化战争和武器冲突的经验直观地证明，巧妙地运用信息技术可以达成那些军事干涉、经济扩张和其他侵略行为能够达成的目的，只是作用的客体变成了个人和大众的感知、国家和军事指挥系统，并通过它们作用于经济和政治体系。正是由于高精度武器和信息战技术两方面的发展，才助推“大战略·微战争”时代悄然来临。

二、“大战略·微战争”时代的战争新面貌

筹划和指导战争，必须把基点定准、把规律摸透、把局势看清。在尖端信息科技与战略武器系统的支撑下，战争的时空特性已发生了重大变化，在发现即摧毁的“秒杀”时代，军事斗争手段的这种革命性变化，也逐渐能支撑战略目标的实现，再辅之以现代传媒、经济手段等策应配合，从而催生出与大战略时代遥相呼应的微战争形态。

其一，军事对抗主体由“军人”转向了“军民”。在“大战略·微战争”时代，国与国之间的较量除军事领域之外，经济、文化、外交等领域都日渐成为主战场，没有硝烟的战争每天都在悄然发生，战争已不再是传统的军方“自留地”，军民之间的鸿沟正在被填平，20世纪80年代初美国未来学家托夫勒曾预言的“军民融合”式战争日益走入现实。如果说过去在争夺世界疆域和商品市场中发挥主导作用的是军事力量，那么在现代条件下，这些目标的达成则要由间接行动、使用非军事手段、实施一整套政治、经济、军事和文化等方面的组合措施来奏效。这一点也得到了近十年来美国及其盟友布施的战局证明，尽管这种隐蔽的战争往往以推广“民主”的颜色革命、“保护弱者”的人道干预、惩戒“专制”的反恐战争等精心掩盖和美化。但其本质之一就是，它揭示出在“大战略·微战争”时代，战

争对抗的力量已由单一的“军人”转向了复合的“军民”。在近几年美军发动的伊拉克战争、阿富汗战争，以及不断升温的伊朗危机、叙利亚危机，再到对西亚北非的颜色革命，美军在动员社会力量参与战争中，倾注了大量心思，当然也收效较大。这一规律性的转变，值得高度重视。

其二，军事对抗重心由“摧毁”转向了“控制”。在人类历史上，总有一些人物凭借其先知先觉对未来有一种精准的预测，间接行动战略的奠基人利德尔·哈特就是这样一位。这位英国历史学家和军事理论家在其经典著作《间接行动战略》中指出：“在整个人类历史长河中，战争的结果很少是有效的，除非采取间接行动，出其不意地抓住敌人。间接行动既有物理的，也有心理的行动；第一种是普遍的，第二种是永恒的。在战略中，最长的迂回路线常常是达成目标的最短路线。”的确，在人类已往的战争较量中，要使对手屈服往往需要摧毁其力量并占领其领土，而在“大战略·微战争”是时代的冲突中，作战行动的首要目标已不再是粉碎敌人的武装力量以及最后占领其领土，而是转向综合采取间接行动和非军事手段，配合政治、经济、信息、文化及其他一切措施，以剥夺敌人的抵抗意志并强迫目标国领导人服从胜利者的意志。这些非军事手段的运用，囊括在社会上制造对手的负面形象，曝光其作战计划形成威慑，开展公共外交使其陷入孤立，开动宣传工具瓦解其精神文化等等多种手段，是否善于运用这种组合攻击战略正在成为衡量高水平统帅艺术的标尺。

其三，军事对抗的时空由“一维”转向了“全维”。在美苏“冷战”的硝烟散尽多年之后，今天我们从不断披露的史料中，更加清晰地看到了苏联失败的根源。期间，美国综合开动国家机器，中情局、国防部、好莱坞、国务院甚至一些民间组织全员出动，对苏联展开了一场悄然无声但惊心动魄的绞杀战，据俄联邦武装力量总参谋部高级智囊乔基诺夫·谢尔盖·坚纳基耶维奇的研究表明，仅仅是通过从20世纪80年代开始的经济、金融、贸易和技术制裁，每年就给苏联造成了1500亿—2000亿美元的损失，而且在“冷战”最后十年攀升到了1.5万亿美元。相反，苏联领导人从1985年开始，就没有了经过深思熟虑的综合使用非军事手段与西方对抗的战略构想，自然也就无法有机协调权力部门在国际舞台上为国家利益而综合施策。时隔多年，我们今天发现，这种超越平时与战时、和平与战争的较量，今天已然成为常态。如果说拿破仑在14世纪宣称在政治中“4张报纸可以比10万大军做更多的事”有点夸张的话，在如今的“大战略•微战争”时代，通过隐蔽地入侵计算机网络瘫痪对手的指挥机关和经济系统，通过巧妙地发动舆论力量攻击对手的大众认知和国家文化等，这对西方某些国家而言，已成为驾轻就熟的手法。这种战争的对抗与较量时空已然从过去的“一维”转向了“全维”。

三、勇立时代变革潮头，主动迎领军事变革

习主席指出，随着时代发展和国家安全环境变化，我军职能使命不断拓展。全军一定要充分认识我国安全和发展面临的新形势新挑战，坚持把国家主权和安全放在第一位，坚持军事斗争准备的龙头地位不动摇，全面提高信息化条件下威慑和实战能力，坚决维护国家主权、安全、发展利益。贯彻落实习主席决策指示，就需要我们透彻认识大战略时代微战争的特点规律，大力加强战略层次筹划，准确把握战争制胜机理，切实搞好战略战术协同，从原点与根基上牢牢掌握强军兴军的主动权。

其一，树立大国防观念。在悄无声息的较量中，倘若一个国家没有确立大国防观，国家利益势必将大量流失而悄然不觉。因此，我们必须看到，在21世纪第二个十年的今天，世界主要大国对地缘战略空间、经济和自然资源的争夺不断加剧，这在总体上导致了国际矛盾恶化，并成为世界各个地区爆发武装冲突和局部战争的原因。今天的国家安全形势正在发生着深刻的变化，国家安全边界已从传统的军事领域拓展到了经济、文化、社会认知及个体思维等诸多方面。因此，在“大战略•微战争”时代，要有效应对国家安全的变局与未来战争的挑战，就必须树立大国防观。

其二，打造小规模尖兵。历史上，在几个世纪里，古罗马军团以其灵活的步兵方阵，不仅击败了传统敌人拙笨的大规模步兵方阵，也同样巧妙地战胜了组织松散的部族武装。由于多重原因掣肘，未来战争中两支军队大规模全面对抗的门槛已越来越高，“多而小”胜过“少而大”将越来越成为未来战争的制胜规则之一，类似于古罗马军团这种“多而小”的部队战胜各种规模对手的战争范例将不再是绝响。2010年3月的美国《外交政策》杂志，就刊登了美国著名军事战略专家约翰•阿尔奎拉的一文《战争新规则——如何赢得未来战争？》，阿尔奎拉结合美军在伊拉克和阿富汗

两场战争实践，对美军部队建设和军事转型提出了批评意见，认为应对未来战争应遵循三项基本原则之首就是要建设大量的小规模部队。尽管阿尔奎拉批评的是美军，但其实这支军队近几年一直在谋求向此方向转型：美国陆军一直在增加旅建制部队（兵力通常为3000至4000人）的数量，从2001年不足30个旅增加到今天的50余个旅；海军陆战队也将部队划分为各拥几百人的“远征小队”。在未来的构想中，拥有200多万现役人员的美军，将被编成数百支小型混编部队。在陆地，未来战争的模式将类似于2001年底呈现在阿富汗的一幕：200名美军特种兵变成“马背上的战士”并最终打败了塔利班和“基地”组织。这样的小分队能够快速部署，并依托背后强大的体系作战支撑给对手以致命打击。在海上，美国海军的打击能力将由数百艘配备高度智能化武器的小型舰艇分担，而不是集中在少数越来越容易受到攻击的超级航母上。在空中，航空兵联队的规模将减小，每个联队仅有少量的飞机，但总体数量将增加。所有军事力量可以网络化协同行动，与对手展开“蜂群”式攻击。

其三，应对全时空战争。时间和空间是一切运动着的物质的基本存在形式。战争作为一种社会历史现象，也必然存在于一定的社会历史时间和空间之中，并且具有自己的时间存在和空间存在。战争的时空，作为战争运动的根本存在形式，有其特殊的规定性，并随着战争形态的演变而不断演变。人类战争总在一定的时空域中进行，由于物理学的发展及其用于军事，战争的作战空间由陆地拓展到海洋，特别是在20世纪，战争进一步向空中、向太空、向电磁空间、网络空间延伸，作战半径、作战范围、作战样式空前扩张。然而迄今为止，各国军队的作战都主要还是在物理时空中进行，受到物理时空的严重局限，有明确的时间界限，而未来战争必将跨越战时与平时的界限，成为一种经常性的较量。其实，早在二战后，以美国为首的西方国家对社会主义国家进行的“和平演变”战略就一刻也没有停止过。在苏联解体前，西方对付社会主义国家的电台就有“美国之音”“自由欧洲电台”“自由电台”“BBC电台”“德意志电波电台”等。其中仅美国之音，每天就使用几十种语言，每周播音900多小时，全天候地对社会主义国家开展战略信息战。现在虽然冷战已经结束，但以美国为首的西方国家冷战思维依然存在，他们借助因特网等现代传播手段，每天发往世界各地的信息不计其数，许许多多打上美国烙印的信息也随之飞往世界各地，以很强的渗透性“吞噬”着各国的传统文化，冲击着人们的价值观念，影响着人们的思维方式。显然，人类战争在已知的陆、海、空、天自然空间基础上，已经拓展到技术空间和认知空间，并跨域平时和战时全维度展开，这就要求我们在“大战略·微战争”时代必须探索有效应对全时空战争的挑战。

总之，当今世界正面临着前所未有之大变局。霸权主义、强权政治和新干涉主义有所上升，地区冲突和动荡此起彼伏，恐怖主义、海盗活动层出不穷，核安全、太空安全、网络安全形势严峻，贸易战、汇率战轮番出现。各种国际力量都想在乱中求变、乱中谋利，围绕权力和利益再分配的斗争十分激烈。要应对这种复杂巨系统中的各类问题，迫切需要我们善于从宏观大战略层次筹划微观军事行动，在大战略与微战争之间寻求契合点，通过军事强制力、制度规制力及话语影响力的组合手段，创造性地运用军事力量，谋求国家安全利益的最大化。

国家安全战略的科技透视

目前，教育部印发《关于加强大中小学国家安全教育的实施意见》，明确了构建完善的国家安全教育内容体系、研究开发国家安全教育教材、推动国家安全学科建设等八项工作。尤其是，明确提出要设立国家安全学一级学科。

实际上，在国家安全领域，军事前沿科技一直是关注的焦点，颠覆性技术的创新通常被认为是“游戏规则改变者”。当代，安全问题大多因科技进步而引发，相应的概念也大多由科技人员提出。围绕国家安全相关话题，记者采访了中国指挥与控制学会青工委副主任、国防科技大学石海明副教授。

记者：目前国家安全究竟包括了哪些安全领域？其中涉及军事科技的有哪些？在国家安全领域，军事科技究竟扮演了什么样的角色？军事前沿科技从哪些方面影响了国家安全？

石海明：当今世界处在大变局、大动荡时期，国际上霸权主义、强权政治和新干涉主义有所抬头，科学技术加速向社会各领域渗透，因此，网络安全、能源资源安全、科技安全、信息安全等形势严峻。此外，国际范围内的经济战、贸易战等也不时出现。可以说，传统涉及军事科技的安全领域，主要有信息网络安全、核安全及科技安全等。军事科技前沿作为一种触角，是对国家安全感知最敏锐的领域，其影响国家安全的途径主要有三种：拓展国家安全疆域；夯实国家安全根基；制胜国家安全对抗。

记者：日前出版的《揭开迷雾：国防新技术协定与苏联对华军事技术转让》一书梳理了中国就原子弹与导弹等新技术向苏联请求援助的过程，并分析了国防新技术协定签订起因与中止原因，揭开了许多谜团。这个事件可以说是新中国成立后，军事前沿科技与国家安全最重要的交集。实际上，近年来我们最常听到的是美国对华的军事技术与武器封锁。那么，军事技术的转让如何影响了国家安全？在当前，都有哪些军事前沿科技和武器装备是被西方国家列为禁止向中国提供的？

石海明：在大国关系史上，军事技术转让是一个极其特殊、极其专业又极其重要的领域。毕竟，军事技术与国家安全高度关联，在此领域的任何蛛丝马迹都彰显着大国关系的风吹草动。而且，由于军事技术转让往往涉及第三方，所以相关问题有时在特定的情境下会变得更加复杂。西方国家对我国军事技术与武器封锁，涉及尖端信息技术、重要应用技术及一些军民两用技术等，这也提示我们，军事科技领域必须要有自己的核心技术，加强自主创新，不能寄希望于引进。

记者：2015 年 9 月 9 日至 11 日，美国国防高级研究计划局（DARPA）举办了为期三天的“未来技术论坛”。在这次前所未有的论坛上，美国时任国防部长阿什・卡特在发言中特别强调了技术领先对美国国家安全的意义。那么，美国是如何在军事前沿科技领域保证国家安全的？这对我国有何借鉴意义？

石海明：早在二战的硝烟尚未散去的时候，受罗斯福总统委托，时任美国科学研究与发展局局长的万尼瓦尔・布什提交了一份著名的《科学：无止境的前沿》报告，深刻洞察到科技创新对美军优势的支点作用，强调美国在战后更加需要注重技术预警，以此来维系国家安全与繁荣。如今，美军已经建立了一整套军事科技预警机制，主要由国防高级研究计划局、国防部净评估办公室及国防情报局等机构协同运行，确保通过对遥远未来的科技萌芽捕捉来捍卫国家安全。

记者：资料显示，DARPA 的一大战略目标就是：为保障国家安全寻求突破性能力，关注潜在对手，通过支持研发“可改变游戏规则”的新技术，创造“下一代能力”，以便再次打破军力平衡，使对手来不及反应。那么，究竟应采用何种方式来发展军事前沿科技保障国家安全呢？

石海明：DARPA 的运行机制主要是一种基于信任文化的授权管理，具体运行机制近几年国内已经比较熟悉。除了 DARPA 以外，还有美国国防部国防创新试验小组（DIUx）也值得关注，它是美国国防部设立在硅谷的机构，负责将民间的新兴前沿科技引入军方。2018 年 3 月 14 日，我国也在深圳启动了首个国防科技创新快速响应小组，旨在加强军地协同创新，在科技领域探索出更加灵活高效的军民融合路子。

记者：目前看来，哪些军事前沿科技和未来的国家安全息息相关？

石海明：对前沿科技的预见，美国和俄罗斯都很重视，除了常规的陆海空等领域性科技发展之外，美国在“第三次抵消战略”中对人工智能相关科技的发展给予了高度关注。2017 年 7 月，应美国情报高级研究计划局（IARPA）的要求，哈佛大学肯尼迪政府学院贝尔弗科学与国家事务中心也发布了《人工智能与国家安全》的报告。该报告共提出了 3 项目标及 11 项具体建议，展开布局未来的努力。俄罗斯于 2014 年 2 月 15 日成立了机器人技术科研试验中心，2015 年 12 月 16 日，成立了国家机器人技术发展中心，在 2017 年执行的《2025 年前发展军事科学综合体构想》中，也对智能科技给予了重视。这些域外科技动向当然需要我们进一步进行甄别，同时也需要针对性地开展布局探索，以扎牢国家安全的科技篱笆。

记者：对普通民众来说，军事科技与国家安全最直接的感受可能就是间谍泄密案件了。应该说，捍卫国家安全是每一个公民应尽的职责。那么，此前是否还发生过因泄露军事科研秘密而导致国家利益受损的案例？国外有没有发生比较著名的军事科技泄密案例？请简单介绍。

石海明：在新媒体时代，国家安全的边界拓展使得一些隐患问题得以凸显。因此，更加需要增强全民的国家安全观教育和引导。从国外来看，2015 年 11 月，俄罗斯国家电视台的“第一新闻”节目意外泄漏了秘密巨型核鱼雷的图片。该图片是在一场会议中被拍摄到的。当时普京总统在会议上谈到，他对美国以及北约反导系统的“担忧”。图片显示，斯塔图斯 -6 的作战距离可达“近万公里”，并能以 100 海里的速度避开声呐追踪。据说该武器携带 100 兆吨级的钴弹头，能造成“大范围放射性污染”。事发后，普京的发言人表示：“确实有些机密数据被拍摄下来，因此随后那些数据被删除。”

（《科技日报》记者　张强）

泛娱乐化时代的军事游戏价值考量

伴随着人类物质生产的大发展及文化生产的大繁荣，社会文化业态逐渐呈现出某种泛娱乐化的思潮与特征。在这种文化侵染下，军事领域也面临诸多新问题、新挑战，有关军事游戏价值的争鸣就是这种大文化现象的小折射。

一、军事游戏的三重价值

如果说，游戏是一种娱乐精神，一种文化传播，一种人之天性，想必不会有多少误解。但如果说，游戏是一种社交工具，一种认知手段，一种符号世界，或许就需要一定的阐释，而且这种阐释还必须要有一定的理论温度，经得起逻辑与经验的双重考量。恰好，审视军事游戏的价值，我们能够看到这样一种论证的自洽性与合理性。

社交工具。人类的生存方式是随着社会文明的进步而不断发展、变化的。互联网自 1969 年诞生以来，发展迅猛，日新月异，现在已经覆盖了 200 多个国家和地区，网民总数达到 40 亿，网站总数超过 10 亿。无论是军营中的官兵，还是社会上的人们，大家购物在网上、交往在网上、工作在网上、学习在网上。信息网络从根本上重构了人的生活方式、行为方式和思维方式。在这种大背景下，军事游戏日益成为一种社交工具，根相关统计，我国接触军事游戏的人数愈 5 亿，如此庞大的人群使得军事游戏的社交工具价值更加凸显。

认知手段。关于媒体，传播学大师马歇尔·麦克卢汉有句名言：“媒体即信息。”而另一位大师尼尔·波兹曼在其成名之作《娱乐至死》中则进一步说：“媒体即隐喻”，“媒体即认识论”。显然，在尼尔·波兹曼看来，“媒体的独特之处在于，虽然它引导着我们认识事物的方式，但它的这种介入却往往不为人所注意。我们读书、看电视或看手表的时候，对于自己的大脑如何被这些行为所左右并不感兴趣，更别说思考一下书、电视或手表对于认识世界有怎样的影响了。”从某种意义上讲，军事游戏就是这样一种媒体，它使参与者接触的过程中，与图书、音视频等静态化、封闭性学习媒介迥异，它以其互动性与开放性能极大增强军事知识的学习认知效果。

符号世界。曾经，科学哲学家波普尔提出了“三个世界”理论——物质的世界、精神的世界及知识的世界。这一分法映射出哲人不凡的洞见，但也只是一种想定，并没有排斥第二种分类。更何况波普尔生活的时代还没有预见到今天的信息社会。在信息社会，信息技术的发展使世界联系越发紧密，与此同时，媒体的繁荣也使得符号越来越充塞在我们周边。军事游戏也创造了一种符号世界，相比于天然世界与意象世界，这个主题鲜明的虚拟符号世界，通过对相关符号进行流程化作业，就能够达到一定的教育引导目的，这一点在部队思想政治教育中，有较大的开发潜力。

二、当前军事游戏形象建构的增殖点

在信息社会，任何一种事务都要注意形象建构问题，它不仅关涉接受度问题，更关涉持续发展的问题。军事游戏，在媒体的长期传播语境中，往往贴上了“娱乐”“不务正业”“小众化”“业余”等标签，如何在新的媒体环境中重新塑造建构其形象，就成为一个有意义的问题。

科幻气息。好莱坞科幻电影风靡全球，体现了科幻强大的吸引力与感染力，而融入科幻色彩的战争场景和武器装备也令科幻迷们心驰神往，科幻领域由此积累了庞大的受众基础与创作经验。由于科幻的虚拟性和娱乐性与军事游戏相通，在此基础上二者的交融能够增强游戏过程的浸润感与真实感，从而有效锻炼参与者在复杂作战环境中的应急、分析与部署能力。当前，我国在全浸入式军事游戏领域仍有发展空间，增添科幻气息是拓宽军事游戏受众、提升游戏产品层次的有效方式。

女性气息。军事领域向来具有浓重的男性气质，而军事游戏受众的性别比例长期处于不平衡状态，因此普适性不足，难以发挥其社会效应。而在当前的泛娱乐化时代，大众媒体中的女性气息往往能够打破观念藩篱，充分体现时代感，因此将女性气息融入军事游戏有利于充分发挥并体现女性元素的特殊亮点与存在价值，推进游戏内容与形式的多样化，拓展其创新升级空间，从而提高我国军事游戏的生命力。

政治气息。军事领域本身就是国际政治风云变幻的重要窗口，军事游戏介入的国际政治舆论场，如果利用得好，就能够起到“偏师”作用，有效地、巧妙地、隐蔽地配合国家的相关战略规划，在国际政治中制造话题、设定议题、引导舆论。目前，我国军事游戏在此领域的开发尚有发掘空间，如何精心设计推出政治气息浓郁但又完全符合法规的军事游戏，是一个值得认真研究并精细开发的重要拓展方向。

三、对未来军事游戏开发的策略思考

在科学技术与军事变革相互激荡的浪潮中，一旦军事游戏与互联网携手步入军营，势必会引发一些争议。从某种角度而言，这些争议对我们更好地开发军事游戏的训练价值、教育价值及娱乐价值，规避其潜在的不足之处，是大有裨益的。

聚类精准开发。军事游戏的价值需要在分众化的参与体验中实现，因此，除了目前流行的战术竞技类游戏之外，还可以开发一系列战略推演类游戏，模拟国际政治事件发生后的系列用兵行动，如果还能够在其中嵌入网络作战、太空作战及生物作战等新空间战争理论，则能更好地达成训练官兵的效果，显著提升官兵的军事素质与战略思维水平，也有助于实现军事游戏的多元价值。

主动塑造形象。我国军事游戏的开发，也应借鉴域外的有益做法，在塑造军队形象方面进行探索。比如，作为一款美国陆军赞助开发的免费军事网络游戏，“美国陆军”不仅仅是一款军事游戏，更是一个宣传美军形象的平台，一种开展公共外交的形式。对此，专门研究军事游戏的戴维·尼伯格在《美军电子游戏的制作与对外宣传》中曾指出，军事网络游戏与可口可乐饮料、好莱坞军事大片一样，都是美军展示其软实力的重要载体。

引导观念更新。相对而言，军事游戏作为一种网络化新生事物，在进入军营及官兵视野方面，还有一些或多或少的疑虑。在这种背景下，我们更加需要多方协力，做好宣传工作，尤其是有关其军事作战训练价值的宣传引导。毕竟，长期以来我们对信息战的理解存有一些误解，注重物理信息战的研究，而有意无意忽视了有关心理信息战的关注。事实上，军事游戏就是多维信息战的一种重要载体，如以著作《未来的战争》而闻名全球的阿尔文•托夫勒就曾公开指出，“军事网络游戏与美国战略传播密切相关，是公共外交的一部分，也是信息战的一种形式。”

国外如何谋划网络空间安全战略？

随着信息网络技术的飞速发展，人类社会发展已经站上了“互联网+”的风口，网络空间成为继陆海空天之后的“第五维空间”。近年来，世界主要大国相继发布网络空间安全战略报告，围绕网络空间战略政策与法规、网络空间规划与作战构想、网络空间行政指令与作战条令等方面，进行筹划与规划，以应对网络空间的安全威胁。

一、美国

美国的网络空间安全战略最为完善，并有一个稳定的信念，即对美国和世界而言，网络技术拥有无限潜力。在其出台的系列网络空间安全战略文件中，都强调指出美国应当“树立引领世界的榜样”“寻求制定鼓励创新的国际网络政策”“打击网络恐怖主义”“确保美国在信息网络空间的优势地位”等。2011 年 7 月发布了《国防部网络空间行动战略》，2015 年 4 月发布了《美国国防部网络空间战略》。两份重要的战略报告都明确提出，美国的网络空间安全战略，首要的是时刻准备保卫美国本土及美国重要利益免遭可造成严重后果的破坏性、毁灭性的网络攻击。

挑战。美国十分重视网络技术的增长对其国家安全所带来的挑战，认为这些挑战包含多种形式，其中包括能够破坏美国本土及海外光缆、服务器和无线网络的自然灾害和事故。技术性挑战也同样存在，如一国采取封锁信息的措施，将导致更大规模的国际网络的中断。由于美国社会及军事系统高度依赖信息网络，因此美国网络空间安全战略特别强调，网络空间的低成本进入和匿名的特征，使其成为犯罪分子和恐怖分子的“安全天堂”，这极大地威胁到美国的国家安全和国际和平。

原则。美国网络空间安全战略强调将在坚持核心原则的同时应对挑战，其国家政策是既要确保网络空间的有效利用，同时又捍卫原则，这种原则要反映其对基本自由、个人隐私和信息自由流动的核心承诺。其追求的网络空间环境将具备以下功能：鼓励创新、赋予个人相应权利、将个人联系在一起、强化社区的作用、构建更好的政府并增强其可信度、保护基本的自由与个人隐私、增进相互理解、明确行为准则以及提升国家与国际安全。为此，其明确提出网络空间追求的未来是：其一，开放与互通——赋予人们能力的网络空间；其二，安全与可靠——长久生存的网络空间；其三，通过规则实现稳定。强调通过外交来加强伙伴关系，通过防务来达到劝阻及威慑目的，通过发展来达到建设网络空间能力。

重点。美国的网络空间安全战略强调，将继续致力于在美国国内和国外，协助建立和维护开放、互通、安全和可靠的网络，为此，在经济方面要推动国际标准和创新型的开放市场；在保护网络方面要加强网络安全性、可靠性和恢复能力；在执法方面要拓展合作和加强法治，推动有效和包容性的管治结构建立；在军事方面则要准备应对21世纪的安全挑战。

总体而言，美国的网络空间安全战略具有极大的攻击性，尽管其强调美国网络也面临着种种安全威胁，但其所提出的“互联网自由倡议”“网络反导”“网络战”等概念，都显示出其在网络空间谋求和延伸霸权的思维逻辑。

二、欧盟

制定欧盟网络空间安全战略的提议是由欧盟委员会以及欧盟外交事务和安全政策高级代表共同提出的。2013年2月，欧盟发布《网络安全战略：一个公开安全有保障的网络空间》政策文件，开篇指出，“一个公开的自由的网络空间促进了全球范围的政治和社会融合。……为了使网络空间能够保持公开和自由，欧盟在线下所提倡的同等规范制度、法则和价值观也应当适用于网络。”总体来看，欧盟的网络空间安全战略概述了欧盟在这一领域的愿景规划、明确了任务和职责并列出了在有效保护和提升公民权利的基础上所需采取的行动，从而使欧盟的网络环境成为全世界最安全的。

网络安全原则。基于无国界且多层次的互联网已经成为全球进步最有力的工具之一，欧盟的网络空间安全战略明确指出了欧盟及全球各国在指导网络安全政策制定时所应遵循的原则，它主要包括：其一，欧盟的核心价值不仅适用于现实世界也同样适用于数字化的网络世界。其二，网络空间安全必须注重保护公民的基本权利、个人数据和隐私。只有以《欧盟基本权利宪章》所规定的基本权利和自由以及欧盟核心价值为基础，网络安全才能够称之为合理有效的。其三，由于数字化已经渗入了社会中的各个角落，因此每个人都应该能够访问互联网并且不受阻碍地获取信息。

战略重点和行动。欧盟的网络空间安全战略阐述了远景规划的五个战略重点，以便应对各种挑战：其一，提升网络抗打击能力。其二，大幅减少网络犯罪。其三，制定与公共安全和防御政策相关的网络防御政策并发展相关能力。其四，开发网络安全方面的工业和技术资源。其五，为欧盟制定协调一致的国际网络空间政策并宣传欧盟核心价值。

职责。由于网络空间并不是由单一实体进行控制的，所以欧盟网络空间战略强调，公共部门、私营部门及公民个人等网络利益相关者，应当担负起保障网络空间安全的共同职责，必要时，从网络信息安全主管部门到计算机应急响应小组，从执法部门到工业界，所有行为体都负有维护本国和欧盟网络安全的职责，各方应能相互配合，做出协调一致的反应，共建网络安全。

三、俄罗斯

2013 年 8 月，俄罗斯颁布了《2020 年前俄罗斯联邦国际信息安全领域国家政策框架》，文件细化了《2020 年前俄罗斯联邦国家安全战略》《俄罗斯联邦信息安全学说》《俄罗斯联邦外交政策构想》以及俄罗斯联邦其他战略计划文件中的某些条款，明确了国际信息安全领域所面临的主要威胁、俄罗斯联邦在国际信息安全领域国家政策的目标、任务及优先发展方向及其实现机制。2014 年 1 月，俄罗斯又发布了《俄联邦委员会网络安全战略构想草案》，进一步完善了国家网络安全战略构架。

威胁评估。俄罗斯网络空间战略系列文件指出，信息和通信技术正在迅猛发展，使得个人、组织和国家在俄罗斯联邦所有关键领域的影响力得到增强。同时，随着信息技术向生活各个领域渗透能力大幅增强，对个人、社会和国家安全造成了一系列新的威胁，原有的某些威胁也进一步增大。虽然俄罗斯联邦也实行了一系列旨在保障各方面国家信息安全的法规文件，包括《俄罗斯联邦信息安全学说》《俄罗斯联邦信息社会发展战略》等，然而，现有的法规在很大程度上没有涵盖作为信息空间一部分的网络空间中出现的关系体系，为实现网络空间功能应用方面的潜力，必须加强对出现的风险进行监控，制定这一领域专门的法规文件，应对“信息空间”“信息安全”“网络空间”“网络安全”等有深入的理解。

目标与任务。俄罗斯联邦国家政策目标在于协助建立国际法律制度，为建立国际信息安全体系创造条件。具体内容包括：其一，建立双边、多边、地区和全球层面的国际信息安全体系；其二，为保障降低信息和通信技术使用风险创造条件，防止其被用于实施损害国家主权、破坏国家领土完整、并威胁国际和平、安全和战略稳定性的敌对行为和侵略行动；其三，建立国际合作机制，以对抗使用信息与通信技术用于恐怖主义目的的威胁；其四，创造条件，以对抗信息和通信技术用于极端主义目的的威胁，其中包括用于干涉主权国家内部事务的威胁；其五，提高在对抗利用信息和通信技术犯罪领域内的国际合作。

优先事项。俄罗斯网络空间安全战略强调国家要采取全面系统的措施保障网络安全，完善保障网络安全的标准法规文件和法律措施，开展网络安全领域的科研工作，并为研发、生产和使用网络安全设备提供条件，完善网络安全骨干培养工作和组织措施，组织国内外相关各方在网络安全方面开展协同行动。此外，俄罗斯网络空间安全战略还特别规定了优先实施的系列措施：其一，发展国家网络攻击防护和网络威胁预警系统，对该领域个人建立和发展防护系统的活动给予支持；其二，根据时代要求发展和改革相关机制，提升重要信息基础设施的可靠性；其三，改进网络空间内国家信息资源的安全保障措施；其四，制定国家、经贸公司和公民社会在网络安全领域的合作机制；其五，提高公民的信息化水平，发展网络空间安全行为文化；其六，扩大国际合作，旨在制定和完善相关协议和机制，提高全球网络安全水平。

四、英国

2011 年 11 月，英国发布《网络空间安全战略：在数字世界里保护英国并促其发展》政策文件，内阁办公室部长弗朗西斯・莫德在该文件的前言中强调指出，“互联网的发展已经成为我一生中所经历的最大的社会和技术变革。……同时，我们不断增强的对网络空间的依赖，带来了新的风险，即我们现在所依赖的关键数据和系统可能被盗用或损坏，并且难以对这种盗用和损坏进行检测或抵御。”正是基于这种网络威胁，英国政府将网络攻击定为“一级”威胁，制定了包括网络空间安全在内的国家安全战略。2013 年 2 月，英国政府又颁布了《英国网络空间安全战略：回顾与展望》，系统阐述了英国的网络空间安全战略框架。

愿景。英国网络空间安全战略的愿景是，使国家从充满活力、具有抵抗力的安全网络空间获得巨大的经济和社会价值。在这个网络空间里，以自由、平等、透明、法治的核心价值观为指导，增进经济繁荣、国家安全和社会稳固。具体目标为，在英国打击网络犯罪，使英国成为世界上从事网络空间业务最安全的地方之一；使英国对网络攻击更加具有抵抗力，并且更有能力保护其在网络空间的利益；在英国塑造一个公众可以安全使用、支持开放社会的开放、活跃、稳定的网络空间；使英国具有所需要的跨领域的知识、技能和能力，以支持英国所有的网络安全目标。

威胁。英国的网络空间安全战略强调突出不断变化的威胁，指出这种威胁包括：其一，全球各个角落的犯罪分子已经利用互联网将英国以各种方式作为攻击的目标；其二，英国在网络空间里面临的一些复杂的威胁来自其他国家，这些国家试图从事间谍活动，目的是监视或盗用英国的政府资产、军事资产、工业资产和经济资产，以及监控他们自己政权中的反对派；其三，网络空间已经被恐怖分子用来传播宣传，鼓励潜在的支持者，筹集资金，进行交流和制订计划等；其四，在网络空间运行的政治动机激进团体对英国的威胁是真实存在的；其五，这些不同的群体——犯罪分子、恐怖分子、外国暴力机构和军事机构——在网络空间里非常活跃，威胁着英国的利益。

应对。为应对网络空间的威胁与挑战，英国实施了“国家网络安全计划”（NCSP），强调指出：其一，英国情报机构和国防部应提高对网络空间所面临的漏洞和威胁的理解，以及发挥有力的作用以减少这些漏洞和威胁；其二，“国家网络安全计划”是由内阁办公室的网络安全和信息保障办公室代表英国政府进行管理和协调，并由内阁办公室部长进行监督；其三，国防部加强与主要盟国和业界的关系，以提高对网络威胁、漏洞和事故的集体认识和反应；其四，英国将在联合国和欧洲安全与合作组织等一道，积极努力制定实际可行的信任措施，以减少升级的风险和避免国家之间因网络空间的突发事件而产生的误解。

全球治理视角下美国太空战略解读

俄国航天理论先驱齐奥尔科夫斯基在20世纪初即指出，“地球是人类的摇篮，但人类不会永远生活在摇篮里，而会不断地争取生存世界和空间。”经过数代人的不懈努力，如今人类已走出“摇篮”，在浩瀚的太空由“蹒跚学步”逐渐实现“阔步前进”。1957年10月4日，苏联成功发射了第一颗人造地球卫星，开创了人类航天的新纪元，广阔无垠的太空成为人类活动的新领域。随着科学技术的快速发展以及人类太空活动向纵深延伸，人类与太空之间的关系从探索转向实际应用阶段，太空已成为继陆地、海洋、天空之后人类生存的第四空间，是维护国家安全和利益的“高边疆”。

20世纪80年代以来，尤其是冷战结束后，国家间相互依赖的程度大大增强，全球化进程深入发展，深刻影响着全球范围内的政治结构、生产方式等方方面面，同时也助推了各种全球性问题和危机的凸显与蔓延。太空领域环境与安全问题的全球化趋势更是日益突出，加之太空无疆域性、无国界性的开放特征，单个国家很难独立应对，作为航天强国的美国也不例外，需要国际社会加强协调合作予以缓解，是全球治理的主要对象之一。

此外，虽然美国凭借其领先的经济、科技和军事优势，长期在太空领域独占鳌头，但近年来其他新兴国家的群体性崛起及其航天科技的突飞猛进，使得美国在维护其太空霸权地位的征途中举步维艰。如何充分认识和把握目前太空领域全球性问题的发展趋势、如何准确定位其在太空领域全球治理中的角色，以及采取怎样的方式和途径才能实现缓解太空危机与维持领导地位的双赢等问题是新时期美国太空战略亟待解决的关键问题，奥巴马政府适时调整其太空战略是大势所趋。面对新形势下美国太空战略的变革，中国又该如何准确认识应对其调整并有效地参与到太空的全球治理中，是不容忽视的重要时代课题。

一、全球治理、全球公域概念的提出与发展

“全球治理”是随着全球化的广度和深度不断扩大以及全球性问题日益严峻的趋势而诞生的，无论是在理论抑或实践中，都受到了国际社会的普遍关注。这一概念最早是在20世纪90年代初期由美国学者詹姆斯·N·罗西瑙（James N. Rosenau）提出，他认为全球治理是一种有别于传统国际政治的非国家中心的治理格局。1992年，在国际发展委员会主席威利·勃兰特(Willy Brandt)的倡议下，28位国际知名人士发起成立了联合国“全球治理委员会”（Commission on Global Governance）。1995年，该委员会发表名为《天涯若比邻》（*Our Global Neighborhood*）的研究报告，第一次较为系统地阐述了全球治理的概念、价值，以及同经济全球化、全球安全的关系，将“全球治理”定义为“公私机构管理其共同事务的诸多方式的总和，它是使相互冲突的或不同的利益得以调和，并且采取联合行动的持续过程”。国内最早研究全球治理理论的是俞可平教授，他将之定义为“通过具有约束力的国际规制（international regimes）解决全球性的冲突、生态、人权、移民、毒品、走私、传染病等问题，以维持正常的国际政治经济秩序”。

就其本质而言，全球治理追求的是全球范围内的“善治”，要在国际社会寻求共同价值、确立共同责任，及时改进国际合作的方式；其目标是实现全人类普遍的核心价值观，并在此基础上实现全球公共利益最大化；其主要治理对象（标的）是全球性问题特别是全球化的负面效应。所谓全球性问题，是指当代国际社会所面临的一系列超越国家和地区界限，关系到整个人类生存与发展的严峻问题，诸如自然灾害、气候变化、流行疾病、恐怖主义、毒品走私、金融失控以及各类国际冲突等，当前广泛存在的全球性问题大致可划分为以下七类：资源领域、环境领域、灾害领域、人口领域、非传统安全领域、高科技负面效应治理、全球公域。

关于全球公域（global commons）的研究，从学理上讲是传统公域研究在全球层面的扩展，是由资源的共同管理、共同利用的观念逐渐演化而来。“公域”研究最早可追溯到19世纪，1832年牛津大学政治经济学家威廉·洛伊德（William F. Lloyd）首先关注到英国公共牧场因过度放牧而反复发生的退化现象并对之进行了最初的探索。海权论之父马汉（Alfred

T.Mahan）率先将“公域”一词赋予海洋，称其为“一块人们借以通往四面八方的广阔公域”。当代学者的研究始于生态学家加勒特·哈丁（Garret Hardin）于1968年提出的“公域悲剧”（Tragedy of the Commons），说明公域作为一项资源或财产有许多拥有者，他们中的每一个都有使用权，但没有权力阻止其他人使用，从而造成资源过度使用和枯竭的悲剧性结果。

目前，国际社会对“全球公域”的界定尚未达成一致。在联合国框架下，“全球公域”主要指那些国家管辖范围之外的自然资产，包括海洋、外层空间和南极洲。随着科技的迅猛发展以及人类活动的拓展延伸，一些新的全球公域逐渐被人们所发现。近年来，环境资源的全球公域概念也得到进一步引申，其内涵从全球公地、人类共同财产、人类共同遗产拓展到人类共同关切事项，外延从有形领域延伸到无形领域、从国际法到国际安全与全球治理领域。2010年的美国《四年防务评估报告》中指出，全球公域是“不为任何一个国家所支配而所有国家都赖以生存的领域或地区”，“是国际体系的联通渠道”，包括海上公域、空中公域、太空公域和网络公域四个主要部分。

作为全球治理的重要对象之一，随着全球化进程的不断推进以及人类探索开发的深入，全球公域的重要性（“科学前沿”“经济重心”“军事高地”）与脆弱性（“环境软肋”“安全之踵”）日益突出，采取有效的治理方式势在必行。全球公域的治理议程逐步扩展，目前已形成了资源、环境与生态、安全治理并驾齐驱的格局。

二、太空领域全球治理的必要性

太空是全球公域的重要组成部分之一，也是全球治理重点关注的对象之一。随着人类在太空领域活动的不断拓展，目前太空面临的环境与安全问题日益严重，突出表现在以下三个方面：

其一，空间碎片与日俱增，威胁航天器进出太空与在轨运行。空间碎片的来源很多，包括火箭残骸、卫星脱落的漆片、宇航员丢弃的生活垃圾和工具、反卫星武器试验产生的碎片、卫星与卫星（碎片与碎片）相撞产生的碎片以及废弃的卫星等。据美国公布的数据，目前太空有22000个直径大于10厘米的碎片，而直径较小的碎片则数以百万计甚至亿计。空间碎片蕴藏着巨大的杀伤力，其爆炸性增长与持续性碰撞将形成“凯斯勒现象”（Kessler Syndrome），严重影响到人类探索与利用太空的活动，尽管各国都投入了很大力量来应对空间碎片，但成效有限。

其二，在轨航天器大幅增多，卫星频率、轨道资源紧张，相互干扰现象突出。根据相关数据，世界上现有12个行为体可以独立发射卫星，约60个行为体在太空拥有约1100颗航天器。各国争先发射卫星，抢占轨道（每个轨道的最大卫星容量为7个），不仅增加了卫星相撞的可能性，而且无线电频率会相互干扰，影响卫星功能的发挥。2009年2月10日，美国一颗商用通信卫星“铱-33”与俄罗斯废弃的“宇宙-2251”卫星发生了历史上首次卫星相撞事件，使其功能受损，并产生了大约1500个能跟踪到的空间碎片，向人类提出考验并引发深刻反思。

其三，太空武器化暗流涌动，破坏国际战略格局的稳定与平衡。由于航天技术的军民两用性及其重要军事价值，许多航天科技成果被广泛应用于军事领域，太空的军事化利用已是不争的事实，而且现代战争越来越倚仗天基设施的支援与保障，太空逐渐成为夺取和保持战场主动权的关键。但是一些国家为了强化战略优势、实现自身的绝对安全而发展太空武器，这一不稳定因素会加剧太空的军备竞赛和军事对抗，严重威胁全球战略的稳定与安全。2001年12月，美国布什总统宣布退出美苏1972年签署的《反导条约》，其实质就是为加紧研究导弹防御系统找寻借口。

上述太空全球性问题所涉及的资源、环境与安全三个层面是密切相关且相互交织的，可谓“牵一发而动全身”，已经超越了单个国家治理的能力范围。针对这些突出问题与危机，国际社会长期以来也采取了相应措施进行治理。比如，早在1959年联合国就曾成立了旨在保证太空和平利用的联合国和平利用外层空间委员会；现行的保护太空环境与安全的国际条约和国际法律文件有《禁止在大气层、外空和水下进行核武器试验条约》（1963年）、《外空条约》（1967年）、《关于登记射入外层空间物体的公约》（1975年）、《月球协定》（1979年）等；自1982年以来，联合国大会每年都通过“防止外层空间的军备竞赛”决议；2007年，联合国大会通过《空间碎片减缓指南》，以缓解人类太空探索积累的大量空间碎片所带来的威胁；2008年，欧盟推出“太空活动行为准则”（Code of Conduct for Outer Space Activities）草案，2010年9月通过其修正版，试图以此为蓝本确立全球性太空行为规范。

现行的国际法虽然确立了“和平探测与利用外空原则”，并强调要把太空作为“全球公域”，以国际合作来确保太空安全，但它们是以软法形式出现的，由于其自身的不充分性与不明确性以及各国国内相关立法的侵蚀，对国际太空行动体缺乏强制性约束，存在一定的安全隐患。此外，在缺乏有效国际治理平台的情况下，国际社会解决全球性问题的能力是脆弱的，不同国家以及不同利益集团之间难以达成针对某个全球性问题的治理共识。因此，实现太空领域的有效治理与可持续发展，仅仅制定一些国际法律规则是远远不够的，必须依靠国际性政府组织与非政府组织以解决全球性问题为宗旨进行全球治理。虽然全球治理理论尚不成熟和完善，也未得到广泛的接受与认同，但是所提出的综合治理世界的新型模式，将影响国际社会未来的发展。

三、奥巴马政府的太空全球治理战略

自 20 世纪 80 年代以来，美国一直将太空作为战略高边疆，企图加以掌控，从而在国际战略格局中保持霸权地位。冷战结束后，美国提升太空在国家安全中的战略地位，制定了太空控制战略，谋求太空霸权。

以“希望”和“变革”为口号成功当选的奥巴马总统即任以来，针对国内外形势的变幻与外空态势的紧迫，陆续发布了一系列重要的太空战略文件，如 2010 年 6 月发布的《美国国家太空政策》（NSP）、2011 年 2 月制定的美国首份太空态势评估报告《国家安全太空战略》（NSSS）以及 2012 年 10 月出台的《太空政策指令》（DoDD 3100.10），为美国构建了新的太空安全战略，是美国今后太空活动的宣言和指导原则，旨在实现美国 21 世纪及未来的太空环境安全（safety）、太空防务安全（security）、太空稳定（stability）以及太空可持续发展（sustainability）。

（一）奥巴马政府太空全球治理战略的基本内容

正如前美国副国务卿、现布鲁金斯学会主席斯特普·塔尔博特（Strobe Talbott）于 2009 年的一次国际研讨会上曾指出，“布什政府几乎不提‘全球治理’，奥巴马政府则重视‘全球治理’”。奥巴马上台以来，摒弃小布什政府单边主义的做法，积极寻求通过多边机制解决全球性问题，美国对全球治理的态度出现积极转变。为了缓解全球性的太空问题并适应新的国际权力格局，奥巴马政府在太空领域的全球治理战略主要体现在以下三个方面：

其一，太空活动行为准则的制定。

美国政府以往颁布的国家太空政策一般只规范本国的太空活动，但奥巴马政府强调美国带头遵守且提议其他国家认可遵守采取“负责任”的方式开展太空活动，并表示愿意与包括欧盟在内的国际社会共同制定一部太空活动国际行为准则。

2010 年的美国《国家太空政策》提出，“采取负责任的太空行动以避免误解、不信任和不幸事件的发生，是所有国家的共同利益”，“太空行动应以公开和透明的方式进行，以提升公众对政府活动的了解，并确保其他国家能够分享利用太空所带来的效益”，此外提出带头制定和履行国际和企业标准和政策以减少空间碎片，如《联合国太空碎片减缓指南》。

2011 年的美国《国家安全太空战略》也提到，美国要“发挥带头作用，积极推动太空的安全、稳定和负责任的行为和对太空的和平利用”，并指出各个国家要通过国际电信联盟（ITU）获得国际上对其使用无线电频谱和卫星轨道的许可，这对全球获取无线电频谱与相关轨道安排是十分必要的，而且有助于防止和解决射频干扰问题。

2012 年美国国防部太空政策亦指出，“为吓阻那些针对美国太空系统或美国所依赖的其他太空系统的攻击行为，国防部将支持制定关于负责任行为的国际准则，促进太空疆域的平安性、稳定性及安全性”。

其二，太空国际合作的深入。

美国重申其开展合作的承诺，并相信通过加强国际合作和重振美国领导地位，所有国家和人民将发现其视野将得到拓展，知识将得到丰富，生活将得到极大改善。在此基础上，美国政府寻求制定双边和多边透明度和信任建设措施（TCBMs），并在某些太空领域加强国际合作、缔结同盟以增强集体安全能力。

2010 年美国《国家太空政策》提出，国防部与国家情报局、NASA 和其他部门机构协调后，并联合企业和其他国家一道来维持和完善太空物体数据库；制定国际通用数据标准和数据整合措施；为商业和国际机构提供服务和分发轨道跟踪信息，包括太空物体碰撞预测。

2011年《国家安全太空战略》将与负责任的国家、国际组织以及商业公司结成伙伴关系作为其五大战略方针之一；2012年《国防部太空政策》提出，国防部将寻求机会扩大与国际伙伴在太空领域的相关合作，与伙伴们一道建立并共享太空能力，缔结更紧密的安全联系。

目前，美国防部正与关键盟国签署关于太空态势感知的“原则声明”，为更广泛的合作与信息共享做准备。美国政府已与澳大利亚、意大利、日本、加拿大签署了“太空态势感知”（SSA）数据共享协议，并较之前协议进一步简化了申请数据服务的流程。

其三，太空军备竞赛的规制。

2008年2月，在由65个成员国参加的联合国裁军谈判会议上，中俄提交了联合起草的禁止部署太空武器的草案，即《防止在外空放置武器、对外空物体使用或威胁使用武力条约草案》（PPWT）。但布什政府“反对制定任何阻止和限制美国开发太空”的条约，拒绝该草案的通过，不希望类似的太空军备控制条约限制其锻造或者使用太空军事能力方面的灵活度。奥巴马政府对美国的太空军控政策做了一定调整，宣称美国政府希望通过国际协调和平利用太空的立场，指出“美国将考虑那些公平的、可有效核查的，并能增强美国和盟国安全的军控提议和构想”，表现出较为积极的太空军控姿态。

（二）奥巴马政府太空全球治理战略的调整动因

奥巴马政府将目前太空“公域悲剧”的现象概括为“3C”趋势，即拥挤（Congested）、对抗（Contested）和竞争（Competitive），其太空战略的调整除了由于日益恶劣的太空环境和安全危机，其多维度和深层次的动因在于：

其一，美国太空资产安全的脆弱性日益突出。美国太空能力与航天科技遥遥领先的地位使美国似乎更为强大，但现代美国的经济和国家安全，特别是美国的一切军事活动，从后勤到指挥、控制、通信、情报、监视和侦察，都高度依赖卫星。如果太空冲突不可避免，美国很容易遭到瘫痪性打击，并可能成为最大的受害者，因为敌对方反制美国太空战力的能力是非对称性的，技术相对低级，成本相对低廉，却成效显著。2011年，美国《国家安全太空战略》指出美国太空资产面临五个方面的人为威胁，即所谓的“5D”威胁——拒止（Deny）、削弱（Degrade）、欺骗（Deceive）、破坏（Disrupt）

和摧毁（Destroy），潜在对手正在寻求利用已被发现的太空系统弱点，而且随着更多国家与非国家行为体发展反太空能力，美国太空系统面临的挑战与威胁会越来越大。美国强调扩大太空国际合作有利于掌控其他国家航天发展动向与意图，强调负责任地开展太空活动有利于约束甚至遏制其他国家，从而为其脆弱的太空资产增加一道屏障。

其二，新兴势力的群体性崛起及其航天科技突飞猛进。新兴势力的崛起加上全球化刺激的技术扩散，使一些发展中国家和非国家组织得以获得先进而低廉的航天技术，具备太空探索能力的国家数量增加。美国长期以来拥有的太空霸主地位和战略优势开始受到冲击，并面临着多元的挑战，比如，俄罗斯制定了雄心勃勃的太空复兴计划，发布《2030 年前及未来俄罗斯航天发展战略》；欧盟加快建立“伽利略”全球卫星导航系统以摆脱对美国的严重依赖；日本近年来推进其太空发展计划，修改相关法律，进行机构改革，为发展军事航天系统铺平道路；非洲国家加快了航天合作的步伐，非洲联盟（AU）主张成立联合航天局；还有印度、伊朗、巴西等新兴国家航天能力的起步与发展。尤其是一些国家具备一定水平的军事太空能力，在美国看来这不仅是对其太空资产的潜在威胁，更是对其太空战略优势地位的撼动。根据国际军备控制谈判的规律，当只有美国一家拥有某种新式武器时，它是绝不愿意签订国际条约限制这种武器的；当其他国家也拥有这种先进武器并可能对美国构成威胁时，美国愿意就这种武器达成国际军控协议。

其三，全球金融危机的蔓延扩散加之美国身陷伊拉克、阿富汗战争，致其财政预算紧张。美国国内经济发展受到较大影响，但发展太空能力又不可或缺，与其他国家加强国际合作有利于共担航天领域高额的研制、维持费用，同时也利于降低风险，借力提升自身的航天能力，以维持其世界太空领导地位。而且提倡航天合作也有助于推动航天工业的发展，从而为美国经济带来新的活力，有利于重振美国经济。此外，太空武器作为高精尖的科技研究，必然需要投入大量的资金又不便与外界合作，布什政府时期对此可谓不惜血本，但在新的经济局势下，奥巴马政府不得不精打细算，以致在太空武器研发方面力不从心，于是高调地呼吁各国禁止发展太空武器，作为其缓兵之计，静待经济复苏，卷土重来。

其四，塑造由美国主导合作来解决国际事务的良好大国形象，以摆脱小布什政府时期的穷兵黩武、单边主义。拓展与盟国的太空国际合作，提出太空军控意图，对美国而言，一定程度上顺应国际社会的强烈呼声，有助于重塑美国形象，从而为其太空活动争取占据道义制高点。而且，小布什政府咄咄逼人的单边主义立场，并未起到遏制对手的作用，反而刺激了其他国家对太空的探索与应用，于是奥巴马政府以之为鉴，采取巧实力战略，试图凭借新形象巩固其领导地位。

（三）针对奥巴马政府太空全球治理战略的简要评价

奥巴马政府的太空战略在透析美国面临的太空环境与安全挑战基础上，适时有针对性地提出了太空全球治理的应对策略，对上届政府的一些做法进行了修正，在制定太空活动行为准则、加强太空国际合作、考虑太空军备控制等方面的治理策略，一定程度上对推动空间碎片的减缓、防止太空军备竞赛、建立行之有效的太空监督管理与协调机制以及和平利用太空具有重要意义，对太空安全乃至国际安全将产生一定的积极影响。

但从长远看，美国外交上的帝国心态和独霸心态不会改变。奥巴马政府虽然对全球治理看似积极，但其根本用意仍是借重各方力量，以更小代价维护美国的主导地位，保障其全球战略利益，而非同他国分享权力。奥巴马政府的太空全球治理战略其实并非学者们理想中的治理模式，而是带有一定的美国主导色彩，有失平等、公平、公正，“美国例外论”依然凸显。关于国际太空行为准则的制定，要求不能限制美国保护国家安全或保护盟国的能力，否则将不予签署；推进透明度及信任建设措施以加强太空国际合作，其实主要是强调“单向透明”，即美国希望其他航天各国对其透明，而绝不会将自身的太空能力发展和科技优势向外界无条件地透露。

同时，美国太空战略仍然以军事考量为焦点，谋求太空霸权的实质没有改变，并未放弃其太空战力的建设，反而加强了太空威慑能力建设，比如积极支持“太空快速作战响应”计划。2011 年的《美国国家军事战略》报告称，“确保美军在全球公地的自由进入和行动”是“国家安全的核心要素”和“美军的永久使命”。针对不同类型的全球公域问题，美国设想的维护全球公域安全的目标依次有四层：首先是确保有效进入（access）全球公域；其次是保护（protection）全球公域安全；再次是提升（promotion）全球公域稳定性；最后是主导（dominant）或控制（control）全球公域。由此可见，美国采取新的策略和方式，并不是为了变革世界秩序以真正实现太空领域有效全球治理，而是从自身利益出发，为建立美国主导的国际太空秩序营造氛围。

四、思考与建议

美国作为太空实力和国际影响力最强的国家，其太空全球治理战略的实施必将对太空形势和全球的太空活动产生巨大而深远的影响。对此，中国既要充分认清其背后实现太空领导的不变实质，也要利用这一战略机遇期以新的定位和更加积极的姿态参与太空公域的全球治理，切实有效地维护国家战略安全和核心利益，赢得话语权和主动权。全球治理本身是国际社会不同利益集团持续博弈的过程，是一个参与和身份重塑的过程，最根本的实现途径就是增强综合国力，提高我国的国际竞争力和参与全球治理的能力。此外，笔者为我国参与太空全球治理提出以下几点参考：

第一，把握全球治理理论与实践如火如荼发展的有利时机，深入研究全球治理的实质和规律，在和谐世界的理念指引下，倡导一种民主的、公正的、透明的和平等的全球治理，建构我国的全球治理理论和全球治理战略框架，从而为在国际事务中发挥更大作用奠定理论基础。

第二，努力拓展多元渠道，积极参与航天领域国际法规、标准，特别是太空资源分配规则、太空武器控制协定、太空活动行为准则等的制定、修改与完善，进一步提高我国在太空领域的存在度和影响力，引导国际舆论，力争推进符合国家利益和促进国际和平的国际规则的制定，进而逐步培育我国在国际机制中的实力和地位。

第三，坚持共同合作的理念，拓展多边领域的各项合作，既要加强与西方大国的协调互动；又要重视与新兴国家和发展中国家之间的战略互信与深度合作。在太空全球治理过程中协调各方立场，特别是增进发展中国家在全球治理中的发言权，在国际规则的制定上更多考虑和照顾发展中国家的利益，使其能够在全球治理中获取更为平等的地位。

第四，随着全球治理主体多元化的趋势，非政府组织不断发展，并在全球治理中发挥日益重要的作用，于是要通过法律法规加强引导、规范运作，促进其与政府的互相配合，互相补充。除了本国非政府组织，还要加强境外非政府组织的工作，以逐步打开对国外非政府组织工作的局面，为我国参与全球治理赢取良好的氛围。

第五，西方国家对于中国的崛起态度矛盾，既担心其主导权受到挑战，试图蓄意制造“中国威胁论”来防范和牵制中国，但又希望中国能够为“全球公域”的治理承担更多的责任。因此，要有效妥善地应对国际上针对我国的疑虑、非议和责难，既要通过裁判、对话、媒体等发出中国的声音，明确表示我国是负责任地开展太空活动，是以世界的持久和平与健康发展为出发点，主动承担各项相关国际义务；同时也要坚持我国是发展中国家的身份和定位，从自身的实力与能力出发，在太空全球治理中承担应有的责任，而非没有原则和限制地任之冠名，妥善处理好自身发展与国际社会共同发展之间的关系。

第六，全球治理对发展中国家而言是柄双刃剑，特别是对于与西方意识形态迥异的国家，理论上与西方国家可以平等地享有治理全球性问题的权利，但目前全球治理尚未形成有效可行的全球机制，少数西方发达国家主导其治理规则和话语权，其中暗藏着一定的风险与挑战。我们一定要警惕西方国家利用全球治理之机，制造国际舆论进而干预我国的独立主权、领土完整和国家安全，甚至采用更为隐蔽、更具渗透性和杀伤力的手段染指我国内政。

近期，美国副总统彭斯宣布，美国军方已开始筹建“太空军”。此前，美国总统特朗普曾多次呼吁建立“太空军”，将和陆军、海军、海军陆战队、空军处于平等地位。种种迹象表明，美国的太空战略在特朗普时代更趋进攻性和冒险性。

（王文超、石海明）

全球公域“破”与“立”：太空命运共同体构建路在何方？

冷战时期，在宁静的地球轨道上，重达十几吨的空间站失去控制，一旦坠入人口聚居地，不仅将造成人员伤亡，更可能诱发战略误判，挑起核战危局。紧急关头，两名英雄宇航员挺身而出，进入太空成功控制了空间站，顺利化解了一场酝酿中的人类浩劫。这一惊险情节就是 2018 年 1 月上映的俄罗斯影片《太空救援》中所描述的场景。科幻与现实交相辉映，据真实事件改编的这一情节，就是人类太空探索史的一段缩影。

一、无限的太空，有限的公域

早在 2000 多年前，当人们尚未完全揭开海洋的神秘面纱时，古罗马哲学家西塞罗就曾大胆预言：“谁控制了海洋，谁就控制了世界。”进入当代，又有人断言：“谁控制了太空，谁就将控制地球的命运。”显然，科技的边界就是安全的边界，在人类尚未尽揽太空浩瀚之时，有关这一新疆域的定位就已有广泛共识。

然而，与此共识形成鲜明对比的是，对于“太空”概念本身的界定却存有不小争议。太空的最低边界在哪里？太空是否归属于主权国家？这些问题随着人类向太空进军的脚步加快而渐次浮出水面。为解决此类争端，1963 年联合国大会通过了《各国在探索与利用外层空间活动的法律原则的宣言》，确定了“外层空间供一切国家自由探测和使用”，以及“不得由任何国家据为己有”这两条原则。但就在此国际宣言正式通过 13 年后，巴西、哥伦比亚、刚果等 8 个赤道国家却发表《波哥大宣言》，主张“各赤道国家上空的那一段地球静止轨道属于各国的主权范围”，从而使外空划界问题复杂化。2009 年，美国发布的《国家安全战略报告》又将太空纳入“全球公域”范畴，指出其“不为任何国家控制但又为所有国家所依赖的领域或区域”；尔后，又于 2015 年提出“全球公域介入与机动联合概念”，将包括太空在内的全球公域视为军事竞逐的高地，太空的火药味扑面而来。

其实，在太空界定争议的背后，是多方对太空巨大资源的诉求分歧。虽然太空广袤无垠，但开发价值却有天壤之别。临近地球轨道是目前最重要的太空战略资源，围绕其主要存在以下几方面争夺：

其一，轨道资源。在现有通信技术条件下，同频段的两颗卫星在经度上的间隔必须大于 2 度才能被地面站区分，因此在整个对地静止轨道上的同频段卫星通常不会超过150个。无疑，地球静止轨道资源是不可再生资源。因此，想要发射卫星的国家必须提前几年向国际电联申报，以防止卫星相互干扰甚至发生碰撞。近年来，越来越多的国家和企业都谋求实现通信和导航等功能的全球、全时覆盖，低成本卫星发射技术也逐渐成形。如近来频繁曝光的SpaceX已经启动的“星链”计划，就预计发射1.2万颗微型卫星。这将带来轨道资源的大规模消耗，使本已白热化的轨道争夺更趋激烈。

其二，频率资源。与轨道位置相匹配，卫星还需要占用一定的电磁频谱宽度来满足其正常通信。不同频率的电磁波在大气中传播的损耗程度有异，因此处于较低损耗频段的卫星就能实现更高效传播。目前，各类通信卫星所使用的电磁波频段主要集中在 0.3-30GHz 区间，其中 0.3-10GHz 频段间损耗最少，被称为“无线电窗口”。对于同样不可再生的频率资源，国际电联采取的是“先申报就可优先使用”原则进行全球分配。因此，一些难以跻身航天大国的国家，如汤加王国，就利用这一规则，早期申报了大量频率轨道资源并获得了优先使用权，此后以经营优先使用权来谋取经济利益。随着通信卫星数量的不断增加，卫星频率资源日益紧张，进一步加大了太空竞争的强度。

其三，军事资源。作为尖端科技的集合体，卫星会搭载多种最新装备进入太空，来完成特定任务。其中，涉及科学探索、通信保障等方面的功能大多是公开的，同时也不排除有些卫星军事化的用途，此乃秘而不宣。长久以来，虽然外空武器化是人类不敢逾越的红线，但伴随着新军事革命的深入，军备竞赛断而不绝，此种危险进一步升级。如特朗普上台后就推翻了奥巴马政府直接登陆火星的庞大计划，决心“重返月球”，并建立了包括国防部长、美军参联会主席等军政要员在内的国家太空委员会，其军事方面的考量昭然若揭。同样作为航天大国的俄罗斯也不甘在新一轮太空竞逐中居于下风。2018 年年初，普京就签发命令开发超重型火箭。这种能把 90 吨货物运送到地球同步轨道、或把至少 20 吨货物送入月球轨道的太空巨人一旦研制成功，其运载俄罗斯重型军事装备的能力也不可小觑。

二、短暂的合作，长期的竞争

合作与竞争，是人类处理彼此关系的基本形式，也是推动人类社会进步的阶梯。在太空领域，国际合作构建了和谐的“天空之城”，国际竞争则打造了可怕的“杀人利器”，它们一起涂抹出当今的太空图景。

在太空领域的国际合作中，最为成功的范例当属国际空间站。空间站是人类在近地轨道工作的平台，是开展长期和大型空间科学实验和观测的最佳设施。国际空间站以美国为首，是包括俄罗斯、欧洲航天局（11 个国家）、加拿大、日本和巴西共 16 个国家合作建立和运行的一项国际太空合作计划，用于训练宇航员、开展生物医学研究、测试新技术、对地观测等任务。国际空间站于 1998 年 12 月开始组装，2011 年 5 月完成全部建设，至今仍在发挥作用。作为迄今为止参与国家最多、持续时间最长、项目规模最大的太空领域国际合作项目，国际空间站不仅取得了科研成就，更为重要的是，以国际空间站的合作模式为蓝本，航天大国在国际空间合作的立法层面也进行了有益尝试。如作为国际空间站基本合作准则的《加拿大、欧空局成员国、俄罗斯联邦、美国政府间关于民用国际空间站合作协议》，就为未来类似的国际空间合作项目提供了借鉴。当然，国际空间站虽然名为“国际”，实则将中国等新兴航天大国排除在外。直到 2017 年 6 月，中国的科学实验项目才首次登上国际空间站，标志着中美空间科学合作破冰。

自 1957 年 10 月 4 日人类第一颗人造地球卫星成功发射以来，人类的太空探索更多地是以竞争的形式书写的。其中，最为著名的几次空间竞逐至今仍是学术研究和文化产品的鲜活素材，如苏联“伴侣号”的发射极大地打击了美国社会的技术优越感、美国“阿波罗 11 号”在“登月竞赛”中完胜苏联、里根政府提出的“星球大战计划”等。冷战结束后至今，国际太空竞逐呈现出系列新特点：首先，从单纯以发射卫星数量取胜转向航天产业整体发展的竞争，在技术研发和对外交流中，强调航天技术附带的政治价值和外交目的；其次，太空活动主体从国家主导向企业参与转向，商业太空探索获得蓬勃发展，涌现出如太空探索技术公司、Oneweb、

Facebook、三星等商业公司参与到太空活动中来的景象；最后，太空领域的军事能力对抗有增无减，如美国开展了“施里弗”系列太空战模拟演习，俄罗斯于2011年成立了“空天防御兵”等。

三、太空命运“危”“机”并存

随着人类探索太空脚步的加快，越来越多的安全问题正在挑战着人类的智慧与勇气，主要体现在以下几方面：

第一，太空权力对比愈发失衡。以美国为首的航天强国，一方面正在航天征程中乘风破浪，加速前进；另一方面又以国家安全为由限制航天技术的出口，拒绝更广泛的太空合作。这种行为在一定程度上是冷战思维的当代表现，无异于将全球公域视为“私人领地”。目前，在太空探索的深度与广度、太空资源占用的比例、太空相关技术的储备等方面，美国都遥遥领先于其他国家。如在地球轨道运行的1000多颗卫星中，美国卫星就有549颗（截至2015年）；在参与过火星探测任务的探测器中，近一半属于美国，且完成登陆的火星车全部属于美国；NASA于1977年发射的“旅行者1号”探测器已飞出太阳系，成为人类首个进入星际空间的航天器，等等。虽然诸如中国等新兴航天大国正在奋起直追，但依然需要长期的努力才能望其项背。长此以往，航天技术的“马太效应”就会凸显，“人类共同享有太空”就会成为一句空话，太空领域又将成为新的“单极世界”。这与当代世界走向民主、平等、共享的时代潮流显然是相悖的，不利于太空的共同繁荣与稳定。

第二，太空军事化禁而不绝。在联合国层面，从20世纪60年代开始，就陆续出台了《外太空条约》《外太空的利益宣言》《向外太空发射物体的登记公约》《联合国太空碎片减缓指南》《太空和人类发展维也纳宣言》等一系列国际准则，在一定程度上规范了人类的外空行为。但这些准则多数都不具有强制性的法律效力，在具体实施中，更多地还要靠当事国自觉。国际社会也迫切呼唤更加全面、更加具有约束力的外空行为法律尽快出台。一些国家对太空利用心存偏见、对太空治理逃避责任，甚至对人类命运置之不理。在制定太空行为准则的努力中，联合国相关机构虽进行了积极的努力，但因美国在其中都有因本国利益而进行一票否决的权力，而失去了一定的国际代表性；同时，美国、欧盟、中、俄等航天大国都尝试制定了国际通行的行为准则，但皆因个别国家之间利益诉求的分歧而迟迟无法在国际推广。2014 年 2 月，在日内瓦举行的联合国裁军会议上，中国与俄罗斯再次向会议提交了新的《防止在外空放置武器、对外空物体使用或威胁使用武力》条约草案，但美国拒绝就此展开讨论，指出“太空中不存在武器竞赛”，因此“没有问题需要通过武器控制协定来解决”。这种“掩耳盗铃”的做法显然与事实不符。美国拥有全球最强大的太空军事力量，其在轨运行的卫星中，至少有四分之一可用于军事任务，其在外空军控方面具有不可推卸的责任。目前，个别国家仍然将太空视为其展示武力、制造威胁、渲染矛盾的工具，对太空治理的法制规约提出种种“例外”，阻碍了太空命运共同体建设的进程。这种早已被历史和实践证伪的“工具理性”，给太空蒙上了愈发不确定的阴霾。

第三，太空治理“窗口期”逐渐狭窄。“发射窗口”是航天领域的专有名词，意指进行太空发射活动最适宜的一段时间，通常十分短暂，稍纵即逝。随着航天技术走向成熟，人类把握发射窗口的能力越来越强了，但太空治理的“窗口期”却逐渐变得狭窄。一方面，以太空资源为重要依托的通信技术已成为现代生产、生活中不可缺少的一部分。在信息化、网络化的时代，人类早已进入到了信息技术的规制当中。人们的生活方式、思考模式和价值范式无不带有着信息技术的深刻烙印。技术规制下的当代世界，早已无法回到信息技术广泛采用之前的时代了，更无法承担“信息黑障”带来的一系列社会和安全问题。另一方面，人类探索太空的脚步远远快于治理太空的进展。今天，大推力火箭已可以将上百颗卫星一次性送入地球轨道，微小卫星技术的进步，更促使动辄上“千”颗级的全球星座网络计划层出不穷；已然十分拥挤的近地轨道空间一旦发生飞行器碰撞，产生的碎片将会引发可怕的“雪崩效应”——每一次撞击并不能让碎片互相湮灭，而是产生更多碎片，而每一个新的碎片又是一次新碰撞的危险源。太空资源的供需矛盾愈发尖锐，留给人类建立治理机制的“窗口期”越来越狭窄。即便不发生大规模的太空战，以当前太空垃圾的增长速度，有科学家预测，到 2300 年任何东西都无法进入太空轨道了。目前，在环境问题上吃过无数苦头的人类，又在太空重蹈覆辙，走上了“先污染，后治理”的老路。殊不知，太空资源并非一般资源，其天然的战略价值、利用的高难度、存在的跨国性、低可再生性等特征，都给太空治理增加了极大的困难。

四、太空命运共同体：泡沫还是梦想？

对于浩渺的苍穹而言，地球和人类只是沧海一粟，但广袤的太空既是人类赖以生存的大环境，也是人类安全的“阿喀琉斯之踵”。对太空资源及近地轨道的破坏性开发和军事化利用，都将置人类自身于极其危险的生死绝境。如果我们不能用集体行动、制度规约、协商谈判等方式来解决太空领域的分歧和争端，那么，此时正略过我们头顶的一颗颗卫星就将成为威胁人类生存的“达摩克利斯之剑”。

如今，简单地将太空形容为安宁如初或硝烟四起，都不能反映太空竞逐的复杂全貌。经历了几千年文明史进化的人类，从来不缺少解决复杂问题的智慧。令人稍感欣慰的是，在联合国层面，从 20 世纪 60 年代开始，就陆续出台了《外太空条约》《外太空的利益宣言》《向外太空发射物体的登记公约》《联合国太空碎片减缓指南》《太空和人类发展维也纳宣言》等一系列国际准则，这在一定程度上规范了人类的外空行为。但这些准则多数都不具有强制性的法律效力，在具体实施中，更多地还要靠当事国的自觉履约。国际社会也迫切呼唤更为全面、更具约束力的外空行为法律尽快出台。

如果我们走向太空的步伐不会就此终结，那么人类势必要选择一条明智的进路。拨开历史的迷雾，丰富的太空实践逐渐指向了同一个方向：构建太空命运共同体。

太空命运共同体之所以是必然，乃因为它是解决太空现有矛盾、构建太空共同安全机制的唯一出路。从狭义层面来看，面对未来的智能化时代，人类早已进入到了信息技术的规制当中。人们的生活方式、思考模式和价值范式无不带有信息技术的深刻烙印。技术规制下的当代世界，早已无法回到信息技术广泛采用之前的时代，更无法承担“信息黑障”带来的系列社会和安全问题。在更为广义的层面上，已然十分拥挤的近地轨道空间一旦发生战争，产生的飞行器碎片将会引发可怕的“雪崩效应”。而即便不发生大规模的太空战，以当前太空垃圾的增长速度，有科学家预测，到 2300 年，任何东西都无法进入太空轨道了。因此，以和平的方式利用太空，以共同的担当治理太空，是人类的唯一出路。

没有什么地方不能被看成战场，没有什么技术不能被用于军事，而军事技术的先行发展一直是人类无法控制和回避的铁律。构建太空命运共同体，我们自然不能用军事化的思维去筹划太空战略，但同时也不能马放南山、铸剑为犁。备战是为了不战，“武”字本身就是“止”与“戈”的合并。继承了传统文化“和合”思想的中华民族正在进行新时代的复兴伟业，必将在太空合作与安全领域发挥越来越重要的建设性作用，为太空命运共同体的实现展现大国的应有担当。

中国如何应对“科技冷战”？

在全媒体时代，大国商贸领域的任何风吹草动，都会引发全球关注。中美在经贸层面的高依存度，决定了两国有关战略博弈的特殊性。

亦正因此，我们看到自特朗普政府推出针对《中国制造 2025》的 301 调查以来，双方围绕贸易争端的“磋商”正在紧锣密鼓地进行。2018 年 3 月 24 日，《纽约时报》网站刊发题为《对于美中来说，这是一场正在陷入冰封的技术冷战》的文章称，一场“冷战”正在世界上最先进的产业中全面展开。新加坡国立大学东亚研究所所长郑永年也认为：“在现阶段，中美两国贸易争端的本质是技术冷战，两国之间应该摒弃民族主义的思维，全面衡量另一个国家的意图。”

在我国产业升级的重要关口，如何应对“科技冷战”？考验的不仅是我们的科技能力，也考验着我们的传播智慧与战略定力。

推动自主创新。细观此次中美贸易争端可以发现，其表象是美国对其所谓的“不公平”贸易做法展开调查，进而采取增税、限制进口等措施，但其实质在于遏制我国的高科技产业发展，主要表现在“301 调查”清单针对的就是我国的高科技产业，随之而来的也是美商务部、国防部针对中兴、华为等高新技术公司的调查与禁令。2015 年，我国提出《中国制造 2025》战略计划，政府预计投入 3000 亿美元发展人工智能、半导体、电动汽车和商用飞机等高新技术产业，旨在推动我国早日跻身世界制造强国行列。随着我国大力推进科技创新的步伐，西方国家逐渐感受到了强大的竞争压力。在西方尤其是以往的“科技强国”美国看来，《中国制造 2025》对其科技优势地位构成了某种威胁，美国由此出于“国家安全”的考虑一方面阻止对我国的高新技术出口，另一方面阻止我国高新科技企业进入市场，以此来保护自身的技术优势。因此可以说，“科技冷战”反映出美国对我国“技术崛起”的焦虑、惶恐与不安。

的确，我国的科技创新正处于高歌猛进之时，但值得注意的是，我国迅猛的科技发展与革新势头并不能掩盖与美国之间的技术鸿沟，比如美国在航空发电机、巨型天文望远镜、新材料技术、半导体、锂电池等领域始终掌握关键技术，导致了我国在上述关键领域不得不“寄人篱下”，依靠数量惊人且不间断的技术引进。正如热战中通过武器装备等因素形成的非对称优势一样，在这场“科技冷战”中，自主创新能力便是我国形成非对称优势的关键所在。

第一，掌握关键的“心脏”技术应当从基础研究抓起，山寨、仿制抑或是组装都与真正的自主创新背道而驰。我国应加强面向国家战略需求的基础研究和关键技术研究，推进基础性、系统性、前沿性技术研发，加强前瞻性、先导性、探索性、颠覆性的重大技术研究，在关键技术领域逐步占据主动地位。第二，我国的自主创新应当呈体系化发展，形成创新体系竞争优势，将创新技术平台、高素质创新人才与自主创新文化相融合，强化具备原始创新能力的战略科技力量，从而为技术竞争提供强有力的支撑。第三，自主创新不等于“闭门造车”，只有坚持开放共享、交流合作才能打破封闭垄断，实现“弯道超车”。我国进行科技创新不应自设壁垒，而应推进国内各领域、各部门、各组织科技创新资源的对接、互动与协同，打破科技创新体制机制中的坚冰与门槛，充分释放自主创新的潜力与活力，从而逐步提升我国的自主创新能力与水平，以此作为我国在“科技冷战”中的核心战斗力。

统筹内外宣传。关于媒体，传播学的马歇尔·麦克卢汉有句名言：“媒体即信息。”而另一位尼尔·波兹曼在其成名之作《娱乐至死》中则进一步说：“媒体即隐喻”，“媒体即认识论”。显然，在尼尔·波兹曼看来，“媒体的独特之处在于，虽然它引导着我们认识事物的方式，但它的这种介入却往往不为人所注意。我们读书、看电视或看手表的时候，对于自己的大脑如何被这些行为所左右并不感兴趣，更别说思考一下书、电视或手表对于我们认识世界有怎样的影响了。”在今天的全媒体时代，媒体话语正以“润物细无声”的方式影响、改变乃至塑造着人们眼中的世界。

针对中美的科技发展现状，西方媒体表现出了与政府一致的忧虑状态，比如 2018 年 2 月 13 日，美国的《纽约时报》以《中国拥抱人工智能之际，美国日渐沉默》为题发表文章，尖锐指出特朗普领导的白宫几乎没有在人工智能领域采取任何行动，美国长期的领先地位已遭受挑战；英国的《经济学人》杂志则用封面报道《中美技术争霸》一文，认为如今“中国对美国构成的技术威胁令美国慌乱”。在西方媒体的尖刻论调下，我国的科技战略发展规划被认为正在步步紧逼美国的技术高峰，这一论断与西方一贯鼓吹的“中国威胁论”并无二致。另一方面，我国某些国内媒体宣传中高调的动员和口号往往导致“过度宣传”，进一步加重了某些人士对我国的警惕乃至恐惧心理，尤其是当此类报道被“别有用心”利用时，中国企图“超越西方”的说法就更为甚嚣尘上。

由此可见，媒体是“科技冷战”中的一把利剑，唯有统筹好内外宣传才能将这把利剑置于身前，防敌护己。针对国外宣传，我国应始终保持审慎警惕，及时防范虚假不实的新闻宣传，打好宣传战与舆论战，同时应当积极塑造良好的大国形象，持续推进并大力加强国际沟通、交流与合作，向他国传递和平与发展的信号与理念。在国内宣传方面，我国媒体应正视我国与他国存在的多领域、多层次科技差距，坚持科学理性的新闻宣传模式，引导正确的舆论方向，以冷静的审时度势代替空洞的宣传口号，使国内媒体成为我国自主创新建设的推动剂。

保持战略定力。2018 年年初，政治风险咨询公司“欧亚集团”公布了《全球风险报告》，提出全球第三大风险将是全球科技冷战，其主要体现为中美之间的新信息技术竞争。在目前生产、资本与金融全球化的大背景下，中美“科技冷战”将影响其他参与世界产业链的国家，从而引起全球范围内的震动。与此同时，就目前的国内形势来看，美国对我国的针对性措施已引发我们的一系列心理波动，尤其是中兴公司遭到美国制裁之后，不少人表示对我国企业丧失了部分自信。部分人在此次事件中的挫败感与心理失衡实则是由于对现实国际政治经济环境缺乏认识，这也进一步证明，我国亟需在复杂的国际竞争环境中保持从容姿态。

纵观我国经济与科技建设之路不难发现，无论我国是国际科技力量中的“后进生”还是“领头羊”，“韬光养晦”都是应当坚持的战略方针。“韬光养晦”并不是无所作为，而是稳定的前进，其核心正在于强大的战略定力，既脚踏实地又与时俱进，不争不抢，不卑不亢。面对“科技冷战”，如果一味追随他国的脚步而陷入“冷战思维”，无视科技全球化的事实，加固技术壁垒与藩篱，分割宝贵的科技资源，阻碍科技人才的沟通交流，最终只会落得“两败俱伤”。相反，坚持走和平发展道路，坚定不移地大力提升自主创新能力，以全球化的视野推进科技资源优化利用，才能早日占领战略制高点。保持战略定力，包含明确长远的战略目标，无论国际社会中发出的声音多么冗杂聒噪，我国应当坚守《中国制造 2025》制定的方略步骤，向“两个一百年”的奋斗目标坚定迈进；保持战略定力要求展现冷静理性的战略姿态，面对“中国威胁论”“中国衰亡论”“中国崛起论”等种种论调，我国应保持与大国地位相适应的从容心态，沉着看待来自国际社会的赞誉或诋毁，防范被“捧杀”或“唱衰”；保持战略定力关键在于坚持不懈的战略实践，“科技冷战”是高端技术的激烈竞争，在他国想方设法设置技术障碍与壁垒的情况下，我国应坚持不懈地推进自主创新能力建设，掌握核心技术就是掌握战略主动权。在这波诡云谲的国际环境之中，我国古代道家哲学中的“以不变应万变”为我国应对国际竞争提供了可贵的借鉴，此时我国的“不变”不是故步自封，而正是源于实力、出于自信、表于淡定的战略定力。

二、科技军事

科学与战争一直是极其密切地联系着的，实际上，除了19世纪的某一段时期，我们可以公正地说，大部分重要的技术和科学进展是海陆军的需要所直接促成的。

——贝尔纳

论互联网技术构建中的政治塑造

互联网正以前所未有的速度发展着，并且从根本上深刻变革着人们的生活方式和政治环境。过去十年中，各种政治行为体与信息和传播技术的生产、使用和管理，有着相当密切的关系。事实上，互联网自 20 世纪 60 年代孕育以来，一直伴随着诸多政治因素。国家控制、自由主义、跨国合作和商业竞争的奇妙糅合，塑造了今天的互联网。作为互联网前身的阿帕网是冷战催生的产物，而构成互联网技术体系的关键性技术内核也内嵌着政治性，在互联网发展初期的国家行为更是塑造着互联网的政治秉性。因此，互联网天生是政治的，它不仅仅是一项技术实体，而且是一项被嵌入社会和政治实践，被赋予政治内涵的实体。整个互联网的研发过程，时刻能够看到美国政府和军方决策的影子。可以说，互联网既是政治的产物，又是政治的工具。

一、阿帕网诞生的政治背景

纵观阿帕网的诞生历史，我们不能无视阿帕网天生的政治秉性。第一，美苏冷战背景下，苏联太空技术取得突破导致美国民众集体恐慌，他们迫切要求美国在高技术领域重新获得对苏优势，ARPA 这一机构正是艾森豪威尔政府向公众交出的一份答卷；第二，作为阿帕网的重要理论基础的分布式网络构想的诞生深受核战争影响；第三，参与阿帕网研发的人员要么本身就是国防部的主管或技术人员，要么后来陆续成为 ARPA 成员，且 ARPA 的研发基金大部分来源于国防部和美国政府，他们的研发或多或少考虑到军事应用，必然会倾向于国防部和美国政府的相关政治考虑。

其一，冷战阴影下 ARPA 的建立。

二战过后，国际体系重新洗牌，苏联迅速崛起，成为美国之外的另一个超级大国。斯大林执政后，苏联经济增长成绩斐然，1945 至 1950 年，国民收入、工业产值、重工业产值都增长了近一倍，虽然其中有夸大的成分，但不可否认苏联的经济增长速度在这一阶段大大超越了美国的增长速度。斯大林执政后期，到赫鲁晓夫上台期间，苏联国家实力的上升，导致其国家战略的转型，由相对防御到主动谋求参与国际决策的资格。苏联的经济增长和强烈的政治诉求，显示了世界权力中心的转移，苏联由挑战国走向领导国，开始与美国争夺国际事务领导权。“美苏之间的对立现在变得更加紧迫，也更直接，美苏之间的对抗是史无前例的。”

1946 至 1952 年，美国对苏联的评估主要集中在军事实力，其对美国发动战争的可能性，以及科技水平上。信息的不透明、恐慌的加深，导致这些报告出现了许多错误的夸大。美国中央情报局（CIA）的一份报告中认为，苏联在军事科研和空间项目的资金、人员、设备投入增长明显，1950 至 1966 年预计将增长 10 倍，而且仍将持续增长。政治上的不信任，必然导致双方战略政策的转移。美苏将对方视为对手，在各方面都展开了竞争，导致了长期的军备竞赛。1951 年，苏联成功爆炸原子弹，打破了美国的核垄断地位，随后两国分别爆炸了氢弹，愈演愈烈的核竞赛逐渐蔓延到科技研发的其他方面。

美国进行科研创新迎合战争需求的传统由来已久，1946 年研制成功的 ENIAC（世界上第一台电子数字积分计算机），就是美国应对二战时计算弹道的军事需求所研发的。面对来自苏联的可能威胁，美国一方面积极备战核战争，另一方面愈加担忧核大战时集中控制的计算机通信系统遭受核武器打击而陷入瘫痪的情况，这种焦虑在苏联 1957 年成功发射人类第一颗人造卫星 Sputnik-1 后达到了顶峰。陷入恐慌中的美国认为苏联部署的洲际导弹（ICBM）将超过 1000 枚，进一步的误解导致美国加紧发展太空方面的技术，以维持对苏联的技术优势。受到苏联发射卫星的刺激，艾森豪威尔政府召集了总统科学顾问，在与科学顾问深入讨论后，决定由国防部成立高级计划研究局（ARPA），进行高科技研发，应对苏联早期的太空开发计划。时至今日，打开 ARPA 的网页仍然能看到这一部门的任务是“为美国国防部选择一些基础研究、应用研究和发展计划，并对这些研究计划进行管理和指导，追踪那些危险性和回报率都很高的研究和技术”。

其二，核战背景下分布式网络应运而生。

20 世纪 60 年代，美国中央控制式网络发展已经相对成熟，国家通讯极大地依赖于这一系统，加之世界上其他国家陆续拥有了核技术，一些具有前瞻性思维的官员开始考虑如何在核战争情况下保持有效的通讯，于是分布式网络构想应运而生。ARPA 深入研发了这一技术，并将之作为阿帕网的技术基础，1969 年一个拥有四个网络节点的阿帕网正式投入使用，人类自此进入网络时代。

分布式网络构想的提出者是来自兰德公司的保罗·巴兰，他于 1959 年进入兰德，由于当时正处于冷战的非常时期，研发“生存性网络”与核战争的威胁有着莫大的关系。指令与控制是军队指挥系统的生命线，对巴兰来说，“指令”与“控制”理论的研究是最重要的。

当时美国的所有通讯系统都是线路交换式的，巴兰的构想需要构建一个分布式网络，在其构想中，每个网站都没有整个网络的“地图”，更不受中央的控制。这样一来，就算战争环境中，破坏了网络中的任何一个点都不至于导致整个网络系统的崩溃。

巴兰的第二个伟大发明是把信息分解成大小相当的小块，即“信息块”，这样就可以用数据段来注满网络，所有信息块都由不同的路径到达目的地。每个“信息块”在网络中经由一站站的传递，每一站都有纪录，直至到达目的地。而传送过程中，若有“块”没有送达，最初的电脑还会重新发送这个“块”，当所有信息块都到达终端后，再被目标电脑组合成一个完整的信息。这就是后来的分组交换技术中最重要的理论基础。

其三，核心技术人员与国防部关系紧密。

阿帕网的核心技术开发人员或多或少带有军方背景，要么本身就任职国防部，要么在接触阿帕网的研发后接受了国防部的“招安”。时任国防部长的麦克尔罗伊推崇研发部门不应该干涉研究人员的科研兴趣，建议成立一个由国防部直接领导的专门开发前瞻性技术的部门。对苏联的仇视使美国军方各部门、各兵种之间的争议暂时搁置了，ARPA 应运而生。麦克尔罗伊将宝洁公司的传统带进了这个初组建的部门，科研人员可以研究自己感兴趣的项目，军事价值并不是首要考虑因素，加之美国财政大量的经费投入，ARPA 吸引了大量科研人才，许多颠覆性的创新发明在这一时期被研发出来。有学者这样评价在冷战环境中诞生的 ARPA——它弥漫着一种文化氛围，即国家对军事的必要支持与无拘无束却又严肃的科学追求精神的相结合。这样的文化氛围和充足的经费吸引了一大批人才，这些科学家的到

来为阿帕网的创建有着不可分割的关系

主张时间共享计算方式的利克莱德在任职ARPA主管的两年中，以独到的见解说服国防部和ARPA进行分时技术的研发，此阶段美国计算机科学研究的经费有70%投向ARPA，大多数都投向他于1962年确定的项目。1966年，当罗伯特·泰勒接管IPTO（信息处理技术办公室）时，利克莱德的思想已经影响了整个ARPA及其研究项目，因此，泰勒许多关于网络技术的申请能够很快通过，并获得大量研发资金投入。泰勒在后来回忆："我们通常在没人授意的情况下，注意把我们瞄准的研究课题与国防部的技术要求联系起来，国防部的技术问题也是美国及全世界许多其他部门试图努力解决的问题。"泰勒还通过ARPA主任赫茨菲尔德向林肯实验室施压，积极争取劳伦斯·罗伯茨到ARPA的网络项目中来。其后三年，罗伯茨工作的成果就是举世闻名的ARPANET。

二、互联网关键性技术的政治载荷

温纳认为，技术在两个意义上具有政治属性。一是"特殊技术装置或系统的发明、设计或安排提供了给定政治体系中确立权力和威望的手段"。二是"政治技术与生俱来"，人造系统似乎要求或强烈要求与政治关系的某个方面相吻合。关于互联网的政治性的许多议题是其关键性技术的政治秉性所引发的，这些技术内蕴的政治性在一定程度上影响互联网建构社会与政治行为。互联网的技术结构，包括物理层、协议层、架构层在内，或多或少地使网络行为成为规制的产物，人们在干预互联网的设计中能够嵌入特定的价值理念，一旦设计完成，这些价值理念将会持续发挥作用。那些掌握了网络关键性技术（软硬件技术）的人，尽管受到来自社会各方面的挑战，但他们通过各种部件结构决定着网络行为最基本的规范是颠扑不破的潜规则。

其一，物理层：分组交换技术的"去中心化"本质。

"分组交换"技术是阿帕网的传输基础，"分组交换"技术在分散的网络中是一个最为高效的数据传输方式，原理是将要传输的数据分为离散的数据块，在通过网络传输之前，先标记每个数据块，在接收端再将它们重新整合。就其本质上讲是去中心化的，这一特点使其同时兼具不可控性和灵活性，直接决定了未来互联网的特性。这种去中心化的技术结构，使信息能够扩散到整个社会，“将会拓展政府政策制定的参与范围，从权力中心的少数人扩大到外围许多想参与的人中间”，权力的扩散导致了“分权”。

未来学家曼纽尔·卡斯特曾预言：“对于未来的日子，民族国家将会继续努力，为了对全球互联的电讯网络中流通的信息进行控制而奋斗。我打赌这是一场必输的战场，同时，随着这个最后的挫败，国家权力的基石也将丧失。”“信息即权力”，互联网在实现信息共享的同时，必然将打破传统国家行为体的信息垄断。“分组交换”技术颠覆了以往的信息传输与接收模式，传播者与受众的关系从未如此混淆过。在互联网世界，每个人既是信息的传播者，同时又是信息的接受者，消解了“中心化”。以“分组交换”技术为传输基础的互联网，决定了其主要功能是信息共享，信息共享意味着信息垄断的消亡，帝国霸权也将不复存在，著名战略学者乔良甚至预言，美国之后将不再有帝国。

其二，协议层：TCP/IP 协议塑造互联网基本价值观。

TCP/IP 协议是互联网软件的基础，即所谓的传输控制协议 / 互联网协议，由网络层的 IP 协议和传输层的 TCP 协议组成。这一协议定义了电子设备如何连入因特网，以及数据如何在它们之间进行传输的标准。TCP/IP 协议的缔造者温顿·瑟夫和罗伯特·卡恩最初的设计理念是设计一种使得“单个网络能够分离开来进行设计和创建，每种单个网络可以向用户或其他互联网供应者提供独特界面”的协议。

TCP/IP 协议的创建影响着互联网技术基本价值观建立。在早期的发展过程中，跨国团队合作是互联网技术创新的显著特征，因国际合作带来的技术融合也成为后来互联网进一步发展的推动力。莱纳等人认为，TCP/IP 协议支撑起互联网发展的四种价值理念，已经预示着互联网将出现的发展及带来的相关问题，这四种基本价值观包括：每个不同的网络代表它自己，当它接入网络时不被要求进行调整；网络传输应具有活力和灵活性；由网关和路由器来连接网络，应避免数据包通过网关时的信息滞留；在运行中不应有全球层面的控制。这四种基本价值观实际上确定了互联网无限扩张及去中心化的特征，内蕴于作为基础的 TCP/IP 协议之中。一方面，互联网不受限制的传播特性加速了文化全球化的进程，不同文化不断相互碰撞、融合；另一方面，掌握着互联网传统优势话语权的西方国家利用互联网传播基本价值观，互联网从一开始就成为西方价值观输出全世界的技术支撑。

其三，架构层：根服务器的控制产生全球信息霸权。

在基于 TCP/IP 协议的互联网的运行中，需要将模糊数字地址转化为确定域名地址，这套域名解析系统称为“域名系统”（DNS），也被称为全球互联网的“根”。它采用树形结构和分级授权的域名管理机制，将主机域名的管理授权给各级的域名服务器，形成一个分层结构。在这个分层结构中，最顶层的称为“根域”，其余的称为“子域”。全球仅有 13 台根服务器，其中包括 1 台位于美国弗吉尼亚州的主服务器，其余 9 台设在美国，英国、瑞典、日本各 1 台。

随着人们对互联网技术的依存度加深，由根服务器引发的利益争夺和政治问题愈演愈烈。根服务器几乎是网络治理所有问题的来源，根服务器影响了国家权力的管辖范围，削弱了国家对信息权力的管控，导致隐私权的丧失，甚至危及国家安全。

美国凭借在互联网技术研发中的“先行者优势”，将 TCP/IP 协议标准推广到使用互联网的全球所有国家，基本上所有的互联网服务供应商都依赖这一标准协议，使得建立另一种标准的退出成本大大增加。在此情况下，美国独占全球根服务器的 1 台主根服务器和 9 台辅根服务器，战争期间，美国只需通过关闭其服务器就可以限制域名服务，使得对抗国的计算机网络从世界上消失。凭借在域名管理上的特权，美国还可以对其他国家的网络使用情况进行监控，比如可以对某些国家的某些网站的流量访问进行统计，从中大致分析出该国热门网站的分布情况和网民的偏好。这样一来，一国网民的访问习惯和访问信息就完全暴露在美国的监视之下，美国成为掌控世界信息的霸主。此外，恐怖分子及黑客针对根服务器的攻击，也给信息安全带来了隐患。可以说，根服务器的重要性一部分源自它自身的脆弱性。

三、早期互联网发展中的国家介入

互联网具有技术的天生政治性，但其政治性往往由其所处的政治环境所决定。互联网像许多战后的信息技术一样，主要是在美国发明并商业化的。美国是第一个部署国家计算机研究网络的国家，第一个使 TCP/IP 协议标准化，第一个开放个人接入市场。互联网的商业开发最初在美国发生，也在美国发展最集中，美国在互联网全面发展方面保持国际领导地位，与其在互联网技术创新和商业化过程中的国家行为有着密不可分的关系。

其一，政府促成互联网技术在美国的首创.

美国政府在早期互联网的发明中扮演着重要的角色，早期许多由公共基金赞助的发明推动了互联网在美国的发展。美国政府在 1960 年代和 1970 年代并不是唯一一个支持国内计算机网络研发的国家政府，在这些项目上赞助的研发获得的效益与任何先行者优势（first mover advantages）风投的收益一致。互联网之所以在美国获得最终成功，与美国战后联邦研发支出向信息技术产业倾斜有重大关系。

二战后的美国，政府在信息技术产业上的研究花费上产生了巨大积极影响。互联网关联的项目包括巴兰早期的分组交换和 ARPANET，以及各种协议的研究（包括 TCP/IP）通过美国国防部获得资金。联邦资金投入大量投入计算机科学研究和设施设备，研发投资还增强了高校的科研能力，培养了大量互联网科技人才。与国防有关的计算机科学和网络研发项目获得了来自美国国会的大量投资，NRCCST（国家计算机及通信研究中心）在相关报告中提到，美联邦政府在 1976 至 1995 年，对计算机科学的投资增长 5 倍，从 1 亿 9 千万美元增长至 10 亿美元。美国国防部在计算机网络发展方面的采购计划有利于帮助新企业进入互联网行业，通过提升创新和竞争力，不单使得 DARPA 得到了充分的资金来用于研究，也使得小规模的公司拥有了得到采购合同的机会。而美国宏观经济政策从 20 世纪七八十年代的不稳定状态向稳定的状态发展，有益于资本投资的繁荣，进一步促进了互联网普及。同一时期的欧洲网络则没有这种“幸运”。即便在英国公共研发系统里的非军事部门，著名科学家 Donald Davies 的倡议被认为与民众所支持的市场相去甚远。

其二，国家精英主义与技术社会化的妥协：网络的军民分离。

阿帕网是在美国军方和精英文化的强力影响下构建的，发明阿帕网的人尽管不全是计算机专家，却是来自各科学行业的精英群体。尽管网络内蕴着自由开放的精神，这时的阿帕网实际上却仍然受到美国军方的控制，技术仅仅掌握在这些精英群体中，以及美国顶级的研究型大学内，其他大多数教师及研究人员则被排斥在网络之外。尼葛洛庞蒂在《数字化生存》中，曾经描述当时的军方科学家对计算机和网络技术的控制，“科学家曾经下意识地想保持电脑的神秘性，就好像中世纪黑暗时期的僧侣，刻意维护自己独尊的地位，或像当时的某些人，要独自把持古怪的宗教仪式一样。”这种人为的技术垄断，带来的是群体性的技术反抗。年轻的知识分子和技术人员高举“解放计算机”“计算机属于全人类”的口号，将“自己动手做”的技术公之于众，打破了计算机技术掌握在极少数人手中的现状。深受美国民权运动影响，反传统、反权威，渴望自由的黑客引领的开源运动及自由软件运动，加速了互联网技术的扩散。迫于互联网技术民间需求的高涨，以及考虑越来越多网络接入阿帕网从而导致的技术不稳定问题，美国国防部将军网（Milnet）从阿帕网中分离出来，阿帕网的剩余部分逐渐形成了80年代以后公开的互联网，仍旧以TCP/IP为标准协议。1983年，DARPA把ARPANET拆分为ARPANET和MILNET两个平行网络，美国网络基础设施也开始了私有化的进程。MILNET主要是为军事应用服务，而ARPANET继续为工业、院校、政府部门的研发电脑服务。继DARPA-MILNET分离后，几个联邦政府机构继续管理着非军事网络。

其三，国家干预的削减加快互联网商业化的进程。

互联网的商业开发始于20世纪90年代，早期仍依赖冷战时期兴起的联邦投资。许多对互联网发展做出贡献的机构也在互联网商业发展中继续发挥作用，但其中一些机构在后冷战时期的作用明显下降了。这个改变折射了互联网从发展到应用阶段的技术转型，以及美国创新体系结构的变化。90年代美国国防研发开支跟私人研发投入相比显得黯然失色，美国风险投资产业在互联网商业开发中发挥着巨大的作用，巨大的信息技术国内市场和重工业投资也加速了互联网的商业化。国防采购尽管在互联网早期发展阶段发挥了突出作用，在20世纪90年代却不再是重要因素，整个90年代，国防投资在互联网领域呈稳步下降趋势，进一步体现了在互联网商业化进程中国家干预的削减，与此同时，美国金融市场通过新型企业提供充足的股票和风险投资资本在互联网的商业化进程中画上了浓墨重彩的一笔。

互联网的商业开发让人们看到了Internet的巨大的应用前景。除了联邦资金对互联网相关研发的支持，美国政府还通过监管、反垄断及知识产权等方面的政策影响互联网的发展和普及。这些涉及范围相当广的政策形成的整体作用促进了互联网设施、服务和内容的快速商业化，加速了Internet的扩散。

首先，保持对科研方向的中立及对商业应用的尊重。同别的工业化国家对照，不同于法国的Minitel项目或者英国政府在其电脑行业上的政策，美国一贯做法是避免产品架构、技术或者供应方的宣传推广，同时也会避免早期商业化带来过大压力。因此，尽管这一技术发明在军工和商业上不能给予直接的指导和应用，DARPA也愿意投资类似TCP/IP之类的项目。

其次，美国联邦互联网研发由政府机构、大学、企业以及私人投资共同承担，这种组合的多样化说明一个事实，联邦研发投资不是其中一个相关机构决定，而是多个机构一起决定的。当技术还处于不成熟阶段时，这种多元的组织体制是有很大作用的。在强调公共政策和公共研发资金在互联网技术中的作用的同时，美国也十分重视私人研发和投资在互联网发展和传播中的作用。

再次，美国联邦不是简单的在经费上给网络研发以援助，还设立如监管、反垄断和专利等方面的各种相关政策法规来促进网络的发展。在美国反垄断政策的影响下，联邦法院不得不判决大型公司公开自己的信息技术以供他人使用，最著名的案例要属1956年关于IBM公司的联邦垄断诉讼做出同意判决令（consent decree），对计算机技术重要改进具有类似的促进作用。联邦电信政策要求在本地市场引入竞争，州和联邦对电信价格进行监管，这些科技管理政策都有利于互联网在国内的普及。

四、互联网传统霸权的建立

随着私人投资在互联网领域中投资的比重加大，互联网商业化程度的不断扩大，国家控制以更加隐晦的方式存在于互联网技术的发展中。1985年成立的美国国家科学基金会（NSF）看到了Internet的科研价值，决定资助Internet和TCP/IP协议的继续研发，并于一年后从国防部手中接管了互联网。互联网看似脱离了军方的管控，实际上却从来没有逃脱国家控制的命运。

互联网的快速扩张带来巨大的商业价值，同时也带来了国家、科学研究机构与企业之间的利益争夺。NSF希望确保互联网与科研机构联系，同时加强互联网开发的国际合作，将互联网拓展到欧洲，当时已有七个欧洲国家与美国通过网络连接。NSF没有考虑开发互联网的商业价值，甚至颁布《合理使用互联网规则》来限制互联网的经济运用，但并没有起到任何成效。最终，学术研究机构、国家支持下的互联网变成了充斥着各种各样私人目的和商业利益的网络，这些网络被包括IBM、美国微波通讯公司、美国优网公司与皮斯网络公司在内的大型企业所拥有，三者呈现出一种混乱而紧张的关系，这种情况一直持续到90年代中期，直至国家科学基金网骨干网络私有化为止。

表面上看，美国政府放弃了对Internet及TCP/IP协议的监管，实际上却从没有放松对互联网的控制。比如，最早的进行互联网治理的非正式组织“互联网顾问委员会”于1983年成立，其成员大部分由政府支持的科研机构研究人员组成。对互联网域名解析系统根服务器的控制，也是美国牢牢把控互联网的重要手段。尽管为了安抚参与网际互联的其他国家，美国宣称不对该系统进行直接管理，但其后成立的非官方组织“互联网名称与数字地址分配机构”（ICANN）的第一批领导成员，大多都是从美国商务部签订协议的组织中挑选，与美国政府有着异常紧密的联系。控制根服务器的管理机构，从一开始就被美国政府掌控，这也预示着美国互联网霸权的初步建立。

（赖燕茹、石海明）

“网络反导”：防御利器还是潘多拉魔盒？

近期，不断有美国国防部高级官员表示，将考虑通过网络攻击和其他电子战手段来破坏尚未发射的战略导弹，以增强美国全球反导体系的完备性和有效性。“网络反导”的构想并非凭空出现。近年来美国始终致力于包括网络武器在内的新技术研发，意图通过所谓“主动抑制发射”的方式，即在对手战略导弹发射前侵入其指挥控制系统或核心部件，抑制导弹发射，达到事实上的反导效果。但这一构想背后暗藏的危险信号，值得整个国际社会警惕和反思。

“网络反导”将进一步加速战略疆域深度融合。随着网络攻防对抗从虚拟目标扩展到物理目标，网络与核、太空等战略疆域的相互关联和相互影响逐渐凸显。美国和以色列针对伊朗核设施发动的“震网”攻击，首次展示出网络武器干预核力量对比的潜在能力。由于网络攻击手段日益多样化，即使核武器指挥控制系统和民用核设施这类与外界高度隔离的平台，也存在一系列可能招致网络攻击入侵的弱点。外层空间设施同样无法幸免。信息支援本身就是空间能力发展的重要功能，这意味着信息流动带来的安全风险亦会波及外层空间。现有的理论和实验证据已经表明，网络攻击能够干扰或阻碍卫星与地面的通讯联系，甚至能直接侵入空间设施的控制系统，造成其运转失灵或是偏离轨道。美国众议院一名议员直接表示，使用网络手段攻击卫星应被视为战争行为，这从侧面也反映出网络与太空愈发增强的联动性。

但战略疆域加速融合也会带来一系列安全挑战。首先，基于单一领域的战略威慑将难以为继，因为某领域内建立起的威慑平衡很容易被领域外的技术发展所抵消。其次，由于核、太空、网络等领域均具有鲜明的军民两用性，这些领域的安全联动将使民用基础设施置于连带威胁之下，这将极大提高一国维护战略安全的成本和可能遭受不必要损害的风险。对于美国的网络反导来说，上述挑战意味着其意欲建立的单方面战略优势可能难以实现，因为其他国家同样可能发展非对称的打击能力来破除美国的反导“神话”，而这将导致美国军用和民用关键设施的脆弱性不降反升。从这个意义上看，网络反导恐怕只会开启新的潘多拉魔盒，释放出扰乱新兴战略领域安全稳定的危险因子。

“网络反导”将进一步刺激网络空间军备竞赛。从2015年乌克兰电力设施遭到网络攻击导致大范围断电，到今年美国大选期间出现针对选举系统的网络侵袭，网络攻防对抗已不仅仅是过去的黑客行为或政治宣泄，而是越来越多地与特定的战略目的联系在一起。美国网络反导的构想更是具有明确的战略指向，清晰地显示出将网络攻击手段作为有效军事工具的意图。近年来，美国已经通过一系列举措大力推进网络攻防向实战化、战术化发展。建立网络司令部、组建网络任务部队、出台网络作战指导规划、开发网络武器集成平台，这些措施使得网络攻防能力逐渐嵌入美军作战力量体系，也加速了网络军事化的总体趋向。将网络攻击纳入全球反导布局只会使美国在网络军事化道路上越走越远。其后果必然会刺激各国加强网络军事能力建设，使本已硝烟渐浓的网络空间安全环境进一步恶化。按照英国一家智库开展的年度军力评估，截至2014年底已有大约35个国家建有不同形式的网络战力量。美国挑起的网络军事化浪潮必将使这一数字不断升高。随着网络空间军备竞赛加剧，各国在网络空间的安全互信无疑会受到严重削弱，针对他国开展的网络军备建设和力量部署可能会更为显著。如果一种朝向冲突演化的安全文化在网络空间国际互动中占据主导，安全困境将不断加深并为网络空间国际秩序带来普遍伤害。

“网络反导”将进一步动摇全球体系战略稳定。冷战后美国在全球部署反导系统，意欲通过牺牲他国的安全来换取自身的“绝对安全”，这已经严重削弱了冷战以来的全球战略稳定的基础。而网络反导还想将这种部署“更上一层楼”，无疑是极不负责任的火上浇油之举。不仅如此，网络反导构想本身也包含诸多不稳定因素。一是容易引发大国关系的紧张对峙。与传统的战略武器和常规武器不同，网络武器及其攻击方式更为隐秘，一国对他国网络武器的性质、规模、效果等要素难以做出准确评估，这使得网络条件下的战略互动关系将建立在极不透明的基础上，对战略能力和意图的判断很容易出现重大偏差。美国若将网络攻防介入战略互动体系，必然对中国和俄罗斯等国的战略威慑能力构成新的挑战，从而引发后者新的不安和战略反制，损害新型大国关系的稳定基础。二是容易导致突发事件和危机升级。追踪溯源和身份识别是网络攻防中的重要难题。特别是由于各类非国家行为体同样具备一定的网络攻击能力，国家间网络安全互动将面临更多不确定性，突发事件导致的战略误判和冲突升级风险大大增加。三是容易成为发动先发制人打击的借口。网络反导并非在战略武器发射后进行拦截，而是要在发射前就加以破坏，这种先发制人的攻击方式本身就与《联合国宪章》中关于自卫权的规定相违背。霸权国有可能蓄意夸大现实威胁甚至捏造虚假信息，为自己发动预防性攻击遮掩粉饰，这一点在美国一意孤行的伊拉克战争中已经体现得淋漓尽致。对这类国家来说，发动网络攻击的道德约束和成本压力显然小过常规战争，因而更有可能为霸权和侵略行径推波助澜。总之，美国构想的网络反导计划注定会开启一条危险的道路，其前景只会通向普遍的、愈发难以扭转的安全退化。

在这样的背景下，遏制网络空间军事化步伐应当成为国际社会的共识。但必须注意的是，减缓甚至扭转网络军事化进程并非易事，不仅需要综合施策，更需要科学辩证地看待网络能力建设与反对军事化之间的关系。事实上，力量制衡是阻止霸权国推进网络军事化的重要砝码。针对霸权国力量弱点的非对称制衡能够有效改变霸权国对于成本收益的战略认知，从而促使其转向协商治理和共同安全。因此，中、俄等网络大国加强网络攻防能力建设，积极开展双边和多边安全合作，将是遏制美国网络军事化企图的重要战略举措。与此同时，国际社会亟需为网络空间安全互动建章立制。良好的行为规则是安全环境的稳定器。当前，国际社会对网络空间行为准则的基本价值和内涵尚未达成共识，中国应当进一步发挥积极引领作用，推进以非军事化为直接指向、以平等互信为基本理念、以共享安全为根本目标的网络安全国际行为准则。唯有此，才能将已然徐徐开启的潘多拉魔盒复归原位。

（刘杨钺、石海明）

制脑权：信息时代军事较量的“高边疆”

2011年2月23日，非洲喀麦隆的一些大城市爆发示威，与此同时，利比亚也陷入残酷内战，种种迹象表明，在继突尼斯政权垮台，埃及穆巴拉克走人之后，一场政治风暴在席卷中东之际，正在向非洲蔓延。面对此种国际局势，美国国务卿希拉里近日又发表了第二次“互联网自由”演说，在肯定推特（Twitter）和脸书（Facebook）等网络媒体在中东政治动荡中扮演的重要角色后，进一步阐述了美国的互联网大战略。此外，奥巴马23日亲自出面谴责卡扎菲政权的言论，正在被全球各大媒体广为报道，而强硬的卡扎菲也竭力通过电视媒体向民众喊话，在这些有关“话语权”争夺的激烈交锋背后，一种崭新的军事较量形态似乎正在向我们走来。

一、从“制海权”到“制脑权”

美国海军少将马汉在总结19世纪之前人类海洋战争经验后，于1890年在《海权对历史的影响（1660—1783）》一书中提出了“制海权”思想。意大利空军司令杜黑在总结20世纪初人类空中战争实践后，于1921提出了“制空权”思想。与此类似，美国前国防情报局局长格雷厄姆中将，在总结1957年苏联卫星升空之后的美苏外空军备竞赛的基础上，凭借战略家特有的前瞻理性，于1982年出版了《高边疆：新的国家战略》一书，正式提出了“制天权”思想。

从马汉的“制海权”、杜黑的“制空权”到格雷厄姆的“制天权”，在科技进步与军事需求的双轮驱动下，人类搏击的疆域日益扩大，高山、大海、天空都未能阻止这个小小星球上同类厮杀的欲望，军事对抗的疆域就这样从一维战场延伸到了多维战场，从自然战场拓展到了技术战场，从有形战场进化到了无形战场。

有关技术进步与军事变革，被誉为“哲人与将军”的革命导师恩格斯曾说过一句名言："一旦技术上的进步可以用于军事目的并且已经用于军事目的，它们便立刻几乎强制地，而且往往是违反指挥官的意志而引起作战方式的改变甚至变革。"显然，20世纪后半叶的世界就涌现出了恩格斯所言这种"技术进步"：首先是1946年，在二战期间美国陆军计算弹道的需求刺激下，计算机"ENIAC"得以诞生；而后是1969年，在美国国防部资助下，全球第一个网络"阿帕网"问世。这两个划时代的"技术进步"及其联姻注定将给这个世界带来一场颠覆性的深刻变革。对于这场革命在人类社会这一池塘中溅起的浪花，20世纪全球著名社会学家丹尼尔·贝尔给它贴上了"后工业社会"的标签，而未来学家约翰·奈斯比特与阿尔文·托夫勒则进一步宣称：信息时代正在向我们走来。

二、信息时代催生新战争

正是在这个信息时代，以互联网为主导的信息技术的发展使世界联系越发紧密，与此同时，媒体的繁荣也使得符号越来越充塞在我们周边。说起电影，大家脑海中浮现的就是好莱坞；说起篮球，我们首先想到的可能就是NBA，说起美国大兵，唤起我们记忆的可能就是《拯救大兵雷恩》或《兄弟连》等美国影视塑造的形象。就这样，在信息时代，倘若我们把世界看作是立体的三层结构，包括现实层、符号层及意象层，那么由于媒体日渐主导公众话语权，通过对信息的操纵，就可能在人们大脑中建构起一个现实世界的镜像，许多时候我们都生活在符号建构的意象世界（与舆论学大师李普曼所言的"拟态环境"类似），只是许多时候浑然不觉而已。

在这个意象的世界里，如果媒体掌控者利用无孔不入的报纸、电视、杂志、网络等，长期对信息进行有目的的筛选、剪辑、重组，并操控信息发布的方式、时机及强度等，那么短期可能没有什么影响，但长期操控的结果就会潜移默化地影响公众大脑中的意象，进而影响公众的思维、判断及认知，而公众的反应反过来又会对政府产生影响，这是一个互动的过程。

需要指出的是，在这个信息时代，恰恰西方媒体掌握着绝对的话语权，处于强势地位。如美国在互联网领域就占据着绝对优势，全球13台根服务器有10台被美国控制着，其中两台被美国军方控制着，其一为H服务器，它位于美国东部马里兰州的阿伯丁武器试验场，属于美国陆军实验室，其二为G服务器，受控于五角大楼网络信息中心。而且，管理这13台根服务器内容的“互联网域名与地址管理公司”（ICANN）也由美国政府掌控着。正是凭借强大的互联网优势，美国近年来不断拓展战略信息战的高边疆，在认知空间主导话语权，配合其外交、政治及经济战略，维护着美国的霸权。

倘若联想到十多年前我国军事专家乔良与王湘穗提出的极富前瞻性的“超限战”思想，以及美国近年来对该战略思想的深度关切（2006至2009年在霍普金斯大学连续召开了四次“超限战”思想研讨会），我们即发现，信息时代催生的新战争——战略信息战——正在成为国际政治汪洋的弄潮儿，并由此引发了国家安全局势的三大变局，迫使我们重新聚焦战略信息战的潜在意义。

三、战略信息战不容小觑

在信息时代，由于国家安全边界已从传统的军事领域拓展到了经济、文化、社会认知及个体思维等诸多方面，战略信息战开始走向国际政治舞台的中心。在此背景下，国家安全形势发生了深刻的变革，主要表现在以下三方面：

其一，伴随着国家竞争的一体化，国与国之间的较量除军事之外，经济、文化、外交等领域都日渐成为主战场，没有硝烟的战争每天都在悄然发生，战争也已不再是传统的军方“自留地”，军民之间的鸿沟正在被填平，20世纪80年代初美国未来学家托夫勒曾预言的“军民融合”式战争日益走入现实，乔良与王湘穗在十多年前宣告的“超限战”已不再被认为是杞人忧天。显然，这对国家安全提出了崭新课题。如2008年美国高盛投资银行在越南导演的经济震荡，2009年我国备受关注的力拓案件，2010年国际信用评级机构穆迪在希腊制造的经济悲剧，2011年美国主导的互联网在中东及非洲骚乱中扮演的“推手”角色。

其二，伴随着科技的飞速发展，特别是心理影响技术、脑科技的突飞猛进，传统的社会认知、个体思维领域也开始成为各国较量的前沿阵地。如近年来，美国就持续进行了心理战、生物战与信息战的整合性研究。此项研究囊括了心理学、生物学、药理学、信息科学及宗教、社会研究等多个学科、多个政府与非政府组织及大学的研究队伍。其中，不乏一些知名组织与大学，如麻省理工学院战士纳米科技研究院（由美国陆军所资助）、国际意识研究实验室（负责制定全球意识影响计划）。这些研究项目旨在借助媒体通过阈下信息影响技术达到影响人大脑意识的目的。尽管围绕预期效果，学界存有较大争论，但联想到近年来发生的一系列颜色革命，对此我们绝不可漠然置之。

其三，伴随着全球化的深入发展，跨国公司、跨国智库及跨国媒体日趋活跃在世界舞台上，但在这些领域，中西发展水平恰又不对称，因此，这就给强势媒体国家操控他国话语权留下了可乘之机，对一些国家的安全提出了严峻挑战。

国家安全领域的上述三大变局从一个侧面启示我们，大脑要装“防火墙”，掌握战略信息战的攻防对抗律，意义重大。如最近由于我国 GDP 超过日本，西方媒体就大肆渲染起一种所谓的“中国必胜论”“中国威胁论”“中国责任论”舆论浪潮。对此，倘若我们不了解战略信息战，盲目跟进，就会陷入一些潜藏的陷阱。

具体而言，这种陷阱主要体现在以下三个方面：第一，通过“中国威胁论”“中国崩溃论”“中国独秀论”“中国责任论”系列“组合拳”连环出击，从而迫使我国过早地走上“外拓型”发展道路；第二，通过片面地解读、渲染国内某些战略研究者的言论及观点，利用其独特的话语讨论框架，影响我国相关战略问题建设性讨论，从而在高水平的战略博弈方面保持优势，进而通过隐形的通道攫取我国国家利益；第三，通过自己掌握的强势媒体，在认知空间制造话题，诱导我国落入盲目跟进美国的“被动锁定”陷阱，如“战争经济论”“信息作战论”“霸权更替论”等。

明白了上述这种杀机，我们是否会惊出一身冷汗呢？也许有人会说，这哪里是传统战争的面孔吗？是的，在战争领域，如果说有什么亘古不变真理的话，那就是变化。在信息时代的今天，战争确实已经跃出了自设的军事藩域，从体能较量、技能较量演进到了智能较量，“制脑权”争夺正在成为信息时代军事较量的“高边疆”。

技术制胜：美国军事战略思维的“标识符”

作为号称“世界警察”的国家，美国凭借一支强势的军队，一手拿着“胡萝卜”，一手握着“大棒”，在满世界晃来晃去，不时吼吼这个，吓吓那个。攻打巴拿马（1989年）和波斯湾（1991年），占领波斯尼亚（1992年）与海地（1994年），空袭科索沃（1999年）、阿富汗（2001年）及伊拉克（2003年），抓捕本·拉登、萨达姆及一切恐怖分子。慢慢地，在无孔不入的信息传媒铺天盖地、潜移默化的渲染下，有关美国、美军之强大形象深深地烙刻在了你我的脑海。的确，美国的军事优势是美国维系全球领导地位的关键支柱之一，在情绪性地表达对美国霸权不满的同时，更重要的是揭开美军强大的黑箱。同时要明白，聚焦美军这样一支强大的军队，如果没有历史深度，倘若不用“广角镜头”，则极易流于片面，走入“盲人摸象”的误区。

美国的军事优势，是在历史之涓涓流水中，历经磨难、不断校正，慢慢成长起来的。它强大，但却不是现代传媒渲染、建构起来的那般完美无瑕、不可战胜，我们需要逐渐地走近它，看看真实的美军到底什么样；它霸道，但却不是我们单有困惑、愤懑、谴责就能使其放下屠刀、立地成佛，我们需要理性地剖析它，为什么敢挥舞着“大棒”在全球晃来晃去。通晓了这一点，我们才能谈中国的军事现代化、才能谈所谓的“中美军事较量”，才能防患于未然，未雨而绸缪，真正从心底里、在现实中建立起我们牢固的“钢铁长城”，保一方平安，促世界和平。“技术制胜：美国军事战略思维的‘标识符’”一文，就是旨在走近美军、揭开美国强大的黑箱。

美国军事战略与高科技紧密相关，在战略手段实现上，美国军事战略思维强调“技术制胜”思想。按许嘉在《美国战略思维研究》中的剖析，从历史上看，美国军事战略思维大致经历了五次跃迁。第一次跃迁，自独立战争开始到南北战争结束。其重要发展是，在军事战略思维上逐渐将战略从与战术的纠缠中剥离出来，实现了军事战略概念的清晰界定。第二次跃迁，是在第一次世界大战期间。其标志是制海权理论和制空权理论的诞生，这个理论在美国的问世，使美国的军事战略思维发生了革命性变化。第三次跃迁，是在第二次世界大战时期。在这次跃迁中，制海权和制空权理论由分而合，联合协同作战的思想正式形成并付诸战争实践。第四次跃迁，是伴随着核武器的出现，威慑战略宣告诞生。从此，美国的军事战略思维，开始从集中于如何打败敌人转向如何慑止敌人。第五次跃迁，发生在冷战后，其标志是海湾战争中信息化战争思维方式的成型。

纵观美国军事战略思维演进的历程，我们不难发现其与高科技的密切相关性。美国十分重视把先进的科学技术应用到军事领域。美国参谋长联席会议副主席杰里迈亚上将曾把技术领先列为美国军事战略的九大内容之一，称其是美国武装力量的一个标志。这从一个侧面反映了美国军事战略思维崇尚科技的特征，下面就这种美国军事战略思维之“技术制胜”思想的内涵、缘由及影响进行探讨。

一、“技术制胜”的所指

美国军事战略思维的“技术制胜”思想，就是将军事战略优势的获取寄托在技术领先的优势之上，认为军事技术发展拓展军事战略思维空间，保持军事技术优势是实现军事战略的坚实后盾，抢占军事技术制高点有助于掌握战略主动权。这种思想既是“尚力”战略思维的派生，更是其具体表现。

军事技术发展拓展军事战略思维空间。在美国，新式武器装备一经研制成功，就会立即被投放战场接受实战检验。海湾战争、科索沃战争以及伊拉克战争，无一不是新式武器装备的实验场。经战争检验过的先进武器装备，很快就会成为实现军事战略意图的新手段，同时为战略决策者提供新的思维空间。二战后，美国军事战略先后经历了九次大调整，调整速度日趋加快。冷战期间美国的军事战略演变大体可以说是十年一变，而冷战后则为三四年一变。透过不断翻新的军事战略，我们隐约窥见了藏匿于其后军事技术发展的身影。美国历史上的海权战略、空权战略、核威慑战略，仅从其战略名称，我们即可发现军事技术留下的烙印。二战后，核武器被当作可以达成战略目的有效武器，艾森豪威尔在美国对苏联拥有核优势的情况下，毫不犹豫地提出“大规模报复战略”。在侦察卫星能够提供可靠军事部署情况，特别是弹道导弹命中精度大大提高的基础上，美国拥有了根据不同威胁采取“灵活反应”的物质基础，于是，肯尼迪政府又提出“灵活反应”战略。随后的“营造、反应、准备”军事战略更进一步彰显了军事技术重要性。

保持军事技术优势是实现军事战略的坚实后盾。美国认为，军事战略=军事目标+战略方案+军事实力。军事技术作为军事实力的核心要素之一，其先进程度往往直接主宰着军事战略的命运。军事技术优势历来是美国的主要优势之一，也是美国军事战略的坚实后盾。为保持军事技术优势，美国防部1994年制定了七大重点军事技术发展项目，其中主要包括战斗机改进、应急装备、模拟器、航天技术及情报系统，核监视和海上系统等。1996年又提出了“武器装备现代化五年跃升计划”，提出自1997年开始逐步扭转武器装备研制费连续五年下降的趋势。2003年又制定了未来十年的十大防务技术发展计划，其中包括非杀伤性武器、快速部署和机动性、全球计算机网、探测和跟踪系统等先进军事技术。

抢占军事技术制高点有助于掌握战略主动权。历数如下军事战略范畴：制海权、制空权、空天部队、数字化作战及全谱战争。我们可以发现，军事战略与新军事技术关系密切，抢占军事技术制高点就是获取军事战略主动权的关键。美国前国防部长威廉姆·佩里曾在《预防性防御战略》一书中说：“美国的军事战略靠的是它在技术上，特别是信息和航空航天技术上的领先地位。美国军方领导人看到了‘沙漠风暴’中的优势，十分高兴，决定要保持这种优势。因此，美国今天的军事战略呼吁要以技术上，特别是信息技术上的领先地位，保持我们在地区冲突中的战场优势，以对付由于预防性防御失败而可能出现的新威胁。”早在小布什政府《四年防务评估报告》中，美国又特别强调要创建21世纪的美国军队，通过抢占军事技术的制高点，增强部队的战斗力，预防未来军事战略陷入被动境地。

二、什么因素导致了这样的偏好？

科技对军事的影响日益增大。《孙子兵法》在谈到决定战争胜败的影响因素时，没有论述武器对战争的影响，只是言“道、天、地、将、法”。

这在冷兵器时代可以理解，但自二战以后，战争的科技含量愈来愈大，朝鲜战争初期，交战双方的主战飞机还都以螺旋桨式飞机为主，但其后不久，双方的主战飞机就升级为喷气式飞机。另外，美军还于 1954 年装备了第一架 KC-135 型空中加油机，首次将空中加油技术运用于实战中。越南战争中，精确制导技术和直升机技术的广泛运用，对战争面貌产生了深远影响。英阿马岛战争中，英军装备的可垂直起降的海鹞式飞机创下了不败战绩，给世人留下了深刻印象。在美军入侵巴拿马的作战中，第一次动用了隐形飞机。而在海湾战争与科索沃战争中，精确制导技术、夜视技术、相控阵雷达技术、空间技术及隐形技术等，更是渗透到战争的每一个角落，对战争进程及结局都产生了重要影响。因此，几乎可以说，在信息化战争的今天，完全不谈先进武器装备，战争获胜的希望十分渺茫。先进军事技术一经问世，很快就会被运用到军事领域，科技对军事的影响已日益明显。因此，当世界科技中心 20 世纪转移到美国后，其强大而持久的科技实力、明显而绝对的军事技术优势，无疑为美国“技术制胜”军事战略思维的形成奠定了必要的物质基础。

20 世纪军事对抗实践获胜的强化。美国对先进武器的崇拜始于第一次世界大战后，这是从战争中得到的体会。按许嘉在《美国战略思维研究》中的剖析，在第一次世界大战之后，美国开始特别重视军事科学技术研究，建立了种类繁多的武器研究所，各种军事机构，特别是海军完全相信现代技术在战争中的效力了。在陆军方面，步兵从欧洲归来，思考着机关枪和化学战对于陆军的意义。骑兵开始发展装甲战术，飞行员则重视空中武器的威力。海军认识到在 20 世纪他们的力量也将依托在高技术上面：在导航、火炮的改进、新型战船设计、潜水艇和鱼雷以及无线电通信的进步。

随后，在美苏激烈对峙的冷战中，美国的战略制定者寄希望于高技术武器，通过保持武器装备质量上的优势，最终战胜了苏联数量上的优势。这进一步使美国军事战略思维依靠高科技武器获得正反馈，逐渐形成“技术制胜”思想。美国前国防部长卡斯帕·温伯格（Cspar Weniberger）的思维方式就代表了美国诸多军事战略决策者的思想，他说：“美国不断依靠它军事技术上的优势去抵消威胁其安全利益的数量上的更大力量。我们和我们的盟国从来不赞成建立一支与苏联集团在士兵对士兵、坦克对坦克、飞机对飞机数量相等的常规部队，相反，我们依靠更占优势的军事技术来弥补我们数量上的劣势。现代科技使我们的体系更有效并更具生存能力。”

在1991年海湾战争中，美以高技术优势打败了伊拉克，损失很小。战后，美更侧重高技术装备的研制，并把它放在国防建设的首位。军事科研费用年均400多亿美元，大力发展光子学、高灵敏度雷达、无源探测器、信号图像处理、武器系统环境、数据收集、超高速射弹与推进、超导与高能量密度材料等“关键技术”；研制空间反导弹拦截系统，设立战区高空区域防御系统（TMD）及军用卫星系统；开发军用遥感遥控技术、隐形技术和机器人，武器智能化等尖端技术。在1999年3月爆发的科索沃战争中，美国同样使用了大量尖端武器，如战斧巡航导弹、激光制导炸弹、卫星导航炸弹、贫铀弹、碳纤维炸弹及F-16、B-1、E-3、F-18、B-52、U-2等各种飞机作战。

美国战略学与自然科学的内在紧密联系。许嘉在《美国战略思维研究》中还分析道，在美国社会科学领域，许多哲学家和战略学家又都是科学家。比如，美国实用主义的代表人物——查尔斯·桑德斯·皮尔士（Charels Sanders Peirce）在数理逻辑和物理方面造诣颇高；进化论哲学家阿萨·格雷（Asa Grag），则是著名的植物学家；著名国际问题专家莫顿·A·卡普兰（Morton A.Kapaln），既是国际问题专家，也是著名的系统论专家；至于美国的核战略专家，则大多是核物理专家。自然科学与哲学结合的动力，来自人们希望通过理性的力量实现人生目标的企求；自然科学与战略学结合的动力，来自人们希望通过高科技的力量实现国家战略目标的企求。

美国文化对“战争高伤亡”的极度敏感性。《美国陆军史》曾提及，“在第二次世界大战中，10%的伤亡率就难以接受。”事实上，纵览美军各年代、各版本的作战条令、作战纲要等出版物，“以最小的伤亡代价取得胜利”等字样频繁出现。无论是在武器装备的推陈出新抑或作战理论的发展探索中，美军都较多地顾及“如何减少伤亡”问题。这主要归因于根植人文主义传统的美国文化，其突出特征就是对生命的极度重视。人文主义作为西方哲学中对美国军事思想影响较大的思潮之一，起源于欧洲中世纪的文艺复兴时期，确立于18世纪的启蒙运动。这种哲学和生命思潮在当时代表进步的力量，要求尊重社会成员的个人权利和价值，包括生命价值。后来发展成为带有个人主义倾向的文化观念，较少顾及国家的整体价值和社会群体的共同权利和义务，反映在战争领域，就表现出一种对人的生存权利和生命状态的极端追求和格外关注，从而形成一种美国文化对“战争高伤亡”的极度敏感性。

三、从“技术决胜”到“技术预警”

美国的武器装备自内战以来，一直保持世界领先地位，如内战时的自动步枪、水雷、装甲战舰，一战时期的坦克和飞机，后来的航空母舰、原子弹、战略轰炸机、导弹、核潜艇、巡航导弹、中子弹、航天飞机、隐形飞机……可以说，美国凭借高度发达的科学技术始终保持武器装备的优势，从而取得对敌人的火力优势，并掌握了制空权和制海权。由于美军拥有先进的武器装备，所以在每次战争中的伤亡人数都远少于敌方。而之所以能保持这种武器装备优势，正是受军事战略思维“技术制胜”思想的影响，建立起了良好的“军事技术预警”机制。

“技术突袭”和“技术预警”是美军提出的两个相关概念。“技术突袭”是指以独有的技术成果或压倒性优势突袭对手，“技术预警”则指对潜在对手可能形成的“技术突袭”发出警报。受美国军事战略思维之“技术制胜”思想影响，自20世纪50年代末苏联成功发射人类第一颗人造地球卫星以来，美国就一直高度重视“技术预警”工作。在美国国防情报局的直接倡导和支持下，美国科学院下属国家研究委员会于2005年5月发布《在全球技术进步时代避免技术突袭》的研究报告（以下简称《报告》），这是一个有关“技术预警”的典型文件。《报告》不仅针对防务技术全球化、商业化趋势的大背景，列出了未来可能威胁美国军事优势的重点技术领域。而且确立了三条技术评估的基本原则：一是与美国国防部顶层战略的基本方向保持一致，按照《2020联合构想》的基本点来决定技术领域的选择，以确保所选技术与美军未来作战能力密切相关；二是保持对“焦点”技术的充分关注，使评估结果具有较高的可信度和可靠性；三是能经得起时间和实践的检验，客观地反映科技的前沿发展。正是这种良好的“技术预警”机制，保证了美国军事技术的领先地位，对其武器装备的发展产生了深远影响。

电磁轨道炮：临近空间战争的杀手锏?

在科幻电影《变形金刚Ⅱ》中，游弋在大洋上的美国战舰配置有一种超级武器，凭借其惊人的威力与超高的精度，在决战之关键时刻，令金字塔顶的“狂派”机器人瞬间灰飞烟灭，这就是美军借好莱坞影片大力宣传的神秘杀手——电磁轨道炮。

自1920年法国科学家维勒鲁伯提出原理设想，经20世纪80年代美国“星球大战”计划高调渲染，直到近年来美国海军频繁试验，电磁轨道炮的相关技术难题日渐被攻克，距离真正走上战场指日可待。至此，作为临近空间飞行器的未来杀手，其广阔的军事应用前景，势必将重绘未来空天一体化作战的图景。

一、战争向临近空间拓展

临近空间（Near Space）是对海拔20千米至100千米空间范围的一个通用性称谓，又称“空天过渡区”“横断区”“亚太空”“超高空”“近空间”“亚轨道”等。概念称谓的莫衷一是，某种角度恰好映射出该空间的潜在军事价值被人类发现的历史并不漫长。事实上，由于空天技术的滞后、人类认知的不足及战争领域演进的自然规律，直到近年来，临近空间的作战问题，才逐渐走入各国军方的视野，与此同时，围绕其战争环境、战争制权及战争法规等相关讨论也逐渐升温。

就战争环境而言，相比于“空”与“天”，临近空间主要有如下特点：该空间范围较小，飞行器的飞行空间相对有限，且遵循万有引力定律的航空飞行器与遵循开普勒宇宙定律的航天飞行器均无法在其间自由飞行；该空间大气以水平运动为主，平均速度为10m/s，层内干燥，水汽、杂质很少，云雨现象少见，温度几乎不变，湿度接近于零，适合浮空器和采用吸气式动力的飞行器平稳飞行。

就战争制权而言，由于该空间在情报收集、侦察监视及通信保障等空天一体化作战方面具有独特价值。因此，近年来，作为临近空间的主角，临近空间飞行器（NSV）发展尤其迅速。临近空间飞行器的制造通常有两种方式：超压和零压。超压临近空间飞行器一般是充气且密封的，由于采用高强度的抗压材料，因此可以相对耐受穿孔损害；零压临近空间飞行器具有排气系统，可以保证内部压强与周围大气一致，相比于超压临近空间飞行器，更耐受穿孔损坏。就目前的研制情况来看：美国正处于全球领先地位。

具体而言，美国正在积极研发的“临近空间机动飞行器”（NSMV），集人造卫星和侦查飞机的功能于一身，由地面遥控设备操纵，能完成空中侦查、战损评估及通信中继等任务。俄罗斯正集中力量研究的大型飞艇，通过利用多个电弧等离子体加速器对充气气体进行加热，能有效解决飞艇在高空飞行壳体易结冰的难题。英国正在研究的“天猫”系列飞艇，则通过采用空中气垫着陆系统，使其能像气垫船一样平稳降落在平地、草地、雪地、沼泽或水面上，并且降落后不需要绳索系留。次外，日本、以色列、韩国及德国等国军方也制定了临近空间飞行器发展规划。

特殊的地理位置与精密的制造技术，使临近空间飞行器具有广泛的覆盖范围与超强的生存能力，这就为研制能够击落它的临近空间反击武器提出了一个难题。目前，能够打击临近空间目标的舰载武器极少，只有美国海军的“标准”Ⅲ型导弹具备打击临近空间目标的能力。

二、电磁轨道炮三大优点

早在 1980 年，美国西屋公司在“星球大战”计划中就设想了实验型电磁轨道炮，当时假定，若将这座电磁轨道炮置于太空，它即可将质量为 300 克的炮弹加速到 8—10 千米 / 秒。面对此种近 30 倍音速的电磁炮弹轰击，太空中所有的航天器，小到卫星，大到空间站，皆将被撞击成太空碎片。而这次美国海军试验的新型电磁轨道炮，所产生的爆炸可以使一大块金属在空气中的速度达到 5600 英里 / 小时（约 2.5 千米 / 秒），远超当年冷战时期的设想。此次试验的终极目标是将电磁轨道炮制成一个可舰载的能量为 20—32 兆焦的武器系统，射程能够达到 50—100 海里，由此可见，特殊的研制机理赋予了电磁轨道炮特殊的作战威力。

速度快。由于电信号的响应速度接近光速，因此，电磁轨道炮的电控制与电发射技术的响应时间也极短。弹药无需携带弹丸，质量较一般炮弹弹丸轻，从而可以获得较高的装填速度。加之与小质量弹丸配合的轨道炮本体体积小、质量轻且加速快，因此轨道加速射弹的时间极短。于是，将这种超高速武器运用到临近空间作战中，一方面，传统防御系统由于助推时间过长而不能在助推段飞行起到拦截作用，而电磁轨道炮初速快的显著特点正好化解了这一难题；另一方面，低空、近程防空可采用电磁轨道炮发射无控射弹或电热炮发射受控弹头，其速度快、质量轻的特点有助于迅速瞄准、准确跟踪移动目标。

隐蔽性强。利用隐形化的进攻武器对敌人的各个战略枢纽进行毁灭性打击，可诱使敌人投入巨大防御成本，而依旧陷入极大恐惧之中，最终对其形成有效战略威慑，全面瓦解其主导优势。对此，电磁轨道炮不携带药弹、质量轻、体积小的特点使其在发射时不产生火焰、烟雾及冲击波，因而不易被敌人发现。这种隐身性使得电磁轨道炮的军用价值更为显著，为运用其在临近空间完成预警探测、侦查监视、通信保障及电子对抗等军事任务提供了坚实基础。

抗电磁干扰能力强。信息技术的迅猛发展及其在军事领域的广泛应用，不仅拓宽了战场空间，也带来了与自然战场并存的“第五维战场”，即电磁战场，而电磁干扰则是其核心的对抗手段。电磁干扰，简单而言，就是在电磁环境下任何能够引起装置、设备或系统性能下降或对无生命物质产生损害作用的电磁现象。电磁干扰的原因主要有两种：一种是通过导电介质把一个电网络上的信号耦合到另一个电网络之上，通常称之为传导干扰；另一种则是干扰源通过空间把其信号耦合到另一个电网络上，通常称之为辐射干扰。如何有效提高武器装备的抗干扰性是现代战争的重要命题。而将电磁轨道炮运用到临近空间则不会遇到这样的难题，原因如下：一方面，作为高功率脉冲武器的电磁轨道炮，本身早已经受过自身系统的强电磁干扰，外来的电磁干扰相较之下可忽略不计；另一方面，速度快、射程远的电磁轨道炮可以反过来干扰其他电磁武器，可谓不战而胜。

三、让思想跨越技术

显然，如此威力的电磁轨道炮，将不仅可作为战术武器承担舰对空、舰对地军事打击任务，也已具备了一定的在临近空间运用的战略价值。如由于电磁轨道炮的外弹道完全覆盖临近空间高度，具备对临近空间飞艇等作战平台的打击能力，而其作战使用成本也较“标准”Ⅲ型导弹有无可比拟的优势。亦正因此，电磁轨道炮成为未来临近空间战争杀手锏的潜力，日渐为各国军方所关注。

当然，相比于临近空间，电磁轨道炮的研究由来已久。早在 19 世纪法拉第发现电磁感应定律时，就有人很自然就想到了电磁炮的概念，并做了早期研究。尽管原理简单，但由于工程上一直困难重重：如导轨表面的固体电枢材料敷层对加速及连射性能的影响问题；伴随连射而引起的导轨温度上升问题；高超声速弹丸的加热与气动特性问题；远射程中的射弹抛撒和电源反复连续使用引起的加热问题等。

正是这些制约因素导致电磁轨道炮一直没能真正走上战场。然而，人类战争史却告诉我们，军事技术能走多远，军事思想就一定要走得更远。历史上许多新式武器的出现，正是由于没有引起足够重视，最终无法获得战争制域权。如在一战期间，一个叫贝斯特·斯文顿的英国随军记者向大英帝国防务委员会郑重提出将“霍尔特”型拖拉机改装成装甲战车的建议，经过一番曲折，这项建议才被时任英军海军大臣的温斯顿·丘吉尔采纳，又用了一年多时间才制造出世界上最早的坦克“小游民”，但对坦克战理论的升华，却是在二战期间，纳粹德国依靠坦克集群的快速突击将闪电战发挥到极致。

显然，倘若单纯局限于当下的技术水平，没有足够的技术自觉和超前探索的战略眼光，必然要在世界性的军事角逐中落伍。作为一项新式武器，电磁轨道炮的速度快、射程远、隐蔽性能好及抗电磁干扰等性能特点，为将来应用于临近空间战场提供了一种可能。因此，如何进一步开发其优势，利用相关电磁学、材料学等学科的交叉融合成果，将其关键技术进一步扩展，以便主导未来战争，这不仅是应对科技的挑战，更是遏止战争的呼唤。

物理战的未来图景

2005年，被称为世界物理年。因为在100年前，爱因斯坦建立了狭义相对论，引发了物理学领域一场声势浩大的革命。过去的100年，可以称作是物理学的100年，而由此上溯数千年的人类文明史，也可以称作是物理学独领风骚的历史。从远古人类的钻木取火，到古希腊时期的浮力定律、杠杆原理，以至近代的伽利略实验、开普勒定律、牛顿力学、麦克斯韦方程，一直到现代的相对论革命、量子力学，物理学独占鳌头，无限风光，引领着其他学科的发展，也深刻影响着社会变革。

战争，作为人类社会最激烈、最残酷、最普遍的现象，由于事关利益集团的生死存亡，从一开始，就与科学结下了不解之缘。而从古至今的战争演变，就其与科学的关系而言，也可以称作是物理战。因为正是物理学成果在军事领域的广泛应用，推动着作战手段的急剧更新，催化着作战思想的激烈绽放，影响着作战体制的深刻变革，引导着作战模式的火速演进，成为自杠杆原理用于军事以来最常见的战争学科形式。

从战斗力的构成要素来看，从古至今的物理战进化之路为：武器装备从材料对抗到信息对抗；军人素质从体能较量到智能较量；作战方式从自然中心战到网络中心战。

当然，物理战发展至今，也面临着三大困境：作战对象偏转，作战时空受限及作战费用飙升。物理战进化的极限在哪里？人类能否引领物理战走出这三大困境的阴影呢？为此，我们有必要展望物理战的未来图景：无人兵器趋之若鹜，精确打击普遍盛行，瞬时杀伤易如反掌，星球大战势所必然，人人头悬致命之剑，世界和平众望所归。

一、无人兵器趋之若鹜

“军队的全部组织和作战方式以及与之相关的胜负，取决于物质的即经济的条件：取决于人与武器这两种材料，也就是取决于居民的质和量和取决于技术。”重温伟大哲人恩格斯有关战斗力的上述精辟论述，不是有意教条主义般引经据典，而旨在说明，人与武器的“结合”一直是有关战争的核心问题。然而，未来物理战却有可能让“人”走开，换而言之，人与武器将以另一种“结合”形式走上战争舞台。对此，多年前在阿富汗战场上演的一幕颇值关注。

2002 年 11 月 9 日，在芸芸众生看来，这是一个平平淡淡的日子，但在军事专家眼中，它却乃非同寻常的一天。就在这一天，在阿富汗荒凉的山地间，一架美国“捕食者”无人机在空中盘旋，突然间，就像秃鹰发现了猎物一般，猛扑向一辆地面行进中的汽车，一条火舌瞬即从机腹下喷射而出，一声炸响过后，汽车被滚滚浓烟吞噬，包括阿布·哈里斯在内的六个“基地”恐怖分子就此与“地狱火”导弹同归于无。

作为人类战争史上无人机的首次实战使用，这一瞬间的意义是深远的。它标示着，在科技进步与军事需求的双轮驱动下，无人兵器必将在未来重新涂抹战神的面孔。

就在这次袭击事件之后，美军看到了无人机具有的战术机动性强，生产维护成本低及作战效费比高等优点，坚定了发展无人机打击全球恐怖分子的决心。据美国华盛顿一家战略思想库（布鲁金斯基金会）的研究报告显示，在布什时代率先使用的无人机，在奥巴马执政时期迅速扩大了规模。具体而言，奥巴马同意使用无人机发动袭击的次数四倍于布什，通过“定点清除”，共造成了多达 1800 名恐怖分子毙命。另据美军新版无人兵器发展路线图透露，美国将在未来十年内投资 100 多亿美元用于无人机的研发与采购，而十年后美国国防部每年用于无人机研发的资金将高达 40 亿美元。而最近美军又宣称，其海军目前正在考虑用武装无人机——可能基于试验型的 X-47B——来取代未来一部分或全部的 F-35 有人驾驶战斗机。当然，除美国之外，英国、法国、俄罗斯及日本等国军方近年来也在精心实施各种无人兵器发展计划。

一叶知秋，透过上述无人兵器的发展动向，一幅未来无人战争图景隐隐而现：到那时，与传统战争中有血有肉的战士在有固定边界的前线对阵厮杀不同，代替战士们冲锋在第一线的，也许将是在陆地昂首挺胸、勇敢前进的智能机器人，在空中隐身盘旋、伺机出动的无人战斗机，在海底蛰伏出击、威力无穷的潜水战斗器，在太空巡天遨游、攻防兼备的卫星冷杀手。

对于这种“战场只见机器兵”的物理战未来图景，今天，之所以还有人不大信服，其根源就在于没有参悟，在各国军方对无人兵器趋之若鹜的背后，其实蕴涵着物理战的演进规律，即从军人角度而言，物理战已从体能较量、技能较量，演进到了智能较量阶段。

具体而言，无论是体能较量时代的对阵搏击，抑或技能较量时代的阵地厮杀，一个共同的特点就是，军人都深深地与血与火交织的前线战场捆绑在一起，只有当战争进入智能较量时代之后，军人才得以日渐从前线战场走向了幕后战场，从操作兵器、从事战争的角色，转向了设计兵器、预演战争的角色。而这种变化不仅仅意味着，对大多数军人而言，其将逐渐摆脱战场上的血雨、腥风、严寒、酷暑及恶臭等极端残酷的作战环境。更深刻的含义在于，在无人化战争中，兵器将不再单单是军人体能、技能的延伸，而成了军人智能的延伸，“剑”与“剑法”得以在战争之前、战场之外合而为一，军事思想越发内嵌入军事技术之中，“战争从实验室打响”将成为常态（因无人兵器更多地需要在作战实验室中模拟以检验实际作战效能及人机协同效果）。总之，人类对战争的控制，通过无人兵器的研发、训练及使用，将得以加强。

当然，伴随着各国对无人兵器的趋之若鹜，当战争的面孔幻化为上述这般图景之后，无人战争还将带来更为深刻的形而上学问题，波及军事伦理、军备伦理及军人伦理等多个方面。例如，像传统的“人与武器到底谁是战争制胜的主要因素？”之类的命题，也许将被最终消解而归于虚无。试想，人与武器已在一个新的层面上达到融合，还谈得上什么谁更主要、谁更次要吗？

不管如何，这就是物理战的未来图景之一，也许将是引发争议最多的一个发展趋势。

二、精确打击普遍盛行

消灭敌人，保存自己，是军事斗争的基本目的。所谓消灭敌人，在物理战的视域下，就是要给敌方人体予以伤害或毁灭。而敌方人体作为一种物质性存在，要对其进行伤害，就必须利用能量。因此，迄今为止，能量杀伤一直是军事斗争的主题；通观兵器演变史，能量利用方式的转变一直是兵器进化的主线。在不同类型的战争时代，兵器的演变主要围绕能量运用的不同方式——传递、转化和控制——而展开。

在火药发明并用于战争以前，人类基本上都处于冷兵器时代，作战中的能量主要来源是人体自身。远古时代，人类用拳头或腿脚攻击对方，此时没有人体以外的能量传递物。在实战过程中，由于作用力与反作用力，人类就会发现手脚容易受伤，作用范围也十分有限，于是捡起石头或棍棒作为能量传递物，这就开始有了兵器的发明。无论是中国十八般兵器如剑、戟、斧、钺等，还是欧洲十字弓、英格兰长弓，乃至被视为现代火炮始祖的抛石机，都无非是能量传递的工具。

由于古代冷兵器仅仅传递人的体能，却并不放大人的体能，而人的体能毕竟有限，因此古代军队在作战中，有限的体能只能用于选择性杀伤敌人，极少直接伤及一般平民。在这个时代，兵器的发明、发展和使用也就并不存在伦理道义问题。作为传递能量的装置，冷兵器发展到钢制阶段时，实际上已达到极限。就在能量传递手段停滞不前时，中国人首先发明了火药，接着发明了能转换能量的火器。

火器一旦发明，其相对于冷兵器，具有明显优越的杀伤力、震撼力和威慑力。自此以后，依靠材料传递能量取胜的局面被打破，人类的军事行动围绕能量转化对抗而展开。火器与冷兵器不同，它是让火药在狭小空间内剧烈燃烧爆炸，使燃烧产生的气体推动子弹或弹片高速前进，化学能转化为动能，作战威力则大大提高。无论是蒺藜火球还是突火枪等古老的热兵器，都是使化学能转化为子弹或弹片的动能，这就突破了个人体能的限制，从理论上讲，只要枪管强度足够强、火药分量足够多，就可以提高子弹的射速和打击范围。于是也就有了从火药枪、速射武器、高爆炸药到核武器的发明。由于战斗力生成不再受限于人类自身的体能，追求能量转化的极大化，就成为这一时期兵器发展的主要特点。

然而，就能量的战场杀伤功能而言，核武器也已达到极限，因为寻求比核武器更具毁灭力的能量对抗武器，已经失去任何意义。能量转化的方式，从核外电子转移已经进化到核质量亏损，从科学现阶段的发展来看，释放走到极限；从兵器的作用后果来看，能量已经过剩。同时，能量被无限制地用于战场，主要着眼于规模杀伤。与冷兵器时期的选择杀伤不同，规模杀伤必然导致滥杀无辜。这也是从近代以来，大规模杀伤性武器屡屡招致道义谴责的重要原因，于是，对能量的控制就成为必须。

信息化兵器的实质就是要实现对能量的控制。因为武器发展不再需要盲目追求能量极大化，更现实可行的是探索能量的控制性使用。也就是说，兵器应该选择性杀伤，能量需要针对目标有效释放，这就需要信息技术。在这一时期，控制能量是兵器发展的主要特征。

当然，早在热兵器时代，已经出现了对能量的控制。但那是机械控制，和信息技术无关。真正的控制科学是信息时代的产物。进入 20 世纪 40 年代以后，无线电一惯性复合制导系统开始对能量释放的方向性实施控制。20 世纪 70 年代以来，随着各种精确制导技术的发展，使用不同的制导手段，如无线电制导、红外制导、激光制导、雷达制导、电视制导等，通过自动化控制系统和侦察设备，对能量释放的方向性进一步实施精确控制。精确制导武器利用目标的各种物理特征，通过探测器、传感装置和通信设施等捕获、传送目标的特征和位置信息，从而完成发现、识别、跟踪、定位、摧毁目标的任务。因此，精确制导武器就是兵器的信息化，实现对目标信息的准确识别、传送、接收，最后使能量精确释放于目标，准确破坏和摧毁敌方战斗力。

显然，相对于规模杀伤武器，信息武器的能量杀伤作用更具精确性、选择性，同时可以避免大规模毁灭性的可怕后果，因而代表着未来军事斗争的发展方向，也正因此，我们才断言，精确打击普遍盛行乃物理战发展的未来图景之一。

三、瞬时杀伤易如反掌

瞬时杀伤是物理战摆脱作战环境的必然趋势。在科技进步的强劲推动下，人类的作战方式或前后相继，或同时交错，或快速剧烈，或平和缓慢地经历了一系列革命性变化。这些变化的重要脉络之一，就是从自然中心战，历经机器中心战，直到网络中心战。然而，无论是在自然中心战时代，还是在机器中心战时代，人类军事斗争都面临着复杂的自然环境制约。因此，瞬时杀伤只能停留在理想阶段。只有当战争真正进入网络中心战时代之后，在本质上贯通了自然空间、技术空间、社会空间及认知空间的网络，为战争的进行开启了多个介入的端口，从此，瞬时杀伤才成为可能。

对此，从美国国防部公布的网络战部队徽章中即可窥见一斑。具体而言，2010 年 5 月 4 日，美国公布了网络战部队专用徽章，该徽章的中心部分以一个圆形图案代表地球，交叉围绕地球的是两个椭圆形轨道，代表军用卫星。该徽章的设计思想与美国网络战部队的三大宗旨不谋而合，即“向全球投送网络力量”、“从太空控制网络空间”及“通过空、天、网发动全面打击”。

就空天瞬时打击力量而言，当前引领方向的主要是美军的“全球快速常规打击计划”，包括“高超音速飞行器”、“高超速集束棒”及轨道轰炸机等。对于前者，美国东部时间 2010 年 4 月 22 日 19 时 52 分，其空军研制的无人可回收空天飞机——X-37B 轨道测试飞行器（长 8.9 米，翼展 4.5 米）——搭载“阿特拉斯-5”型运载火箭，在佛罗里达州卡纳维拉尔角空军基地发射升空。一石激起千层浪，各方媒体的报道大多充满惊奇：美国《华盛顿邮报》的标题为“超高速太空战机进入新时代”，法新社的标题为“美国军方发射绝密无人航天器”。同日，美国国防部高级研究计划局在加利福尼亚州的范登堡空军基地，试射了另一架太空飞机——“猎鹰”（HTV-2）。作为一种亚轨道飞行器，“猎鹰”也是美国五角大楼“全球快速常规打击计划”的重要组成部分，可以 1.3 万英里 / 小时的速度从太空冲向地球，旨在使美国用常规弹头“一小时打遍全球”。

当然，尽管美国军方随后宣称，X-37B 主要用于科学试验，现在还只是在技术试验阶段，距离正式研发、部署还比较遥远，但它透露出来的杀气，还是令全球热爱和平的人们不寒而栗——战争正在向瞬时杀伤阶段演进。一个月之后的 2010 年 5 月 26 日上午 9 时，美国空军又试射了一枚高超音速巡航导弹 X-51A“乘波者”式导弹，其速度提升到了 6 马赫（5600 公里 / 小时），飞行 200 秒后最终落入了太平洋。这是由超音速冲压喷射发动机推进的最长时间高超音速飞行，超过了由美国航天局的 X-43 飞行器创造的 12 秒记录。虽然，X-51A 在 2011 年的第二次飞行试验中以失败告终，但对于高技术而言，这种风险性是极其正常的，多一次失败只会让它距离成功更近一步。

就网络瞬时打击力量而言，复杂电磁环境是物理信息战的前提，从人类早期战争到第一次世界大战，军事斗争中的作战双方都处在完全相同的电磁环境，即自然电磁环境条件下，但是，19 世纪末的技术革命改变了这一切。麦克斯韦方程以及根据该方程所做出的一切发明和创造，有线通信、无线通信、电力技术、雷达发明、光电对抗、频谱争夺等，都将一张又一张无形的电磁大网人为地叠加在过去的自然电磁环境上，通过对电磁学成果的狂取滥用，在物理战的框架内，将电磁环境推向了复杂化的极致。而 1969 年诞生在美国国防部的阿帕网，又将人类战争带入了更复杂的体系作战阶段，在这种作战环境中，一支军队的物理信息化程度越高，其就越发依赖于指挥网络，从而也给进攻一方留下了大有可为的瞬时杀伤空间。

对此，目前各主要军事大国主要致力研发的是电磁脉冲武器，如美国福克斯新闻网在 2011 年 9 月 26 日，就披露了一种名为“微波导弹”的电磁脉冲武器，它利用大功率微波在电子元件内部产生的感应电流和热效应使电子元器件效能降低甚至烧毁，从而瞬时瘫痪敌方的指挥网络。此外，波音公司和美国空军研究实验室于 2011 年 8 月 16 日，也公开了部分其执行的“反电子装置高能微波先进导弹项目”（CHAMP），目标一样指向了瞬时摧毁对手的信息网络指挥系统。

伴随着高超速空天武器的发展及高强度电磁脉冲武器的发展，不难推断出，在物理战的未来图景中，瞬时杀伤将变得易如反掌。

四、星球大战势所必然

在苏联把第一颗人造地球卫星“SPUTNIK-1”号送入太空的 1957 年 10 月 4 日，人类探索太空迈出了第一步。受苏联的太空计划刺激，美国开启了“阿波罗登月”计划，两个超级大国在浩渺的太空展开了激烈而漫长的军备竞赛。

1961 年 4 月，苏联宇航员加加林搭乘“东方 -1”号宇宙飞船飞向了太空，同年 7 月，美国发射了“自由 -7”号宇宙飞船；1962 年，美国实施了“阿波罗”登月计划，苏联则实施了“联盟”太空载人飞行计划；1963 年 7 月，美国发射成功世界上第一颗同步卫星“辛康”，而苏联则于 1965 年 4 月起，连续发射了“闪电”型同步通信卫星；1969 年 7 月，美国宇航员阿姆斯特朗和奥尔德林登月成功，随后美国在太空军事化道路上越走越远，把苏联抛在了身后。

时至1982年，美国前国防情报局局长格雷厄姆中将出版《高边疆：新的国家战略》一书，系统提出“制天权”思想，开始考虑从外层空间对敌战略导弹实施拦截，随后它成为美国“星球大战”计划的理论基石。

“星球大战”（Star Wars）计划，又称“战略防御倡议”（Strategic Defense Initiative，缩写为SDI），其目的是要建立一种使核武器失效的反弹道导弹多层综合防御系统。它包括五大技术领域的研发项目：一是监视、捕获、跟踪及拦截目标系统；二是定向能武器系统；三是动能武器系统；四是系统分析与战斗管理；五是支援项目。其发展规划大致分为研究论证、系统研究、过渡部署和最后部署四个阶段。当时计划到20世纪80年代中后期，侦察监视、通信中继、导航定位、气象测绘等四大应用卫星系统相继投入使用。美国这一宏伟的军事技术战略构想，尽管后来遭遇了种种挫折，至今都未能成功部署。但其在反导问题上多年来的立场、近期几场战争中卫星所发挥的战略价值，以及冷战后美、俄及欧洲围绕反导问题的复杂博弈，都从不同侧面揭示出，太空军事化浪潮极难阻挡，因此，星球大战也乃势所必然。

对此，美国前总统布什就导弹防御问题发表的一个讲话，或许就是清晰的注释。2001年5月1日，布什在美国国防大学就导弹防御问题发表担任总统以来的第一次重要讲话，他说，“反导条约注定要被扔进历史的垃圾堆，这一条约没有认识到现在，也没有将我们指向未来。它供奉的是过去。不管是什么条约，只要它们阻碍我们对付今天的威胁，禁止我们追求可以保护自己、朋友和盟国的具有前途的技术，都不符合我们的利益或世界和平的利益。”随后的2002年6月12日，美国正式退出了反导条约。

其实，在美军的设想中，太空武器、核武器及导弹防御计划，“三剑合一”以求“先发制人”，这或许才是美国遥想中的未来。也正因此，美军才高度重视太空武器研发、持续执行弹道导弹防御系统项目、努力攻关反卫星技术及电磁炮技术等，并横加阻挠世界禁止太空武器谈判。据俄罗斯《共和团真理报》2011年9月20日报道，2011年9月17日，美军主管太空战事务的全新机构——“太空防御局”——正式挂牌，虽然五角大楼没有对外大肆宣传，但显然其正在持续暗中布局未来太空战。因为单从组织机构上讲，目前美国各军种都有负责太空战的司令部，如陆军的太空及导弹防御司令部、海军的太空司令部、空军的太空司令部以及美军负责与太空战相关的战略司令部，这次新组建的太空防御局，将负责总体协调各部门之间的太空行动战略。

从某种角度而言，星球大战的本质，是作战空域在技术推动下向第四维空间拓展的一种趋势。正是基于对这一趋势的剖析，我们才敢断言，星球大战势所必然，是物理战发展的未来图景之一。

五、人人头悬致命之剑

倘若仔细浏览人类军事史上著名军事战略家排行榜，我们会发现20世纪后半叶浓缩了大量赫赫有名的人物：布罗迪（《绝对武器》《导弹时代的战略》）、泰勒（《不定的号角》）、基辛格（《核武器与对外政策》《选择的必要：美国外交政策的前景》）、奥斯古德（《有限战争》）、希奇和麦基因（《核时代的国防经济学》）、弗里德曼（《核战略的演变》）、阿布希尔（《防止第三次世界大战：现实大战略》）、康恩（《论逐步升级：比喻和假设的情景》），等等。显然，在上述这些战略学界的鼎鼎大名背后都有一个主题相同的著作，其原由只因一件兵器——核武器。

作为能量杀伤终极标志的战略武器，核武器对人类军事史的影响实在是太大了。在一些人眼中，它是维护国家安全的法宝，威力无限；在另一些人眼中，它又是人类万恶之源的魔鬼，声名狼藉。

抛却这些争议，我们说，迄今为止，核武器客观上却成为许多国家全力追逐的梦想，而对于大力推行信息战的美国，核扩散却成了挥之不去的梦魇，这又恰好说明能量杀伤至今还是兵器发展的主线，是信息作战的有力后盾。正如美国规模最大、历史最久的思想库——布鲁金斯学会——高级研究员迈克尔·奥汉隆在《高科技与新军事革命》中所说，“计算机和通信技术都只不过是军事行动的中间环节，它们从传感器中获取信息，然后进行处理并将处理后的信息传输给武器。良好的计算和通信能力能够充分发掘现有传感器和武器的潜力，但它们本身并不能发现敌人，也不能消灭敌人。”诚如斯言，实力决定一切，能量杀伤才是物理兵器进化的主线，这也是物理战发展演变到今天的必然结论。

对于核武器的未来，美国总统里根在80年代曾说：“无论面临多大的障碍，我们减少战争武器的努力都不能停歇，直到核武器从地球表面消失为止。”苏联领导人戈尔巴乔夫在1986年甚至预测：“到2000年世界将会实现无核化。”2009年4月5日，美国总统奥巴马更是在捷克首都布拉格宣布，美国“将致力于寻求一个无核世界的和平与安全”。同年9月24日，奥巴马即以安理会当月轮值主席的身份主持了核不扩散和核裁军峰会。会议通过的第1887号决议宣称，“安理会决心按照核不扩散条约确定的目标，建立对所有国家都更加安全的世界，并为实现无核武器世界创造条件。”

判断一个人的发展，无非三个字——“想”“说”“做”，看他天天在想什么、在说什么，同时又在做什么。判断一个国家亦如此，美国是这样“说”核武器的，但却不是这样“做”的。1998年，美国拒绝批准全面核禁试条约。2002年，美国又正式退出了反导条约。此外，对印度连续进行核试验，美国也长期采取纵容态度并还与之开展了所谓的“核合作”。如2006年12月18日，美国总统小布什就签署了美国与印度民用核能合作法案，正式批准向印度出口民用核燃料和核技术。此前的12月8日和9日，美国国会参众两院分别通过了这项法案。这种“说”与“做”的明显反差背后，或许正隐藏着其真实的所“想”。

对此，美国经济学家威廉·恩道尔在《霸权背后——美国全方位主导战略》一书中进行的剖析显示，其背后的动机十分复杂。恩道尔提到，在2004年对国会的国防预算中，布什总统展示了他的攻击性核政策。他完全不顾世界的舆论，要求国会拨款，用于研发一种被称为“强力核地钻”的新型地堡核炸弹，以便对付美国界定的所谓“无赖国家”。此外，2007年6月，国防部长拉姆斯菲尔德批准了绝密的美国武装部队作战计划——“8022号作战计划”。当全世界人民都衷心希望核蘑菇云的威胁永远留在过去的时候，拉姆斯菲尔德的命令却让整个世界更加不安，原因就在于核打击是“8022号作战”的重要内容。

此外，据美国国家情报委员会编写的《全球趋势2025：转型的世界》报告显示，“到2025年，尽管新兴核武国家的出现将制约美国的行动自由，但由于美国在常规武器、核武器和导弹防御能力等方面享有军事优势，这在威慑任何新兴核国家采取公开的进攻性行动时非常关键。”

与上述这些资料所显示的核武器发展战略相对应，2010年5月3日，五角大楼召开新闻发布会，高调公布了自己的“核家底”，按此次公布的结果，截至 2009 年 9 月 30 日，美国核武库共有 5113 枚核弹头，其中包括战备部署和库存的“非作战状态”核弹头。而据美国学者罗伯特·诺伊斯的研究资料显示，截至 2010 年 1 月，美国核武库仍有大约 2700 枚核弹头处于战斗值班状态，其中 2200 枚是战略核弹头，500 枚是非战略核弹头，另有 2500 枚处于储备状态。除此之外，另有 4200 枚核弹头等待拆解，美国拥有的弹头总量达到了 9400 枚。

上述两份资料在有关美国核武器的具体数量方面，虽然略有差异，但考虑到核蘑菇云超强的杀伤力，这一差异是不足为计的，人人头悬致命之剑，仍将是物理战的未来图景之一。

六、世界和平众望所归

人类对和平的追求，是一种最古老、最悲壮的追求，也是一种最痛苦、最艰辛的追求。自古以来，每个部落，每个民族，每个政党，每个国家，都声称自己是和平的卫士，是传播福音的天使。但是，现实的世界历史为什么却充满了血与火的厮拼与抗争？对此的回答只能是，一些人，为了权力与金钱，另一些人，为了独立和自由，结果都始料不及地走向了战争。

于是，古希腊哲人赫拉克利特关于战争的一段见教遂成了人们奉承行不悖的千古名言：“战争是万物之父，也是万物之王，它使一些人成为人，使一些人成为神，使一些人成为奴隶，使一些人成为自由人。”直到 19 世纪，黑格尔依然以一种凡现实的便是合理的超然态度指出：“战争在人民反对僵化的斗争中使他们道德健康……和风使海洋能摆脱由于不断的自得自足而产生的污秽，战争对人民起同样的作用。”

按照黑格尔的说法，“恶”才是人类社会发展的动力。但是，正如黑格尔的思辨哲学开始受到广泛的怀疑一样，就在 19 世纪，人类自古以来对待战争的无可奈何的超然态度第一次受到了理性的挑战。在这个世纪里，一方面是战争之后相对和平局面的维系，另一方面是科学技术的硕果累累。于是，探寻科学与战争、科学技术与和平之间的关系，导致了工业技术和平主义思想流派的形成。

工业技术和平主义深信科学技术能结束战争制度，认为工业化将自行导致战争的彻底消亡。他们怀疑能用宗教和道义的力量来制止战争，而将希望完全寄托在军事技术本身的发展上。对于这一思想流派来说，他们的观点主要建立在这样两个基本的哲学前提下：第一，武器技术的发展是有止境的，它的上限就在于，或者武器的破坏力足以使敌我双方同归于尽，或者某些技术的军事应用将使一切进攻成为不可能；第二，敌我双方是战，是和，是积极扩军备战，还是和平友好相处都是服从理性算计的。

显然，在19世纪，人们（尤其是杰出科学家们）对待科学技术的态度是十分理想化的。正因如此，他们认为，作为战争双方的军事家应当也可能是理性的，同时他们相信科学技术对于制止战争、争取和平所具有的力量。他们颇有理由地认为：科学技术的发展不仅可以带来财富，而且也可以缔造和平。然而，科学家们对战争手段对目的抑制作用过于乐观，接踵而至的两次世界大战很快使人们相信，他们错了。

发生在1914至1918年间的第一次世界大战，先后累计有30个国家卷入战争，总人口达13亿，战场遍及欧、亚、非三洲和大西洋、地中海、太平洋等海域。战争期间，协约国总计动员军队4218万余人，伤亡2210万余人，其中死亡515万余人。同盟国总计动员军队2285万人，伤亡1540万人，其中死亡338万余人。交战双方直接战争费用约为1863余亿元。时隔21年之后的第二次世界大战，历时6年之久，战场遍及三大洲、四大洋，先后有61个国家参战，参战军队达1.1亿余人，死亡1690余万人，居民死亡3430余万人。

透过上述有关两次世界大战的材料，在惊诧于战争机器对生命的无情吞噬之余，也开启了我们对数千年来科学与战争关系变迁之思索：事实上，在科学与战争的历史上，人类受困的主要是科学发展的程度。尤其是物理学作为带头学科，在作战手段的创新中成了急先锋，也左右着国防科技发展战略制定者的思维和决策。然而，物理战虽然势所必然，但对其进行检讨，可以发现它已面临着三大困境：其一是作战对象偏转；其二是作战时空受限；其三是作战费用飙升。

就作战对象偏转而言，各种兵器的设计、构想和研制本来是针对人体的，但由于人体有了防御盾牌，使得直接打击人体变得越来越困难，这就迫使各支军队的直接作战对象不能不发生偏转，即由原本的直接打击人体，变为直接打击物体，通过打击物体，间接达到打击人体的目的。作战对象由人转向物所造成的后果是违背战争初衷的。作为物理战的极致，就是发展无人兵器，比如说无人作战飞机，但当对方也采取同样的手段时，战争就成了名副其实的电游，只是电游的操作手是个人，并且在虚拟空间进行，而无人化战争的操作手是国家，在现实空间进行。这种思路固然有利于保存自己，却再也无法消灭敌人，无法达成战争的基本目的。战争成了机器的博弈，最终成了纯粹的经济博弈。

就作战时空受限而言，人类战争总在一定的时空域中进行，由于物理学的发展及其用于军事，战争由陆地拓展到海洋，特别是在20世纪，战争进一步向空中、向太空、向电磁空间延伸，作战半径、作战范围、作战样式空前扩张。但是，迄今为止，各国军队的作战都是在物理时空中进行，同时也受到了物理时空的严重局限。

就作战费用飙升而言，在物理战中，破坏几乎成为一条战争法则，被军事理论家和指挥者大加推崇。据统计，第一次世界大战，美军每天平均消耗费用为1.94亿美元；越南战争时为2.3亿美元；第四次中东战争，阿以双方每天消耗费用均为2.78亿美元；英阿马岛战争共消耗双方638亿美元，日均消耗为8亿美元。海湾战争中，以美国为首的多国部队，耗费640多亿美元，其中“沙漠风暴”43天消耗470亿美元，平均每天消耗11.2亿美元，这还不包括参战的伊拉克及英法和有关的中东国家军队所耗费用。据测算，美国原在欧洲的驻军如果打持续一年的常规高技术战争，计划耗资将达15000亿美元，比第二次世界大战的消耗总额还高出3000亿美元。再从歼灭一名敌兵的成本来看：据估算，拿破仑时期消灭一个敌兵花费3000美元，第一次世界大战中歼敌成本上升到2.1万美元，二战时为20万美元，朝鲜战争时要花费57万美元的代价，马岛之战时就高达285万美元了。而前不久发生的伊拉克战争，美军每歼敌1名的成本高达600万美元。显然，这样的战争实际上已成了贵族式的决斗，也是物理学成果大量用于战争的必然结果。

总之，人类战争发展至今，手段繁多，编制多变，战法不一，理论迭出，但这些战法、手段、编制、理论都未能超出物理战的范畴。曾经盛行了数千年的物理战符合人类的认识规律，也符合科学的发展规律，符合战争的发展规律。我们追踪物理战的进化，剖析物理战的困境，探寻物理战的未来，就是要说明，装备发展要有更宽广的视野，要广泛吸收和应用现代科学技术（也包括社会科学）的最新成果，才能避免步人后尘，走出物理战的困境，达致人无我有、人有我优的理想目标。就是要认定心理战的优势，把握心理战的未来。为此，必须坚持以物理作战为后盾，坚持以理论探索为先导，坚持以技术创新为手段，坚持以不战而胜为目标，毕竟，追求世界和平乃众望所归。

军事科技传播：视像、认知与战争

在信息时代，由于以互联网为载体的新兴传媒的迅猛发展，自然空间、社会空间、技术空间及认知空间得以贯通，军事科技传播悄然成为全球信息战较量的隐形战场。如何破解军事科技传播背后的战争密码，把握信息战理论进化的时代脉搏，进而构筑独具特色的战略传播体系，相关问题颇值我们关注与深思。

一、战争变脸：传播也是战斗力

首先，就渲染自身军事科技实力而言，不妨让我们从一件独特的军事科技传播“作品”谈起，它就是美国国防部与好莱坞联姻导演的《变形金刚 3》。按美国学者戴维·罗布在其著作《好莱坞行动：美国国防部如何审查电影》中的研究，许多好莱坞电影制片人都承认，五角大楼与好莱坞很久以来就有着紧密的合作关系。其中，最重要的一点就是帮助美军塑造形象，以便利用信息时代传媒的影响力，操控他国对美军的认知。

如在《变形金刚》系列影片中，全球唯一的第四代战斗机F-22“猛禽”、美军目前重量和功率最大的直升机 MH-53、美国阿利·伯克级驱逐舰启动的电磁炮等“明星武器”悉数闪亮登场。在给观众带来上佳视觉享受的同时，也将美军超强军事科技的形象深深地烙在了人们脑海，“无比强大”的美军似乎只有外星人才是对手。但是，当 F-22“猛禽”战机的最后一架量产型号于 2011 年 12 月正式下线的新闻传出时，有关其所有战无不胜的“无敌”神话也随之烟消云散。

其次，就夸大他国军事科技威胁而言，在每年的军事科技新闻中，对台军售问题都是美国的常规动作。对此，我们一方面在进行谴责的同时，另一方面也需要聚焦其幕后推手——“军事—媒体—工业”复合体——在军事科技传播中所扮演的角色。可以讲，许多时候正是在其推动下，对内为了给军备找借口，对外旨在实现全球战略部署，该复合体往往不断渲染他国军事科技威胁、诱导地区军备竞赛，并借机通过向对立双方进行军售，不断演绎“鹬蚌相争，渔翁得利”的故事。

每当有我国航母的相关消息时，国外有关媒体也趁机对此进行了夸大报道。这些不实报道与粉丝们在网络上的欢呼雀跃、奔走相告，形成的某种“互动”是信息时代军事科技传播面临的一个崭新挑战。

最后，就建构军事科技伦理标准而言，在今年的军事科技新闻中，有关美军舰载激光炮的精确打击、蝙蝠翼无人轰炸机以及HTV-2高超声速飞行器，都吸引了众人的眼球。然而，从军事科技传播的角度而言，无论是对“精确化作战”的大肆渲染，对“无人化作战”的推崇备至，还是“无核武世界”的全球推广，“高超速武器”的频频亮相，借助信息传媒的优势，美国力图主导“认知域”的军事话语权，军事科技伦理俨然成为信息战较量的新利器。

其实，无论是渲染自身军事科技实力、夸大他国军事科技威胁，抑或建构军事科技伦理标准，有关信息时代军事科技传播的系列问题，已经隐隐地揭示出，战争正在变脸，对信息战的理解，需要有更广阔的视野。

二、信息较量：战场飞的不仅是子弹

由于美国处于全球信息化领跑者地位，于是，自1991年海湾战争以来，在谈论信息战时，世界各国都有意无意地拿美国作为一个参照系，认为美军引领的这场军事变革的指向是“物理信息战”，计算机与互联网等信息科技是强军之本。事实上，这种将信息战仅仅局限于物理信息战的传统思维，不仅遮蔽了人类军事史的全貌，而且对后进国家的军事变革也潜藏着危机。

信息战从其概念提出，到今天变得甚嚣尘上，至少也有近20年的历史了。20年来，人们围绕信息战的特点、规律、战法展开了广泛的探讨和研究，却忽视了一个问题：那就是随着现代科技的发展，所谓的信息战，是否就是今天人们所津津乐道的这般模样？对于信息战的理解，是否应该有更宽广的视野？

其实，早在1948年，现代信息论奠基人C•E•申农关于信息的定义及计量方法一经提出，不少人就已注意到，信息的广泛用途，将涉及计算机、生物技术和社会认知。遗憾的是，后来的人们却忽视了关于信息在后两个领域的基本含义。以至在很多人眼中，信息仅仅成了基于麦克斯韦方程的光、电、磁，仿佛它与DNA无关，与人的心理、精神无涉。

对于上述这些偏狭的理解，美国当代信息战专家里·阿米斯德，从信息时代权力变迁的视角，重新考察了1991年海湾战争以来美军对信息战的认识思想史后，得出了信息战不仅包括物理信息战，还包括精神信息战的结论。正是基于这种认识，里·阿米斯德专门提到以下几本经典著作的重要价值——《理念政治的诞生：美国信息战略的形成》《通往社会：权力被忽视的一面》《虚拟国家的崛起》《软实力》。其中，他对曾任美国国防部助理部长的约瑟夫·奈之“软实力”理论极为推崇。

美军不仅是这样说的，也是这样做的。早在2012年，在经过激烈的争论后，美军正式通过了合并心理战与信息战的决议，心理战的提法从此更改为“信息支援作战”。此外，自2004年9月美国国防科学委员会发布战略传播专题报告以来，美国随后又在《国家安全战略》中进一步将战略传播与国防、外交、经济等列为重要国家实力。从美军的一系列举动我们不难看出，在信息战较量中，战场飞的不仅是子弹，在信息时代，更加需要我们重视军事科技传播。

三、战略传播：时代呼唤大国防观

冷兵器时代，当十字军浩浩荡荡地涌入罗马城时，罗马人说，这是侵略；机械化兵器时代，当希特勒的军队闪电般横扫欧洲战场时，欧洲人说，这是侵略；信息化兵器时代，当美国的精确制导炸弹呼啸着划破伊拉克长空时，全世界的人都说，这是侵略。概而言之，我们发现，尽管这些战争发生在不同历史时期，有着迥然不同的时代特征，但它们都越过了一个国家的地理疆域，因此，冠名侵略，名副其实。

长期以来，正是基于这一“侵略”概念，全球各国的传统国防观，大都将目光聚焦于国土、海洋及空天等疆域安全，直到信息战的问世，开始对这一判断标尺形成了冲击。具体而言，对抗重点在物理信息域和思维认知域的信息战，早已不再是传统“攻城略地”式的野蛮征服，取而代之的是另一种“杀人不见血”的隐性搏杀。

无论是索罗斯对东南亚金融系统的攻击，还是美国对苏联的战略信息战，抑或今天在互联网上展开的话语权争夺，他们皆没有武装冲突的影子，也没有直接破坏他国领土完整。然而，就在这种悄无声息的较量中，倘若一个国家没有确立大国防观，仍旧过于关注军事领域安全，过于关注物理信息防护，而疏于探讨如何应对非军事威胁，如何做好认知空间防护，这势必与信息时代相背离。

显然，要应对后者，就需要探讨信息时代精神信息传播的规律，需要探讨维护国家认知空间安全的对策。而这一切有关“国防”的大问题，都离不开公众的积极参与，军事科技传播也正是在这个意义上，为帮助公众理解国防开辟了一个极好通道。2011年，我国首部军事动作大片《歼十出击》亮相银幕。这部历时两年时间拍摄制作的影片，全方位展示了歼-10战机的特技飞行和空战奇观，在给广大观众带来全新视听体验的同时，也从一个侧面诠释着信息化战争的鲜明特点。而在这种拓展的大国防观背景下，公众了解军队、理解国防，将有益于筑起一道“心理长城”，共同维护国家利益、切实保障国家安全。

航空母舰驶向何方：从战略工具到战略符号

古罗马哲学家西塞罗说："谁控制了海洋，谁就控制了世界。"19世纪，英国正是凭借海上霸权建立了"日不落帝国"；第二次世界大战后到现在，美国的航母战斗群全球巡航，拱卫着美国世界第一超级大国的地位。然而，随着世界多极化的发展与和平呼声的日益高涨，当代航母的运用已逐渐从武力打击走向威慑示形，其战争工具作用逐渐退隐，而战争符号作用愈发凸显。那么，航母何以具备如此强大的威慑功能？航母发展的出路又该指向何方呢？

一、风云几何：航母的强与弱

近年来，美军航母舰队在世界范围内常年游弋已成常态。航空母舰这种攻守兼备的海上作战平台已为美国获取战略利益提供了不可替代的借重。那么，航母为何能被当作耀武扬威的工具横行全球呢？

航母威力的形成并非单艘航母所能实现的，通常是指航母战斗群的整体实力。以目前拥有航母战斗群最多的美国为例，一个航母战斗群一般由一到三艘航空母舰、一到两艘导弹巡洋舰、两到三艘导弹驱逐舰、一艘护卫舰、一到两艘攻击潜艇和一到三艘补给舰组成。航母战斗群具备以下三点主要优势：

其一，战术层面。航母具备空中、海面、海底、对岸、电磁空间的广域作战能力。由于航母战斗群为多种武器装备的联合，其战斗力的发挥要超出单一武器的简单组合，达到1+1>2的效果。例如，在舰载预警机和"宙斯盾"系统的帮助下，水面舰艇上发射的导弹可以准确打击1000千米以外的目标。按照演习数据推测，理想情况下，每艘"尼米兹"级航母可以在一周内攻击2450—3690个地面目标，两艘航母一周内最多可以打击7000多个目标，这是一种非常令人恐怖的打击能力。

其二，战役层面。航母可作为整场战役的综合指挥中心，完成指挥、保障、兵力投送等任务。据一项研究显示，美军航母战斗群能够用于完成指挥控制、防空、反潜、反舰、对岸攻击、两栖作战、反水雷作战、特种作战、电子战、后勤支援乃至核攻击等总共 21 项作战任务，是一个综合集成的作战平台，足以为一场战役提供必要的力量支持。航母战斗群立体的自我防御能力也为其长时间作战提供了保证。

其三，战略层面。航母可作为战略力量长时间保持全球范围内前沿部署，改变国际局势。由于核动力航母几乎不需要燃料补给，因此航母本身可以在其他物资充足的情况下保持持续的军事存在。无论是战争还是和平时期，航母战斗群出色的独立战斗能力和投送能力，都可以为国家行为提供强有力的支持。

航母的强大战斗力以及由此带来的威慑能力固然不可替代，但其庞大的建造和维护、使用开支同样不可小觑。目前建造一艘大型航母约需至少 40 亿美元，还要耗资装备战机和各种武器，舰上几千名官兵薪金、训练和保养，费用巨大，这使美军每年耗资约 13 亿美元。美军航母寿命约 30 年，航母一生将吞金 40 亿美元，而这个数字尚未涵盖舰载机的成本。纵然是在航母最多的美国，对于是否应该继续建造航母的争论也持续不断。

然而，耗资巨费的航母是否就无懈可击了呢？自有战争以来，武器装备的攻防发展总是螺旋式前进的。但人类军事技术发展的历史表明，进攻性武器系统与防御性武器系统的发展并非并辔而行，而存在某种不对称性。针对航母战斗群的体系破击几乎从“航母”概念产生时就已同步发展，随着精确打击武器的发展，航母的生存问题更是引发越来越广泛的争论。具体说来，航母主要面对如下几种威胁：

其一，反舰导弹打击。目前世界上反舰导弹发展迅速，主要包括反舰弹道导弹、反舰巡航导弹两种。通过不同平台发射的反舰导弹，可以打击从 120 到 1700 公里范围内的航母战斗群。当高成本的远程反舰弹道导弹与低成本的超音速反舰巡航导弹组合使用时，航母舰队的防御力量很难完全抵挡饱和攻击，只要有 1 至 2 枚导弹击中航母就能重创其战斗力，从而暴露更多弱点。

其二，水雷防御。水雷尽管价格低廉、结构简单，但它具有易布难扫、隐蔽性强、破坏威力大、威胁时间长等优点。特别是现代水雷已逐渐走上智能化的道路，已采用了水雷与鱼雷、导弹合为一体的技术，从而大大地提高了自身的使用价值和范围。

其三，恶劣天气、补给时打击。海面天气复杂多变，航母的行动和作战也很大程度上受制于天气状况，用于接收声、光信号的侦查、预警系统则更为脆弱。为此，航母需要专门配备用于搜集天气数据的保障系统，对航母及编队周围气象环境进行测量与预报。而岸基的作战系统则较少的受到天气影响，即使在同等气象条件下，陆上装备与人员也能够发挥更大作战效能。因此，在海上遭遇恶劣天气时对航母战斗群进行打击，成功率和效果都会更高。此外，为了适应各种舰船物资补给的需要，通常航母编队中需要配备 1:4 的专用补给船，而这些补给船往往是对方的打击目标。进行海上补给时，补给舰船与被补给舰船之间的航向需要相对固定，航速也要降低，只能以 5—10 节的速度航行；而且是多艘舰船并列航行，舰船之间距离间隔几十米，彼此机动困难。此时，由于舰载机起飞受到一定的限制，不利于组织有效的对空防御，加之补给舰船的加入，会使整个航空母舰编队的雷达反射体更多，反射截面更大，更容易被敌方探测发现。此时，航母编队航行时水下噪声也随之增大，易被对方潜艇发现和攻击。

其四，电子攻击。作为航母战斗群正常运转的“软件”，通讯网络也是它的“软肋”。目前，已有技术手段不但可对预警机、舰载宙斯盾系统等实施干扰和精确打击，而且还可对预警、导航卫星实施摧毁，达到致盲目的。

当代航空母舰更是汇聚各种高新技术的集大成者，其战技术性能和攻防能力远非第二次世界大战时的航空母舰可比拟。航空母舰迄今发展已近百年，期间受到各种兵力兵器多方冲击。但毫无疑问，以航空母舰为核心的编队仍具有其他兵力兵器难以替代的巨大作用。在可预见的未来，航空母舰依然是海上作战兵力兵器中首屈一指的“大哥大”。

二、隐没的战争工具

技术物的使用价值即技术物的有用性，它往往是工具价值和社会文化价值的统一体。比如，小汽车的工具价值是载人交通工具，但同时也承担着社会文化功能，被用作社会地位、个人品位的象征符号。核武器与洲际导弹的出现是战争与军事技术史上的划时代变革，不仅意味着人类手中第一次掌握了一种“战略”武器，更意味着兵器的战争工具与符号象征两种功能出现倒置：战争工具价值的隐没和战略符号价值的凸显。

然而，核武器作为人类杀伤力追求的极致，其无法预知的使用后果导致任何国家都不会轻言使用，在和平年代出镜率极低。与核武器不同，航空母舰作为高度可控的武器系统，可在不同烈度的武装冲突和非战争军事行动中大显身手，其庞大身形在媒体的渲染下具备更加广泛的传播力。因此，当代航母战略符号的功能已成为大国展示肌肉、炫武造势、塑造态势的有力工具。

德国军事理论家和军事历史学家克劳塞维茨指出：“暴力用技术和科学的成果装备自己来对付暴力。”近代以来，西方的军事家受这一观点影响，倾向于军事力量的无限制使用，而科学技术的发展和攻防矛盾运动螺旋式上升则使得武器装备的毁伤力和投射距离不断上升，已达人类所能承受的物理极限。作为现代军事技术的集大成者，航母作为战争工具面对的挑战也是显而易见的。从根源上讲，具体体现在三个方面。

其一，战争成本与战争收益冲突。在传统的战争观中，破坏几乎成为一条战争法则，被军事理论家和指挥者大加推崇。恩格斯在批评 19 世纪的军备竞赛时说：“现代的军舰不但是现代大工业的产物，而且同时还是现代大工业的缩影，是一个浮在水面上的工厂——的确，主要是浪费大量金钱的工厂。”现代战场上，当航母成为必不可少的重要结点时，这一批评显得尤为深刻。据统计，在有航母参战的几次现代战争中，军费开支都已到达了惊人的数字。在越南战场，美军每天平均消耗费用为 2.3 亿美元；海湾战争中，以美国为首的多国部队，耗费 640 多亿美元，其中“沙漠风暴”43 天消耗 470 亿美元，平均每天消耗 11.2 亿美元。据美联社报道，在伊拉克战争开始后的十年里，美国斥资 600 亿美元用于伊拉克战后重建，平均每天花费超过 1500 万美元。而另据美国国会预算办公室计算，十年来的总开支——包括军费、使馆开支和重建及援助等，已达 7670 亿美元之巨。美国人自己都承认，美国在伊拉克花钱太多，回报太少。当战争成为贵族与穷人的决斗，成本和收益的严重失衡将会从根本上否定开战的合理性，作为昂贵战争工具的航母也终将面临挑战。

其二，政治目标对物理思维的背离。二战结束以后，经济腾飞与军转民的加快，缩小了国与国的距离，加强了全球一体化的趋势，国际间的相互渗透相互影响更为频繁。新的作战样式被开发出来，各种各样的文化战、经济战在冷战的核门槛之下以暗战的形式展开。传统意义上的战场与后方的概念已融为一体，一场战争的最终胜利不再以战场的即时输赢而定，解决矛盾的方法也不一定必须用武力手段以流血的方式予以解决。换言之，物理战的线性思维已无法应对复杂的战场环境，政治目标的多元化已经与“一切谋打赢”的战争观念发生了背离。因此，作为武器“集合”的航母战斗群也面临“英雄无用武之地”的困境。

其三，战争手段和战争伦理的对立。人们之所以生产使用技术，就是为了利用技术达到自己无法实现的目的，军事技术以工具的形式服务于人，为人所驾驭，实现作战意图。但当代航母在战场上的运用已越来越接近人类的伦理底线，战争手段的合法性已经越来越被战争结果的非人道性所超越，曾经横行世界的航母也已举步维艰。例如，在极端组织、反政府武装和政府军交织并存的叙利亚，打着“反恐”和“人权”旗号的美军，不仅尚未掌握政府军单方面使用化学武器残害平民的确凿证据，航母上的精确打击武器还频频“误伤”，持续空袭已经给国际社会造成了二战以来最严重的难民危机。西方有媒体形容：美国扔下炸弹，欧洲收留难民、承受谴责。叙利亚内战爆发四年来，美国迄今共收容了约 1500 名叙利亚难民，仅为联合国难民署建议美国份额的 1/10。自从难民危机爆发以来，美国一直是隔岸观火、冷眼旁观；美国的媒体还对欧洲各国指桑骂槐，指责欧盟见死不救，缺乏起码的人道主义精神。在巨大的难民潮中，以航母为名片的美国“大棒”正在面临愈发严峻的伦理挑战。

在种种现实困境面前，航母战争工具价值有退隐之势，而符号象征意义则凸显出来。

三、凸显的战略符号

军事技术威慑功能的实现，本质上是符号象征意义的建构。展示肌肉的最终目的是建构“可怕”“可信”“可知”的形象，三者缺一不可，共同构成强大而不可战胜的象征意义，对敌人形成巨大心理压力，最终迫使其放弃抵抗。反制敌人的军事技术威慑，除了技术上掌握同类武器或反制手段外，还需要从认识上解构其符号象征意义，或建构相反的形象。

熟悉好莱坞大片的人们也许早就注意到了，当世界某地发生危机时，美国白宫的战情室或总统总会有人问道："我们的航空母舰在哪里？"从二战结束至今，在美军挑起、煽动或卷入的地区危机中，几乎都可以看到一艘或多艘航母的身影。当2016年6至7月间南海风云诡谲之时，美国"斯坦尼斯"号和"里根"号两个"尼米兹"级航母战斗群开进菲律宾附近海域开展演习。美国海军作战部长约翰·理查德森当年6月20日在美国新安全中心年会上扬言，美国派出两艘航母在同一片海域演习的情况并不常见，这代表美国承诺维持该区域安全的信号，也是对有关国家的"威慑"。

美国人则更多地利用游弋在全球各地的航母编队灵活达成威慑目标。航母编队是集陆海空天电等多维作战能力于一体的海上综合作战平台，具备强大的威慑能力和灵活的弹性打击能力。无论是平时还是战时，航母编队都可以依据国际法所赋予的使用海洋的权利，根据维护国家利益的需要，远离本国基地，前往广阔的公海，灵活地遂行海上威慑任务。当某一地区发生危及国家利益或海洋权益的事件时，航母编队可以快速到达该海域采取适当的方式实施海上威慑，以掌握控制事态发展的主动权。另外，由于航母编队战略威慑具有平战兼容性、神秘性、广泛性、持久性及有限性等特点，其海上威慑行动既可以是战，也可以是非战；既可以是主动进攻，也可以是积极防御；既可以是对某个国家或地区的全面威慑，也可以是针对某一具体事件或对象的局部威慑；既可以是战略威慑，也可以是战役或战术威慑。通过部署不同数量的航母编队，出动不同数量的舰载机，配备不同的攻击型武器，国家可以灵活地控制威慑力的大小。

比如，美国的"乔治·华盛顿"号核动力航母长期驻扎在日本横须贺基地，成为美国国力的"代言人"。航母编队这种和平时期的前沿配置有咄咄逼人之势，对周边国家的威慑不言而喻。如果说前沿配置还属一种目标不明的静态威慑的话，航母编队前沿部署的变更就是一国海军对国际形势变化所做出的积极反应。它表示航母编队任务的方向有了改变，或者方向虽然没变，但态势做了调整。航母编队部署变更的威慑就从静态走向动态，目标所指非常明显，其作用在于从广义的显示军事存在转向重点的局部攻势布防，从全面的海上威慑转为指向明确的针对性威慑，甚至可能预示着已经临近了威慑阶段结束、战争阶段即将到来。当然，威慑是一种典型的“把自己的幸福建立在别人的痛苦之上”的行为,“幸福”即所得,“痛苦”即所失。正因如此，威慑行为的双方构成竞争关系，他们争夺的东西包括领土、势力范围和影响力、国家形象与声望等等。美国进行航母巡航的目的，是为了在全世界范围内实现本国利益的最大化。

（刘一鸣、石海明）

让公众理解航天：科学传播视角下美国航天宣传策略解读

我国神舟十号飞船在太空飞行 15 天后顺利返回，航天员王亚平的太空授课拉近了公众与航天的距离，引发了全球广泛关注。事实上，即使是航天强国的美国，多年来也一直高度重视“让公众理解航天”活动，其相关航天宣传策略颇值一探，请看《科技日报》特约专稿：

载人航天是人类梦想的彰显、大国实力的象征，也是科学传播的乐园。因此，对全球任何一个航天大国而言，航天宣传都是“让公众理解科学”活动的重要组成部分。如对美国而言，早在 20 世纪 80 年代，美国的太空授课构想就曾被里根总统提出。1986 年 1 月 28 日，教师出身的美国女宇航员克丽斯塔·麦考利夫走入“挑战者”号航天飞机时，梦想着在太空为其学生上一堂课，然而，一声爆炸让麦考利夫带着她的梦想逝去。

21 年后的 2007 年 8 月 14 日，同样出身中学教师、随“奋进”号航天飞机登上国际空间站的芭芭拉·摩根，成功进行了人类历史上首次“太空授课”。她通过视频向学生生动地展示了在太空运动、喝水等情景，并参与了和学生的互动问答环节。芭芭拉的“现身说法”，只是美国开展“让公众理解航天”活动的一个侧面。从 20 世纪 50 年代末美国开始大规模竞逐航天以来，在半个多世纪的发展历程中，其已形成了一整套航天宣传策略，包括航天教育项目、航天娱乐开发、航天博物馆开放，以及航天资料网络展示等。

一、NASA 开展航天教育项目

众所周知，作为美国联邦政府的一个行政机构，美国航空航天局（NASA）负责全面组织实施美国民用航天计划和开展航天科学探索活动。促进“公众理解科学”是 NASA 在 1958 年颁布的《空间法》的内容。《空间法》将“有效的科普活动和公众参与活动作为 NASA 每一个机构和每一项任务的主要目标之一”。目前正在进行的NASA空间科学办公室（OSS）“教育与科普项目”（Education and public Outreach，E/PO），就是NASA整体航天教育计划中的一部分。该项目开始于20世纪90年代初由美国空间望远镜科学研究所发起的“分享哈勃太空望远镜的奇妙科学发现”活动，并发展成为迄今为止天文与太空科学领域最大规模的教育与科普项目，在促进公众理解航天领域取得了巨大成就。

E/PO项目包括四个主要的航天科普子项目：（1）公众参与科学、技术、工程及数学（STEM）的工作；（2）公众对OSS、E/PO和STEM的理解；（3）E/PO中的科普工作者；（4）公众参与STEM教育项目。E/PO项目拥有充足的经费保障，早在2002年，该项目就作为NASA的一项研究任务纳入规划，与其他5个主要研究领域平行展开，单独获得财政预算支持。如以2009～2014财年的年度经费预算为例，每年的预算经费在1亿～2亿美元之间，其中，2012财年的经费是1.384亿美元。

NASA空间科学办公室（OSS）还承诺，其教育资料将向所有公众开放，并将研究成果通过多种途径与公众分享。如OSS与许多大型博物馆和科学中心建立了广泛的联系，OSS的科学家和E/PO项目的工作人员与博物馆的工作人员一道成功举办了多次科学巡展。这些实体的和电子的资源在NASA的教师资源中心（TRC）、各州大学和博物馆的地方教师资源中心（RTRC）均可查阅。OSS还通过其他多种电子传播方式提供科普资源，如NASA电视台会定期播出视频广播和视频会议，NASA的SPACELINK网站上也提供全部航天教育科普资源。

除了NASA的E/PO项目之外，2010年，为有力地支持奥巴马总统提出的“创新教育”（Educate to Innovate）行动，NASA启动了“创新夏季”（Summer of Innovation）计划。在整个夏季假期，NASA投入大量的资金和人力资源，并与联邦、州和当地政府、非营利机构、大学和高校教师开展合作，为参与该计划的中小学教师和学生制定了形式多样、内容丰富的学习计划，既有涉及各学术领域的知识讲座和课程，也有激发想象力和创造力的设计竞赛，更邀请教师和学生直接参与到NASA众多的任务和项目中。

二、NASA 与娱乐公司的联姻

美国航天界与娱乐界的合作有漫长的历史。早在冷战时期，当苏联于 1957 年 10 月 4 日成功发射“SPUTNIK-1”号人造卫星时，美国航天发展在国内既引发了声援浪潮，同时也面临着一些质疑的声音。为此，从 50 年代到 70 年代，迪士尼的科幻主题动画、“未来世界”主题公园及“星球大战”系列电影的火爆，为 NASA 的航天探索项目赢得了巨大的民意支撑。正如今天我们所知道的，连当时“阿波罗工程”的总设计师布劳恩等人都直接参与到科幻电影的相关制作中来，以便赢得公众对航天探索的理解与支持。

美国航天界与娱乐界的这种深度合作，一直延续到了现在。就在 2013 年的 3 月 21 日，美国爱麦克斯公司和华特迪士尼影视制作公司宣布签订了一份协议，根据该协议，它们将再度与 NASA 合作，于 2015 年共同发行由知名电影制作人梅耶斯最新创作的一部太空电影。该影片将利用 IMAX 超高分辨率的摄影技术，带来从太空俯瞰地球的令人震撼且引人深思的景观，寻找地球在过去几十年间发生的惊人变化。

为了加强与公众的互动交流，NASA 有时还参与一些社会热点的评论，如在 2011 年，NASA 就评选出了最离谱的科幻电影《2012》《地心毁灭》《世界末日》等，同时也评选出了《千钧一发》《接触未来》《侏罗纪公园》等优秀科幻电影。这项评选由 NASA 航天专家与“科学娱乐交流协会”联合评选，目的是希望好莱坞导演拍片时，不要扭曲科学事实，要多注意情节合理。对此，NASA 负责近地小行星任务的主管尤曼指出，《2012》是一部十分离奇的科幻电影，它描述的太阳风暴释放的微中子粒子，其实并不会与物理实体产生互动，更不会造成地球核心加速升温，甚至引发地震、海啸以及陆地沉没等灾难。又如在 2012 年 12 月 21 日迎来所谓的“世界末日”时，NASA 在其网站特意开设了 2012 信息专栏，揭露有关玛雅启示录的种种谣言。

此外，NASA 近年来还开始注重利用游戏来进行航天宣传。2011 年，NASA 授权 Wisdom Tools 使用虚幻引擎开发了太空网游《太空旅行者：月球，火星和更远的地方》（*Astronaut：Moon，Mars，and Beyond*）。游戏背景设定在 2035 年，人类开始大规模进行太空探索，玩家将携手应对一些在太空探索中的突发情况。Wisdom Tools 的首席执行官科克雷博士表示："游戏将非常有趣，而更为关键的是，玩家能从中学到许多有用的太空知识，无论是历史方面的还是自然科学方面的"。

2012 年底，NASA 又发布了两个依靠内部航天专家，教育以及编程人才开发的游戏，一款 Facebook 小游戏"Space Race Blastoff"和一款太空交通控制模拟游戏"Sector 33"，两款游戏都向人们充分展示了 NASA 最近的科研项目和成果。NASA 航空航天交流和教育主管斯普林格在一次采访中说："游戏在美国已经变成一种越来越受欢迎的媒介，NASA 认为游戏将是进行公共宣传非常好的渠道"，"从成立的那天起，NASA 就背负着向公众展示我们研究成果的使命，我们一直在寻找新的方式来告诉人们最新的航天科技。我们关注人们获取信息的方式，社交媒体应用的大量出现为我们的公众宣传提供了更多的选择，游戏就其中一部分"。

三、多途径开放公众参观

美国航空航天博物馆坐落在华盛顿市区国家大草坪东部的南侧，隶属于史密森学会。该于 1972 年由美国国会批准拨款兴建，1976 年 7 月对公众开放，是世界上航空和航天科技方面收藏品最丰富的博物馆。博物馆的新馆里有不少与航空航天有关的技术、设备等实物展览，也有许多如航空摄影、照相、探测、导航定位等专业航空设备及相关的展品。自 1976 年 7 月 1 日开馆以来，每年的参观者超过一千万人次。除了实物陈列外，博物馆还寓教于乐，在模拟设备供操作之外，还有详尽的展览与介绍，使用不同的主题，把相关的展品串联起来，涵盖飞行试验、宇宙知识、火箭和空间技术、人造卫星、月面探索等各类主题。

博物馆的电影场是世界上最大的宽银幕高清晰度立体电影场（IMAX），它的银幕宽 23 米，高 17 米。该影院轮流放映介绍航空航天知识的电影，每部影片 30 分钟左右。如放映的影片《飞》描述从风筝、飞机到太空的人类飞行之旅；《活着的梦》实况介绍航天飞船上的生活，立体效果，令人如临其境；《蓝色的行星》则以外空的视角看地球这一人类赖以生存的一个蓝色星球；《活生生的行星》记录了地球上的自然风光和人类建筑。

除了利用博物馆进行航天宣之外，传伴随着国际互联网的兴起，许多国家也开始利用网络媒体进行航天宣传。在美国，有大量涉及航空航天的组织、机构、公司及社会团体都拥有自己的互联网站点，很多站点都开设了航空航天的宣传专栏，将丰富的航天信息资源分享到互联网上，以便让公众更方便、更充分地理解航天。在这方面，NASA 就做了大量的工作，不仅自己在网站上开设了相关航天宣传栏目，还大力资助其他组织和机构建立航天宣传网站。“为了科学、技术和研究的航天学习实验室”（ALLSTAR）网站就是在 NASA 的 LTP（Learning Technology Project）项目资助下，由 FIU（Florida International University）主办的网络。ALLSTAR 网的宗旨是，积极鼓励青少年学生学习航天知识。该网站分为三个部分：其一是有关航空航天的图片和录像资料库；其二是有关航空航天的教学内容。包括航天航天史、航空航天科学的基本原理、航空航天领域的职业和教育；其三是与 ALLSTAR 网相关的网络资料链接。

改装显学

武器装备是科学技术的物化形态，也是引发军事变革的物质基础。如果非要用最简单的词汇来描摹战争的话，首选“人”与“器”，大概不会有多少异议。的确，打仗要靠先进的武器。从古代的冷兵器到今天的信息化武器装备，一部兵器进化之路，从某种意义上说，也是一部战争演进之路。“改装”成功与否，绝不是闹着玩的小事，而是直接事关一支部队战斗力提升的大事。

部队投身新军事变革的实践，应当从思想观念和工作方法上适应武器装备的这一本质要求。伴随着中国特色军事变革的深入发展，部队的装备结构也正在发生着深刻变化，日益成为军事训练的重要基础和战斗力的新生长点。正确认识新装备如何尽快形成战斗力，切实把这项工作落到实处，合理实现武器装备的升级换代，俨然是部队工作的一门“显学”。本文从文化学、社会学、经济学、心理学四个视角聚焦“改装”问题，带你走近并认识“改装”。

一、改装文化学

“改装”的问题本质上是军队战斗力生成的问题，按照马克思主义军事思想，人、武器及两者的有机结合构成军队战斗力。由此延展开来，军事变革自然包含军事技术变革、军事组织变革、军事管理变革及军事理论变革。与此相应，广义上的军事科技文化，也恰囊括了器物、行为、制度及观念四个层面，涵盖着武器装备研制、军事训练开展、军事制度运行及军事实践思维等丰富内容。可以讲，军事科技文化的四个层面构成一个相互牵动、相互作用的有机整体，诸多因素协调发展，共同推动着军事变革的加速演进。

相比于制度，文化属于软约束层面的因素，但在“改装”过程中，却至关重要。据报道，在某部“改装”时，信息化装备全面换发令该部官兵热血沸腾。一体化通信终端、信息操作平台、自动火控系统看得官兵眼花缭乱。坐上软乎乎的席位座椅，让几天前还在抡着膀子摇高低机、转方向角的官兵恍如天上人间。新装备的功能颇为强大，然而，旅领导督导训练时却发现，不少官兵不用系统软件进行计算、标图，仍沿用过去的图上作业。不久后的演练场上，意外一幕出现。虽然雷达系统早早“抓住”目标，但武器系统的反应却“慢半拍”。究其原因，新装备系统虽然集指挥、侦察、控制、打击等功能于一体，但大家却习惯于过去那种层层传递的指挥方式。穿“新鞋”缘何仍在走“老路”？眼前的一幕幕让部队领导“一班人”猛然警醒：虽然部队的“身子”已跨进信息化门槛，但思维观念还停留在机械化时代。“不树立信息化的观念，导弹就是‘烧火棍’！”一场“改制改观念、换装换思想”的“改装”文化大讨论随即在该部展开，大家先后梳理出 20 多种不适应转型的习惯做法。随后，该部又先后邀请近百位专家教授前来授课辅导，帮助官兵树立信息主导和体系制胜的观念。

总之，换装先换脑。作为军队赢得战争的重要变量，武器装备既是科学技术的物化形态，也是引发军事变革的决定性力量。我军建设正由机械化、半机械化向信息化转型，装备建设也处于跨越发展的重要时期。新装备列装部队后，能否尽快形成战斗力，直接关系到新军事变革战略目标的实现，既是对军队现代化建设的严峻挑战，也是对一支部队综合素质的实际检验。必须站在推进新军事变革的高度，强化军人的责任感、使命感和紧迫感，把新装备尽快形成战斗力作为推进中国特色军事变革的具体行动，作为部队建设的大事，作为摔打锤炼部队，提高部队整体素质的良好机遇。

二、改装社会学

武器装备的“改装”与社会密切联系，相互影响，相互作用。正是由于社会的不断发展进步，才得以形成“改装”的需求和条件。在政治、军事、经济、科技、外交等诸多社会因素中，科技因素，即生产力发展水平，对新式武器装备的研发生产起到支撑作用，是决定“改装”成败的关键。正是有了相对论的提出以及核物理技术的发展，才有“曼哈顿”计划和原子弹的成功；有了网络、计算机和电子信息技术的应用与成熟，才有当今世界各国日新月异的信息化装备。可见只有掌握了必要的军事科技，才能造出理想的武器装备。

与之相应，“改装”也影响着社会的各个方面。在政治层面，武器的“改装”标志着军事实力的提升，可以展示国力和国威，具有实现政治目的、推行政治意志的效用。如我国“两弹一星”的成功，极大地鼓舞了民心士气，维护了国家安全，提高了国家和民族在国际上的地位。在军事层面，武器的“改装”不仅能够改变战争形态和作战方式，提升军事实力，还可以左右战争的发生、进程和结局。例如，远程核武器加上信息技术和电子计算机技术，使核威慑下的信息化战争以及高技术条件下的局部战争成为当今世界的主要战争形态；美国有了军事实力的绝对优势，才有底气接二连三地发动战争。

在技术层面，“改装”具有物化、进化、催化和转化技术的效用。物化是指把新技术应用在“改装”过程中；进化是指“改装”的竞争性、对抗性迫使技术不断创新；催化是指“改装”需求的紧迫性以及大工程的复杂性使相关技术得以集中攻关、重点突破；转化是指技术在军用、民用之间的转化，以及国内、国际之间的交流。例如，雷达技术、原子能技术、计算机技术都出自国防科技领域；“阿波罗登月”计划十年间动员了 2 万家公司、120 所大学、42 万人，耗资 300 亿美元，带动了精确制导武器、先进控制技术和电子技术的发展；研制原子弹的许多技术移植于民用，建立核电站和核反应堆，为民造福。

三、改装经济学

武器装备的发展要与国力相适应，“改装”需要经费的高投入，科研和生产要按经济规律办事，因此，从经济学视角考察“改装”具有重大现实意义。“改装”与经济的作用是相互的，经济萧条时军费紧张，可能导致“改装”无法按计划完成；而这里主要探讨的是“改装”的经济价值，即其对经济的影响。

“改装”能够带动和促进经济发展。通过大型武器装备系统科研开发计划的实施，不仅在武器装备研制上取得了重大突破，而且带动和促进了国内相关民用产业的发展，使一大批科研、生产单位的科研能力、人员素质上升到一个新台阶。几十年来，美国先后实施了“星球大战”等多个大型装备系统科研计划，既加快了武器装备的发展，又促进了整个国家科技工业和经济的发展；俄罗斯新一轮强军计划也蕴含着扶持军工、拉动内需之意。同时，“改装”后的部队还可以通过维护国家安全和社会稳定，为经济发展提供有利环境。例如，许多经过改进的军民通用装备，在国家遇有特殊灾害时，可以投入到救灾抢险工作中，有效地减少国家的经济损失。

“改装”也存在制约经济发展的负面效应。武器装备的“改装”需要巨额资金的支持，具有很高的风险和不确定性。从 20 世纪 90 年代以来，美国调整国防工业基础，改革军品采办方式，推行经济可承受战略等，就是应对这种负面效应的具体体现。“改装”对经济的这种负面影响有直接的，也有间接的。战争对基础设施的破坏也会影响到经济发展。因此，在“改装”时要力求统筹兼顾，协调发展，使装备充分发挥对国家经济的积极影响。

如何走出一条投入少、效益高的武器“改装”之路，如何实现国防资源的优化配置，都是摆在我们面前的重大课题。要解决这些问题，就必须认清、把握“改装”中的客观经济规律，采取“国防预研”战略，在新式装备正式投入生产前进行可行性分析和风险评估；采取“经济可承受”战略，有选择有重点地“改装”经济上可承受的装备，既考虑实用又考虑费用，强调装备在各军兵种间的通用性，强调用成熟的高新技术改造现有装备系统；采取“样机研制 + 有限生产”的发展战略，实现技术积累和装备优选，避免盲目生产造成的资源浪费。

四、改装心理学

上级为某部配发一种新式通信车，面对新装备确实让大伙兴奋了一阵，可面对新装备训练时，一个个却发蒙，老装备大部分都手工操作，而新装备全时电脑控制，看着密密麻麻的线路图，官兵们却无从下手，为此，该部还专门请厂家来指导，让大家学会装备的操作，但靠厂家的短时间培训，难以完全掌握新装备的各种性能，更别提各种复杂环境下的战术性能参数。看着新装备成了“摆设”，官兵心里都着急，对“改装”后的新装备产生了心理恐惧。

人是战争主体，时至今日仍是战争的核心因素。探讨“改装”对军人心理的影响，把握军人心理活动规律，对实现“改装”效益的最大化具有重要意义。

“改装”对军人心理的积极影响。“改装”赋予武器装备更强大的性能，对军人来说，先进的武器除了具有“消灭敌人、保存自己”的基本功能外，还能够鼓舞士气，威慑敌人。因为军队装备的优劣对官兵士气影响非常大。武器的威力越大，对敌方的威胁作用就越强，对己方士气的鼓舞就越明显。如1940年4月德国入侵挪威前夕，驻挪威首都奥斯陆的德国大使馆举行了一次盛大的电影招待会，来宾大多是挪威的军政领袖和工商巨头。这部名为《火的洗礼》的影片炫耀了德军如何以闪电般的速度击败了波兰的200万大军，银幕上每一个镜头都威慑着观众的心，令他们深刻体会到了对战争的恐惧。第二天清晨，当1500名德国陆战队员在奥斯陆突然登陆时，挪威军队没有任何抵抗，德军不费一枪一弹就占领了挪威。

“改装”对军人心理的消极影响。一方面，性能优异的武器装备容易让官兵产生过多的优越感和安全感，最终在疏忽大意中输掉战争；另一方面，经过“改装”的武器装备由于构造复杂、操作生疏等原因，使官兵产生畏难和抗拒情绪，没有取得预期的实战效果。随着武器装备的发展，特别是技术含量的增加，对使用武器装备的军人提出了更高要求。因此，必须根据“改装”武器的特点和性能，加强军队官兵的教育训练，不仅要具备较高的科技文化水平，还要有过硬的心理素质。

（陈童、贾珍珍、石海明）

注重应用科学技术，加强战略规划建设

战略规划，是关于国防和军队建设的长远计划，是战略思想、战略方针及战略决策转化为战略行动的关键环节。科学合理地做好新时期战略规划工作，事关国防兴衰成败和军队前途命运。

科学技术是第一生产力，也是重要的战斗力，是推动人类历史发展的革命性力量。尤其是当代科学技术成果的军事应用，正在掀起军事领域蔚为壮观的变革浪潮。因此，对于国防和军队建设，倘若不了解科学技术发展的特点、规律及趋势，就无法理解新军事变革的本质、进程及方向，当然，也就谈不上提出切实有效的战略对策。

一、军事领域是科学技术应用最前沿、最广泛的领域

世界著名哲学家罗素曾说："科学的实际重要性，首先是从战争方面认识到的。"的确，战争，作为人类社会最激烈、最残酷、最普遍的现象，由于事关利益集团的生死存亡，从一开始，就与科学技术结下了不解之缘。

回顾历史，无论是材料科技的结晶——合成橡胶与塑料、还是能量科技的代表——火药与原子能，以及信息科技的先驱——电报与电话，都是最先在军事领域发明而后才推广应用到社会领域之中。如今，主导信息化军事变革的计算机与互联网，同样也是最早诞生于军事需求并全面应用于军事领域。亦正因此，我们才敢于断言，军事领域是科学技术应用最广泛、最前沿的领域。

具体而言，在冷兵器时代漫长的陆权争霸中，冶炼技术、战车技术及城防技术等，一直是各部落或民族军事较量的主宰力量。时光荏苒，斗转星移，自 1543 年哥白尼那部划时代的不朽著作《天体运行论》出版以来，近代自然科学横空出世，大批科学泰斗如日中天，诸多科技领域捷报频传。此后，从马汉的制海权、杜黑的制空权，到格雷厄姆的制天权，以及如今

方兴未艾的制网权、制脑权等新军事理论，科学技术的发展一路高歌猛进，日益左右着现代战争的每一根神经，逐渐渗透到军事领域的每一个角落。

显然，在这种现代科技飞速发展并深刻影响军事领域的时代，一支军队对科技发展的横断领域及前沿方向的认知，已然成为一切军事活动的逻辑起点，成为国防和军队建设战略规划的重要前提。

二、国防和军队建设的战略规划要善于把握科学技术发展趋势，创造并主导军事需求

战略规划是面向未来的探索与谋划，关键是要提出问题、定准方向、确立目标，制定路线，因此，必须善于主导军事需求。需求既来自现实，也来自创造，特别是科学技术的创造。对此，美国国防部所属的国防高级研究计划局（DARPA）就提供了可供我们借鉴的案例。

具体而言，在50余年的发展中，DARPA先后成功启动了40多个重大项目，为美国确保军事优势地位及引领军事变革方向，立下了汗马功劳。这一切都在于，DARPA有一套独立评估需求的机制。可以讲，DARPA并不以满足军方的现实需求为目标，而是以立足科技前沿创造需求而著称。正是凭借这种独立评估需求所收获的对科技前沿的高度敏感性，DARPA锁定了许多高风险、高价值、高收益的项目，在对未来的探索中，收获了丰硕的创新果实。

战略规划要创造并主导军事需求，就需要有面向未来的前瞻眼光，前瞻眼光不是只会盯着别人，亦步亦趋。跟踪对抗可以借鉴先进国家军队的做法，有所为有所不为，但自主创新必须敢于标新立异、大胆创新，而不必拘泥于是否引经据典、有迹可循。要实现这一点，就需要把握科学技术发展趋势。从某种意义上说，科学技术能走多远，思想认识就一定要走得更远。唯有如此，才能洞察科学技术前沿突破的军事远景，才能避免落入“追尾巴，照镜子”式的国防和军队建设窠臼，才能真正以基础科学的突破为基点进行武器装备研发，达到原始创新之“人无我有”之境。才能真正以军事技术的应用为支撑，带动军事理论创新、军事组织创新及军事管理创新，全面推进军事变革的持续、深入发展。

三、立足世界科技发展前沿，大力运用科技手段谋划国防和军队建设

马克思说："科学技术是一种在历史上起推动作用的，革命的力量。"从农业革命、工业革命到信息革命，正是科技的进步给人类社会带来了翻天覆地的变化，同时，也引导着人类战争从冷兵器时代、机械化兵器时代、核武器时代演进到了今天的信息化兵器时代及智能化兵器时代。在此背景下，我们应当立足世界科技发展前沿，大力运用科技手段，进一步加强国防和军队建设的战略规划。

其一，战略规划不是谋略，须具有可操作性，要善于制定技术路线图。

战略规划首先就得设定目标。目标高了，无法实现；目标低了，浪费资源。判断目标之高低，关键在技术，在实现手段。中国素有重视韬略、谋略的传统，相对而言，战略规划的传统却发育不足。尤其是在当代，如果缺乏对技术的理解，没有技术支撑，战略研究的成果很容易成为纸上谈兵，最后被束之高阁。

众所周知，由于军队的战略转型涉及作战体制、武器装备、教育训练等，是一个极其复杂的系统工程。作为一种先进的战略规划方法和战略管理工具，技术路线图既包括对未来的预测，也包括对现实的认知；既包括对目标的确立，也包括对过程的设计；既包括宏观的判断，也包括微观的控制；既包括系统的分解，也包括系统的综合，通过对重大项目、重要领域的发展方向、发展路径、关键事项、时间进程以及资源配置进行科学设计与控制，从而使战略转型有了实实在在的抓手。

也正因此，近年来，无论是美军的《网络中心战战略构想》《2020联合构想》，抑或俄军的《2006—2015军队指挥系统建设构想》《2020年前武装力量建设计划》。技术路线图作为一种具有可操作性的战略管理工具，在国防和军队发展战略规划中的体系顶层设计、资源综合集成及武器研发论证等领域，越来越扮演起重要的角色。

其二，战略规划的实施离不开人，必须提高相关人员的科技素质。

国防和军队的一切建设都离不开人，所谓科技兴军，也要依靠人对科学技术成果的获取、理解、把握和应用，因此，落实科技兴军战略，加强战略规划工作，也必须重视军人科技素质的培养。

说到人的素质，固然多种多样，若问哪种素质最重要，常见的回答往往让人如坠雾里云中：A素质是根本，B素质是前提，C素质是基础，D素质是核心，E素质是关键，听起来什么素质都重要，都不可少，其实是什么素质都不重要了；听起来似乎很有辩证法，其实是真正的形而上学，因为它抹杀了重点与一般的区别，混淆了矛盾的主要方面和次要方面。

按照科学技术是第一生产力的观点，就得承认，在人的一切素质构成中，科技素质地位特殊。军队的一切军事训练计划，包括理论创新、内容创新、方法手段创新、制度创新，都必须充分考虑如何有利于提高人的科技素质来进行；军队院校的一切人才培养大纲，包括院校设置、专业设置、课程设置、目标设置，都必须把提高人的科技素质理直气壮地摆在突出的地位。不论培养哪种任职需要的军人，都必须毫不含糊地具备坚实的科技基础。

其三，战略规划要有预见性，应关注颠覆性技术的发展。

当代军事领域是较量最激烈的战场，也是最富创新性、最具超越性、最有颠覆性的科技发展前沿。战略规划要有预见性，就必须关注颠覆性技术的发展，善于从前沿科技找灵感、找思路、找对策。

脑科学技术。脑科学研究具有巨大的潜在军事价值，可直接应用于现代战场的多个领域，包括催生新型脑控武器和智能化装备，提高作战人员知识与作业能力，优化军事训练与决策，改善军人神经与精神损伤的救治，推动心理战的升级等。2016年，多个国家的60余名神经科学家齐聚美国，讨论开展脑科学的全球合作，力图推动“国际大脑空间站”的建设。脑科学的军事应用主要体现在“仿脑”、“脑控”和“控脑”三个方面。其中，“仿脑”是基础与关键，即借鉴人脑构造方式和运行机理，开发出全新的信息处理系统和更加复杂、智能化的武器装备，甚至研发出与人类非常接近的智能机器人。

生物交叉技术。军用生物技术是将现代生物技术应用到军事技术领域的一门综合性交叉技术，涉及军事、生物、物理、材料、信息等诸多学科。军用生物技术通过借鉴和利用生物众多优异结构和特殊的功能，将为武器装备实现跨越式创新发展提供新的源泉，已成为武器装备变革的重要推动力量，并在不断催生新的作战样式和作战理念。

美国防高级研究计划局（DARPA）于2016年10月13日在白宫前沿技

术会议上首次在残疾人员身上演示验证了一项新型脑机接口技术，通过与机械臂连接的脑神经接口系统实现了人脑和机器之间的双向通信能力，即输出信号用于控制运动而输入信号用于获得感觉，使他们能够体验被触摸的感觉。该技术最终为残疾人员接触外界提供了新途径，也为赋予未来作战系统智能化奠定了基础。

生物交叉技术作为理解和破解生物进化之谜的金钥匙，以模仿和利用生物为核心，以融合信息、纳米等尖端技术为手段，将驱动国防科技创新发展，并对武器装备、作战理论及战争形态等产生一系列深远影响。生物交叉技术将为武器装备实现跨越式创新发展提供新的源泉。例如，高性能仿生和生物材料应用可为武器装备提供全新的物质基础；基于生物分子特异识别的生物传感技术，具有超高灵敏度和难以干扰等优势，将变革战场态势感知手段和能力；生物计算技术，将突破传统计算机空间、散热、并行等物理极限，引发军用计算机革命。

量子信息技术。科学家预测，在 21 世纪，信息科学将从经典时代跨越到量子时代。量子信息技术是量子物理与信息技术相结合的战略性前沿科技，因其建构于颠覆性的堪比相对论的基础理论——量子物理——之上，从而极富神秘气质。量子信息技术在确保信息安全、提高运算速度和探测精度等方面具有颠覆性影响，是目前最引人瞩目的前沿技术领域之一。正如相对论造就了核动力与核武器，量子信息技术造就的量子计算机、量子通信、量子雷达等，势必在未来重新涂抹战争的面孔。美国对量子通信的理论和实验研究开始较早，是最先将量子技术列入国家安全战略技术研发计划的国家。并在 2016 年 7 月发布了《推进量子信息科学：国家的挑战与机遇》的报告。该报告称，量子计算能有效推动化学、材料科学和粒子物理的发展，未来可能最终会颠覆众多科学领域。基于该技术的广阔前景，英国制定了量子科学五年计划，并建立了四所新的研发中心。欧盟也于 2018 年开始执行一项新的量子科学十年旗舰计划。

无人作战装备及技术。随着材料和信息技术的进步，无人装备的性能稳步提升，已能协助或代替人类完成越来越多的作战任务。特别是在“人所不至”的区域执行“人所不能”的危险任务时，无人装备具有不可替代的优势，无人装备作战应用的范围和深度不断拓展，开始登上战争舞台。

2016 年 5 月 17 日，美国空军在美国国防部会议中心正式发布了其未来20年小型无人机系统（SUAS）路线图——《2016—2036年小型无人机系统飞行规划》（下称《规划》）。《规划》提供了一个雄心勃勃但又极其现实的愿景，提出美国空军应集成以空军人员为中心的SUAS家族，并通过日常制度安排使之成为横跨美国空军航空、太空及网空这三大作战疆域的指数级力量倍增器。除无人机外，无人作战装备应用的几个主要领域还包括地面无人装备和水中无人装备。在信息技术、控制技术等关键技术发展的推动下，无人装备将进一步向控制自主化、作战协同化、系统模块化和火力打击方向发展，作战应用的范围从侦察监视、通信中继等作战辅助向全领域拓展，无人作战时代即将来临。

新概念武器及技术。新概念武器具有传统武器无法比拟或意想不到的军事效能，他们的出现甚至能从根本上改变人类军事活动的方式，预计未来二三十年内将有一大批新概念武器相继投入战场使用。目前，正在探索和发展中的典型新概念武器主要有新概念能量武器中的定向能武器、动能武器和声波武器，新概念信息武器中的计算机网络攻防武器和非致命武器等。这些新概念武器为武器装备的发展开辟了崭新领域，在一定程度上代表了未来武器装备发展方向。2016年6月，俄印合资的布拉莫斯航宇公司营销董事帕萨科在KADEX2016国际防务与军警设备展上透露，布拉莫斯-2导弹工程研制工作将在2022年启动，预计2024年完成原型样弹研制。到2020年，大气层内高超音速飞行技术将广泛应用于军事，特别是在攻击地面目标和远距拦截重要空中目标方面更是如此。可以预言，高超音速时代的来临，定将绘出人类战争的新画卷。

基因武器：值得警惕的“潘多拉”魔盒

许多时候，科技是一把双刃剑。就拿前沿生物技术来说，它既能制造工具，增进人类福祉，也可以锻造武器，威胁人类安全。2017年11月2日有媒体报道，俄罗斯总统普京证实，有人在有目的地采集俄罗斯人的生物信息。消息一出，即遭爆炸性传播。俄媒随即报道，2017年夏，美国空军宣布招标采购12个“正常人类核糖核酸”样品和27个“正常新鲜冷冻人体滑膜”样品，所有样本都应在俄罗斯采集。一些俄罗斯专家甚至怀疑，这与开发一种针对俄罗斯人的基因武器计划有关。

对此，国防科技大学军事专家石海明副教授对《科技日报》记者表达了担忧，他指出，“就目前的科技水平而言，研制区分攻击特定人群的基因武器还相当困难。况且，美国空军采集的样本数量很小，研制出有杀伤力的基因武器需要大样本。但是，美国将采集的样本用于科学研究测试，这也非常值得关注。毕竟，生物信息战的威力，绝不亚于今天广为人知的物理信息战。”

基因武器就是运用遗传工程技术，按人们的需要，在一些致病细菌或病毒中，接入能对抗普通疫苗或药物的基因，产生具有显著抗药性的致病菌；或者在一些本来不会致病的微生物体内接入致病基因，从而制造出新的生物制剂。

“一句话，就是用DNA重组技术改变细菌或病毒，使不致病的成为可致病的，让可用疫苗或药物预防和救治的疾病，变得难于预防和治疗。把这种生物战剂放入施放装置内，就构成了基因武器。”石海明解释道。

在国外，有人把基因武器称作“末日武器”“生物原子弹”，由此足以说明其威力之巨大。有媒体估算，用5000万美元建造一个基因武器库，其杀伤效能超过50亿美元建造的核武器库。那么，基因武器是如何发动袭击的呢？

“基因武器可以分别针对动植物和人类本身。”石海明介绍，如制造主要用于植物战的植物病毒，造成主要农作物或绿色植物死亡。最典型的植物战剂莫过于臭名昭著的“落叶剂”了。同时也可利用基因技术制造动物病毒，使其大面积感染并死亡，从而引发毁灭性饥荒。

“用于人类的话，方法就更加多种多样。如制造‘人种炸弹’，即针对某一特定人群的毒剂。”他指出，人类基因组测序工作的完成，使分析人种、种族之间在基因上的差异成为可能。这样，在理论上就可以设计针对某一特定种族或民族的病毒。把这种基因战剂释放到战场上，可以大量杀伤敌方士兵而己方丝毫无损。还可把对人类健康有巨大威胁的病毒，如艾滋病毒，改造成易传播的病毒，培育出“杂种病毒”。

“因此，基因武器难以检测、难以预防、难以隔离，而且成本极低，一旦用于战争，造成的后果将是毁灭性的。在战术上，基因武器可以迅速快捷地投放战场并大量杀伤敌方人员，能够很快扭转作战态势。在战略上，基因武器和核武器一样，能对人的心灵造成极大伤害。因此，具有明显的战略威慑作用。”石海明说。

那么，我们应该如何防范可能发生的基因武器袭击呢？

石海明指出，“首先有关科研机构可关注相关基础科学和关键技术研发。要认真研究本民族的基因密码，尽早察明其中的特异性和易感性基因，有针对性地采用生物制药工程技术研制有效的生物药剂和疫苗，提高和增强民族的基因抵抗力。同时研制新型探测和防护器材，做到有效识别和防护。针对未来生物信息战可能实施的战法、途径和手段，也要进行专门研究，及早制定行动预案。”

“鉴于基因武器可能产生的巨大危害，我们必须给予生物技术及其军事应用以高度关注。毕竟，‘潘多拉’魔盒一旦打开，就再也难以关上了，会给人类和平带来威胁。”石海明特别强调。

（《科技日报》记者　张强）

技术社会选择视阈下的 CYCLADES 项目

目前大部分的互联网历史研究都按照“目的论”或“辉格史”来定性，要么从目的溯源，要么简单粗糙地进行筛选和剔除，强调有利己方的观点，从 ARPANET 和互联网之间寻求简单化的解释。然而，网络的发明并不是以阿帕网的发明为起点，互联网的诞生为终点的纯线性历史。除了美国之外的其他国家的数据网络发展，也对互联网的诞生起到重大贡献，不应该被忽视和误解。由路易斯·普赞主导，法国信息与自动化研究所（IRIA）所赞助的 Cyclades 项目，对后来互联网的核心技术 TCP/IP 协议的形成起到了关键性的启发作用。基于普赞 Cyclades 系统中的无连接式数据报传输模式的 TCP/IP 协议，使得美国成为网络世界的赢家。而拥有当时世界上最先进的网际互联技术和理念的欧洲，却最终湮没在互联网的历史中。在 Cyclades 在欧洲的发展过程中，社会选择的影响至关重要。我们将重点讨论影响 Cyclades 项目从立项到下马的社会因素，通过探索该项目兴起和衰落的原因和规律，揭示该项目发展的完整社会选择路径。

一、促进 CYCLADES 项目上马的社会因素

SST 研究表明，技术并不完全按照其发展的内在逻辑演进，而是社会形塑的产物。考察社会对技术的塑造，涉及技术的社会选择。技术的社会选择中集合了社会的价值观、国家的意志和公众对待技术的态度，在 Cyclades 项目的上马过程中，社会选择的因素占据主导地位。法国政府的推动以及普赞团队独特的文化价值观，促使 Cyclades 项目上马。

其一，政治因素主导推动 Cyclades 项目的先声。

20 世纪 60 年代中期，法国政治和技术领域的领导者开始意识到，他们在计算机领域的技术上与美国存有巨大差距。这种焦虑在 1964 年法国最大的计算机公司布尔被美国通用电气并购后与日俱增，而此后美国政府拒

绝为法国提供其研发核武器所需的巨型计算机，更是将法国的焦虑情绪推向了顶峰。1966 年，法国总统戴高乐发起“演算计划”（Plan Calcul）以支持法国的计算机工业和计算机科学的发展，试图打破美国在该领域的统治地位。该计划成立了法国国际计算机公司（CII），旨在帮助法国计算机行业树立自己的品牌，这也是继布尔公司兼并事件后的当务之急。“演算计划”的另外一个重要举措是机构创新，即创立了法国信息与自动化研究所（IRIA）。初期的 IRIA 并没有接触到分组交换网络思想，对计算机的认识仅停留在大型运算及自动化上。直到 1969 年，研究所派出由 Maurice Allègre 牵头的计算机科学代表团赴美国进行考察，这支由通信专家和计算机工程师组成的队伍访问了伦纳德·克兰罗克教授在洛杉矶的实验室，由此他们开始接触到分组交换网络。1971 年，代表团向法国政府递交了一份详细的报告，最终，法国政府接受 Allègre 的建议，开始探索建立一个全国性计算机网络的可能性，并聘请了普赞为这一项目的负责人。

其二，法国经济复苏为项目上马提供支撑。

欧洲经济在二战中受损严重，战后初期十分依赖美国的援助，“马歇尔计划”的实施，解决了法国的燃眉之急。据统计，1948 至 1951 年，法国接受“马歇尔计划”的援助共达 27.06 亿美元，对法国的经济重建起到了“输血”作用。经过一段时间的休养生息，欧洲经济逐渐恢复到战前水平。1950 至 1958 年，国民生产总值达到年平均增长 4.3%。在此情况下，法国垄断资本谋求通过转向西欧市场，逐渐摆脱美国的控制，恢复大国地位。1958 至 1973 年，法国经济得到空前迅速发展，国民生产总值年平均增长率达到 5.8%，高于西德，在主要资本主义国家中仅次于日本。在法国经济高速发展阶段，欧洲经济共同体的建立又为法国日益增多的工农业产品开辟了一个广阔的市场。科研经费的增长，有力支撑各类科研创新的进行，为 Cyclades 项目的成功上马提供可能。

其三，团队文化促成 Cyclades 的立项。

路易斯·普赞加入 IRIA 之前，就在计算机领域积攒了丰富的经历和研究经验。在负责该项目期间，普赞多次赴美国学习有关阿帕网的相关计算机网络知识。自 1971 年 1 月起，通过在报纸上刊登招聘广告，以及吸收曾经的合作伙伴，普赞初步建立了 Cyclades 项目团队。随后 Gérard Le Lann 和 Hubert Zimmermann 加入了普赞团队。前者曾经在欧洲核研究组织

（CERN）从事数据收集工作，研究侧重计算本身，并同其他美国同行有积极互动；后者则在 1972 年前一直在法国军方从事研究活动，具有数据处理才能。为适应 Cyclades 项目不断扩展的功能，即能够容纳不同类型的计算机终端，并在整个欧洲建立强大的技术联盟，普赞团队先后吸收了来自黎巴嫩的自动雷达安装研究员 Najah Naffah，以及在 IRIA 的计算机中心担任系统工程师的 Michel Gien。70 年代中期，在普赞带领下的 Cyclades 研究团队囊括了不同学科的顶尖人才，这些拥有不同文化背景的年轻研究员之间的协作富于集体和乐观的精神，他们对开创性的研究具有敏锐的触觉，该项目团队规模虽小但效率极高。这种“牛仔”文化下的普赞团队，与其说是不羁的，不如说是渴望摆脱官僚主义束缚，自由发挥才能的团队，这样的团队文化刺激了成员的创新思维，取得了超乎预期的成果。

二、制约 CYCLADES 项目推进的社会因素

19 世纪 60 年代以来，科研项目中的国际因素越来越被人们所重视。Cyclades 项目诞生于美国阿帕网的刺激之下，进行紧密的国际合作是 Cyclades 初期开发的一大特点。尽管开局良好，阿帕网与 Cyclades 随后的合作却遇到了技术上的壁垒。双方的工程师在合作中发现，二者的链接凸显了异质网络的沟通互联问题。与此同时，在法国本土开展大规模的计算机网络研究表现得困难重重。加之科研经费有限，投入过于分散，计算机网络研究发展迟缓。法国自 1971 年开始开展一系列研究活动，然而直至 1975 年，也只是提出了将不同类型的数据库用户连接起来这一笼统的目标。究其原因，技术之外的社会因素大大阻碍了 Cyclades 的发展。

其一，美国霸权拓展的威胁（政治因素）。

首先是法国政治家及科学界人士考虑美国霸权拓展的威胁，拒绝了阿帕网和 Cyclades 的物理连接。尽管阿帕网和 Cyclades 工程师之间的实际合作是富有成效的，提出的统一传输协议的想法也符合普赞最初的思路。然而，从 Cyclades 到阿帕网的直接连接成本估价为 1300 万法郎，其中大部分的成本预计将用于所需的跨大西洋电信基础设施。这样高昂的成本，难以说服当时的计算机科学代表团，更重要的是，从政治上考虑，这样的连接有助于美国的霸权拓展，对法国是极其危险的，一旦建立跨大西洋电

信基础设施，美国就有可能凭借网络技术体系实现霸权在欧洲的拓展。实际上，法国对美国的戒备由来已久。从核武器到作为储币的美元，美国将自己的利益凌驾于西方联盟中其他国家利益之上。因而，法国决心发展自己的核武器，并与联邦德国签订了一份象征性协议，表达转向欧洲的决心。

其二，经费紧缺（经济因素）。

经费问题也是 Cyclades 项目进展缓慢的原因之一。尽管法国各经济部门用于国内外进行的研究与发展工作的全国科研经费已由 1966 年的 110 亿法郎增长到 1976 年的 297 亿法郎，实际总额以每年 2.8% 的态势增长，至 1975 年，法国国家科研经费 63.5% 投入航空部门，电子和电讯部门占 21%，而其中信息科学的投资只有 2.582 亿法郎，仅占电子部门的四分之一。由于 Cyclades 启动于法国第六个社会经济发展计划期间（1971—1975），这一时期的主要内容是把国家的工业化和解决由经济的大幅度增长所产生的社会经济性质的问题作为重点。除了前文所说的网络电信基础设施的费用高昂之外，Cyclades 一开始的技术前景并不明显，未能引起法国政府的足够重视。其后，Cyclades 在国际网络工作组（INWG）上遭遇投票的失利，使得经费更加紧缩。由于 Cyclades 和阿帕网迟迟未能解决合成问题，投票结果是 25.8 票赞成，7.5 票反对，8.7 票弃权（由于投票权来源于地区机构而非个人，因此出现不是整数的投票结果）。Cyclades 在这次国际会议上投票的失利，也使法国政府减少了对 Cyclades 的投资。

其三，国内科研环境制约（科研环境因素）。

与同时期的美国相比，大相径庭的国内研究环境决定了法国缺乏颠覆性创新的土壤。二战后美国逐渐形成了一套相对完整的国家创新体系，在技术的发明、传播和商业化中扮演着重要的角色。实际上，TCP 协议最终占据主导地位，并非因为其拥有明显的技术优势，更多的是因为美国国内企业慷慨的资金赞助，以及相对独立于美国政坛的研究机制。反观 Cyclades 在法国的受挫，与法国当时的科研环境有着千丝万缕的联系。二战后，整个欧洲满目疮痍，法国经济破坏殆尽，法国迫切希望重塑其在欧洲乃至世界的辉煌。自戴高乐时期开始，法国科技创新逐渐转向紧贴当前经济发展的方向，一些不能确保快速转化为商业应用的技术，受到了制约。在国家过多干预科研的情况下，普赞及其团队要享受到科研的自主权，同当时欧洲其他国家一样，想要在政治真空下发展自己的协议是不可能的。

三、决定 CYCLADES 下马的社会因素

普赞在 Cyclades 上的成就远远超出了技术的预期，也远远超过了法国工业政策制定者的政治期望。尽管 Cyclades 在 20 世纪 70 年代曾经强势发展，并启发了欧洲乃至世界开放互联系统的理念，该项目还是在 1979 年终止了。表面上看，它的终止原因在于法国政府将预算投入其他信息基础设施机构，而停止了 Cyclades 的项目预算。然而，Cyclades 的终止不仅仅是因为对手 PTT 更强大，更大的原因在于当时的法国总统吉斯卡尔·德斯坦治下的政治经济力量。

其一，与法国电信工程师的内部分歧。

出于对多样性的尊重，Cyclades 的设计倾向于多方合作，然而这种合作也带来了一些意想不到的后果。当时，法国电信的工程师正在开发一个基于分组交换的 RCP 网络，法国政府希望两个公共研究项目能够紧密合作。于是，1972 年电信通讯局负责人和计算机科学代表团代表达成 CNET（法国电信管理局的研究机构）和 IRIA 互补的合作目标，法国政府以此为Cyclades 项目提供三年的免费线路和调制解调器。在这样的良好开端下，RCP 项目和 Cyclades 项目的合作实际上却困难重重。普赞指派 Cyclades 的工程师前往 RCP 帮助建设网络，但在一起工作了一段时间之后，两个项目的工程师发现彼此的理念不合。RCP 与 Cyclades 凝聚着不同的社会价值和设计选择，方法并不兼容。

其二，来自国际计算机行业制造商的阻力。

普赞和他的团队并不赞同虚电路的设计，认为虚拟电路是一项面向垄断传统的电信发明。他们的计算机背景使他们不拘泥于信息交流的确定性模式，普赞提出了“数据报”的设计，数据报的本质是无连接的，发送者和接收者之间并没有建立固定联系。这一设计不同于 RCP 和阿帕网所应用的传统电信网络。基于“数据报”设计的网络，将更加依赖于计算机终端不断增加的复杂性和处理能力，降低了网络对数据包预设路径的复杂昂贵设备的需求，同时又使不同网络间的链接更为容易，这一理念拓展了当时的人们对网络的认知。这种“开放式”的网络需要联合世界上的其他计算机来集成网络。

普赞的“数据报”设计严重威胁到国际计算机行业制造商，在这之前，

制造商开发的专有架构仅供自己公司的计算机进行链接。Cyclades 为网络互联提供了一种新的思路，启发了网络领域内的观念转变，打乱了由 IBM 主导的计算机行业市场和其集中式计算的愿景。

其三，领导人的技术背景和选择偏好。

政府换届和总统吉斯卡尔·德斯坦的上台，加速了 Cyclades 的终结。1958 年至 1969 年，戴高乐统治时期，法国开始其现代化进程，但是这种带有半独裁式的“戴高乐主义”导致民众抗议等一系列混乱现象的出现。1970 年戴高乐去世，右翼失去了戴高乐本人的光环。而由于 60 年代社会和文化转型的影响，左翼再也不能依靠无产阶级的集体选择。1974 年的选举中，中右翼领导人德斯坦获胜。德斯坦上台后，任命雅克·希拉克为总理。德斯坦其人自从政起就担任法国财政相关部门的职务，而希拉克更是一直从事政治活动，缺乏相应的技术教育背景。1977 年 4 月起，法国科学技术研究政策转由总理及其办公处统一协调，更加快了 Cyclades 终结的步伐。

数据报的设计最终在美国的 Internet 上实现了，法国本可以选择 Cyclades 及其数据报处理方式，却选择了 Transpac 和 Minitel，错失了互联网的巨大成就。尽管 Cyclades 表现出技术上的创新，法国电信管理局却认为该网络没有前景，于是集中所有资源投入 Transpac 网络。这一网络虽然专用于数据交换，但更像传统电话网络，容易增加税收，既能维持现有的商业模式和客户需求，而且更加贴近法国政府当时的战略和经济目标。Transpac 也的确成功了，在 20 世纪 90 年代仍拥有 600 万用户，而 Minitel 因其安全性和稳定性被许多用户所喜爱，直至 2012 年 6 月由于运行费用昂贵、技术落后等原因才被互联网完全取代，最终退出了历史舞台。

四、Internet 实现背后的社会因素

法国的战略性失误导致普赞没有成为那个最终发明互联网的人，1979 年 Cylades 项目终止，随后一年，普赞被交流到 CNET，随行的还有齐默尔曼和 Gien，团队的其他人也纷纷成为法国重要战略试点项目的主要系统工程师。不可否认的是，Cyclades 有着超出其实际存在的影响力。它使法国国内的网络研究形成竞争，并为国际互联网络项目贡献了宝贵的思想和经验。这些贡献当时并没有为普赞和 Cyclades 团队赢得显著的关注，直到

20 世纪 90 年代互联网席卷全球，普赞的理念才得到广泛认可。

与 Cyclades 相比，Internet 这个幸运儿背靠阿帕网，拥有持久雄厚的资金支持，后者链接规模更大，涵盖了政府组织，高等院校还有研究中心。根据 NRCCST（国家计算机及通信研究中心）的报告，美国政府在 1976 年至 1995 年期间，对计算机科学的投资增长 5 倍，从 1 亿 9 千万美元增长到 10 亿美元。在互联网发展的初级阶段，与联邦国防有关联的研究基金对于以研究人员和机构为依托的研发基础的奠定起到了关键性的作用。与欧洲几个国家相比，由公共基金赞助的美国研发项目及其部署的数据网络的范围远超同时期的英国和法国。美国 BBN 公司的麦肯齐在后来回忆时认为，“DARPA 拥有比其他任何研究机构更庞大的研究预算，它选择的协议随着时间的推移占据了主导地位。”

此外，美国在 Internet 的诞生、推广，以及商业化过程中扮演着如此重要的角色，很大原因得益于其 1945 年后期的国家创新体系。在美国，国防资金常用于扶持如 BBN 这样的小公司，这一政策鼓励了许多新生代企业进入网络行业，促进了网络研究项目的竞争和创新。不同于法国的 Transpac 和 Minital 项目，美国的 R&D（即研究与开发）项目对于特定的商业应用持中立态度，尽量避免偏向于特定的产业、技术或供应商。R&D 项目大大提升了美国的科研能力，培育了一批研究机构和大把科学家。美国国防部（DoD）不急于将项目成果商业化，而研发资金也并不是由任何一个中心机构协调的，而是由几个机构分配，在技术不稳定的情况下，多样性和多元化的项目结构更为有益。同一时期，除了 DARPA、NASA 和 DoE 也在进行自己的网络研究。

值得一提的是，DoD 在选择 TCP/IP 成为互联网的核心上，扮演着重要的角色。TCP/IP 是 DoD 资助的项目，而负责技术选择的专家恰恰与 DoD 相关。除了支持互联网的相关研发，美国政府还通过监管、反垄断及知识产权等方面的政策影响互联网的发展和普及。这些涉及范围广泛的政策形成的整体，促进了互联网设施、服务和内容的快速商业化。正因为这种创新体系，TCP/IP 协议这种没有立即体现商业价值的研究才得以蓬勃发展，使得 Internet 在与法国等欧洲国家的网络研究竞争中脱颖而出。Cyclades 最终成为“追风筝的人”，湮灭在互联网的巨大成功之中。

（赖燕茹、石海明）

三、环球军情

每一个不同的大文化单位，皆有其对世界史的特殊描绘。

——施宾格勒

象征政治：美国载人航天商业化的文化载荷

2018年2月7日凌晨，美国私营的“太空探索技术公司”（SpaceX）发射了一枚远超世界所有现役火箭运载能力的“猎鹰重型”火箭，将一辆红色“特斯拉”跑车送入太空，并成功回收了两枚助推器。“猎鹰重型”火箭是SpaceX公司“猎鹰”火箭家族的一员，它和该公司的“龙”系列载人飞船一起，挤进了传统上由国家和大型军工集团垄断的载人航天市场，成为商业航天领域的耀眼新星。

“猎鹰重型”火箭的新成就引起世界舆论的关注和中国网民的热议。网友“耿直哥”在《环球时报》发表了网文《在中国人都在睡觉时，美国人完成一项远远把中国抛离的壮举》。“我们国家不仅目前根本没有这种量级的火箭，而且我们距离造出这种量级载荷的火箭还要大概10年之久——更重要的是，我们国家要拼命追赶的居然还是美国的一家私人企业”。“耿直哥”的述评道出了一种萦绕在许多中国人心头的民族自豪感幻灭感觉。这种感觉，或许正是美国运用技术成就建构政治象征，实施软实力战略的切中之意。

一、政治象征是载人航天社会文化价值的核心所在

早在人类进入航天时代之初，美苏两国的政治家们就深谙航天竞赛的实质是赢得人心而非征服太空。20世纪50年代末60年代初，苏联集中有限资源发展航天事业，给新独立的第三世界国家留下了深刻印象：苏联在航天领域的领先意味着它有最好的武器和技术，由此，可以说它是最优越的社会。1957年10月4日，苏联成功发射了人类第一颗卫星“Sputnik-1”，并在新闻公告中指出：“人造地球卫星将为太空旅行开辟道路，现在这一代人将目睹在新的社会主义社会里，自由而有主见的劳动人民怎样将人类最大胆的梦想变为现实。”12天后，美国的尼克松副总统在旧金山就苏联

的太空挑战发表讲话指出："卫星项目上轰动一时的成功正被当成是共产主义体系优越性的证据，它所带来的威胁最终在于共产主义向亚洲和非洲的渗透。"

航天竞赛进入载人航天回合后，政治象征意味更加突出。与无人的空间科学和空间应用项目相比，除了技术难度更高外，载人航天的独有魅力是人本身所带来的：只有人才有勇气、毅力、忠诚等品格，宇航员则承载了这些品格，既是中心人物，又是象征，可以发挥极好的宣传作用。正因为如此，在首次实现载人太空之旅和登月壮举之后，苏联为加加林、美国为"阿波罗"11 号机组人员组织了全球巡回访问，有效传达两个国家的软、硬实力。

"阿波罗"计划在象征政治方面的内在矛盾妨碍了美国载人航天的社会支持和长远发展。美国通过"阿波罗"计划在登月竞赛中击败苏联，增强了国民的制度和文化自信，极大提高了国家威望和形象。然而，"阿波罗"工程运行中形成的强调政府主导、总体规划、严格计划和组织的运行模式，与崇尚自由市场和个人奋斗的美国社会文化存在内在的矛盾，而在很大程度上接近苏联体制。从象征政治的角度看，这意味着美国为了在载人登月竞赛中战胜苏联而采用了苏联模式，从而招致自由主义者们的诟病。

二、美国载人航天商业化承载的政治象征功能

后阿波罗时代，商业化贯穿着美国载人航天的政策议程。"阿波罗"计划结束后，美国的载人航天失去了明确目标，商业化的经济考量成为推动美国载人航天发展转型的重要力量之一。通过发射商业卫星、开展卫星在轨维修等业务获得利润是 1970 至 1971 年间航天飞机项目可行性论证中的核心理由。在"实用化"运营早期，美国政府通过巨额补贴使航天飞机迅速垄断美国商业发射市场。"挑战者"号事件后，里根总统于 1986 年 8 月发表声明，宣布航天飞机退出商业发射市场，期望"拥有创造性和成本效率优势的私营部门将在美国的航天事业中扮演越来越重要的角色"。自 1996 年起，航天飞机日常维护管理被外包给一家名为联合太空联盟（United Space Alliance）的商业公司。2004 年，小布什总统决定航天飞机在组装完国际空间站后退役，近地轨道的载人航天飞行将由私营部门承担。美国

航空航天局（NASA）从2006开始设立了一系列商业乘员和货物运输项目，资助私营公司发展国际空间站货物补给和乘员运输能力，为此不惜终止NASA自己的“星座”计划，以腾出资金。SpaceX公司正是从这些商业载人航天计划中获得了大量政府资金，掘得成长壮大的“第一桶金”。

载人航天商业化体现了自由主义的传统价值取向。私营公司制造了美国载人航天计划中的所有火箭、飞船、航天飞机等，从这个意义上讲，美国载人航天一开始就是商业化的。不过，在旧有的商业模式下，政府处于支配性的角色，主导着项目的设计、技术方案的选择，承担项目开发的所有成本和风险，作为承包商的私营企业不过是政府意图的执行者。新世纪美国载人航天商业化主张弱化政府管制和干预，确立私营公司的主体地位，实质上是传统自由主义政治思潮在航天政策上的体现。美国航天史与航天政策专家道恩·戴（Dwayne A.Day）在评价美国社会对私营载人航天企业的热情时就指出，“认为私营部门在生产从锤子到飞机的一切物品上都比政府更有效率是美国资本主义的核心信念之一，自里根时代以来尤为如此。”20世纪80年代，通信卫星、地球资源卫星等相继实现了私有私营，90年代航天飞机实现了部分私营，当新生的SpaceX公司进入载人航天这一传统上国家主导、军工巨头垄断的战略高技术领域，并迅速独当一面时，就意味着自由市场资本主义在美国航天领域的全面胜利。

马斯克是“美国梦”社会理想的偶像化。自立国以来，美国人相信，凭借个人的勤奋、勇气、创意和决心，通过不懈奋斗就可以最终获得成功，而无须依赖显赫家世或贵人相助，这一信念被称为“美国梦”。抽象的美国梦需要具体的英雄偶像，马斯克本人的成长经历和个性特征极适于充当这种偶像。马斯克出生于南非，家境平凡，并且童年时父母离异，12岁时就设计出一款太空游戏软件并卖了500美元。此后，马斯克靠着自己的勤奋好学与创新创业热情，通过不懈努力，创办了贝宝（PayPal）、SpaceX这样的明星企业，并担任特斯拉公司的首席执行官，在互联网、太空、清洁能源这三个影响人类未来发展的领域取得了重大成功，上演了一出“丑小鸭”变“白天鹅”的青春励志偶像剧。马斯克不仅是偶像剧的原型，同时也是出色的演员。他与好莱坞的关系密切，在七部电影和电视剧中客串了他自己；他面对媒体侃侃而谈，不断向公众描绘巨大愿景和伟大计划，调动社会热情和随之而来的政策与资金投入。

三、平视美国

“猎鹰重型”火箭的成功体现的是美国航天的整体实力。综观“猎鹰重型”火箭发射成功后的国际反响，可以发现人们关注的重点并非其技术成就，毕竟50年前“阿波罗”计划中的“土星”5号火箭的运载能力就已是它的一倍。人们关注的是它的“私营”属性及其背后的象征意义。然而，如果详细考察“猎鹰重型”火箭项目的技术来源、人才构成、支撑条件和资金投入，我们可以发现，其成功离不开NASA及其承包商的技术和人才转移、美国政府的财政补贴和基础设施支援，是以美国航天60年的积累为前提的，绝非SpaceX凭一己之力可以实现。“猎鹰重型”火箭的成功体现出的美国航天整体实力，为我们找准差距、迎头赶上提供了参照。

中国载人航天事业的成就，充分展示了伟大的中国道路、中国精神、中国力量。1969年美国人登上月球时，中国的第一颗卫星还在厂房里。1992年党中央做出实施载人航天工程重大战略决策以来，航天战线的同志们秉持航天报国的理想和追求，走出了一条自力更生、自主创新的发展道路，顺利走完了载人航天“三步走”战略的前两步，取得了举世瞩目的伟大成就，与美、俄（苏）的差距也从“望尘莫及”缩短到“望其项背”，一些领域已能并驾齐驱甚至局部超越。在取得辉煌成果的同时，中国航天人还铸就了特别能吃苦、特别能战斗、特别能攻关、特别能奉献的载人航天精神。这是以爱国主义为核心的伟大民族精神和以改革创新为核心的时代精神的生动体现，是我们党、国家、军队和人民的宝贵精神财富。

中国载人航天事业的可持续发展需要坚持以我为主，勇于自主创新。1956年10月中国第一个导弹火箭研究机构国防部五院成立时，毛泽东主席、周恩来总理批准的建院方针是“自力更生为主，力争外援和利用资本主义国家已有的科学成果”。“自力更生”从一开始就是中国航天科技发展与政策制定的基调，也是中国航天迅速成长崛起的法宝。载人航天是社会瞩目度高、情感象征意蕴强的战略高技术领域，随着中国载人航天由跟跑阶段向并跑、领跑阶段的转变，可供模仿的技术、可供借鉴的经验将越来越少，必须在“自力更生”的基础上更加注重技术、管理和发展模式等领域的自主创新，探索出一条符合我国国情民意、可持续的载人航天发展之路。

（黄嘉、石海明）

大战略观：评判美军伊拉克战争胜败的另一标尺

2010年9月1日，美国副总统拜登、国防部长盖茨及美军参联会主席马伦在巴格达，出席了指挥权交接仪式，为伊拉克战争正式画上了句号。按奥巴马政府拟订的撤军路线图，在本次交接之后，驻伊美军人数将降至5万以下，并于2011年底前完成全部撤军任务。对此，近日海外媒体纷纷报道称，“撤军宣告了美军的失败”“美军体面地输掉了战争”等，国内一些媒体也跟进报道此类观点，一时间，伊拉克战争“美军失败论”大行其道。然而，冷静想想，难道撤军真的就标志着美国完全输掉这场战争了吗？在战争早已不是军方自留地的今天，单纯从军事角度评判一场战争的胜败是否有点狭隘呢？事实上，倘若我们回溯到七年前布什政府开战的真实动因，就不难发现，评判这场战争的胜败需要一种“大战略观”。

一、战争机器开动

话说“9•11”之后，面对世贸大楼、五角大楼遭受的恐怖袭击，一股既恐惧又愤怒的情绪弥漫在美国公众心头，布什政府开始寻找借口，筹划出兵伊拉克以“替天行道”。2005年5月，《唐宁街备忘录》曝光了这一决策过程。原来在伊拉克战争前，美国就开始操控舆论，先是借助强势媒体，对萨达姆的形象进行建构，将其符号化为残暴的代言人，威胁全球的标签。尔后，美国政府又公开指责伊拉克拥有“大规模杀伤性武器”，如2002年10月，布什在辛辛那提发表演讲，宣称伊拉克拥有越来越多可在大范围散布生化武器的飞机。时任副总统切尼也说：“在某一天的战争中，我们可能失去的不是数千人，而是数万人，甚至数十万人的生命。”国家安全顾问赖斯甚至描绘了蘑菇云笼罩美国城市的恐怖幻象，与切尼的断言遥相呼应。

上述编织的借口在铺天盖地的宣传下，还真蒙蔽了不少人，甚至包括美国公众。如在2003年2月，一项盖洛普民意调查显示，55%的美国人“肯定”伊拉克拥有制造大规模杀伤性武器的设施，另有38%的人则认为“可能有”。于是，2003年3月17日，布什向萨达姆发出了最后通牒，限其在48小时内离开伊拉克，否则就开战。3月19日，美国第一次针对萨达姆的“斩首行动”未奏效。3月20日，美军大规模开进了伊拉克。12月13日，萨达姆在其家乡提克里特南面的一个地洞被美军俘获。2006年12月30日，萨达姆被执行绞刑。

萨达姆消失了，但对于所谓的“大规模杀伤性武器”，武器核查小组在进行了耗时16个月、耗资9亿美元的调查后，却于2004年宣布伊拉克早于1991年就在联合国监督下销毁了所有核生化武器。同年，美国60位顶尖科学家（包括23位诺贝尔奖获得者）及前政府官员，也签署了一项声明，提及布什政府在伊拉克战争之前不顾利弗莫尔、洛斯阿拉莫斯及橡树岭国家实验室专家们与之相反的评估，毫无根据地声称伊拉克拥有大规模杀伤性武器。至此，布什于2002年1月29日在白宫发表《国情咨文》演讲时所宣称的——萨达姆政权支持恐怖分子且拥有大规模杀伤性武器——不攻自破。接下来，美国开始转为宣称“开战旨在推翻萨达姆的独裁统治，还伊拉克人民以自由幸福。”这一美妙的承诺是否兑现了呢？七年之后，美军到底留给了伊拉克人民什么呢？

二、战争留给了伊拉克什么？

2010年6月19日，伊拉克南部城市巴士拉的数千名群众聚集在省府大楼前，抬着黑布包裹的棺材冲击政府大楼，抗议在高达50摄氏度的炎炎夏日里饱受停电之苦。两天之后的6月21日，伊拉克南部纳西里耶市再次爆发抗议活动。人们不禁要问，这个曾经的产油大国，怎么会变成了“缺油”大国，导致民众只能忍受没有空调的酷暑呢？原来，正是战争的破坏以及其后无休止的国内暴力冲突，导致伊拉克市政电力基础设施被破坏殆尽，部分老爷发电机停停转转，加上炼油设备匮乏，根本无力保障伊拉克的电力供应。

另据美国学者戴维•S•梅森在《美国世纪的终结》一书中的研究，伊拉克内政部和移民局早在2007年就统计出，自2003年以来几乎三分之一的教授、医生、药剂师和工程师已逃往国外，数百名学生及教授被杀害或遭绑架，伊拉克的大学几近瘫痪。特别是医学界灾难深重，2250名医生被谋杀或绑架，另有12000名已逃离该国。仅到2007年初，战争就造成200多万伊拉克人逃离该国，170万人成为“国内流离失所者”。这种大规模的出走，是中东地区自1948年以色列建国造成混乱以来最大的难民危机，它加剧了伊拉克国内的混乱状况，严重威胁到中东地区的稳定。此外，无穷无尽的教派冲突、没完没了的汽车炸弹，使伊拉克精神病院也人满为患，战争留给了伊拉克人民深深的伤痛。

至此，全世界人们看到的已不再是那个高举火炬、和蔼可亲的自由女神，而是一个高举导弹、霸气逼人的美国大兵。饱受战争之苦的伊拉克则揭开了美国开动战争机器的真实动因，它就是石油。对此，学者安东尼娅·朱哈斯在《石油黑幕》一书中给予了详尽披露。的确，倘若我们将小布什政府在全球建立的军事基地、设施及部署印刻到地图上，即将惊奇地发现它们都直接追随油田所在地或石油运输的线路。对此，连美联储前主席格林斯潘都在2007年说：“伊拉克战争基本上就是石油战争，每个人都清楚这一点，只是政治上不便于承认罢了，我对此感到难过。”此外，美国伊拉克战争总指挥部退役将领约翰·阿比扎伊德也曾说：“伊拉克战争当然是为了石油。”对石油这一“黑蛋糕”，美国可谓觊觎了许久，一直苦于没有借口，直到“9•11”事件发生，美国迅速将伊拉克战争纳入了一个大战略之中。

三、大战略透视美军用兵

就在“9•11”事件发生后不久，美国联邦调查局就声称，劫机犯来自“基地”组织，而策划者则是本·拉登。尔后，美军开始迅速调整战略部署。一方面，针对恐怖分子的袭击策略，成立了“国土安全部”以加强威胁应对；另一方面，乘机在全球范围内掀起了“反恐”浪潮，迅速向战略要地挺进，单是在油气资源丰富的国家附近，就增建了13个军事基地。而伊拉克战争所指向的地方只是这一大战略棋盘中一枚棋子而已。

就在美军顺利实现了其大战略部署之后，近年来，美国的军事霸权主义作风却日益受到国际社会的普遍谴责，如英国YouGov公司于2009年6

月26日至28日通过网络对1962名英国成年公众进行的一项民意调查显示:关于伊拉克战争，67%的受访者认为，驻伊美军在伊拉克不得人心；54%的受访者则认为，驻伊美军不会给伊拉克民众带来所谓的民主。显然，美国“正义化身”的国际形象，因其在全球不断扩张军力、进行伪善干涉而遭严重毁容。

此外，截至2010年8月16日，在过去的7年零5个月里，4415名美国军人丧生伊拉克，约3.2万人战斗受伤。而且，在伊拉克的持续军事存在也给美国带来了巨大经济负担。按诺贝尔经济学奖得主斯蒂格利茨在其新书《3万亿美元的战争》中的研究，这场战争的费用将高达3万亿美元。倘若再考虑到美国在阿富汗战场陷入的僵局，我们即可明白，伊拉克战场早已成了美国“烫手的山芋”，进行必要的战略收缩，尽快撤军已在情理之中，因为它完全符合美国的大战略考量。

而今，美军走了，尽管在其挥挥手离开的身影背后，是绞刑架下的萨达姆，是4415条美军生命，是10万伊拉克平民尸骨，是一个失信的美国，是一个乱象丛生的中东。但扶植起一个亲美的伊拉克政权以确保美国实现对石油的掌控，不正是美国曾经孜孜以求而且通过战争也已达到了的目的吗？由此看来，单纯从军事角度将此番撤军评判为美军“彻底失败”是否略有不妥呢？大战略观不正是评判美军伊拉克战争胜败的另一把标尺吗？

“十年反恐”留下的军事遗产

2001 年 9 月 11 日早晨 8 时 40 分，4 架美国民航飞机几乎被同时劫持，其中两架撞击位于纽约的世贸中心，造成两幢 110 层的摩天大楼倒塌，另有一架飞机撞击了五角大楼，造成了大楼局部坍塌，还有一架被劫持的飞机在宾夕法尼亚州坠毁。这就是震惊世界的“9•11”事件。它是继二战期间“珍珠港”事件之后，美国本土遭受的最严重袭击，共造成 3000 余人命归黄泉，同时也对美国国家心灵给予了深深的震慑。于是，十年来，美国在全球范围内掀起了一轮又一轮反恐战争浪潮，大有把恐怖主义分子彻底剿灭之势。抛开国际大政治博弈，单单从军事的角度而言，“十年反恐”给人们展示了战争面孔的变化，包括日趋模糊的边界，渐次隐退的战士，以及充满争议的目的。

一、模糊的边界

相比较于现代反恐战争，在传统的自然中心战时期，战争规模普遍有限，这一方面是由于资源的制约，如钢铁之类的兵器材料造价昂贵，又依靠手工生产，产量十分有限，从而制约了战争规模的扩大；另一方面也源于战争时空的受限，自然中心战时期的交战时间很短，像鄢陵之战这样有名的大战，也是“旦而战，见星未已”，只进行了一天而已。同时，自然中心战主要使用的是陆战与海战两维平面作战样式。士兵使用的主要是刀、枪、剑、戟等短兵相接的格斗兵器和箭、弩等不超出视距的远射兵器，只能在明确的狭小空间内进行战斗。阵式作战则是当时最常见的作战样式，其受地形、地理与空间的限制都很大。在两军对阵之时，参战人员有限，战场地域有限，再加上军队运动缓慢，战斗区间更显封闭。因此，自然中心战在时间和空间上的有限性也决定了战争规模的有限性。

随后出现的机器中心战所经历的时间虽然远远短于自然中心战，却发展迅速，在人类战争史上留下了深深的烙痕。除军队分工专业化及军事组织等级化之外，战争规模也呈扩大化趋势。据统计，19 世纪的历次战争消耗了交战国平均国民收入的 8%—14%。第一次世界大战期间，由于飞机、机关枪、摩托化重型炮、坦克等新式武器的出现，导致运用于战争的物质资源需求量大为增加，仅在 1914 年至 1918 年的战争高潮中，每天消耗弹药量就超过了整个普法战争的消耗总量，共 30 个国家参加，卷入人口共 13 亿，所有参战国家的直接战争费用和战争造成的损失达 3400 多亿美元，死亡人数约 1700 万人。第二次世界大战中，步兵武器的弹药发射量与第一次世界大战相比又增加了 12 倍，火炮的弹药发射量增加了 4 倍，坦克的弹药发射量增加了 44 倍。大战还消耗了交战国平均国民收入的 60%—70%，卷入这场战争的国家和地区有 80 多个，其中参战国 61 个，有 20 亿以上的人口被卷入战争，军民死亡 5120 余万人，直接军费开支 11170 亿美元，经济损失 4 万亿美元。显然，此时的人类战争规模已达到了登峰造极的地步，也突显出当时战争的独特规模效应和军事文化特征。

然而，今天的反恐战争，边界却日趋模糊，却并没有固定的规模，如“9•11”事件发生后，美国举全国之力紧急应对，反恐上升到了国家战略高度，似乎战争的规模已极为扩大化，但从具体的清剿恐怖分子的作战来看，战争的规模似乎又呈缩小化趋势，无论是作战对象，作战方式，抑或作战时空，特别是由于大量运用无人化武器装备，战争规模更加显得不好界定，边界逐渐模糊化。

二、隐退的战士

在传统的战争中，都是活生生的战士在有固定边界的前线对阵厮杀，然而，在今天美国对“基地”组织的反恐战争中，大量运用的无人机，却标示着战争面孔正在改变。据美国华盛顿一家战略思想库的研究报告显示，在布什时代率先使用的无人机，在奥巴马执政时期迅速扩大了规模，具体而言，奥巴马同意使用无人机发动袭击的次数四倍于布什，通过“定点清除”，共造成了多达 1800 名恐怖分子毙命，包括在战区和其他地方活动的恐怖分子。

美国要在全球范围内维持其世界警察的地位，自然需要一个强大的军事力量作为后盾。作为未来战争中扮演主角的无人机，由于其具有机动性强，生产维护成本低和作战效费比高等特点，因此，美军一直企图在无人机领域把其他国家远远甩在身后。4年前，当“掠夺者”号无人侦察机用“地狱火”导弹成功炸死了包括阿布·哈里斯在内的6名“基地”恐怖分子之后，美军更是坚定了使用无人机打击全球恐怖分子的决心。

当然，无人化武器装备应用于反恐作战，也带来其他一些战争问题，特别是无人机误炸平民的事情就时有发生。如自2008年起，美军无人机在巴基斯坦境内打死的850多名所谓恐怖分子中，只有14人是高级指挥官，约20人是中级指挥官，其余的都是普通战斗队员，他们的身份是战士还是平民，许多时候往往很难界定。对此，据巴基斯坦官方评估，每打死一名战斗队员就有25名平民丧生。这显然导致了巴基斯坦西北部居民反美情绪的滋生与蔓延，部分人员甚至拿起武器，站到了“塔利班”“基地”组织和其他极端组织一边，成了新的所谓反恐战争的对象。

此外，在伊拉克及阿富汗战场上，美军也尝到了使用无人机的甜头。虽然“全球鹰”只执行了大约3%的侦察任务，但它却获得了55%的对敌防空系统的重要即时目标资料，同时小型无人机还可使地面部队远离敌方，大大减少了美陆军在作战中的伤亡数量。总之，无人机在跟踪武装分子、挫败路边炸弹袭击、保护车队和发射导弹攻击中发挥出了越来越重要的作用，战士的隐退正在改变传统战争的面孔。

三、争议的目的

早在2001年7月，美国国防部长唐纳德·拉姆斯菲尔德就将同时打赢两场重大地区战争排除在了五角大楼的规划重点之外，而将本土防御置于更重要的战略地位。这一思想很快在2001年9月得到了提升。在“9•11”事件发生后不久，美国联邦调查局就声称，劫机犯来自“基地”组织，而策划者则是“基地”组织首脑本·拉登。于是，美军在“9•11”恐怖袭击事件发生后，迅速开始了战略调整与应对。如在油气资源丰富的国家附近，至少增建了13个新的军事基地。而这些行为自然引发了有关反恐战争目的的争议，到底是为了消灭恐怖主义，还是背后隐藏着更大战略布局。

自从1991年苏联解体后，美国成了世界上唯一的超级军事强国。今日的俄罗斯虽然拥有与美国相当的核武器，但其陆、海、空军在设备和训练上远不如美国。美国一超独大的世界军事地位是人类有史以来前所未有的情势，没有任何国家试图在军事上挑战美国的霸权。然而，2001 年 9 月 11 日，恐怖分子用在空中劫持的美国民用飞机摧毁了纽约国际贸易大楼，并撞击了首都华盛顿的国防部五角大楼，这使美国感到极大震惊，很快就做出了战略反应：一方面，针对恐怖分子的袭击策略，美国国防组织和策略加快转型以应付新的威胁，成立了“国土安全部”，并对美军的组织、训练、装备和驻地加以调整。另一方面，乘机在全球范围内掀起了“反恐”浪潮，并借机迅速向世界战略要地挺进，对俄罗斯形成了巨大的战略压力。

20 世纪的地缘战略大师，英国地理学家麦金德，于 1904 年在伦敦皇家地理学会上宣读了《历史的地理枢纽》一文，关于全球政治地理割据的“心脏”学说，从此问世。麦金德认为，世界的“心脏地带”就是欧亚大陆中心区域。用后来传遍全球的一段名言阐述就是，“谁控制了东欧，谁就控制了心脏地带；谁控制了心脏地带，谁就能主宰世界岛；谁控制了世界岛，谁就控制了全世界。”

的确，2001 年的“9•11”恐怖事件，给了美国一个继续重组中亚实力平衡的机会，事件发生后，美国在中亚的活动力度进一步加大，加快了在中亚的军事部署，中亚成为反恐的新前线。如塔吉克斯坦勉强同意让美国为了人道主义目的通过其空域。乌兹别克斯坦则允许美国驻扎 1000 名第 10 山地师士兵，允许飞机停靠在坎那巴德空军基地。2002 年 1 月，3000 名美军抵达吉尔吉斯斯坦，增援驻扎在乌兹别克斯坦的美军。此外，美国还得到使用玛纳斯空军基地的军事授权，并与塔吉克斯坦和乌兹别克斯坦签署了使用基地的协议。对于美国借反恐战争之名，在中亚地区的战略渗透，包括俄罗斯在内的诸多国家也有所警觉，自然也引发了有关反恐战争目的的广泛争议。

显然，“9•11”事件，宛若划破夏夜星空的一道闪电，向人们展示了一个变化的世界，“十年反恐”，犹如一面打磨而成的镜子，向人们折射出一个变脸的战争。

英法德三国军事院校改革探析

近年来，英法德三国顺应世界新军事变革发展潮流，结合本国军队改革实际和军队编制体制调整后的军事人才需求，高度重视锻造培养高素质新型军事人才，全力推动军校办学理念重塑与院校教育教学创新，形成了符合本国国情军情的办学特色。

一、坚持以法搞好整体筹划

英法德三国倡导以法治军，各项改革都以法力推，其军事院校教育政策调整亦循法而行。

其一，以法固化领导体制。英法德三国把院校体制编制纳入军事法体系，通过一整套法律法规、条令条例明确军事院校的隶属关系和管理体制。英军事院校分为初级、中级和高级三类，分别隶属各军种和国防部，其《国防改革法案2014》生效后，各军种根据所属院校职能调整，及时修订补充相关条令条例。法高、中级军事院校均为三军合成院校，分别由国防部、三军参谋部和军种参谋部领导。1994年法《国防白皮书》提出跨世纪军事教育设想，法军据此组织院校改革，大致形成“统分结合”和“集中统一”两种领导管理体制。德军事院校分为技术及勤务院校、普通本科院校和指挥院校三类，分别由国防部和各军兵种负责领导，随着德军改革的推进，其军事院校数量又进行了一定程度压缩，各军兵种条令对院校结构和功能也重新进行了界定。

其二，以法确立培养模式。三国议会、国防部、各军种以及相关院校对于军官的培养均制定和颁布了各种规章制度，从法律、政策、人事、条令等方面全方位保障人才培养模式，更重要的是，这些法律法规在各级机构都得到很好的落实和执行。三国军校学员在入学前，都要到相关机构申请，表明自己希望从事何种工作，选择学校和专业，一旦选定，就可能成为终身职业。英布里塔尼亚皇家海军军官学院规定，完成海军军官任职前的岗位培训任务后，可以选择直接到部队任职，或转到皇家军事科学院以及其他地方大学，继续选读自己感兴趣、范围更加广泛的学士学位课程。法陆军规定，陆军军官首先要在部队任职10至12年，而后进入三军防务学院接受培训，毕业后选择走“专业技术”方向或“指挥”方向，分别到部队履行相关职责。德军空军规定，完成一般性基础训练的士兵和学员，可以继续选择岗位训练，之后服九个月义务役，退出现役；或选择空军士官学校士官训练班，成为职业士官；也可选择空军军官学校军官训练班，结业后经过三个月实习，进入联邦国防军大学学习，成绩合格者能够成为职业军官。

其三，以法明晰标准要求。三国认为，军官是社会精英中的精英。因此，军事院校都制定了严格的招收条件和考核标准。学员入学既有军衔的限制和年龄、学历等方面的要求，还要经过严格的入学考试，接受心理、生理和身体等各种测试，以及有关机构的审查。为保证培养质量，学员在学习和训练过程中淘汰的比例也比较高。如英军规定，两次考试或考核不及格立即予以淘汰。法军规定，学员通过考核后才能授予或晋升军衔。同时，三国政府对军校学员的培训业绩在法律上也予以认可。如德政府规定，军校学员通过资格认证考试获得的证书地方必须予以承认。

二、多法并举提高管理质效

英法德军队认为，实施科学管理可以更好地调动和发挥人的主动精神和才能，是提高军校建设质量的有效手段。

其一，突出自主管理。三国军事院校在制定出完善的教学管理制度和相对稳定的教学计划后，具体管理工作大多由学员轮流承担。这样做既减少了教官的工作量，也锻炼了学员的组织领导能力。英“三军联合指挥参谋学院”将日常事务性工作全部赋予学员，并将其管理能力和学习表现直接写入毕业鉴定，从而影响到其未来的提升使用。因此，每一名学员都会努力做好各项工作，充分展现自己的才能。法军院校正常教学时间之外，均由学员自主支配，鼓励学员自学。各院校图书馆、实验室、信息教学室等场所全天开放，学员可以随时进行阅读和实验。德军院校平时教学管理非常严格，但课余时间不采取特别的管理措施，对学员实行自主式管理，周末或节假日都可以回家，在校期间还要安排部分时间外出旅游观光。

其二，强化政治教育。三国军队认为，军官是决定未来战争胜负的关键因素之一，不仅要具有较高的军事素养，更要培养忠诚品质。英军非常重视军官的思想教育，除公共媒体大力宣传外，还通过院校俱乐部发起主题教育，举办各种形式的展览和纪念活动，陶冶和培养军官的品格和人文精神。法军院校将爱国主义教育、军人职业教育和传统教育作为精神教育的主要内容，强调军人要以保卫国家的最高利益“为自己的天职”。德军《军人条例》规定：全体军人必须上“国民课”和“国际法课”，接受信息教育。院校将政治课列入必修课，重点讲解什么是民主，什么是民主化，法律是如何通过的，民主社会中军人的义务，如何评价本国政治格局，政治观点如何形成，作为军人的权利和义务、任务和使命。

其三，实现信息主导。三国认为，院校信息化建设是军队信息化建设的重要前提和基础，因此将在教学和管理中广泛运用信息技术。英军院校所有指示、要求、通知等都在局域网上发布或通过邮箱发给每一名教官和学员，使大家可以随时了解到未来几周甚至更长时间的教学安排，这样学员就可以根据教学计划合理安排自己的时间，避免在规定的教学活动中迟到、请假或无故缺席。法军院校普遍设有自动化教研机构，负责研制自动化教学软件。德军院校设有精干高效的计算机辅助教研组，负责编制通用的计算机辅助教学软件，用于武器装备构造、使用教学以及条令学习和日常管理。同时，利用互联网开展远程教学，使需要培训的人员在不离开岗位甚至远在战区，都能接受培训。

三、结合实际创新教学模式

英法德军事院校根据培训对象和任务不同，积极整合各种资源，着力提高教学的针对性和有效性。

其一，坚持训用结合。三国院校教育以部队需要为目标，坚持学为所用、军地通用。英军院校教育的针对性都很强，要求培养出来的学员在分配到战斗部队之后即能担负起相应的专业工作。各级院校根据部队的实际需要，在人才培养上制定不同的重点和标准，使部队需求与教育内容紧密结合在一起。换而言之，部队需要什么样的人，院校就培养什么样的人。法军院校通过模拟器材和实物器材组织训练，增强学员动手能力和处理实际问题的能力，便于学员加深对理论的理解，能够在毕业之后很快地适应部队工作。德军院校教育把满足部队需求与解决后顾之忧联系起来。各类院校完全按照地方大学的样式、标准和要求办学施教。其空军军官学校的导航与控制专业所用教材、所学内容与民航部门完全一致。

其二，强调优势互补。三国军队认为，军事院校不仅承担着培养军事人才的重任，同时教研实践也对部队建设起到促进作用。英三军联合指挥参谋学院将部队的作战思想、指挥程序作为教研内容的同时，针对发现的现行政策和制度的不足，组织来自不同军种甚至北约盟国的学员进行联合攻关，及时把创新出的新思想和新方法推广部队，强化了专业研究对部队建设和作战的指导性。海军院校还协助海军制定有关战术原则和力量运用计划等。法军军工院校一般都承担一定的军事装备科研任务，定期与部队和装备研发、生产部门互动，保证武器装备的升级换代符合实战需求。德军实行院校教员与部队军官轮换制度，除特殊专业外，一般要求教官三年轮换一次，目的是使教学内容特别是教学思想不至落后。

其三，实行开放办学。三国军队认为，开放办学有利于相互取长补短，便于多军种联合作战的研究，对提高军官素质具有重要意义。英军联合作战训练研究中心经常派人到其他院校教授协同作战问题，军种参谋学院每学期有一段时间在一起上课或进行诸军兵种联合作战训练。各军兵种院校之间、军内外之间甚至盟军之间，经常互派学员、教员进行交流，加强了解。法军院校全部向国内开放，部分院校向外国开放，每年接受3500多名来自70多个国家和地区的外国学员，派遣一定数量学员到外国短期学习。德军规定，飞行员培训有两年至两年半的课程必须在美军院校进行，导弹和防空兵专业的学员也要到美军院校接受后期培训。一些高级军官培训班的学员还必须到北约欧洲司令部实习。

四、着眼实用明确培养标的

英法德军队立足信息化战争需求，着眼新科技、新装备、新战法不断出现，不断深化培养标准和目的。

其一，聚焦“实战化”。三国强调，军事院校不是儒雅式的学堂，军官任职教育的内涵和本质就是贴近实战。英军院校选用的教学案例多以近几年美英联军所经历的战例为主，聘请曾参加或指挥过实战的指挥、参谋人员介绍实践经验，组织学员设身处地去思考和研究可能的军事决策或军事计划。法军院校尽可能地创造机会让学员参加各军兵种实兵演习和域外军事行动，引导学员在总结经验的同时，注重查找问题和分析失败的原因，提高学员寻求最佳作战方案的能力。德军提出，军事院校教育不能和部队作战需要脱节。其空军军官学校、空军技术学校在马其顿、科索沃、阿富汗、波黑等维和部队都设有教学小组，及时把相关信息传送回本土，供教学参考使用。

其二，倡导“创新型”。三国认为，军事院校是智慧型的战场，不能培养用双手操枪弄炮的勇夫，而要培养善于运用大脑运筹帷幄的军事家。因此，都把培训目标定位在提高指挥谋略能力和创新意识上。英军院校制定了一系列旨在培养学员创新意识的规章制度，如围绕实战问题，在教官授课后专门留有足够时间回答学员提问，鼓励学员用自己的新思想挑战教官的观点。德军院校规定学员发表的学术论文必须是自己的所思所想，引用的任何一句话或任何一个观点必须标明出处。这种严谨的学术精神极大鼓励和培养了学员创新求实的学风，确保学员在严格训练中学到真本事。

其三，注重“系统性”。三国为帮助学员增强发展后劲，特别注重对学员进行系统性培养。三国军事院校体系比较完整，每所院校担负整个培养过程的某一阶段或某一专业的培训任务，各院校的训练目的也非常明确，教学计划和教学内容都具有较强的针对性。如，英军初级院校注重培养学员的文化水平，重视基础知识的学习，为下一步学习做好准备；中级院校侧重培养学员的专业能力和联合作战能力；高级院校着重培养学员的战略意识和研究、决策能力。法军院校初级培训分为知识阶段、应用阶段和实习阶段，培训内容包括基本军事知识、战术、体育、教育训练法、行政管理和专业技术以及文化知识等；高级培训分为一级、二级和三级，一级和二级的培训目的是使学员获得司令部工作能力、专业技术知识和指挥诸兵种合同作战的能力，三级培训对象主要是担任高级指挥职务的上校和将官。

美国太空战略向何处去?

在过去50余年间，美国在太空领域获得领先地位，[illegible]确保其经济繁荣及国家安全发挥了重要作用。直至今日，美国的太空[illegible]不仅十分庞大且极具进攻性。然而，由于近年来经济危机的影响，美国[illegible]预算开始削减。那么，在后经济危机时代，美国太空战略到底将走向[illegible]？

一、进攻性太空战略难以为继

早在2006年，深陷伊拉克战争及阿富汗[illegible]潭的小布什政府就公布了《美国国家太空政策》战略报告。[illegible]调美国享有空间绝对自由行动权，有权不让“敌国”进入空间，[illegible]美国在月球、火星以及以外的探测活动，以及为提高空间能力而部署空间武器，拒绝签署任何限制美国空间发展的国际协议。

在小布什政府太空政策的影响下，俄罗斯、欧盟、日本及印度等国纷纷开展了自己的空间计划，并进行太空武器的研发，轰轰烈烈的太空军备竞赛呈一触即发之势。

小布什政府这种打有单边主义、进攻性和冒险性烙印的太空政策，无疑有助于美国夺取未来军事较量的制高点，保障美国的绝对太空优势。但是，这种战略也存在巨大的隐患：其一，太空探测全面开花，经济不堪重负。特别是重返月球计划等不仅耗资巨大，且其中研究载人飞船的“星座工程”也远远落后于预期。为此，美国航空航天局需要大幅增加预算，而这将严重影响其他项目的正常推进，引发连锁反应。其二，进攻性的太空宣言刺激了全球太空武器化的加快，如果爆发太空战，必将产生大量的太空碎片，侵占稀缺宝贵的轨道资源，损坏更多的航天器。

在2008年美国遭遇金融危机风暴打击后，小布什政府的太空政策难以为继，迫切需要改变。随后，2010年6月28日，继任总统奥巴马颁布了新版《美国国家太空政策》战略报告，在保障美国绝对空间优势的前提下，为适应不断削减的国防经费，该报告调整了美国太空战略。就总体而言，其太空战略从小布什政府咄咄逼人的进攻姿态，转变为以开发低成本太空项目提高太空资产的生存能力，依靠小型私人企业和同盟力量的防守态势，并通过制造舆论、限制技术等各种手段，保持其在太空的领先地位。

二、“快速响应空间”计划重获青睐

2011 年 2 月 4 日，美国发布的《国家安全与太空战略》报告，将空间态势感知和基础性情报作为优先发展任务，要求能提高发展、采购、生产、操作及维持太空的能力，从而向各种类型的用户提供及时而准确的太空服务。为此，奥巴马政府开始积极推进“快速响应空间”（ORS）计划，从技术发展和项目制定上，围绕上述首要任务部署计划，并大力削减成本。

“快速响应空间”计划，旨在能于几天或几小时内把卫星发射入轨，或实现空间系统快速修复，主要由小型运载器、小卫星平台、机动快速发射设备等组成。小型运载器以低成本运载器为主，以满足低成本、长期贮存以及快速响应和发射的需要；小卫星平台主要发展能支持多种载荷的通用化、标准化战术平台。快速响应空间技术将大大减少卫星发射系统、小卫星平台和运营设备的研制成本和周期，能够快速实现卫星发射等任务。

早在 2007 年 5 月，美国国防部就在卡特兰空军基地设立了“快速响应空间”计划联合办公室，以加快推进快速响应空间进程，并相继启动实施了以猎鹰（FALCON）为代表的快速响应运载器、以战术卫星（TacSat）为代表的快速响应航天器等重要项目。后续又提出了即插即用（Plug-and-Play）卫星概念，在此基础上发展了快速响应装备卫星。同时着眼于 2030 年快速响应空间技术的发展，在当前计划和技术基础上，提出了 F6 分离模块航天器验证项目。

奥巴马政府执政后，在提出全面禁止太空武器的同时，进一步强化上述太空快速响应能力的发展。具体而言，奥巴马在其国家空间政策中指出，“‘快速响应空间计划’以低成本、更灵活的方式使美国空间系统更加牢固化且不易受攻击，这是保护美国空间资产的有效手段。”奥巴马的讲话突出表明了“快速响应空间计划”在美国政治和经济中战略地位的提升。

与此同时，由美国国防高级研究计划局（DARPA）提出并开始执行的配套计划——“快速、灵活、自由飞行和模块化航天器”计划（F6计划）——在奥巴马政府时期也得到了重视。

F6计划将传统的整体式航天器分解为可组合的分离模块，各分离模块可以快速批量制造和独立发射，在轨运行时通过无线数据连接和无线能量传输，构成一个功能完整的虚拟航天器系统。该系统具备体系重构和功能再定义的能力，能够实现在轨故障修复、功能更换和扩展。这种方式提高了系统执行任务的范围和能力，并降低了费用和风险。模块化航天器无线连接和松散结构能够大大降低系统被摧毁的概率，即使部分模块销毁，也可以通过模块更换的方式快速廉价地进行补充和系统恢复，从而提高空间攻防对抗中的存活能力。模块航天器的批量生产、分离发射入轨和自主组网技术能够大大降低航天器从研制到投入使用的周期和成本，从而大大提高空间任务响应能力。

上述这些新型航天器技术成本低、周期快、技术难度适中的特点，也为小型私营企业进入航天领域提供了契机。

三、“小企业”助推“大航天”

为了降低国防成本，奥巴马政府充分利用商业卫星资源，并积极鼓励小型私营企业进入军事航天领域参与竞争。

例如，当前美国国防部一半以上的卫星通信能力都依靠商业卫星实现。在未来10年内，鉴于军方对通信能力的需求将是目前20千兆每秒的三倍，在国防经费削减的情况下，美国国防部正考虑进一步加强与私营公司的合作。在紧急情况时，军方只需支付一笔费用即可购买商业卫星的优先使用权，或在商业卫星上增加军用载荷。如加载红外敏感器以探测全球弹道导弹发射情况。如果将这些军用敏感器搭载到商用卫星上，军方成本将大大降低。这种“寄生载荷”的方式，也将降低商用卫星公司的成本，受到商业卫星公司的欢迎。

在“快速响应空间计划”和F6计划中，多家小型私营企业也得到了项目合同，并受到美国航空航天局的技术援助。如“快速响应空间计划”中制造运载火箭猎鹰-1（Falcon-1）和猎鹰-9（Falcon-9）的空间探索技术（SpaceX）公司，2012年5月22日，用猎鹰-9将其公司制造的龙飞船顺利送上太空，并与国际空间站成功交会对接。类似于空间探索技术公司等小型私营公司参与竞争，有效打破了由联合发射联盟（ULA）等大公司形成的垄断局面，为进一步降低成本和提升技能形成了良性竞争环境。

当然，随着私营企业同美国军方交互的深入，必然会遇到敏感技术转移的问题。对此，在选择合作的企业或是合作国际盟友方面，奥巴马政府已经做了一系列的要求和限制。

四、“太空行动准则”言不由衷

面对新的形势，奥巴马政府也开始通过制造舆论以建立太空准入规范，维持其空间霸权。奥巴马政府不再强硬地突出“国家安全”，开始着重强调所有太空国家的所谓“责任”问题。如在2010年的《美国国家太空政策》战略报告的引言中提到，“每个国家都有使用和开发太空的权力，但在使用这个权力时必须承担相应的责任。”因此，“美国号召所有国家共同采取负责任的太空行动，确保太空的‘可持续’利用。”另在2011年的《国家安全空间政策》中也指出，“美国将通过一系列措施确保全球太空行动准则的确立和发展。”

虽然奥巴马政府宣称“太空自由”，但其所谓“负责任太空行为”的相关定义显示，其所指的“太空自由”不过是为了确保美国太空霸主地位的幌子。因为，准则的制定以美国及其盟友的利益为中心，只是其独占太空资源制造舆论的工具而已。

总之，奥巴马政府“转攻为守”的太空战略，大力倚重低成本航天项目、私营企业和国际合作来降低军事太空成本，并积极推动建立“负责任太空行为”的所谓准则，依然旨在谋取未来太空霸主地位，未来太空军备竞赛前景仍旧不容乐观。

相比之下，虽然经过多年的技术和经验积累，中国在载人航天、探月工程等项目上都取得了显著的进步，但中国已经反复强调，无论是发展载人飞船还是空间站，都是以和平探索及和平利用太空、服务社会发展、造福人类为长远目标。太空作为独立于各国管辖范围之外的公共领域，中国一直主张所有国家都有平等利用的权力，这些权力理应受到尊重。

危机管理，美国如何应对？

受朝核危机影响，东北亚的天空不时笼罩着一股剑拔弩张的气氛，军事外交、战略威慑及舆论宣传，轮番登台亮相。从中，我们不难窥见美国国际危机管理框架。

早在1988年，国际危机行为项目组（ICB）发表了《20世纪国际危机·外交政策危机手册》研究报告，在对美国1929至1979年间的危机管理活动进行统计研究基础上，系统总结了美国危机管理活动的统计数量、地理分布、持续时间、触发方式、威胁来源及管理技术等方面的规律。该项专题智库研究报告，较早揭开了美国国际危机管理的面纱。这一冷战催生的产物，伴随着国际政治风云不断幻化，如今，早已成为美国确保其国家安全利益的“护身符”。

一、冷战催生的国际危机管理

在国际关系学者詹姆斯·多尔蒂看来，国际危机是微观的、浓缩的国际政治，高效处理国际危机是对一个国家军事、外交、经济及政治实力的检验。具体而言，国际危机管理的主要取向是不使用武力，或者使用最低限度的武力，来解决那些用普通外交手段化解不了的冲突，而这种冲突在尚无核武器的时候，可能会诉诸战争手段加以解决。

国际危机管理理论起源于美苏尖锐的冷战对抗之中，直接发轫于对最具核战争危险的20世纪60年代古巴导弹危机的反思。时任美国国防部长的罗伯特·麦克纳马拉甚至断言：“从此之后将不再有什么军事战略可言，取而代之的是危机管理。”到70年代，国际危机管理因关注美苏战略裁军谈判而兴盛，并一直持续到80年代早期。80年代中期以来，国际危机管理研究日趋综合化，开始将以计算机为手段的定量分析、建立模型、危机推演与人主导的定性分析、经验决策、危机想定结合起来，构建起一套行之有效的国际危机管理体系。冷战结束后，核战争危机开始逐渐淡出人们的视野，而因两极体系被打破所释放出来的民族、宗教、领土等方面的冲突与危机，以及内容更加广泛并带有全球化性质的恐怖主义、金融、疾病、环境等领域的主题开始进入国际危机管理的视野。

随后，2001 年的“9•11”事件进一步刺激了美国危机管理体制的改革，促使美国进一步加强国家情报系统，更加重视对本土安全的保护：首先，美国国防部于 2002 年 4 月 17 日宣布建立“北方司令部”，专门负责美国本土安全，活动范围包括北至加拿大的北极地区和南至墨西哥的广大地区；其次，美国于 2002 年 6 月 7 日宣布将本土安全办公室升级为“国土安全部”，美国海关、移民局、海岸警备队、情报部门等 22 个部门的一部分业务移交该部统一指挥；再次，2003 年 1 月 28 日，时任总统小布什在国情咨文中宣布，将成立由联邦调查局、中央情报局、国土安全部和国防部等部门组成的恐怖主义威胁协调中心；最后，美国于 2004 年 12 月 17 日通过了《情报改革法案》，要求新设国家情报局局长一职，直接向总统负责，统管全国 15 个军方、非军方情报机构，以实现情报机构之间的信息共享。至此，美国基本构建起了一套国际危机管理应急框架，在随后的奥巴马执政时期，这一框架得以逐渐完善，在实际运行中，它主要通过军事外交斡旋、战略威慑及舆论宣传而展开。

二、军事外交斡旋

就朝核问题，美国前总统布什曾说：“我相信，通过与这一地区的其他国家合作，外交努力将发挥应有的作用，我们没有侵犯的意图，也不想与朝鲜人民产生争议，我们将致力于朝鲜半岛的和平。”布什总统这一说法背后的真实意图究竟如何？在其相关决策文件解密之前，我们或许不得而知，但它折射的美国在国际危机管理中对军事外交的高度关注，却是毋庸置疑的事实。

比如，在东北亚的国际政治博弈舞台上，韩国和日本都在拨动着现实主义的算盘，强烈希望借助危机事件，大力扩充军力。显然，这不符合美国在东北亚的战略利益，因此，面对地区发生的国际危机事件，美国往往会多管齐下，分别与双方甚至多方展开密集的幕后军事外交，有时甚至还派遣已离开国际政治前台的政治元首大力进行“二轨外交”，以缓和地区紧张局势，约束各相关国家的趋利行为，为确保美国战略利益最大化进行多边斡旋。

在 2013 年的朝鲜半岛危机中，美国国务卿克里的亚洲之行，就是美国进行外交斡旋活动的关键一招。他对韩国的劝说产生了效果，韩国不再如早前那样采取针锋相对、咄咄逼人的强硬态度，其对策在美国外交斡旋之后发生了一定的“软化”。正如《美韩共同声明》所表明的，如朝鲜积极“去核”，美韩会遵守 2005 年协议。此外，韩国还单方面表示，愿与朝鲜举行对话，并恢复援助。这一方面是美国作为盟友对韩国表示安全承诺的结果，另一方面也是美国为了实现在该区域的战略利益，主导地缘政治权力，维持战略平衡关系，与韩国深度协调的产物。

三、军备战略威慑

战略威慑是美国国际危机应对体系的重要组成部分，如在 2013 年的朝鲜半岛危机中，5 月 13 日，美韩两国就在韩国东部海域启动了为期两天的海上联合演习，美方派出了“尼米兹”号核动力航母战斗群参加，演习内容包括海上机动作战和反潜作战等。在朝鲜半岛局势高度危急之时，“尼米兹”号的出场自然寓意非同寻常。近年来，美国航母在西太平洋海域现身不断增多。“乔治·华盛顿”号、“约翰·斯滕尼斯”号等航母都参加过日本和韩国的军演，有的还做过短期巡游。“尼米兹”号的出现，显然是美军为应对朝鲜半岛局势之变而采取的“威慑行动”，对朝鲜发出警告，为韩国撑腰壮势。

此外，B-2 轰炸机的出动无疑也是一个强烈的信号。B-2 是 1993 年开始才列装美国空军的战略轰炸机，隐形性能极好，尤其可在攻击防空网严密或隐藏在地下深处的战略目标时发挥威力。B-2 每架造价高达 20 亿美元，飞行这种飞机每小时约耗资 13.5 万美元，自 1999 年空袭南斯拉夫时被首次投入实战后，又数次参加实战，性能得到验证。派遣美军最昂贵、最专业的飞机飞往韩国，五角大楼发出了什么样的信号，不言自明。对此，驻韩美军司令部发表声明说，出动 B-2 意在展示美国“保卫”韩国和其他盟友的“决心与能力”。

除了派遣 B-1（2）轰炸机以外，近来美国还频繁调配兵力充实周边军力部署，频繁对目标区域展开空中侦察，并继续强化阿拉斯加和关岛基地的建设，不断向这些基地调派先进武器装备。如早在 2013 年 1 月，美军就已经向阿拉斯加增派了一个 F-22A 空军中队，还向关岛增派了一个 B-52 轰炸机中队。另外，在朝鲜半岛危机发生时，美国还把其最新型攻击核潜艇全部（31 艘）调派到了周边海域，美国目前最先进的 7 艘测量船只中的 5 艘也以各种理由到达附近海域，拥有反导系统的最新“宙斯盾”舰也已紧急部署完毕。2013 年 5 月 26 日，美国空军 F-22A 猛禽战机第三支飞行大队也已抵达日本冲绳县嘉手纳基地，它们将被部署在冲绳约 4 个月。这也是美国空军的第三批向日本部署的 F-22A 战机中队。而且，美国不顾有关方面的再三警告，继派 B-52 战略轰炸机飞抵韩国参加军事演习后，最近又从密苏里州怀特曼空军基地派出 B-2 隐形战略轰炸机飞赴韩国，进行有针对性的所谓军事演习。如此系列密集动作所传递的威慑信号，在了解了其国际危机管理框架之后，想必我们就会有清晰的解读。

四、国际舆论操控

在如今的全球媒体时代，及时而有效的舆论宣传，是确保国家安全利益的重要手段，在美国的国际危机管理框架中，这自然是其战略工具箱中的“必备工具”。

如对于美国 2013 年的新任国务卿克里首次亚太三国行，CNN 就以“朝鲜已经赢了”为题报道说：“此次危机，朝鲜成功向世界放出讯息：只要你有核武器，谁都不敢得罪你，危机还给朝鲜对外出售武器做了免费广告。”在此，美国所谓的“朝鲜已经赢了”，实则是以退为进，带有要挟的味道，还是一贯的套路，继续标榜美国是“大善人”，朝鲜是“邪恶轴心国、靠敲诈过日子、是个大忽悠”。正如美国参议员麦凯恩当前就在媒体上抱怨：“美国过去总陷入同一个循环，给朝鲜食物，给朝鲜石油，而他们拿了钱就跑。”而对于美国 60 年来一直悬在朝鲜上空的随时核打击，只字不提；拒绝在朝韩和平宣言上签字，也一字不漏，对美韩军演导致的对抗升级以至于核爆亦不说自己有责任。

然而，据智库“全美科学家联盟”的核问题专家克里斯·滕森称，仅限制核武目的还远远不够，“这只是防止大规模杀伤性武器扩散的‘后冷战时代思维’”。他指出，为实现奥巴马在布拉格承诺的终结“冷战思维”，需要另有政策让其他拥核国家废除核武器。其实，美国在核问题上一直执行双重标准，对不同的国家采取不同的政策：对盟友或者伙伴，要么失语要么宽容；对所谓“邪恶国家”或者“失败国家”，要么动武要么制裁。国际社会普遍认为，美国的中东盟友以色列拥有核武器，拒绝加入核不扩散条约，但是美国对此却睁一只眼闭一只眼；美国的亚洲伙伴韩国2004年也曾被发现秘密推进核浓缩项目，但是由于美国的“努力”，国际原子能机构没有将该问题提交联合国安理会。而对“敌人”伊拉克，美国则以其发展大规模杀伤性武器为由推翻了萨达姆政权；当伊朗和朝鲜核问题出现后，美国又惴惴不安，不断施压，并不排除武力解决的可能。美国的一位官员甚至公开宣称：“如果一个国家将核查人员赶走，违背承诺，背弃义务，撕毁协议……那么他们就应当被区别对待。而另一个在核不扩散方面拥有良好记录的国家则应该受到不同待遇。”

美国对“伊斯兰国”展开网络战

近日，驻伊拉克美军将领表示，美国正在对“伊斯兰国”组织发动网络攻击，限制该组织的网络联络及招募新成员能力。美国防部长卡特表示，发动网络攻击是美军在战场上的最新尝试，美军在这一领域有着强大的实力，这也是网络司令部的作用所在。这项行动表明，在多次发布《网络空间行动战略》、整合网络战力量、组建网络司令部后，美军网络战的作战范围正在不断拓展，行动力度进一步加强。

奥巴马在美国中央情报局讨论对付“伊斯兰国”组织的专题会议中表示：“我们的网络行动正在干扰它的指挥控制以及通讯。”这一表态指出了此次美军网络战行动的两大重点。

一方面，削弱“伊斯兰国”的军事指挥控制能力。据报道，美军发动的此次网络攻击主要打击重点是“伊斯兰国”指挥系统和通信网络，具体打击目标包括位于“伊斯兰国”控制区域的两大主要作战基地——伊拉克第二大城市摩苏尔与“伊斯兰国”首都拉卡，这两处地区承载着大量的网络传输任务，是“伊斯兰国”网络力量的核心。通过干扰压制其指挥控制、通信通联，削弱“伊斯兰国”指挥人员对武装力量的控制。

另一方面，阻断“伊斯兰国”宣传信息的传播。由于“伊斯兰国”广泛利用网络在欧洲国家制造连环恐怖袭击事件，广泛散布“圣战”思想，持续传授恐怖袭击技能，甚至不断征召人员。该组织经常通过社交媒体与潜在的支持者沟通，包括脸书、推特等社交网络及软件在内，利用加密手段在应用软件上建立“帮助桌面”，为全球各地的恐怖分子提供技术指导。此次网络战行动中，美通过封锁控制“伊斯兰国”网站和账户，有效打击了其利用网络进行宣传渗透、征兵等行为以及资金流动和转移等活动。

美国防部长卡特指出，此次网络战行动由美军网络司令部组织实施并在行动中“扮演重要角色”。2009 年，美军网络司令部成立，被视为国家战略能力的重要组成部分，此次行动也是美网络战在联合反恐作战中的首次公开亮相。卡特表示，此次美军网络司令部组织实施对“伊斯兰国”发动网络攻击，检验评估了相关网络任务部队战术战法，提高了其支援反恐等作战行动的能力。此次行动中美军动用网络战力量瘫痪“伊斯兰国”的指挥控制网络，有效限制“伊斯兰国”控制地域与外部的网络联系，有力配合了地面和空中打击行动，同时未产生严重附带损伤，凸显出网络战手段的作战优势。

“猎鹰重型”背后的象征政治

北京时间2018年2月7日凌晨4时45分左右，世人瞩目美国肯尼迪航天中心，历史悠久的卡纳维拉尔角发射场39A发射台升腾起一片烟雾与火光，在位于卡纳维拉尔角（Cape Canaveral）的肯尼迪航天中心LC-39A平台上“猎鹰重型”火箭成功升空。与当年冷战时期苏联发射卫星喜欢搭载小狗一样，这次火箭上还搭载着SpaceX公司旗下的一辆特斯拉红色敞篷跑车Roadster。约8分钟后，火箭的两个助推器成功在着陆器区同时回收。对此，美国商业太空飞行协会主席埃里克·斯托默声明称，“猎鹰重型”的成功首飞“代表着太空探索技术公司和商业太空行业的一个重要里程碑”，为2018年的商业太空飞行开了一个好头。的确，虽然芯级火箭海上平台回收失败，但火箭两个助推器同时完成回收，这一首射成功至关重要的动作，仍让该火箭夺下当今航天界“运载火箭之王”的桂冠，引发公众、媒体及科学界瞩目。

近年来，世界航天领域大国之间涌动着明争暗赛的较量，有人不仅担忧，是否当年美苏太空竞赛正在重演呢？

众所周知，第二次世界大战后“冷战”局面的形成，使得美苏这两个超级大国在各个领域展开了激烈的角逐。由于两国都俘获大量德国火箭技术及人员，太空竞赛就以导弹为主的核军备竞赛拉开了帷幕。载人航天作为高科技的展示，当然成为他们争夺的新领地。于是，1957至1975年，美国和苏联在开发人造卫星、载人航天和人类登月等空间探索领域开展了激烈的竞争。

具体而言，1957年10月4日，苏联成功发射了第一颗人造地球卫星“Sputnik-1”，在美苏冷战对抗的大背景下，受此事件影响，艾森豪威尔政府外空政策发生了急剧变革，即从“外空和平化”“外空非竞赛化”转向了“外空军事化”“外空竞赛化”。从此，美苏两国开始在外空领域展开军备竞赛。1961年4月12日，尤里·加加林成为首次进入太空的人类成员，苏联再次打败美国。1969 年 7 月 20 日，伴随美国阿波罗 11 号完成人类第一次登月任务，太空竞赛达到顶峰。1972 年 4 月，“阿波罗—联盟测试”计划达成合作协议，并于 1975 年 7 月，美国航天人员与苏联航天人员在地球轨道相遇，双方局面得到一定缓和。

显然，冷战时期美苏太空竞赛，是科技优势的竞争，国家安全的竞争，更是意识形态的竞争。外空在冷战时代具有特殊政治象征意义。在苏联“人造卫星”事件之后，批评艾森豪威尔政府外空政策的政治势力，正是利用了外空的这种政治象征意义，以美国国家威望衰落为主要借口，建构出了所谓的“国家安全危机”，进而主张美国应在外空与苏联展开全面军备竞赛，通过获得科技优势以确保国家安全。

科学社会学的奠基人贝尔纳在《科学的社会功能》中，曾明确指出，“科学与战争一直是极其密切地联系着的，实际上，除了 19 世纪的某一段时期，我们可以公正地说，大部分重要的技术和科学进展是海陆军的需要所直接促成的。”如今，对于此次“猎鹰重型”的成功首飞，当我们将目光聚焦于此次航天事件的商业意义之时，也不乏有人从军事角度解读。如美国国防部副部长、五角大楼太空项目负责人帕特里克·沙纳汗就表示，美国太空探索技术公司（SpaceX）成功发射的“猎鹰重型”火箭“鼓舞人心”，从军事角度而言，此次发射有助于美国国防部能够在寻求捍卫太空资产的同时，从事更高风险且成本更低的发射活动，显然有一定的军事应用价值。

按照符号学及象征理论，符号向我们传递的是一种可以进行瞬间知觉的简单信息，象征则是表现某一思想的符号，为了构筑信仰高地，我们发明了一套符号和象征物，并将其不断发展、丰富，使之成为信仰的一部分。这些符号与象征影响着人们的行为，尽管有时很难对两者加以区分。事实上，外空活动，由于与前沿科技、国家安全及商业竞逐密切关联，本质上就是一种象征政治。

回顾历史，在 20 世纪后半叶，美国外空科学发展主要经历了“阿波罗登月”“航天飞机”“空间站”“探索火星”等。围绕这些外空探索，美国政府、军方、科学界及公众等不同社会角色的意见差异颇大。今天，卡纳维拉尔角发射场 39A 发射台升腾起的烟雾与火光，再次将世人的目光吸引在一起，在这一商业航天的“爆点”事件背后，其实依然是一种象征政治，该火箭夺下当今航天界“运载火箭之王”的桂冠，是否就意味着美国航天科学的领先？是否就意味着他国与美国在前沿科技领域的差距？是否就意味着国家安全领域的危机？是否就意味着商业航天领域竞逐的新时代？等等。这些担忧与疑问，如同冷战时期美苏太空竞赛一样，冲击人们的不仅是科学技术、也不仅是国家安全，更是意识形态，是公众心理。明白了这一点，我们就不难发现，航天领域，依然是象征政治的热土，无论是从大国竞逐的科技、安全、意识及商业哪一个维度来看，在长时段内都是一个热门话题，一个事关国家利益的疆域，一个牵系人心涨落的象征。

美国要组建天军！这个新军种究竟要干什么？

说起科幻电影，最吸引人的大概是激烈、炫酷的太空大战了。随着技术的进步，这种科幻场景或许就要成为现实。

当地时间 2018 年 3 月 13 日，美国总统特朗普公开表示，可能会组建美国太空军事力量——天军。特朗普表示，他的新国家安全战略“承认太空是一个作战领域，就像陆地、空中和海上一样”，他正在考虑组建一支“太空部队”，这或许是“势在必行的好想法”。

对很多人来说，天军似乎是“谜之存在”，所承担的任务也是“高大上”。这种说法并无不妥。中国指挥与控制学会青工委副主任、国防科技大学军事专家石海明副教授告诉《科技日报》记者，天军通过依靠卫星信息侦察、跟踪监视、制导导航及航天兵器在外太空进行攻防作战，主要活动范围在太空站和载人卫星中，其作用可用于太空军事打击，其太空武器可摧毁或致盲敌方的在轨卫星，攻击手段丰富多样。

与陆军、海军、空军相对应，天军负责的是太空里的作战任务。举个例子，如果没有各种应用卫星的支持，不论是现代社会便捷的卫星导航、通信广播，还是战场上的侦察与监视，都将无法实现。而天军承担的工作之一就是反卫星作战，以及保护己方卫星不受敌方破坏。

一、天军诞生与航天科技发展密不可分

从陆地到大海，再到天空，人类的厮杀的领域随着技术的进步在不断扩展。技术进步到哪里，战场就延伸到哪里。美国前国防情报局局长格雷厄姆中将总结了 1957 年苏联卫星升空之后的美苏外空军备竞赛的经验教训，于 1982 年出版了《高边疆：新的国家战略》一书，正式提出了“制天权”思想。而天军就是为了确保能牢牢控制住“制天权”！

石海明指出：“从人类科技与战争演进的历史来看，新军兵种的诞生

与国防科技密切相关。在近年来美国发动的高科技战争中，太空军事力量凭借其特有的作战优势发挥了重要作用，无论是战略侦察，抑或制导导航，都已成为赢得高科技战争不可或缺的重要力量。近年来，围绕着太空武器化和太空军事化，不管是舆论争议还是军事较量，都引起世界主要大国高度关注，在此背景下，一些国家开始酝酿成立天军。”

从某种程度上来说，天军所承担的任务有着极强的科幻色彩。诸多科幻小说和电影中都对此进行了细致的描写。有些军事科普作品中甚至设想到，天军将通过利用各种航天器，摧毁或致盲敌方卫星，打击及摧毁敌方空间站，并进行敌我双方的航天母舰舰队的交战。

对此，石海明介绍，太空作战使用的武器按其作战平台所处的空间可分为天基和地基两大类，主要包括各类军事卫星、载人航天器、反卫星导弹、反导弹导弹、电磁炮、轨道及部分轨道轰炸系统等，侦察、预警、导航、通信卫星技术是太空作战的重要技术手段。此外，主要太空大国目前在大力发展的新一代太空侦察预警系统、快速响应太空系统、微小卫星技术、高超声速飞行器等，将对未来太空作战产生革命性影响。

“未来在太空战场上的争夺，将不仅是技术兵器方面的比拼，还将包括太空破袭、突击、封锁等战法以及海陆空天联合作战等战役、战略层次的军事较量。”他说。

二、太空战，美军早已未雨绸缪

记者了解到，美军中早有相关部门在承担太空作战任务。

“在苏联抢先发射人造卫星之后，美国对太空的战略预警高度提升。冷战时期，太空领域是美苏对抗的重要战场，作为美国三位一体核战略的重要情报支援力量，太空系统是美军重要的倚重。”石海明介绍，自20世纪80年代开始，美军对其太空作战指挥机构进行了积极调整，相继建立了陆、海、空三军太空司令部、C4ISR中心以及太空作战指挥部。自2001年至今，美军开展了十次“施里弗”太空战系列军事演习，这体现了美军全力确保太空军事优势的决心。海湾战争中，美军的太空系统首次大规模运用于实战，为美军的迅速获胜发挥了关键作用。

“美国在太空战领域的实力最强。当前，美军的太空系统协同作战能力进一步提升，多力量联合太空作战能力正在形成，全面的太空作战能力构建也在加速展开，未来的太空作战将更加具有战略威慑性、攻防一体性及跨域协同性。”石海明说。

“但在美军看来，只有组建独立的天军才能保证太空力量得到优先重视与发展，才能确保美国在太空领域的霸主地位。”石海明介绍，美国众议院军事委员会战略部队小组委员会主席麦克·罗杰斯在2017年曾指出，美国太空部队的组织体制和决策制定极其分散，不成体系；由于隶属于空军，太空部队没有得到应有的重视；还对培养国家太空安全需要的人才缺乏重视。美军认为单独组建天军的改革举措是解决以上问题的迫切需要，也是维护其军事、政治、经济利益的必要选择。

显然，美国军方早已认识到问题的存在。早在2015年7月，美国政府问责局就发布报告称，在五角大楼成立独立“太空部队”，是美军内部重点探讨的改革方向之一。随后这个设想被反复讨论，直到最近特朗普再度提出要组建“太空部队”的想法。

三、美组建太空部队将加剧太空对抗

记者了解到，根据2017年美国国会众议院的提案，单独的太空部队将接手目前由空军负责的国家安全空间项目。太空部队将成为美国战略司令部内的一个新的下级联合司令部，下属的各部队将分别负责军用弹道导弹试验支援、卫星控制和导弹预警、卫星发射与空间测试、空间作战以及空间情报监视与侦察的任务。

然而，这还仅仅停留在纸面上。据美国媒体报道，在组建天军方面，中俄已走在前面。

2015年8月1日，俄罗斯空军和俄罗斯空天防御军合并，组建了俄罗斯空天军。其中，空天军担负的太空战任务有：对太空目标进行监视，消除来自太空的威胁，必要时对其进行拦截；发射轨道航空器，控制军用卫星系统，利用卫星提供必要的军事信息保障，等等。而中国随后也组建了战略支援部队。美国方面认为，太空战就是战略支援部队的作战重点之一。但这种说法早已遭到中国专家的驳斥。

也有专家指出，美国将会以此为借口大做文章。此次，特朗普再度提出组建太空部队就是例证。

“毫无疑问，太空已成为军事竞争的重要领域，而美国组建太空部队则将进一步加快太空军备竞赛的步伐，加重对太空领域的安全威胁。”石海明指出，“美国组建太空部队是提升太空战略地位的重要信号。不难预见，未来美军将会更加重视太空力量的整合与投资，加大对太空专业人员的培养力度，进一步完善美军太空作战体系与国家太空安全计划，并将太空作战的优势应用于海陆空的实战中。这种在太空领域的动向，会进一步刺激相关力量的建设，使太空军事化的程度有所加重，使美国的太空政策进一步向对抗化方向变化。”

（《科技日报》记者　张强）

美国如何巩固世界最强战力？

当地时间2018年1月19日，美国政府发布了10年来首份《国防战略》报告，再次老调重弹，称来自俄罗斯和中国的战略竞争是对美国自由与繁荣的首要挑战。值得注意的是，美国国防部长马蒂斯主持撰写了这份报告，其中特别阐述了相关美国军事竞争优势的内容，同时宣称将对美军的“关键战力”进行现代化改造。

早在特朗普竞选总统期间，他就宣布“将大大增强我们的军事力量，使它强大到绝对没有人能够给我们制造麻烦的程度”。有评论指出，这份报告是对特朗普军事思想的贯彻与延续。

那么，该报告究竟透露了什么信息？我们应该如何看待这份报告？美国未来将如何继续保持军事竞争优势？为此，《科技日报》记者采访了国防科技大学军事专家石海明副教授。

一、美军事竞争优势正遭“侵蚀”？

石海明表示，美国军事竞争优势已经在每一个战备领域——陆、海、空、太空和网络空间被侵蚀，并且正在继续被侵蚀。美国对自己的军事优势有很强的危机感，尤其是对军事科技前沿与国家安全战略领域的优势问题，长期以来有一整套预警战略。

自二战以后，美军事力量的发展一直离不开“假想敌”的刺激。例如，在美国国会发布的《2017年度报告》中专门增设了“中国谋求先进武器”的新内容，指出中国在六大领域已经取得了重大进展，先进武器研发“突飞猛进”，可能对美国及其亚太盟友产生“重大影响”。例如，在电磁轨道炮武器技术方面，《2017年度报告》认为，截至2017年，中国已有多达数十个不同的科研部门正在研究电磁技术运用。中国的电磁武器可能在未来用于打击海上和地面目标、执行反导作战任务，并将电磁技术应用于航母弹射器。

而此前公布的特朗普任内首份《国家安全战略》报告中，更是提及俄罗斯多达25次，并指出俄罗斯试图“破坏网络空间稳定”并投资建设新的军事力量，包括核武器。就拿俄罗斯新一代液体燃料洲际导弹RS-28“萨尔马特”来说，它能将总重10吨15枚分导式核弹头送至全球各地，以超过5倍声速变轨、变高度飞行，这足以突破世界上最先进的防空和反导系统。

石海明认为，“目前，在信息化军事变革向智能化军事变革推进的转型期，无论是在陆海空传统空间，抑或网络等新兴空间，革命性变革正处于孕育期，所以美国与他国的差距在缩小，其相对优势在下降。这是正常的，但这不意味着一定非要用‘侵蚀’等零和博弈的思维来看待。”

二、国防削减伤害了作战能力?

对于这种所谓的“侵蚀”，马蒂斯将此归咎于过去9个财年里美国国会对国防支出采取的“封顶”措施。他说，削减国防支出和长期匮乏资金，对美军作战能力造成的伤害超过任何“敌人”。

石海明表示，“在现代防务开支呈现贵族化趋势的今天，财力紧张直接掣肘国防力量建设。近年来，美国受国防支出限制，陆军、海军、空军和导弹防御局确实受到较大影响。”

2011年，美国海军因经费紧张下马高达60亿美元单价的CG（X）巡洋舰设计方案。该项目也因此被戏称为“先进到连美国也造不出来的下一代巡洋舰”。再比如，因第一艘朱姆沃尔特级驱逐舰造价高达38亿美元，几乎赶上了航母造价，美海军为此把该舰采购量从计划的32艘削减为3艘。而陆军“科曼奇”直升机及其替代项目、未来战斗系统等，也都是因为经费问题不得不忍痛割爱。

2017年，美军“黑鹰”直升机坠海导致五名士兵失踪的严重事件以及连续发生的美军舰撞船事故，也都被质疑因经费不足导致缺乏对军备的维护是造成这些事故的原因之一。

“但这并不意味着美国国防支出削减就真的伤害了作战能力。”石海明指出。舆论普遍认为美国削减国防支出并没有降低美军的实际战斗力。比如，在所谓“封顶”的情况下，美军加大了对网络战、天基太空监视系统、先进卫星通信系统、全球快速打击系统、新一代空天武器、新概念武器等新兴领域的投入，同时斥巨资更新、升级核武库。美军正在通过压缩数量规模，改善力量结构，发展新型作战力量，以确保绝对优势地位。

三、“关键战力”将进行哪些改造？

马蒂斯称，五角大楼将对美军的“关键战力”进行现代化改造，以建设“更有杀伤力、适应力和快速创新的一体化武装部队”。“我们不能指望运用昨天的武器装备在明天的冲突中赢取胜利”。

实际上，特朗普在竞选总统过程中就承诺上任后将扩大陆、海、空军和海军陆战队规模，并将发展先进导弹防御系统，对网络防御能力进行全面检查。而如今，特朗普的军事主张正在慢慢地实现。就在前不久，美国海军方面宣布将提出下一代巡洋舰的替代方案，取代CG（X）巡洋舰设计方案，未来将取代提康德罗加级巡洋舰。不过，石海明认为，“从美国今天的‘所说’推测其明天‘所做’比较困难，但从战略的延续性来看，也可进行一些猜想。可以推测，未来五角大楼一方面会在传统由其主导的信息化军事领域继续增强优势，另一方面会在智能化军事领域加大探索力度，这在其第三次‘抵消战略’中有所反应。更重要的是从世界科技发展的规律性趋势来看，这已成为一种共识，美国不会在未来的颠覆性领域让位他者。”

此前，国防科技大学国家安全与军事战略研究中心主任朱启超研究员在接受采访时也指出，根据美军相关改革倡议及有关新闻报道，特朗普政府未来扩大军费开支或将主要在五大领域布局：

一是升级潜艇性能扩大潜艇规模。增加以“弗吉尼亚”级核潜艇为主体的新型攻击型核潜艇规模，逐步淘汰日益老化的“洛杉矶”级核潜艇。

二是发展新一代空战力量，比如研发比F-22性能更优越、可突破对手防空体系的新一代战机。

三是强化太空战与核威慑能力。

四是继续谋求可“改变战争游戏规则”的新型武器，如以定向能武器和电磁轨道炮为代表的高技术武器装备。

五是网络空间作战能力，打造更强大的网络空间进攻力量和网络安全防御力量。

“事实上，国防战略在任何一个国家都属于高度保密的领域，战略领域的事情一般由‘所思’‘所说’‘所做’共同构成，这次《国防战略》仅仅公开了部分内容，也说明作为战略的‘所思’与‘所做’之间是有丰富解读空间的。”石海明说。

（《科技日报》记者　张强）

四、谈兵论将

世界上只有两种强大的力量，即刀枪和思想。

——拿破仑

“狂人”欧文斯：美国军事变革的“发动机”

当一场军事变革刚刚发轫的时候，缘于时局所迫或技术倒逼，一般不会遇到太大的阻力。然而，伴随着军事变革进入深水区，其遇到的阻力无疑会越来越大。此时，如何驱动军事变革的车轮继续隆隆前行，这是世界军事领域的普遍难题。如今，美军一位四星上将的所思所为，就让我们对此有了更深刻的体会。他就是被誉为“狂人”的美军原参联会副主席比尔·欧文斯上将。其先是从苏联的轰然解体中窥见军事玄机，后在美军的发展实践中力推军事变革，留下了耐人寻味、启人心智的故事。

一、从苏联解体中窥见军事玄机

有关美苏对抗的终结时刻，国内外早已有大量描述性文章。然而，曾任美军参联会副主席的欧文斯上将的一段追忆，却颇有另一番味道。在其回忆录《揭开战争的迷雾》一书中，他曾有一段特殊的追忆及感慨。

具体而言，那是在 1991 年一个夏日的上午，担负遏制苏联任务的美军第六舰队司令欧文斯将军，在位于意大利加埃塔的司令部里收到了一份情报，得知苏联第一艘大型航空母舰“库兹涅佐夫海军上将”号经过数十年建造、装备和试航之后，终于从黑海尼克拉耶夫港起航驶入地中海。于是，欧文斯立刻登上一架 S-3A“海盗”式反潜巡逻机，从 6000 英尺的高空俯视这艘苏联巨型航母。多少年来，美国五角大楼一直在担心苏联海军是否具备了挑战美国海上优势的实力。然而，透过望远镜，欧文斯却看到了另一番景象：“这艘航母根本就不是一艘能够投入实战的航母。除了两架没有武装的直升机之外，根本看不到有任何战斗机的迹象。飞行甲板和舰体锈迹斑斑。竟然还有几个妇女在甲夹板上遛狗。”

显然，这艘被苏联重要成员国乌克兰赶出黑海的庞然大物，此番出航早已失去了对抗美国的雄心壮志，其目的地是位于北极圈的新母港。欧文斯命令第六舰队数艘驱逐舰和巡洋舰组成一支友好护航舰队，陪同它穿越地中海，同时依照惯例用无线电向该舰舰长谢尔盖·契可夫发电——“祝一路平安”，而这位昔日的对手却回电——“我已不知家在何方”。

谢尔盖·契可夫简短的话语中透露的辛酸与无奈让欧文斯不免感慨万千：从空中俯瞰这艘驶向遥远北方、锈迹斑斑的航母的重要意义在于，它标志着一场军事较量的终结。当然，这是以苏联彻底失败为标志的终结！

20世纪70年代末，苏联高级军官认为，技术上的突飞猛进在过去曾经引起两次军事“革命”：第一次革命发生在20年代，当时坦克和飞机取代了骑兵和战马；第二次革命发生在50年代，核武器与弹道导弹的结合取代了轰炸机和常规导弹。在这两次革命中，武器装备都达到了一个新的发展水平，且莫斯科都相当紧密地跟上了西方的发展步伐。第三次军事革命正在到来，苏军总参谋长尼古拉·瓦西里耶维奇·奥加尔科夫元帅提出了全新的“军事技术革命”概念。然而，此次莫斯科却感到焦虑不安。诸如微电子技术和计算机技术等新兴技术在军事领域的应用将对苏联造成更大的挑战，因为它能够提高武器制造的质量，而这恰恰不是苏联的优势所在。

由于这种武器很复杂（例如精确制导弹药），所以只要很轻微的制造缺陷就会使这种武器报废。以米格-25战斗机为例，其电子设备中只有电子管而没有晶体管。据当时美国国防部评估，莫斯科在计算机技术方面要落后美国十年，而且在第三次技术革命中的许多重要领域都落在美国后面，这些领域包括电光传感技术、机器人技术和智能技术、信号处理技术、隐形技术和电讯技术。当时美国认为，在不久的将来，苏联在这些新系统方面的发展前景并不乐观。1982年，尼古拉·瓦西里耶维奇·奥加尔科夫元帅在他所著的《永远警惕祖国的国防安危》一书中，也表达了对美国“快速”开发军事技术的担忧。他警告说：“面对这种环境，如果我们不能及时改变观念，在新武器系统方面的开发与部署上停滞不前的话，那么我们将面临着严重的后果。”

具有讽刺意味的是，1991年，海湾战争一声炮响，美国正式拉开了世界新军事革命的序幕。1993年，时任美国防部基本评估办公室主任的安德鲁·马歇尔认为，技术革命已不足以反映这场军事革命的全部内涵，于是他提出用“新军事革命”取代“军事技术革命”。1998年，美国前国防部长威廉·佩里在该年度国防报告中专门就新军事革命定义做了说明。他认为当今这场世界性军事革命是采用新技术的军事系统同创新的作战理论与变革的军事组织体制相结合，从根本上改变了军事行动特点及战争方式。尔后，担任美军参联会副主席的欧文斯上将进一步对军事变革提出了一系列独到的见解。

二、为美国军事革命“正本清源”

当下，漫天飞舞的军事技术发明层出不穷，晃得人眼花缭乱。一向追求“世界第一”的美国也近乎无所不用其极地以追求更先进的军事技术，花费大量投资在新技术的发明与新装备的研制上。从“星球大战”到反导系统，从“机械外骨骼”到“阿凡达战士”，从“空中国防论”到“认知域战争”，美国一路引领着世界军事技术变革的前沿，称得上是“一直被模仿，从未被超越”。

或许是因为技术带来的影响如此直接而巨大，许多人都认定“军事技术是推动军事革命的根本动力”。其对美国军事战略的认识，也停留在简单的“技术决定论”上，认为美军之所以大力发展先进军事技术，主要是因为美国盲目崇拜技术，把军事技术奉为克敌制胜的法宝。然而，欧文斯一语道破天机，也给了美军“技术决定论”者一个有力的反驳：“与所有革命一样，技术所带来的巨大变动将彻底影响军队的所有编制体制，打破所有传统作战形式和军事观念。但事实上，军事领域的非技术要素才是军事革命的真正动力源。”而“在这场军事革命中，技术只是触发事件发展的扳机”。

欧文斯，这位新时期美国军事变革的“发动机”，其军事变革宏伟蓝图的计划是从非技术因素开始的。当然，在倡导全方位、多维度变革的同时，欧文斯也绝非一个忽视技术甚或反对技术的人。在他看来，“军事革命的技术基础仍是21世纪改革美军的核心基础，也是美国确保拥有对任何一国军事优势的最佳途径。”其中，系统集成技术是军事技术变革进而也是军事变革中至关重要的一环，被赋予“军事变革核心”的地位，其要义在于信息的沟通——“通信技术的发展是推动现代军事革命的动力”。

鉴于军种本位主义的打破和联合作战的实际需求，信息上的沟通和系统集成也是顺理成章的。欧文斯提出的军事革命诸要素，也因此紧紧围绕着信息的获取、处理和集成展开：其一是“驱散战场迷雾”；其二是“主导性战场空间知识的传递”；其三是“精确打击力量和指挥官意图”。军事技术变革的根本目标，实际上也在于打破军种间壁垒、打通军种间联系，建立一体化的作战力量。在欧文斯看来，军事变革的更高一级——系统集成一体化——是新技术、新战术、新理论和新编制的全面融合。它也最终代表了欧文斯对美国军事变革的总体设计方案。

三、夯实联合作战的文化基础

美军久遭诟病的一个大问题，便是军种的本位主义。当年，威廉•米切尔为建立美国空军做出了不懈努力，也付出了惨重代价。其中最主要的原因，就是他对空中力量的鼓吹损害了陆、海军的利益和名誉。虽然美国空军在二战后取得了独立地位，但这仅仅是在陆、海军二元本位的基础上，又增加了新的一元而已。加上后来的海军陆战队，美军内部遂成“四面牵掣”之势。经历了几场现代化高技术战争的洗礼，美军虽然无往不胜，其内部四个军种之间“争名夺利”的关系却从未改变。

打破这种状况的唯一方法，就是建立统一的联合作战体系。该体系不仅包括作战指挥和后勤保障方面的联合，还包括预算的联合，因为“预算自主是军种本位主义得以存在的关键要素”。美军不同军种之间往往因为经费预算问题争得面红耳赤，资金支持的比例在军种之间的微小变化，常会引起轩然大波。因此，建立联合作战体系的切入点是装备采购的统一，这是改革美军“四面牵掣”弊病的釜底抽薪之法。

欧文斯认为，除军种各自为政以外，美军的另一个制度弊端就是文官治军。对美国来说，文官治军导致的问题不仅在于“外行领导内行”产生的失误，更可能由于文官不懂军事，而“越来越难以实行实际的控制权”，将决策权拱手让给军人。因此，从这一角度看，军队的专业化会使其与社会之间的联系越来越薄弱。欧文斯曾讲道：“当军人生涯备受尊敬，而公众又对军事不感兴趣，各级军官又来自社会相对集中的阶层时，以上现象就更有可能发生。如果这听上去像是在讲述美国今天的情况，那就对了。”

不过，文官治军的表象虽与军种本位主义有所差别，但消除其弊端的方法，仍在于一个统一的领导体系。在这里，被“统一”的对象不仅包括四大军种，还包括了军人和文官。具体地讲，首先，参联会主席被作为总统和国防部长的首席军事顾问，用以加强军人和文官之间的沟通合作；其次，参联会副主席负责落实军种联合和部队管理工作；最后，成立诸如“方案、预算评估系统”和“联合需求监督委员会”等一系列机构，推动一体化的体制改革。

相比于制度，文化属于软约束层面的因素。它虽然不是左右军事革命之树的枝干，却是军事变革之树长成的根源。在欧文斯眼中，美军的制度弊病无一不是由其文化基础所导致的。

军种本位主义的根源来自各个军种的辉煌历史及其所代表的文化符号，以及由此带来的对本军种的忠诚和荣誉感。20 世纪 80 年代，一位美国陆军将军曾说：海军代表的是古老的财富，是老式的贵族传统，空军代表新财富，而陆军则代表普通老百姓。美国国防专家威廉·考夫曼曾把海军比作多面的现代化复合体，在各方面都充满竞争性；而空军则可比作高科技电子公司，武器装备及战略思维都极具活力；陆军则犹如烟囱林立的劳动密集型工业，伴随着商业周期而起伏，随战争与和平而兴衰。欧文斯也曾用一则广为流传的笑话调侃军种文化的差异：“如果要想确保一栋建筑的安全，陆军会派一个排的宪兵包围它；海军会让一名水手在晚上下班时在前门挂上一把大锁；海军陆战队的办法是干脆先把它炸平；空军的做法则是签五年租约同时保留买断它的权利。”文化对个人乃至人群思维方式的巨大影响，由此可见一斑。

在欧文斯看来，改变文化的难度比改变制度的难度要大得多，它往往需要几年、十几年甚至几十年的努力。而且，文化的变革一般也是通过制度和技术手段的变革，在潜移默化中实现的。因此，欧文斯提出：“构建联合军队文化需要三个核心要件。第一个是采购工作问题；第二个是指挥体制问题；第三个是军队编制体制，即职能分工问题。”由技术，到制度，再到文化，站立在军事变革的潮头，无所畏惧，勇于搏击，这恐怕也正是欧文斯“狂人”本性的体现。

安德鲁·马歇尔："五角大楼的导师"还是"妄想症患者"？

在 20 世纪后半叶的美国军事史上，安德鲁·马歇尔无疑是一位十分重要的人物。如此说，不仅仅是因为，他的名字与"持久核战略"及"星球大战计划"这些重大冷战问题存有关联，更重要的在于，透过这位具有几分神秘色彩的人物，我们完全可以窥见今天全球各国力推的"新军事变革"的来龙去脉。因为作为这场新军事革命的三位倡导者之一（另两位是前国防部长佩里和前参联会副主席欧文斯），他贡献了最核心的思想理论，并因此在小布什政府时期被奉为美军首屈一指的理论泰斗。

一、是非功过任人评说

安德鲁·马歇尔生于 1921 年，获芝加哥大学经济学学位。1949 年加入兰德思想库，进行核战略分析研究。1973 年，在基辛格的引荐下，他被尼克松任命为美国国防部基础评估办公室主任，从此正式进入五角大楼，成为一名文职官员。在五角大楼期间，马歇尔逐渐成长为美国战略思想家中的核心人物。此后，历届总统上任后，都会重新任命马歇尔担任此职位。

这样一份简历似乎平淡无奇，然而，世纪之交时，默默从事战略研究工作几十年的马歇尔突然间成为媒体的宠儿：《华盛顿人》称马歇尔的"影响力前所未闻"，"在塑造美国下个世纪的军事力量上是一名关键人物，甚至是核心人物"；此外，《华尔街日报》和《新闻周刊》还披露说，早在 1977 年，马歇尔就潜心研究苏联经济，并指出苏联在和美国进行的军备竞赛中已不堪重负，其经济已濒临崩溃，基于此，马歇尔提出以经济拖垮苏联的策略；《华盛顿邮报》写道："在国防部满是由腐败和暗箱操作的官僚组成的汪洋大海中，马歇尔是一个睿智而正直的孤岛"，可谓"五角大楼最不固守传统的思想家之一"；《新闻周刊》则称马歇尔为"五角大楼的导师"和"真正的军事思想家"；《华尔街日报》更是指出，"美军因为在冷战和沙漠风暴中大获成功而瘫痪，而马歇尔是挽救美军于瘫痪的英雄”。

另一方面，对马歇尔的评价也有刺耳的音调。批评者指出，马歇尔并不像其崇拜者那样料事如神，相反，他不过是一个不断“自寻烦恼”、抱着冷战思维不放的保守主义者。《民族》杂志记者希尔沃斯特恩是其中较为激进的一员。他指出，媒体所报道的马歇尔的许多功绩并不真实。比如，关于艾滋病的问题，五角大楼根本没有人知道马歇尔所做的工作。20世纪80年代初最早提出艾滋病问题的是美国陆军医学研究中心。关于苏联解体问题，希尔沃斯特恩也指出，马歇尔当时的同事都不记得马歇尔曾经提出过这种观点，事实上，直到苏联即将解体时，马歇尔还在鼓吹：“苏联人就要打过来了！”甚至直到1988年，马歇尔领导的一个委员会还判断说，苏联将成为美国20年的主要竞争对手。其他批评者则指出，马歇尔的声望源于他能够为“军事—工业复合体”提供思想上的支撑。一位前五角大楼的官员说道：“安德鲁总是和支持工业需求的人站在同一条战线上。”

不论支持者和批评者如何意见相左，至少有一点是双方公认的：马歇尔极为低调。这位老人惯常斜着眼睛目视远方，说起话时音量很低，就像好莱坞演员吉恩·哈克曼那样生怕吵醒别人。美国一家媒体不无善意地调侃说：“当然，由于在国防圈中人尽皆知，他本来也无需大叫大嚷引人注意。”马歇尔在办公室里经常整天不说一句话，更不愿抛头露面接受采访，在国家安全圈以外几乎不为人知。他和妻子一直租住在华盛顿郊区的一套小公寓里，基本没什么业余爱好，唯一的享受就是品尝陈年葡萄酒。据说，在一次由他发起的关于未来战争的会议上，他说了几句介绍性的话语之后就陷入沉默，眉头紧锁，双臂交叠，此后两天内没有说过一句话。因为沉默寡言，而似乎又具有无限的“原力”，马歇尔获得了《星球大战》中“尤达大师”的称号。后面我们将会看到，这个称号是多么贴切。

这两种截然不同的评价中，究竟哪一种更逼近真实的马歇尔？或者，它们都是真实的马歇尔的不同侧面，不同的评价者只是由于立场不同对同一件事做出了相反的评价？让我们更进一步地走近他，才有可能拼接出更真实的图景。

二、“尤达”和他的“绝地武士”们

安德鲁·马歇尔是五角大楼唯一一个历经整个冷战时期的战略思想家。长期在该领域工作，他的周围逐渐汇聚了一批支持他的改革者，这些人赞同马歇尔的思想，并乐意为其工作，他们自称为马歇尔的“门徒”，将国防部基础评估办公室称为“圣·马歇尔殿堂”“安德鲁的预备班”，而其批评者则根据马歇尔“尤达”的称号，调侃地把这些人称为“绝地武士”。这些称号流传甚广，以至马歇尔的一位朋友也曾经以《星球大战》做过类比，说道：“为了学到尤达的教诲，必须研究绝地武士。”

这批“绝地武士”的列表很长，其中最著名的包括副国防部长保罗·沃尔福威茨、副国务卿理查德·阿米蒂奇、空军部长詹姆斯·罗什及国防部长唐纳德·拉姆斯菲尔德等。他们或是热切支持马歇尔，或是持有与马歇尔接近的观点。比如，他的一个门徒安德鲁·克雷皮内维奇曾经指出，“三叉戟”潜艇应当向陆地袭击导弹平台转变，马歇尔无疑赞同这一观点。另外，保罗·沃尔福威茨和詹姆斯·罗什的著作中也反映出马歇尔的观点。拉姆斯菲尔德更是与马歇尔渊源深厚，他于 1975 年出任福特政府时期的国防部长时，就与马歇尔密切合作，共同提出了开发美国第一个导弹防御系统（“卫兵”系统）的计划。因此，当拉姆斯菲尔德再度主掌五角大楼时，立即对马歇尔委以重任，让其负责对美国原有军事战略进行“从头至尾”的评估，并拟订新的军事战略，还为此在国防部内成立了 20 个评估与检查小组，由马歇尔统一领导。

马歇尔的众多“门徒”不仅在国家安全领域中占有一席之地，还广泛渗透在政治、经济及国防工业等领域，形成了一张庞大而影响深远的关系网。1997 年，当新任国防部长科恩提议削弱国防部基础评估办公室的地位时，詹姆斯·罗什立即发起反击。马歇尔在媒体界的朋友也参与进来，以《华盛顿时报》《航空周刊》《每周标准》《华尔街期刊》等媒体为阵地发起了支持马歇尔的舆论战。他的一位“门徒”在《华尔街期刊》上写道：“美国人晚上睡觉前不会担忧我们是否能在下一场战争中获胜，而安德鲁·马歇尔则会。这就是为什么美国人应当为这一问题而担心：马歇尔即将被一群无知和官僚的五角大楼官员们流放到外西伯利亚。”反击无疑取得了效果，科恩撤回了提议，马歇尔的地位纹丝不动。

三、“军事事务变革”思想横空出世

以马歇尔低调的处事风格，“绝地武士”们之所以能死心塌地地聚集在“圣·马歇尔殿堂”中，无疑与马歇尔十分明确且一以贯之的战略思想有关，其中最著名的是“军事事务变革”（Revolution of Military Affairs）的概念，这一点很有可能使马歇尔名垂史册。

马歇尔十分关注技术的作用，更重要的是，他关注的不是武器装备中包含多少最先进的技术，而是一直强调，现代军事装备要面向战争形势。在他看来，没有什么先进武器具有永恒不动的地位，其暗指的对象包括核航空母舰、主战坦克和下一代战斗机 F-22 等项目。马歇尔认为，这些令美军引以为傲的项目在未来的战争中将不再是主角，因为他们更易招致敌方袭击，并且一旦遭到损失，又会因其高昂的价格给美军带来难以承受的损失。更有甚者，像重达 55 吨的“十字军”自行榴弹炮这样的武器，根本就是冷战时代的产物，不可能及时地大量部署到往往十分偏远的战场中。

在马歇尔的这一战略思想中，有一点颇发人深省：技术变革如果不面向战场的实际形势，很有可能成为死亡的陷阱。特别是在海湾战争后，他正确地指出，现代高技术将使战争的样式和性质发生深刻的改变，同时也将使那些相对弱小的国家有能力挑战美国的军事主导地位。他举例说，现在的世界军事革命就像 20 世纪 20 年代前后，法国在那时就是因为没有意识到装甲部队的突击作用，只会修筑马其诺防线，结果被德国装甲部队的闪电战迅速击败。马歇尔认为，现代战争已经是信息化时代的战争，美国应当进一步有意识地开发远程精确武器和能够使美国控制战场信息的技术，这将使美国能够运用强大的技术实力从而使对手失去指挥和通信的能力。为此，应当建立持续开发新武器系统的体制，加大研制远程战斗机、无人机、新式远程精确制导武器的力度，采购更多的系列空中加油机，并尽可能采用像潜艇这样不易锁定的武器。海军应该停止建造巨型航母，设计新型的轻型航母，并提高它们抵御导弹袭击的能力。此外，美军还应探索新战法，不久的将来，他们将无法继续使用部署在世界各地的前沿基地。因此，应尽可能减少未来美军需要的援助，并且不应在敌方导弹的射程之内储存太多军用物资。

因为过于激进而与众不同的战略思想，马歇尔被某些媒体称为“未来主义者”和“激进的变革者”。凡是变革势必会遇到阻力，马歇尔也不例外。他所面临的反对一部分源于思想方面的因素：像核航母、F-22等武器是各军种引以为豪的掌上明珠，马歇尔的反对深深刺痛了他们骄傲的神经和对这些武器的感情；另一部分则是出于利益的考虑，一种武器，特别是像航母、战斗机这样耗资巨大的武器，总是不可避免地会牵涉众多相关的利益集团（如大型军工业集团、这些集团所在区域的议会成员，等等），变革如果触碰到这些集团的利益，自然会遭到反对。

除了这两个相对主观的因素以外，马歇尔的军事变革思想受到批评也有其客观因素。美国国内一些批评家曾一针见血地指出，马歇尔不过是军方为了获得武器采购拨款而放在五角大楼的一枚棋子。美国中央情报局资深分析家、现在国防大学任教的梅尔·古德曼曾批评说：“马歇尔的理论听起来有一些道理，但他提出的许多假设是无法证实的。……他并不是五角大楼不可或缺的人，也不是无所不知的预言家。”据古尔德教授的分析：“把马歇尔放在这个位置上是一项策略性任命，可以帮助国家导弹防卫系统（NMD）获得需要的拨款，如果他建议美军削减常规武器的采购规模，那就意味着NMD可以名正言顺地得到600亿美元的拨款。”希尔沃斯特恩也指出，马歇尔对美国军事面临危机的预言很合政客们的胃口。他指出，现在美国人谈论的是削减庞大的军费开支，而政府并不愿这样做，马歇尔的预言正好可以用来说服纳税人，现在是在为未来投资，而且越是树立马歇尔的权威地位，人们就越相信马歇尔的警告是正确的，这样，美国政府就可以得到更多的资金来升级NMD，为军火商们带来无比丰厚的利益。

四、“中国霸权论”的鼓吹者

马歇尔另一个影响深远而颇具争议的战略思想是中国霸权论。对苏联的预测失败之后，马歇尔将注意力从欧洲转移到亚洲，并且呼吁美国也应当和他一样完成这种思想上的转变。1999年，由马歇尔主持的研究报告《2025年的亚洲》指出：像中国、印度和俄罗斯等所谓的“转型国家”应当引起美国特别的关注。因为这三个国家综合国力强大、政治制度又都没有或者没有完全“西化”，都具备核能力，对于如何运用自己国力的意图也都不十分明确。因此，如何应对中、印、俄的挑战是21世纪初美国国防部、中情局等各重要职能部门工作的重点。中美关系不管程度如何也许会缓缓地、有成效地向前发展这个观点不正确。并且，目前对美国安全造成最大潜在威胁的不是俄罗斯，而是中国。在中国、印度和俄罗斯这三个国家中，中国是头号“潜在挑战对手”。原因在于，从国力发展看，俄罗斯国力日渐衰微，印度一时还难成气候，而中国综合国力则蒸蒸日上，中国崛起的势头更为明晰；从政治制度看，印度是“最大的民主国家”，俄罗斯是正向“民主化”大步迈进的国家，而中国坚持走社会主义道路，三国之中唯有中国离“西化”标准最远；最后，美中之间还有个潜在的引爆点——台湾问题。

1999 年，马歇尔发起了针对来自亚洲特别是中国威胁的军事演习和评估分析。他当时写道：“大多数美国军事设施在欧洲，但是欧洲眼前并没有什么冲突威胁美国的关键利益。……这些威胁在亚洲。”《2025 年的亚洲》指出，目前对美国安全造成最大潜在威胁的不是俄罗斯，而是中国。马歇尔曾设计多次以中国为假想敌的美国军事演习。

报告还称，美国的海军和空军应“高度重视”亚洲的海上战略。海军和空军应当进行编排配置，以对付将来可能受到的威胁，包括有能力摧毁航空母舰等非隐形目标的远程精密武器。马歇尔还指出，未来美国如要维护自己在亚洲的军事实力，其潜在军事需要与当前的军力部署几乎完全不同。近程战斗机和重型坦克在亚洲将没有用武之地，所以美军为了取得在未来亚洲战场上的优势，必须对现有军队结构和武器装备进行大幅度调整，重点发展远程空中打击能力。

关于“中国霸权论”，同样颇有争议。专门研究中国军事问题的美国海军战争学院的波拉克教授评论说，马歇尔的兴趣在于把一件人们都已经理解了的事情倒过来，把各种理解混淆在一起，然后再找一个模式或可能性进行研究。他总是有些怪异的结论，不客气地说简直就是“自寻烦恼”。波拉克还指出：“马歇尔最大的问题就在于，他不能停止某种妄想，即美国将面临大的危险。当然你可以争论说，我们身边有这样的人是一件好事，但马歇尔绝不是五角大楼不可缺少的人物，他也不是什么万能的预言家。”

是耶，非耶？是五角大楼的导师，还是妄想症患者？无论是关于安德鲁·马歇尔的定位，还是其军事战略思想，关于他的所有问题似乎都存在着争论，无怪乎同一时期媒体对他的评价截然不同。马歇尔现已 91 岁高龄，自世纪之交突然因媒体的关注而红火过一阵之后，关于他的报道如今极为稀少，他重又归于本属于他的一份平静。并且，一如既往，他对赞同和批评都不置一词。然而，与他的沉默相反，不论是他的“绝地武士”们，他的“军事变革”思想，还是他的“中国霸权论”，都在美国乃至世界安全领域产生了也许并不振聋发聩、但绝非昙花一现的重要影响。姑且不论正确与否，他的战略思想至少在提出之后引起了广泛的争论，对于战略研究者来说，这本就已经是很高的成就，而他关于“军事变革”的许多真知灼见，更是对信息化战争时代如何利用新技术力量提出了高瞻远瞩的见解，其中许多直到今天仍极具启发性。就为这一点，安德鲁·马歇尔的名字也会在国家安全战略历史上留下浓墨重彩的一笔。

罗伯特·盖茨：改变五角大楼的八朝元老

2011年4月28日，奥巴马正式宣布调整国家安全团队，任命原中情局局长利昂·帕内塔接替罗伯特·盖茨担任国防部长。至此，罗伯特·盖茨这位因致力于推进美国新军事变革而被称为“改变五角大楼的人”，这位美国历史上唯一任期跨越总统换届并同时跨越两党的八朝元老，麦克纳马拉之后最具影响力的国防部长，其退休一如其上任之初一样备受全球瞩目。在其退休仪式上，奥巴马总统称赞其为“一名谦卑的爱国者，且为人正派，是全美最优秀的人民公仆之一”。美军为何能一直担当新军事变革的“领跑者”？其未来军事变革将走向何方？解码盖茨这位勇于变革的国防部长，我们或许能找到答案。

一、资深情报分析员起家

作为中情局俄罗斯问题专家，盖茨职业生涯的大部分时期都在政府机密部门效力。美国中情局与全球绝大多数国家的情报机构不同，它是“带牙的情报机构”，是具有行动能力的庞大情报系统。1974至1979年，盖茨在美国国家安全委员会工作，期间先后经历了尼克松、福特和卡特三位总统。1979年，盖茨返回中情局，因深受当时的局长凯希的赏识而得到提拔重用，历掌要职。1987年，里根总统曾提名其接替凯希出任中情局局长，但后因有参议员质疑其对尼克松水门丑闻知情不报而未能就任。1991年，老布什总统再度提名其接掌中情局，至此，盖茨成为美国历史上最年轻的中情局局长，同时是中情局历任局长中唯一从基层干起终获提拔的掌门人。

情报分析员起家的盖茨，注定了其与众不同之处在于，他在处理军事变革问题时，善于从理性的情报信息评估出发，在准确把握全球战略局势的基础上进行决策。众所周知，在当今世界经济与科技迅猛发展的今天，任何一点风吹草动都有可能“牵一发而动全身”，各国都在为各自国家利益进行着政治、经济及军事全方位的角逐与对垒。在这种复杂的战略环境下，只有客观理性地剖析当前的国际战略局势，才能准确把握世界新军事变革的脉搏。

就军事领域而言，1990 年，波斯湾地区爆发了二战后世界最大的一场局部战争——海湾战争。这场战争对冷战后国际新秩序的建立产生了深刻影响，同时，其所展示的现代高科技战争的新特点、新态势及新走向，也标示着一场新军事变革浪潮必将引发全球关注。作为世界信息产业的发源地，在信息化主导的这场军事变革中，美国毫无疑问处于领跑者的地位。也恰是在这场战争后，“信息化”迅速蹿红而日渐成为一个热门词汇跃入人们的视野。从精确制导炸弹、军用无人机到新一代巡航导弹，在“信息化”的集结号指引下，世界各国劲旅都试图通过大量应用以信息技术、新材料技术、新能源技术、生物技术、航天技术及海洋技术等当代高科技武器装备，在陆、海、空、天、电等全维空间展开一场多军兵联合的物理信息战。

然而，在盖茨担任美国国防部长之后，却不断提到应对信息化军事变革进行反思。如 2011 年 2 月 25 日，即将退休的盖茨在西点军校对美军军事变革发表了公开演讲，首先，着眼信息化军事变革，盖茨提到了物理信息网络系统本身故有的缺陷，认为不仅要看到信息网络对提高军事优势的价值，同时也要看到信息网络的易攻击性。为此，他呼吁：“美军必须继续革新以促进其自身的灵活性，从而使我们的男女军人能够在信息战或网络战袭击导致信息设备失效的情况下，也能够积极应对，做出敏捷的反应。”其次，盖茨告诫道：“美国应该对我们用来实现目标而且也能实现目标的所有技术保持谦虚态度。”显然，盖茨已经认识到了美国面对的威胁是复杂的，应对措施也是复杂的，单纯依靠物理信息网络可能并不会给美国带来绝对的军事优势。在他看来，谨防他国利用网络信息体系的易攻击性采取非对称性手段对付美军，应引起五角大楼的高度关注。

应该说，盖茨有关信息化军事变革的这一思想，与美国国防部著名信息战专家托马斯不谋而合。后者早在 1998 年就写了一篇题为《大脑没有防火墙》的文章。托马斯对美军 97 联合军演做了深刻反省，明确提出美军在信息化军事变革方面存在着重大隐患，即硬件建设不惜工本，设施齐备，却忽视了对操作这些设施的关键——人的大脑、人的意识、人的精神的进攻与防护，而恰恰是这些软的东西，为信息进攻留下了没有设防的广袤空间。就在托马斯的文章发表以后，美军很快提出了“感知操纵”的概念，认定未来战争将在物理域、信息域和认知域“三域”展开。

二、冷战国际问题知名专家

盖茨不仅有着近三十载的情报工作经历，而且还是一个满腹学识的资深国际问题专家。其父托马斯·盖茨曾出任艾森豪威尔政府时期的国防部长。盖茨的大学是在美国以古老闻名的学院——威廉玛丽学院——就读的，之后，他进入乔治城大学深造，研究方向为国际关系。或许是由于家世渊源，或许是生长于冷战年代的缘故，盖茨将自己的博士论文主题选定为研究“苏联对中国的政策”。毕业后，盖茨成为白宫一名颇有影响的苏联问题专家，并在 1996 年出版论文集《走出阴暗：五任美国总统赢得冷战的内幕》。

在离开白宫的岁月里，盖茨又回归学者身份。他利用自己的资历在哈佛大学、耶鲁大学、华盛顿大学等著名大学授课，并应邀在《纽约时报》做了一名特约评论员。随后，在老布什的推荐下，盖茨担任美国公立大学排名第七的得克萨斯 A&M 大学校长，该校是一所为培养军事人才而设立的大学，经费来源分别由空军、海军及宇航局等重要机构提供。需要指出的是，盖茨在里根和老布什时代都是白宫最器重的政策顾问。在小布什挑选他接替拉姆斯菲尔德担任国防部长之前，除担任大学校长外，他还在一个国会小组里负责审查美国的伊拉克战争政策。

与狂热好战而时常将“杀杀杀”挂在口边的国防部长拉姆斯菲尔德不同，盖茨更多地体现出的是一种“慎战”意识。一位曾在拉姆斯菲尔德手下工作的国防部官员曾说，“盖茨是一个‘实用主义加现实主义者’，他永远不会是引发闪电的电棒。”如在伊朗核问题上，他认为采用直接对话才是最有效的途径，除非到了“万不得已”的时候，不应武力攻打伊朗。另在朝核问题上，他也主张华盛顿当前的外交战略（通过六方会谈与平壤接触）是最佳做法，不赞成用武力方式阻止朝鲜核计划。此外，他也不支持美国对叙利亚动武。显然，盖茨有关国际政治中军事力量运用的许多观点，与“鲍威尔原则”颇为相似，而与“拉姆斯菲尔德”相去甚远，此军事思想，与其冷战国际问题专家的知识背景不无关联。

次外，26 年的情报工作、先后与八任总统共事并担当不同职务的丰富经历，使得盖茨对国际政治问题与军事变革问题非常熟悉。而这些问题无论是其本身还是相互联系都是复杂的。如果不熟悉的话，处理起来也将是非常棘手的。正是盖茨的这种复合能力使他受到布什家族的赏识，建立了长久的友谊。小布什曾评价说，“盖茨是美国最有成就的政府工作人员之一，他在国家安全领域拥有丰富经验，将给国防部带来新的活力和观念。”的确，宽广的国际政治视野，超群的处理问题能力，在盖茨身上内嵌了一种独特的使命感，而这也正是其日后在五角大楼力推新军事变革的不竭动力。

三、掌门五角大楼力推变革

2006 年，在伊拉克局势面临失控、阿富汗战争局势持续恶化、共和党中期选举大为失利、美国军政不和、军内冲突的大背景之下，盖茨出任国防部长，可谓是受命于危难之中。其受命的目的有两个：一是扭转似乎濒于失控的伊拉克安全局势；二是修复与参谋长联席会议和国会的裂痕，并帮助军方重新树立威信。

为此，一方面，他充分发挥了自己善于平衡的能力，有效弥合了国防部与其他部门之间的分歧，并短期内化解了军队的内部矛盾。另一方面，他又积极推进新军事改革，并被称为“五角大楼的改革家”。自冷战以来，五角大楼已经变成了一个庞杂而官僚的政府机构。因此，盖茨要实现自己的抱负，必须协调好各种繁杂的事物，并从人事上进行一些必要的改变。盖茨认为，“五角大楼缓慢的工作节奏已无法适应正在进行的两场局部战争的需要”。

盖茨此番言论可以再次映衬出他“实用主义 + 现实主义”的个人特质。从其日后大刀阔斧的做法来看，为了提高军队执行力，他频繁调整相关官员。据统计，盖茨 5 年来至少解除了 18 名军官或文官的职务，其中涉及参联会主席、中央司令部司令、陆军部长、空军部长和空军参谋长、美军驻阿司令等美军官僚机构内部绝对重量级的人物。在盖茨看来，这些高层军官缺乏解决当前问题的紧迫感，明显阻碍者美国新军事变革的进程。特别是，盖茨发现，一些具有实战经验的杰出低级军官，都因为这些没有实战经验却固守着冷战思维的高级官僚而得不到重用。这进一步激发了盖茨在五角大楼力推军事变革的决心。2007 年底，在盖茨的干涉下，陆军委员会的负责人戴维·彼得雷乌斯允许该委员会可批准40名旅长晋升为准将。此举极大提升了陆军的战斗力，也让美国的陆军文化由此发生了重大变化。

总之，当时在盖茨看来，美军正在两个海外战场浴血奋战，但五角大楼却以和平时期的效率办事，美军在军事人才机制上弊端丛生，“我们这支军队目前面临的最大挑战，坦白地讲，当然同时也是我最担心的事情是，我们的军队如何才能打破在军官任命及晋升方面的‘混凝土’机制，以此留住并激励那些最出色、最聪明且最有战斗经验的年轻军官，在未来为这支军队继续服役？”

作为五角大楼的掌门人，盖茨还发现，虽然冷战早已结束了，但美军在很大程度上仍然保留着冷战时期的军事结构，其重心放在战斗机、航空母舰、攻击型潜艇和大型核武库上，导致诸多战场急需武器装备迟迟不能部署到位。为此，在奥巴马总统任期正式开始之前，盖茨即对总额5000亿美元的国防预算的每个主要项目进行了为期三个月的评估，并委托最高级别的文职分析师和军事官员参与评估过程。2009年4月，这个评估团队制定出一份列有50个需要调整的计划的清单。根据这个清单，盖茨决定大力削减防务开支。他下令裁撤了联合部队司令部，削减或取消了20项武器系统，其中包括取消F-22“猛禽”隐形战斗机计划、全部的陆军多平台未来作战系统以及海军的DDG-1000驱逐舰计划等，盖茨的最终目标是要在五年内削减1000亿美元国防开支。对于节省的国防开支，一来是可以更好地用在维护现有装备，甚至更新核武库上，从而让美军在一个相当长的时期内，仍能够更好地保持当前的军事优势；二来可以增加美军在伊拉克和阿富汗的军事投入，提高前线士兵的待遇，鼓舞士气，以期尽快解决这两处战事。

这位勇于革新的国防部长旨在用其实际行动告诉人们，在新军事变革中，只有敢冒风险、勇于创新才能跨越障碍，主导潮流。这一点，正如詹姆斯·邓尼根在《美军大改革——从越南战争到海湾战争》一书中所感慨的：“很多人过去没有，未来也不会因为他们曾经的努力而获得多少赞誉。这些人常常冒着事业上的风险支持军事变革。许多人的勇敢行为所得到的报偿只是上级的反对和愤怒，其后果往往是被解职了事。尽管变革是不流血的，但是，它包含着许多辛酸和压力。”

四、退身军界，留丰厚“军事遗产”

2011年4月28日，奥巴马正式宣布调整国家安全团队，从此，这位八朝元老，终于卸下五角大楼掌门人的重任，回到了他在华盛顿的故乡。盖茨曾被基辛格称为“情报分析克星”，在执掌五角大楼后便大力推进变革，也因此被誉为“自麦克纳马拉以来最具革新精神的五角大楼掌门人”。然而，盖茨力推军事变革的这些做法，在其退出美国军界之后，也引发了社会各界褒贬不一的评价。总体而言，盖茨在其任内较好地完成了总统赋予的任务，表现在：其一，伊拉克战争和阿富汗战争两大棋盘基本稳定；其二，两场战争都有了撤军时间表；其三，军政之间的隔阂已经消除；其四，精简机构和减少国防开支的军事变革计划已经启动。特别需要指出的是，这位国防部长在任期内对五角大楼所进行的“大手术”明显取得了一定成效，其所主导建立的灵活多变的国防体制，作为强军基石为美军留下了丰厚的军事遗产。

当然，盖茨的某些做法也引起了一些非议。其一，从盖茨所应对的两场战争来说，与上任国防部长相比，整体上有所进步，但并没有实现根本性改变，尽管有了具体撤军时间表，但有关撤军方式及时机问题，仍是其继任者需要面对的棘手问题；其二，从国防开支上来说，尽管他宣称要大力削减军费，节省国防开支，裁减军队，提高效率，但实质性计划的实施难度明显超出了盖茨的预期。此外，反恐战争的规模日益扩大，军事基地的数量日益增加，也为后人在评价盖茨的军事变革成效时，大大减分。

不管如何，作为辅佐过八位总统，有着冷战后美国军政界“活化石”、美国政坛“不倒翁”美誉的国防部长，罗伯特·盖茨绝对可以称得上是五角大楼一位勇敢的革新者，他不仅留给美军有关过去军事变革的丰厚遗产，而且也留给世界各国军队有关未来军事变革的无尽思考。

韦斯利·克拉克：战场和商场的“双料明星”

1981 年，一位年轻的美国军官在笔记中这样写道，“每一个军人都明白一点，只有一场伟大的战争才能成就一位伟大的将军。”这位军官即为韦斯利·克拉克，他参加过越南战争，先后三次负伤，曾获美军最高荣誉之一的银星奖章。同样曾为四星上将的克拉克或许没有“狂人”欧文斯那般声名显赫，但作为曾经的美军战略计划负责人，他对于 20 世纪 90 年代美军全球军事战略的制定扮演了举足轻重的角色。

与众多美军著名将领一样，受益于美国独特的“旋转门”体制，克拉克在退身军界之后，凭借独到的战略眼光及丰富的军事履历，他在商场上同样散发出耀眼的光芒。尔后，克拉克还在政治的水池里搅起了一阵旋涡。总之，从战场转至商场，再到后来的民主党总统候选人，平民出身的克拉克符合美国民众对于英雄的一切幻想。对此，正如其在竞选中喊出的口号——“克拉克，自艾森豪威尔以来，美国最受尊敬的一位战士”——一样，他常以“艾森豪威尔第二”来标榜自己、激励自己并奋勇向前。如今，从某种意义而言，走进韦斯利·克拉克独特的人生历程，就是走进一段美国军事变革的激荡岁月。

一、“声名不显”的北约最高司令

“穷小子”克拉克出生于 1944 年的芝加哥。父亲去世后，他随母亲移居美国南部的阿肯色州小石城。受到当时充斥美国社会的“崇拜英雄热”影响，少年克拉克立志从戎报国当英雄。他考入了西点军校，并于 1966 年以第一名的成绩毕业。后进入英国牛津大学深造，获得了哲学、政治及经济学硕士学位，并学会了俄语。越南战争爆发后，他中断了学业，毅然投身战场，曾三次负伤，因英勇善战和智谋出众而先后获得银星勋章、铜星勋章及紫心勋章。“水门事件”后，克拉克开始跻身美军高级将领行列，实现了他的将军梦。1994 年，他被五角大楼提升为美国参谋长联席会议战略、计划和政策主任，成为美军战略计划负责人，负责美军全球军事战略计划的制订。两年后，被时任美国总统的同乡克林顿任命为美军南方司令部司令，1997 年任北约盟军最高司令兼美国驻欧洲部队总司令，1999 年指挥科索沃战争。后因与五角大楼意见相左，于 2000 年提前退役，同年获得了美国文职人员最高荣誉——总统自由勋章。退役后，他曾担任史蒂芬斯集团公司顾问，2003 年任“韦利斯·克拉克战略咨询公司”董事长兼首席执行官、CNN 评论员和“美国领袖”组织董事长等职务。2004 年宣布参选美国总统，但未能当选。其后，克拉克一直致力于金融战略投资，成为商场上一颗耀眼的新星。

从战场到商场再到政界，克拉克凭借机智和英勇，从美国社会底层逐步爬到金字塔的顶端，得到了阿肯色州同乡克林顿总统的大力赞赏（克林顿曾多次在公开场合赞扬克拉克在科索沃战争中的表现，并称其为民主党的一位明星），人们开始把克拉克同另一位铁血将军艾森豪威尔联系起来。历史总是惊人的相似，平民将军艾森豪威尔同样曾以第一名的成绩从西点军校毕业，出任过盟军总司令。

然而，在竞选美国总统之前，克拉克虽然曾经担任过北约盟军总司令，指挥过科索沃战争，但对于普通美国人来说，却很少有人知道他的大名。在军人生涯最辉煌的时刻被迫退役、在竞选总统中早早被淘汰，克拉克的成就似乎蒙上了一层阴影，莫非“悲情将军”难逃“打酱油”命运？其实不然，克拉克在美军三个阶段的新军事变革中扮演着重要的角色，更是第二阶段新军事变革的主持者，参与制定了 1994 至 1996 年美军全球军事战略，是一名出色的军事战略家。

美国从 20 世纪 70 年代末开始进行的新军事变革分为三个阶段：第一阶段从 20 世纪 70 年代末到冷战结束，这一阶段美国逐步加大以信息技术为主的新军事技术投入，这是美国新军事变革的初始期——军事技术革命阶段。第二阶段从 20 世纪 90 年代初到 20 世纪末。1991 年海湾战争的战果直接刺激美国乃至世界各国掀起了一股新军事变革的浪潮。“军事技术革命”一词被“新军事变革”所取代，美国开始认识到军事变革的实质，认为不仅要加大新军事技术的投入，还要建立与之相适应的编制体制，在军事理论方面进行变革。在这些军事变革的重大决策中，我们都可以看到克拉克的身影。海湾战争结束后，克拉克曾多次声称要变革美国在海湾地区的军事存在。欧洲巴尔干半岛冲突升级，爆发波黑战争后，他立足美国全球利益，向白宫提出许多解决波黑问题的战略性建议，成为五角大楼波黑问题的主要军事顾问。随着科索沃危机的加深，他和欧洲问题专家霍尔布鲁克一起多次被白宫派往贝尔格莱德执行特殊使命，促成了《代顿和平协定》的签署。在其任职五角大楼联合参谋部战略计划与政策主任之后，美国第二阶段的新军事变革达到了高潮，美军参联会连续出版了《2010 年联合构想》《2020 年联合构想》，各军种与之相适应的军种构想以及国防部各财年的《国防报告》纷纷出炉。1997 年，克拉克迎来了其戎马生涯最辉煌的一段时间，他被任命为北约欧洲盟军最高司令兼美国驻欧洲部队总司令。克拉克得以按照自己的主张解决波黑冲突，在更高的层面上参与驻欧美军的管理和战略谋划，并主持第二阶段的美军新军事变革。期间，美国国防部颁布的《防务评审报告》（1997 年 5 月）和 1998 财年《国防报告》提出的“军事转型”战略构想，为第三阶段美军转型指明了方向。

二、“战争狂人”还是“反恐谋士”？

作为这样一位功勋卓著、能征善战的北约欧洲盟军最高司令，西点军校的优秀毕业生，罗得斯奖学金的获得者，如此完美的将军为何于 2000 年被迫提前退役？时任美国总统的克林顿和国防部长科恩在其任期届满前数月将其解职，对此，美国政府给出的回答是：在科索沃战争中与五角大楼意见相左。克拉克由于其性格直率、做事不留余地，一直在军中颇受争议，“作风强悍，控制欲强”是他在军中得到的普遍评价。1999 年英国《卫报》的一篇文章或许能让我们对克拉克被免职的原因有所了解，这篇报道指责克拉克在科索沃战争期间指挥不力、漠视人命。报道称身为北约最高司令的克拉克在未与俄罗斯军队进行沟通的情况下，即下令英国将军迈克尔·杰克逊袭击突然占领科索沃首府机场的俄罗斯伞兵，遭到这位英国将军的拒绝，迈克尔·杰克逊说：“我不会为你发动第三次世界大战！”这种充满危险的命令，在克拉克的指挥中并不少见，科索沃战争后期他又提出了空袭匈牙利境内的输油管道，切断俄罗斯的油料供应，炮击进入作战地带的俄罗斯军舰的计划，未被五角大楼采纳。1999 年，北约轰炸南联盟，大量无辜平民死亡，中国驻南联盟大使馆被轰炸，身为“盟军行动”总指挥的克拉克难辞其咎。2003 年，韦斯利·克拉克参加美国总统大选时，一度被反对者指为“战争狂人”。美国媒体甚至揭露他曾经协助镇压过美国公民的丑闻。媒体称其在 1993 年“韦科庄园”行动中违规“外借”了军事设备和军事人员，最终导致 82 名美国人丧生。

面对这些指责，克拉克回应道：“不要用那样的标签来称呼我，我所做的就是用适当的军事手段使外交政策更有效，来保护并推动美国前进。”他对小布什政府发动的伊拉克战争的评价，似乎让人们看到了“战争狂人”的另一面。早在伊拉克战争前，克拉克就在《华盛顿月刊》发表的一篇文章中写道：“在主要的军事胜利之后战斗很可能还需要继续，因此，军事行动的胜利果实需要国际社会的支持才能继续保持。在对付恐怖主义的战争中，同盟国不是障碍，而是取胜的关键。……‘9•11 事件’让人们看到，世界上最强大的国家正面对着致命的敌人。美国应该借助国际组织的力量、充分利用国际法律击败那些危害着美国及整个地球的恐怖主义者。”他对小布什政府发动的伊拉克战争持反对态度，批评小布什政府未经国际社会的广泛支持就做出侵略伊拉克的决定，他认为反恐问题和伊拉克问题应该更加充分地依靠北约一类的国际军事同盟。

在其著作《赢得现代战争：伊拉克、恐怖主义和美利坚帝国》中，克拉克对美国军事、外交和战略做出了深入的分析，对小布什政府在反恐旗帜下的强硬对外政策提出批评。著书的目的虽有攻击小布什，为竞选总统助阵之嫌，但不可否认其中的思想对当时有关美国未来安全最佳战略的争论有着重要影响。克拉克对什么是必要的战争有着自己的见解，认为“科索沃战役是为了停止种族灭绝所必须进行的一场战争，而伊拉克战争则不是必须的”，“布什政府对伊拉克战争的理由显得如此勉强而不牢靠，就目前的证据显示，伊拉克对美国的威胁无足轻重，危险也不是迫在眉睫”。

三、黑马之姿遭遇竞选“滑铁卢”

2003 年 9 月 17 日下午，阿肯色州首府小石城，阳光明媚。退役将军韦斯利·克拉克一身黑色西装，在数百名支持者的簇拥下走上了演讲台，宣布参加 2004 年美国总统竞选。这对于美国民主党角逐总统席位无疑注入了一剂强心针。美国政治评论家普遍认为，2004 年大选的主题是国家安全，这恰恰是担任过伊拉克战争战时总司令的小布什的主要优势，也是民主党其他候选人的软肋所在。于是，具有丰富国内安全经验和反恐作战经验的退役将军克拉克被民主党推到了聚光灯下，以对阵小布什。他的军人背景和军事经验，在攻击小布什发动伊拉克战争上显得说服力十足。克拉克曾对美国媒体说："关于国家安全，我忘记的比布什懂得的多。"

尽管按照美国标准的"竞选 101"教程，克拉克此时参选为时已晚，但出乎美国一些政治分析人士的意料，克拉克在宣布竞选初期就展示了强大的竞争力。他成功利用了各种媒体为其造势，根据《今日美国》、CNN 和盖洛普公司公布的民意调查显示，其支持率一度高过小布什。"新面孔"克拉克频繁出现在有线电视新闻和网络媒体上，在伊拉克战争期间克拉克一直担任美国有线新闻网（CNN）的特约军事顾问，当伊拉克战争的画面传送到美国的千家万户时，克拉克的名字也迅速"走红"。美国 SALON 杂志一篇题为《克拉克的网络战士》一文中写到，由于"这些网络战士迅速提升了克拉克的知名度"，"网络逐步成为竞选候选人激烈争夺的又一块战场"。此外，克拉克还独辟蹊径，寻求好莱坞明星的支持。与超级乐队"老鹰"同台献艺，与流行乐天后麦当娜共同参与政治谈话节目……黑马之姿杀出的克拉克这番举动可谓一箭双雕，既获得了人气，又获得了经费，人们开始关注娱乐界在竞选中的作用。有媒体评价说，克拉克此举实乃"神来之笔"。

然而，这位四星上将的总统梦很快在民主党候选人初选中破灭了，为何这样一位"完美"的"硬汉"在竞选中遭遇了"滑铁卢"？这与媒体揭发的丑闻有很大关系。所谓"成也萧何败也萧何"，媒体爆出，克拉克之所以成为四星上将，其实是克林顿的幕后操作，而他在科索沃战争中的指挥不当、漠视人命更是成为媒体炒作的焦点。尽管他在担任北约最高司令期间，同北约 19 个国家和地区的政府频频打交道，不断协调美军与各国军队之间的政治、经济、军事和外交关系，在美国民众眼中，克拉克的从政经历仍然太短，"选民需要一个政治经验丰富的总统候选人"，美国有线新闻网政治分析员比尔·施耐德如是说。此外，竞选起步较晚，竞选口号与克里相似等原因，共同导致了克拉克在竞选中的失利。

克拉克虽最终遭遇竞选"滑铁卢"，但他在选举中号召美国人民以新的爱国主义精神来投身公众服务，在反恐战争中寻求同像联合国这样的国际组织合作，这些思想具有独到的战略眼光，影响了美国全球战略的制定。

四、另一个他同样耀眼

韦斯利·克拉克的战略眼光不仅体现在战场上，商场上的他也同样耀眼。现任战略咨询公司Wesley K.Clark & Associates主席兼首席执行官，以及美国投资银行罗曼伦修（Rodman & Renshaw）的主席的克拉克，仍在续写着自己的传奇。退役12年的克拉克将军眼里不再只有军事，在谈到军事与经济问题时，克拉克引用了艾森豪威尔的一句话，“一个国家真正的优势在于它的经济而不是军队，这个世界上最有力量的东西是人的想法。”

克拉克似乎找到了军事和经济的共同点，“这两个领域都必须具备超强的专业知识。譬如军人必须知晓如何看地图从而履行命令，商人必须能看懂资产负债表从而判断一个公司的运营状况，它们都需要很强的判断力。”他在商场上的杰出成就，也与他从军多年培养的战略眼光和军人特质有很大关系。在华尔街刚刚开始回暖之时，克拉克就很肯定地认识到中国公司在华尔街未来发展中将扮演重要角色。他把眼光放在了中国的隐形冠军企业上，至2009年，罗曼伦修已经为35家中国公司进行了融资，其中包括中阀科技（China Valves Technology,Inc.）和中国脐带血库（China Cord Blood Corporation）。一位投资人评价道，“这两个公司为行业内的隐形冠军，知名度虽不高，但业绩相当好。他们非常有眼光，如果不是专业的投资公司，根本找不到这样的企业。”

早在2005年克拉克进入罗曼伦修后，就注意到了中国市场，他一直都在探索进入中国市场的方法以及怎样与中国企业进行更有效率的合作。事实证明，克拉克的中国战略具有很强的预见性，中国企业进军华尔街，对于美国市场的回暖，起到不容忽视的作用。此外，克拉克对如何缓解美国国内的高失业率，以及新能源的开发等问题都有着独特的见解，这或许正是戎马一生的美国将军战略思维的延续。

（赖燕茹、石海明）

万尼瓦尔·布什：奠定美国科技霸权的预言家

在美国的国家级智囊人物中，科学家是一个特殊的群体，其中的代表人物就是《科学：无止境的前沿》的作者万尼瓦尔·布什。众所周知，第一次世界大战的爆发与机械化军事革命勃兴恰好同步，在第一次世界大战前业已萌发的机械化军事革命，在历经四年世界大战之后，得到了全面展开和进一步发展。同时，第一次世界大战对武器装备、编制体制及军事科学的影响也是巨大而深远的。一战之后，美国开始意识到科技的重要性，战争前后成立的众多科研机构为二战做足了科技准备。到第二次世界大战时，一些科学家直接参与到战争中，并对战争发展起到重要作用，其中之一就是万尼瓦尔·布什。

这位在两次世界大战中都为美国国防科研做出过贡献的传奇人物，实在难以用某一个头衔来形容。在不平凡的研究和咨询生涯里，布什既担任过通用电器公司的设备质检员，又担任过赫赫有名的卡内基协会的主席；既在MIT的实验室做过多年的教学研究工作，又管理过与众多科研机构和企业合作的国家防务研究委员会；既自己发明过探测潜艇的装置，又指导学生制做了具有开创性的微分分析机，这被认为是电子计算机的先驱；既是众多大型科技公司的董事，又是入驻白宫的总统首席科学顾问……布什最为重要的“发明”当属他在《诚如所思》中提出的未来计算机构想，这篇论文中的诸多理论预测了二战后至今几十年计算机的发展，后来的鼠标、超文本等计算机技术都是基于该文应运而生的；得益于这位科学巨人的教诲，更是走出了现代信息论之父香农、硅谷之父弗雷德里克·特曼等杰出人物，有人称布什为“信息时代的教父”乃实至名归。

而着眼二战以来美国全球军事力量的发展，其中透露出的基础科学原动力不可小觑，这在很大程度上得益于布什那篇著名的《科学——无止境的前沿》和他的不懈努力。有人说，20世纪是“美国世纪”，而布什就是

“美国世纪的工程师”。那么在美国历史上众多横跨科学和政治两个领域的杰出人物之中，布什何以能够脱颖而出成为“教父”级人物？他对当代美国和世界又有什么深远影响呢？

一、“曼哈顿计划”的秘密掌门

当我们提及“曼哈顿计划”的时候，一般都首先会想到爱因斯坦等著名科学家。计划的提出者和直接管理者万尼瓦尔·布什却很少被人提及。事实上，这完全是出于战时保密的需要，

从未当过兵的布什在面对战争威胁时却十分激进。他总是让实验室里的人们牢记：赢得战争就意味着杀人，而且是大批的杀人。1940 年，面对欧洲战场的狼烟四起，布什用极具哲学味道的观点阐释着军事技术变革对于战争的影响，他说道：战争中的每一个革新都能被另一个革新所抵消。由此出发，布什提出的问题振聋发聩：如果美国必然卷入这场战争，那为什么不使用最先进的武器？当时他敏锐地观察到了在科技研究方面，美国军方、工业和大学中间那种极为危险的“没有效率的自由”，极力主张建立几方协作的联合体，来共同为国家的防务和可能发生的战争开发新技术。作为卡内基研究院院长的布什利用自己的多个头衔在军方和学术界之间、不同军种之间奔走游说，其目的就是建立“把平民拉到军事事务中的有用模式”。然而，此时虽然布什已经知道了核裂变可能用来制造威力巨大的武器，但他却将主要精力放在雷达、潜艇检测和无线电引信等很快可用于战争的项目上，不相信原子弹在战争结束前可以成为现实，因此完全不予考虑。

布什成为杰出的科学组织者的一个重要因素就在于他具有良好的自知之明——对于原子弹最初的消极印象并没有让他闭目塞听，而是充分听取了物理学泰斗劳伦斯的意见，将核武器可行性的问题在多个组织中反复商讨，不放过可能取得飞跃的机会。在科学院、国防研究委员会等科学家的意见难以统一之时，布什又面临着德国即将率先研制出核武器的巨大压力。进退维谷之中，1941 年的夏天，布什得到了物理学家费米和英国科学家对于在战争结束前制造出原子弹可行性的十分肯定的证据，从此开始了具有历史意义的转变。

作为当时沟通科学家与总统的最为可靠的桥梁，身为核物理学门外汉的布什立即开始了对总统罗斯福和副总统华莱士的游说和“科普”。虽然在此之前，爱因斯坦已经向总统阐明了用核武器结束战争的可能性，但显然总统更愿意再次考虑供职于政府机构的布什的意见。1942 年 3 月 9 日，布什向罗斯福总统提交了对推动“曼哈顿计划”具有重大意义的报告，强调了原子弹的光明前景，提出把全部的研制和生产管理移交给军队，罗斯福立即批复了布什的报告，“曼哈顿计划”进入加速研制阶段。

在将整个计划的管理权移交给陆军格罗夫斯上校后，布什受总统委托继续在计划中担任军事策略委员会主席的工作，而这一复杂而又艰巨的任务也许只有布什才能完成。研制原子弹的计划一直处于高度机密状态，要减少不必要的人员了解更多信息，这一直是布什在“曼哈顿计划”中的纲领。一方面，布什要在保守秘密的情况下汇集一切可利用的资源加快研制进度；另一方面，又要承担拒绝海军在计划中分一杯羹带来的指责：海军和一些科学家借机指责布什放慢了研究进度。与此同时，又要做好科学家和民众的思想工作：一些参与研制的科学家认为有必要在原子弹使用的政策上获得更多话语权，民众一旦知晓了相关研究，也会对决策层提出各种各样的批评和建议。而在白宫和布什看来，怎样使用原子弹是政治家的事情，研究人员和大街上的民众一样，都没有多少权力来决定原子弹使用的策略。在管控言论的同时，布什也充当着科学家们的传话筒，向白宫反映自由派科学家的看法。

布什位于二战时期最大的一个机密之巅，成了承受批评的众矢之的；压力之下，他却要在白宫、军方和科学家之间纵横捭阖，以最大努力推进原子弹尽快成型；更肩负着与英国盟友谨慎进行原子技术交换谈判的艰巨使命。

1945 年，布什加入向新任总统杜鲁门提供核武器咨询的一个临时委员会，该委员会建议将目标确定为日本的工业城市。8 月 6 日、9 日，“小男孩”和“胖子”在广岛和长崎的爆炸，成为“曼哈顿计划”用于结束二战的最有力证明。布什和其他同行一样，将“曼哈顿计划”的成功归功于奥本海默；而布什则终于得以走出幕后，逐渐得到公众的认可。

有人如此评价布什在整个“曼哈顿计划”中的作用：“如果没有布什的参与，（原子弹的）项目可能会被完全取消，或者至少不会那么快速的进行。”毫无疑问，在这项规模空前的计划中，布什成功的帮助白宫拨开重重迷雾，确立明确的目标，毅然进行了坚决、持久的行动，才换来了美国在原子武器上的先人一步和二战的尽快胜利。虽然杜鲁门上台后，布什的种种建议屡次受挫，逐渐远离了权力的中心。但布什在战时一手缔造的、以“曼哈顿计划”为代表的军队、工业和研究机构的联合模式，在几经辗转后，终于成为当代美国科研和军事发展的核心动力。

二、洞察未来的战略预言家

1944 年 11 月 17 日，在第二次世界大战已是胜券在握的时刻，罗斯福总统出于对如何尽快而有效地把战时的成功经验移用于和平环境的战略设想，给科学研究与发展局局长布什写了一封信。信中，罗斯福提出了四个问题，希望布什能组织有关专家进行磋商并尽快回答。

问题一：如何能在不妨碍军事安全并征得军方认可的情况下，把我们在战争期间对科学所做的贡献尽快公之于世？

问题二：战争中科学成功地战胜了疾病，怎么能使出色的医学研究得以持续发展？

问题三：我们应当慎重地考虑公立研究和私立研究的相互关系及各自的任务，政府能做些什么，来帮助公立组织和私立组织进行研究活动呢？

问题四：为了发现和培养青年的科学才能，我们能制定出什么样的有效方案，来确保我国将来的科学研究水平超过战争期间所达到的水平呢？

为了回答这四个问题，布什精心组织了四个委员会来共同商讨——名义上是商讨，实则都未超出布什自己的意愿。经过布什仔细挑选的委员会成员，只是以一种民主的方式说出了布什的理念。倘若我们联系到日后美苏长达几十年的冷战对抗，以及最终以苏联解体为终结的历史进程，难免不使人感慨二战结束时美国极富前瞻性的战略研究以及万尼瓦尔·布什在应对这些问题时表现出的深谋远虑。同时，也应该说，布什多年在麻省理工的岁月中，特别是出任科学研究与发展局局长以来一直致力于推动军事领域的研究与民间机构的融合联动，他自己的财富和地位也极大得益于这样的融合。因此，与其说罗斯福的提问正中布什的下怀，不如说这些问题正是布什在白宫工作的重点所在，只是借总统之口提出时，其分量就理所当然地上升到国家战略级别。

在这份报告中，布什认为“无论是和平环境还是战争环境，科学仅仅作为整个队伍中的一员在国民福利事业中起作用。但是如果没有科学的进步，那么，其他方面再多的成就也不能保证我们作为现代世界上的一个国家的兴旺、繁荣和安全”。在布什的设想中，美国科学技术管理至少应该在三方面取得突破：第一，对基础理论研究进行足够的资助，让工业界和军方从中自由汲取营养，来刺激经济发展和保卫国家安全；第二，改进军队研究的质量，以提高军队的武器质量和战略研究的效率；第三，将科学的专业知识用于改善政府决策的工作。这份报告最直观的贡献是促成了美国国家科学基金会的建立，同时其对政府职责、基础研究、科学教育之间的关系进行了深入和前瞻性思考，为美国在其后几十年间科技发展奠定了基础，其影响延续至今。

对于战后亟待稳定经济的美国来说，国家支持全面展开科学研究和技术创新在国会和百姓看来是不够“经济”的资源浪费，因此在《科学——无止境的前沿》发表时并没有立即得到落实。杜鲁门总统的预算局长也曾讥讽“无止境的前沿”（Endless frontier）是“无穷的花费”（Endless spending）。但是，在东西方冷战开始后，出于军事竞争的原因，美国政府对科学研究和技术创新的支持问题才又被各方看重。而彻底扭转美国朝野上下思想的，就是1957年10月4日苏联第一颗人造地球卫星“Sputnik-1”的成功升空。自此，美国政府才完全将对科学研究和技术创新的支持作为自己不可推卸的责任，也才使得美国联邦政府对基础科学和技术发展的支持程度与布什的预期发展相符。在此基础上，《科学——无止境的前沿》中的基本思想和操作性建议也迅速成为影响战后50年来美国科学政策的标准“话语”。其中，布什对科学研究自主性的强调，更是成了冷战时期美国科学界在获得政府资助的同时又能在一定程度上避免被军方和政府彻底控制的有力“借口”。

在那个炮火依然连天的日子里，没有多少人会注意到布什这份关于科学价值的报告。然而，战后半个多世纪的实践表明，美国全球霸权的确立、维系和扩张，正是得益于科学技术这个事关国家前途、民族命运的决定性因素，这个大国崛起的有力杠杆。

三、站在巨人肩膀上的美国力量

随着布什逐渐退出白宫，他也因此远离了美国科技政策的制定工作。但历史证明，时至今日，无论美国具体的科技政策如何调整，其基本原则一直未偏离布什在二战尚未结束时设想的轨道。布什在《科学——无止境的前沿》中提出的许多建议和意见，通过实施中根据实际操作状况所做的不同程度的调整，已经成为今天美国科学政策中的常识。布什呼吁的政府对科学发展的支持，也逐渐深入人心，赢得广泛支持。

在布什的直接努力下，美国先后成立了原子能委员会、海军研究办公室、国家科学基金会等多个支持科学研究和提供技术建议的机构，更加大了对国立卫生研究院的资助。与此同时，美国国家宇航局、美国能源部和国防部也都加大了对基础研究的投入，这与布什的想法一脉相承。二战期间的国防研究委员会、科学研究与发展局，它们为战后的发展创造了政府与科学关系新的“原型”：为了国家的目标，政府授权科学家，给予科学家相当大的自主性，并通过合同的方式维系着两者之间的新联系。

二战时期成就了布什的科学研究与发展局，在今天也有其成熟的发展形势：军事工业复合体。在战时，布什利用他在学界和军界的广泛人脉，积极引导二者进行合作科研，并大力推动国会进行不求回报的研究资助。与此同时，布什还积极吸纳欧洲科学家参与到美国的科研工作中，该机构成立后，仅以合同的方式招募了数以万计的欧美科学家，对反潜雷达、防空雷达、机载雷达、高炮瞄准雷达、无线电引信炮弹、反潜、固体火箭、原子弹等军事科技以及军事医学进行研究，极大提升了美国的战争力量。而在冷战愈演愈烈之时，这种复合体强大的生产能力和精准的需求定位成为美国与苏联对抗的依仗。据统计，1952 至 1962 年，国防工业对各州经济的贡献十分惊人，在一些军事工业集中的州，经济增长速度甚至达到了 21%—27%；到 70 年代，国防部的军事订货更是遍及全美 48 个州的 1000 多个市镇，涉及工业部门达 76 个。时至今日，美国的军事—工业复合体已经远远超出布什当年的简单科研合作机构，而形成了包括国防部、军工企业、国会、大学等多个主体的复杂利益结合体，成为美国保持军事实力的组织根基。

战争树

回首万尼瓦尔·布什的一生，我们看到的是一位致力于世界和平的科学家，是一位学养深厚的工程管理者。头衔和职位，甚至再多的奖项对于布什来说已如浮云掠眼，因为，他早已站在了时代的前沿。正如《布什传》的作者扎卡里所言："在战时的世界上，他似乎是如此重要，人们认为如果没有他，国家就难以存在下去。他从不显赫的地方展露出来，开发了极其丰富的专业知识宝藏，助力打赢战争。他不只受惠于某一个集团，他借助于学院、工业和军队各方面的力量。在那个危机之中，他制造了一个创新系统，在他把自己作为管理者和技术先知的力量耗尽之后，这个系统应该是能够持续下去的。"

（刘一鸣、石海明）

布热津斯基：地缘战略的常青树

在冷战告终前后，基于个人对国际政治学的深邃修为及其对地缘政治精髓的通盘掌握，布热津斯基对时局的分析，预见性往往很强，即使在西方世界战略学巨擘中，也罕有其匹。

苏联一朝解体，终于让美国宣称赢得了冷战的胜利。这是二战结束以来国际战略博弈中最重大的事件。苏联对外扩展势力，一度何等辉煌，曾几何时，迅即崩溃。就与苏联紧张对峙而言，在不同历史时期，美国自身努力各有表现：卡特总统挖墙脚致其根基松动，里根总统运足全力整体发功，老布什总统则旋紧了最后一颗螺丝而收其大成。

在卡特任内，针对苏联的全盘操作，布热津斯基实际上是隐在幕后的人。后人评断历史，布热津斯基诚可谓功不可没。

在另外两件事上，布热津斯基也做出前瞻性的预言，尤见其功力：一是布热津斯基很早就语出惊人，预言苏联将一朝崩溃，这个论断当年无人问津；二是苏联刚刚解体，布热津斯基即撰文强调，要吸取历史教训，决不容许一个超级大国再度崛起，哪怕是美国的盟国如德国和日本“亚太再平衡”政策的根由应溯自当年布热津斯基的论断。

——美国斯坦福大学国际安全和合作中心　薛理泰

2015 年 3 月，在乌克兰局势愈演愈烈之际，奥巴马政府面临左右为难的战略困局。美国智库发力，一场由战略与国际问题研究中心举办的专门研讨会请来了两位专家为其解惑，其中一位就是 87 岁高龄的兹比格涅夫•布热津斯基。面对政坛重量级人物的不同见解，布热津斯基将目前局势的应对方案娓娓道来，为奥巴马政府支招解围。在研讨会上，他年迈的声音略显沙哑，但眼神依然犀利。

美籍波兰人布热津斯基是当代著名的地缘政治学家和国际关系学者。

他曾担任卡特总统的国家安全事务助理，在美苏冷战时期为美国的外交政策做出过突出贡献。卸任之后，他在美国智库中继续进行外交政策咨询工作，现任华盛顿战略与国际问题研究中心理事和约翰·霍普金斯大学高级国际研究院教授。曾获美国总统自由勋章的他在学术界和政界的影响都颇为深远，美国前国务卿奥尔布赖特、前国防部长盖茨以及前国防部副部长保罗，都曾是他的门徒和旧部。

在布热津斯基的代表作之一《大棋局：美国的首要地位及其地缘战略》一书出版后，《洛杉矶时报》毫不掩饰地评价道："在当今多变的时代里，布热津斯基仍然是美国最伟大的战略思想家。"那么，这位地缘战略领域的常青树成就了怎样的伟业呢？

一、苏联解体的重要推手

布热津斯基最为辉煌的年代要数他出任美国总统安全事务助理的四年。期间，美苏冷战局势悄然变化，布热津斯基也借此发力，成为苏联解体的重要推手。

20 世纪 70 年代末到 80 年代初，布热津斯基主张从三方面对苏联进行遏制：一是对苏联在全球的扩张行为进行谴责，夸大其战略意图，占领舆论制高点；二是在亚欧大陆的远西、远东和西南三条战线上展开对中间国家控制权的争夺；三是加强对苏联境内的广播宣传，进行"和平演变"。

布热津斯基在白宫不遗余力地为自己的主张奔走，争取各方支持。通过卡特发表的那段后来被称作"卡特主义"的著名演讲，就可以很明显地窥见布热津斯基的影响。卡特不仅公开承认了美国在波斯湾地区的军事和经济利益，还重新制定了在那里的新战略部署，这是布热津斯基地缘政治思想的具体体现，也是他入驻白宫以来孜孜以求的目标。他建议卡特总统秘密支持喀布尔反苏派，诱使苏联出兵，使其陷入战争泥潭。事实证明，这种极具战略眼光的做法达到了四两拨千斤的效果，成为压垮苏联的最后一根稻草。

面对苏联在阿富汗咄咄逼人的攻势，布热津斯基极力主张打中国牌，其具体实施方案就是加强与中国的军事合作。布热津斯基多次督促卡特政府放宽对中国出口的限制，特别是对军用敏感设备的限制。在布热津斯基的努力下，1980 年底，五角大楼宣布正式批准向中国出售包括防空雷达、运输直升机、车辆及电子检测设备在内的辅助性军用装备。中美之间的战略利益在这一特定的历史时期达成契合，由此也推动了中美关系的发展。

在东欧，布热津斯基推动美国以波兰为突破口，展开了对东欧国家的力量渗透，将遏制苏联之手伸到了苏联的家门口。美国在波兰国内遭受经济危机之际，给予了大笔的援助和贷款，以此帮助波兰独立解决国内困难，波兰逐渐脱离苏联并靠向西方。就在波兰国内形势一触即发之时，布热津斯基及时要求卡特政府联合欧洲四国商讨紧急应对措施，制定应对苏联军事干预波兰的惩罚措施；他还在苏联积极进行军事准备的紧要关头，建议卡特总统对苏联发出强硬警告："对波兰的外来军事干预，将给东西方关系特别是美苏关系造成最消极的后果。"随着卡特在随后的连任竞选中失利，这也成了卡特任期内美国与苏联的最后一次正面较量，也是布热津斯基一手建构起来的卡特主义的绝唱。

20 世纪七八十年代，以权力现实主义原则为核心的卡特政府外交政策，深深地打上了布热津斯基的烙印。正因如此，四年的白宫生涯也成了布热津斯基人生中的辉煌岁月。以卡特主义的出炉为转折点，美国对待苏联的外交政策，从尼克松政府的缓和完全转变到了遏制和对抗。其显而易见的结果，就是苏联的节节败退，直到 90 年代初宣告解体，持续 40 多年的冷战就此终结。

二、超级大国的冷眼观察者

四年的国家安全事务助理工作为布热津斯基的事业发展增色不少，在此之后，他还为奥巴马在竞选期间担任首席外交政策顾问。观点激进的新保守主义者受布热津斯基影响也非常大。以高学历和财团背景扎根于美国政坛的布热津斯基，是典型的美式"学而优则仕"的代表，同时也具有不可多得的先天优势。他对于美国自身实力的动态变化有他自己独特的领悟，既有"美国要抓住历史机遇领导世界"的大胆主张，也有"美国应避免与大国正面冲突"的鸽派言论。总的来说，布热津斯基能以冷静眼光看待美国在历史中的沉浮，这样的战略家并不多见。

布热津斯基在回顾美国参与的几场局部战争时言辞十分犀利：不管是

在朝鲜、越南、阿富汗还是伊拉克，美国没有打赢过任何一场战争。他认为美国已无法重温独霸世界的“美国梦”了，甚至连20年前曾拥有的主导世界的地位都已失去，取而代之的是在无序和混乱的国际环境中形成的多边主义。美国必须“寻找更多的伙伴，而不是盟友来共享在经济和社会稳定方面最基本的利益”。

有趣的是，布热津斯基一方面无奈地承认美国的力量正在持续下降，另一方面又为美国开出了远超出其实力的药方。进入21世纪以来，美国在新保守主义政策的驱动下发动了阿富汗和伊拉克两场战争。这两场战争虽然将美国的力量推入到了亚欧大陆的中心地带，但想收场并不容易。两国国内持续不断的安全问题使美式的民主与自由遭到质疑，而美国为此付出的高昂代价也让国内怨声载道。内外交困之时，奥巴上台后才使美国从两场战争中真正抽身出来，但“重返亚太”的战略方向似乎又使美国陷入了另一种盲目乐观的自我定位。欧亚大陆本来就是一块太大太硬的骨头，任何尝试拥有这块骨头的国家都将付出难以想象的代价。奥巴马的“亚太梦”与布热津斯基一直以来主张的“欧亚大棋局”观点几乎如出一辙。

血液中的理想主义因素让布热津斯基虽然不得不面对现实，但终归还是得出了“美国不会失败”的结论。退一步讲，“即使失败，也不会有大的赢家，却会有很多输家”。布热津斯基眼中的世界无疑是美国的世界，他对于美国掌控权的“冷静”，也是建立在美国主导世界潮流的预设之下，区别只在多与少的问题。

三、中国通的“中国结”

无论从来访次数还是了解程度来说，布热津斯基都称得上是一个中国通。这位战略大师不仅在中美关系中扮演过重要角色，还在研究过程中时时关注中国的发展及其对世界的影响。这位中国通有着不同于常人的中国情结。

布热津斯基与中国结下的不解之缘还要从中美建交说起。1978年，他强烈要求卡特总统批准自己去中国走一趟，并被授权代表美国，承认中国提出两国关系正常化的三个基本条件：同台湾断交、撤走美国在台军事人员和设施以及废除美台安全条约。他见到了邓小平和华国锋，德国《法兰克福汇报》报道:“布热津斯基可引以为荣的是,中国领导人隆重接待了他,规格堪比接待基辛格。”在随后的岁月中,布热津斯基多次和邓小平见面,两人不仅成了促进两国关系正常化的主要对话伙伴,而且私交甚密。就在同一年的12月16日,中美两国政府同时发表了《中华人民共和国和美利坚合众国关于建立外交关系的联合公报》,并于1979年1月1日正式建立了外交关系。

和他的哈佛校友基辛格一样,布热津斯基公职生涯结束之后,依然保持了不可忽视的影响力。他来访中国或者中国领导人去美国访问时,中国最高领导人都要去接见他,了解他对世界格局的见解。当布热津斯基访华时,与他见面的不但有政府领导人,也有军方高层将领。中美建交之后,布热津斯基不仅邀请邓小平到家里做客,还带领自己的孩子到青藏高原、泸定桥、大渡河等地,重温当年的历史风云,还到了中国农村,见证了中国大地发生的新变化。此外,这位学者型政治家还经常受邀参加中国举办的战略论坛,广为国内学者知晓。

与中国从领导人到学者再到平民的近距离接触,让布热津斯基对于中国有了更加直观的了解。2010年,在接受BBC采访时,他坦陈:“今天的中国与我1978年前往北京商谈中美建交时的中国有天壤之别,中国取得了非凡的成就。”虽然中国日益增长的软硬实力让两国的媒体在中国挑战美国霸主地位的话题上乐此不疲,“中国威胁论”也在欧美世界大行其道,但布热津斯基一直强调虽然中国已经成了地区性的地缘政治大国,但中美之间的差距仍然是客观的、全方位的——无论是技术上的,还是政治环境上的。

中美关系是布热津斯基一直热衷的话题之一。在新时期,他的主张与我国倡导的新型大国关系有着相当程度的契合。他认为,在中国力量崛起和美国霸主地位动摇的过程中,双方产生危机的难度要大于化解危机的难度,但这并不代表双方将会任其发展成正面对抗,其原因是多方面的。不同于冷战时期的美苏关系,紧密的经贸关系让中美的依存度越来越高;两国社会也对彼此十分开放,各基层各领域交往深入而频繁;同时,核武器的存在也使任何一方的胜利失去其本来的意义。对于中美关系中的不稳定因素,布津斯基指出:“对中美关系稳定的真正威胁,不在于两国中任何一方的敌意,而在于一个复兴的亚洲可能滑入民族主义狂热,就像20世纪民族主义曾导致欧洲因资源、领土冲突一样。”布热津斯基的解决方案也似乎有着某种理想主义的成分：中国成为地区头号强国的同时不称霸，美国“离岸”平衡的同时不介入地区冲突。

对于中国的和平崛起，布热津斯基有着较为平和的心态。他承认，迄今为止中国的崛起依然是和平的，并认为在可以预见的未来都将如此。在中国和平发展的过程中，让布热津斯基较为担心的并非中国对外发动军事行动的可能，而是中国国内的民族主义情绪被滥用。在布热津斯基看来，中国共产党能否带领中国人民在追求富裕的道路上走得更远，取决于能否让大众参与社会决策以激发民众的自豪感。对于中国崛起过程中军事力量的发展，布热津斯基态度更为保守。他认为，中国军力的发展速度与其实力的增长不仅是相匹配的，而且是有所控制的。就拥有核武器的策略来讲，布热津斯基眼中的“最小威慑力”政策是十分明智的，这并不会传递给他国不安的信息。布热津斯基虽然并不是“中国崛起论”的鼓吹者，但他至少能够较为理性地接受这一客观历史进程，与此同时，他也为遏制中国崛起提出了一些大胆的想法。

当戴维·史密斯的《龙象之争》将中国和印度视为世界的新重心之时，布热津斯基直截了当地指出了中国经济的脆弱一面。布热津斯基眼中的中国经济极其依赖海上通道，尤其是工业发展赖以生存的石油更是几乎完全依赖海运。他指出，只要在关键水道如马六甲海峡或者上海的港口布几颗磁性水雷，就可以严重阻碍中国经济的发展，甚至使其陷入停滞。这种假设不无道理，但显然大大低估了中国维护海上航运安全的能力。最近，中国多批次的远洋护航，以及“一带一路”建设的稳步推进已很好地回应了布热津斯基的假设。

从《大失败》到《大失控与大混乱》再到《大棋局》，这位笔耕不辍的学者型政治家在其学术生涯中先后出版了十几本著作，一生都在关注世界发展的大问题和大战略。经历了冷战期间国际风云的剧烈变幻，也承受了来自不同方面的赞誉和批评。人无完人，抛开其观点的偏激和片面之处，我们发现布热津斯基本人就是一本经历了岁月考验的无字书，值得我们细细品读。

（刘一鸣、石海明）

五、兵书悦读

穷天人之际，通古今之变，成一家之言。

——司马迁

金融与战争：永不消失的链接

这是一本不易读懂的书，因为它的观察很深。

这是一本容易读懂的书，因为它的作者真懂。

坦率地说，讨论这样一部学术性、体系性及跨界性极强的“准经典”作品，不是一篇简短的书评所能胜任的，它似乎需要多主体、多回合及多角度的迭代式研讨学习。在此，笔者仅仅从金融与战争相互关联的视角，谈谈这样一部孤傲、脱俗且睿智作品之一隅，或许触摸不到它真正的灵魂，但无法抑制内心与之对话的冲动。

一、战争就是吞金的黑洞

1499 年，当路易十二国王询问特里武尔齐奥占领米兰需要什么时，这位顾问回答说，需要“三件东西：钱、钱、钱”。从某种角度而言，战争就是吞金的黑洞。按照路易十四的说法，“拥有最后一枚畿尼的人总会获胜”。17 世纪英国重商主义代表人物托马斯·曼在《英国得自对外贸易的财富》一书中，也明确指出，“财富是战争命脉”。可见，金融与战争有着天然的联姻。对此，金德尔伯格在《西欧金融史》中曾说：“金融革新发生在战争期间。例如，英格兰银行建立于欧洲大陆被称为‘奥格斯堡联盟战争’的‘九年战争’当中。1800 年拿破仑建立了法兰西银行用来为他的战争筹款助一臂之力，这些绝非出于偶然。在中世纪，导致银行家破产的主要原因不是现代的商品和股票市场的垮台，而是国王们不能如期还债，这些债务是用来招募雇佣军和资助同盟国的。1588 年西班牙军队对安特卫普的包围摧毁了该城市日趋衰落的金融力量。1792 年法国占领阿姆斯特丹对该城市的金融领导地位是致命的一击。”

对于金融与战争之间这种如影随形、互为倚重的“强关联”，长期以来，在一般的军事学或经济学著作中皆鲜有提及。如对于近代西方的兴起这一重要命题，在军事革新与金融革新之间似乎被砌起了一道无形的墙，在墙的这一边，我们只能看到刀光剑影，而在墙的另一边，我们又只能看到金融演进，殊不知这道所谓的墙根本就不应当存在。

非常难得的是，著名战略学者王湘穗所著的《币缘论：货币政治的演化》一书对“金融与战争”给予了足够的重视，深刻的洞见与精辟的论述随处可见。如对于欧洲金融业在近代的崛起，作者指出，“要想赢得火药时代的战争，所需的资源要比欧洲领主所能拥有的更多。即便是岁入可观的国王，要维持规模庞大的军队和进行战争，也常常需要借贷。正是火器战争对金钱的强烈需要，刺激了欧洲金融业的发展。欧洲金融业之所以能够在16世纪后快速膨胀，与当时数百个公侯王国之间的兼并战争有极大关系。”

再比如，对于中日甲午战争，当军事研究者依然热衷于围绕对垒双方的战略战术、器械装备及将才素养等争论不休时，作者却在历史的深处窥见了真正的玄机：“日本在1894年的甲午战争中能够获胜，除了战场上的因素外，在很大程度上与日本在明治维新后建立了国立银行体系有关，有了现代金融体系就可以发行包括海军公债在内的各种公债，为购买军备和进行战争融资。”相比之下，对于中国北洋水师的惨败，作者的见解也是一针见血的，“局限在器物层面的中国洋务运动，没有改变国家财政金融体系中的农业社会特征，发展海军和进行战争这样的国之大事，竟然要靠地方督抚设法筹措，形成‘以北洋以隅之力，搏倭人举国之师’的局面。在中国传统的皇权统治下，不可能发展出能够制约皇权的金融权力，因而无法适应资本主义世界体系下需要倾国家之力的大争之世，无法应对工业化时代的战争。”

无疑，对于战争与金融之间的这种耦合性，以往我们看到的往往是割裂的图景。一些军事研究者推崇“唯军事主义”，过度地强调战术、技术、装备、将领等这些决定战场胜负的因素，而不善于将研究战争的触角伸向决策者及其依附的民族国家运行体制，尤其是维系国家运转的金融体系。导致这种现象的部分原因在于，在军事领域最有发言权的往往是刚刚从血与火的战场上走下来的将军，抑或虽远离战场但对硝烟弥漫充满想象的书生。从常理上说，这两个群体都不善于打破横亘在军事与金融之间的隔离墙，自然也就难以窥见决定战争胜败的真正操盘手。对于这一点，在有关西方兴起的相关研究中，体现得更为充分。

二、西方兴起的要诀是“军事—商业”复合体

对于西方兴起的问题，在《币缘论：货币政治的演化》一书中，作者指出，“欧洲国家间的战争创造出能在短期内充分调动国家力量的现代金融体系，可为国家战争及时供血。建立军事—金融体制的国家，就是一个能够随时借到或更快借到钱的国家，往往握有发动战争的主动权；而能够以更低利息融资的国家，则可以在战争中坚持得更久。谁离资本更近，谁就可能获得战争的胜利。”笔者认为，作者在此的论述直戳精要，甚至比一些西方“大牛学者”的见解都要深刻几许。

近代西方何以兴起？这是一个颇有挑战的命题。长期以来，一些经济学家受视角的局限，有的强调产业革命，有的强调人力资本，众说纷纭，莫衷一是。如在《西方世界的兴起》一书中，诺贝尔经济学奖得主道格拉斯·诺斯与罗伯特·托马斯就认为，有效率的产权制度，是经济增长的决定因素。西方兴起的根源，正是得益于有效率经济组织的蓬勃发展。“那些国家的成功是所有权重建的结果。而失败——西方世界历史上的伊比利亚半岛和当代拉丁美洲、亚洲和非洲的大部分地区——则是经济组织无效率的结果。”

其实，单纯从经济的视域解释西方的兴起，无异于盲人摸象。后来的一些历史学家试图从更宽广的视野来透视问题，但有些也不得要害。如美国斯坦福大学历史学教授伊恩·莫里斯在《西方将主宰多久：东方为什么会落后，西方为什么能崛起》一书中，就将西方的兴起归结为地理因素，而且秉持一种“地缘宿命论”的观点：“西方得以统治世界是因为地理方面的原因。……西方得以统治世界既有长期原因，也有短期原因，依赖于地理因素和社会发展之间不断的相互影响。但是西方统治本身既不是一直存在的，也不是偶然的，将之称为可能发生的事件更加准确，在大部分历史时期，地理因素对西方都非常有利。”

对于这种地理因素决定论，英国著名金融历史学家尼尔·弗格森在《文明》一书中，给予了强烈质疑：“导致东西大分流发生的，是欧亚大陆西方板块的地理或气候吗？西方人难道得到了命运的眷顾，因而能跌跌撞撞地穿过最适合栽种富含热量的蔗糖的加勒比群岛？难道说‘新世界’为欧洲提供了中国所没有的‘鬼地’？难道仅仅是墨菲法则在发生作用，使中国的煤炭储藏比欧洲的难以挖掘和运输？”弗格森在这本书中探讨了东西

方文明发展的模式，然后将西方兴起的原因归结为“竞争”“科学”“财产权”“医药”“消费”“工作”六个方面。他的这一见解明显受到了美国学者贾雷德·戴蒙德相关著作的影响。在《枪炮、病菌与钢铁》一书中，戴蒙德解释了欧亚大陆始终领先世界的原因。在他看来，在欧亚大陆平原上，统一的东方帝国妨碍了创新，而在河流遍布、多山的欧亚大陆西部，多个君主和城邦则有利于竞争。具体而言，他指出：

“地理上的四通八达和非常一般的内部障碍，使中国获得了一种初始的有利条件……但中国在地理上的四通八达最后却成了一个不利条件，某个专制君主的一个决定就能使改革创新半途而废，而且不止一次地这样做了。相比之下，欧洲在地理上的分割形成了几十个或几百个独立的、相互竞争的小国和发明创新的中心。如果某个国家没有去追求某种改革创新，另一个国家会去那样做的，从而迫使邻国也这样去做，否则就会被征服或在经济上处于落后地位。欧洲的地理障碍足以妨碍政治上的统一，但还不足以使技术和思想的传播停止下来。”

相比于戴蒙德提出的“欧洲分裂—鼓励竞争—创新变革”这一逻辑链条，美国历史学家威廉·麦克尼尔在《竞逐富强：公元1000年以来的技术、军事与社会》中，则给出了另一个更具说服力的解释框架——“欧洲分裂—鼓励竞争—军事变革+金融变革”。麦克尼尔的突破性之处在于，他揭示了欧洲崛起过程中富国与强军之间的内关联，军事变革与金融革新之间的统一性。用其自己的表述来说，那就是：

“国王及其大臣与银行家和供应商之间既斗争又合作——促使市场关系日益深入欧洲社会，这似乎是一种自相矛盾的现象。每次税收的增加都将又一部分欧洲的财富带入流通领域，因为国家收入多少就消费多少。因此，日常生计和完全地方性的经济模式持续不断地受到强制（税收）和诱惑（更廉价、更好的货物，更多的个人收入）的双重侵蚀。战争和战争的巨大消耗令整个过程得以加速；由市场控制的人力物力动员却缓慢地向前发展，并逐渐证明这比指令能更有效地把人们的努力融为一体。……到了16世纪，甚至欧洲最强大的指令结构在组织进行军事和其他主要事业时，也要依赖国际货币和信贷市场。”

麦克尼尔在此所谈到的其实就是“军事—商业”复合体的形成。应该说，它是西方强大的要诀所在，也是资本主义与人类战争紧密耦合的秘密。

战争这个吞金的黑洞，一方面毁灭人类创造的财富，另一方面又刺激金融的发展。而金融的力量，作为一种隐蔽的权力，以资本的无孔不入与天然的逐利性，为战争不断输送或“善”或“恶”的原动力，金德尔伯格在《西欧金融史》中说，“银行家关于战争的声明并不可信；爱好和平和反对战争的主张均出于自己的利益。”或许表达的正是这样一种感悟。对此，商业力量支撑的荷兰战胜西班牙，18、19 世纪信贷机制保障的英国战胜法国，美元霸权下的美国在全球呼风唤雨，这些都是对“军事—商业”复合体能量的现实注解。

有关“军事—商业”复合体对战争的刺激与支撑，远远超出了一些经济学家的相关认识。比如，大卫·李嘉图有句名言——“当大臣们必须向民众请求增加税收才能进行战争时，持久性和平才获得最大保障。”在《和平的无形之手：资本主义、战争机器与国际关系理论》一书中，作者帕特里克·麦克唐纳评论说：

“当代自由和平论的许多观点都是以康德的名著《永久和平论》为基础的。通过大卫·李嘉图这本不大有名的著作，我们可以进一步深化此项研究。对于李嘉图比较优势的研究以及其国际贸易如何能够增加国民财富的意义更为得到认可的是，他关注拿破仑战争之后英国公债的规模，进而研究了战争融资的进程如何影响了和平的实现。他认为，在冲突爆发之初所得税的征收而非依靠发行公债解决战争开支，这既有利于国民经济又有利于政府本身。从经济角度讲，这样可以迫使本国公民预见战争爆发的可能性，并进行储蓄以准备战争所需的经济开支。这些用于战时开支的储蓄，可以减小战后偿债压力，使国民经济在军事冲突结束之后便可恢复到正常消费水平。从政治角度看，它不但防止了战争成本的代际转移，而且剥夺了政府自由支配的资金储备，使之不能随意发动侵略性战争活动。”

在此，我们看到，麦克唐纳对战争融资与赢得和平相互关联的研究，由于视角的单一与狭隘，得出的判断也缺乏足够的说服力，反而遮蔽了有关金融与战争的更复杂、更深刻、更全面的认知。事实上，正如《币缘论：货币政治的演化》一书中不断揭示的那样，金融与战争之间绝不是单向的关系，而是内嵌耦合的复合体，有什么样的金融体系，就有什么样的战争方式，英国与法国当年的较量就最具标本价值。“法英之间的战争，除了战场较量，也是掠夺和债务两种融资体系的竞争。英国通过政府、信贷和商业机构的债务筹集战争经费，为反法同盟提供稳定的资金支持。滑铁卢的胜利，不仅是威灵顿公爵和伊顿公学的胜利，也是‘军用畿尼’和罗斯柴尔德汇票的胜利，更是英格兰银行和英国式战争融资体系的胜利。”

如果仅仅停留于论述金融与战争之间存在的某种关联，这部作品就丧失了应有的“准经典”价值，毕竟已经有一些前人研究的“蛛丝马迹”可以遵循。然而，值得敬重的是，作者在《币缘论：货币政治的演化》一书中并未就此止步，而在理解战争的思维层面敢于标新立异，对经典战争观提出了绝非浅薄的挑战：

“从资本增值的角度去理解战争，更容易接近战争的本质。在克劳塞维茨看来，战争是政治的继续。作为政治的工具，战争应该服务于国家并由国家掌控。问题的关键是，谁在控制国家？国王的国家与资本家的国家具有不同的政治，因而就有不同的战争；产业资本家、商业资本家与金融资本家具有不同的政治——产业资本家需要维持就业，商业资本家需要市场，而金融资本家则要摆脱一切实体经济的羁绊——因而即使是资本主导的战争，也会呈现不同的形态；比人格化资本更具影响力的是国格化资本的差异，它们所追求的不同目标，更导致了战争的复杂场景。”

正是基于这种剖析，作者并没有对克劳塞维茨的《战争论》停留在只会顶礼膜拜的地方，而是从资本政治的角度，鲜明而深刻地揭示出资本主义时代战争的本质——战争不过是促进资本增值循环中的一种流血手段，是资本实现赢利的暴力工具。想必，很难有人否定，这种洞见是新颖的，也是睿智的。

三、全球化金融催生战争新思维

沿着战争史与金融史协同演进的双通道，作者进而论述了全球化时代的金融与战争新变化，指出全球金融化与战争全球化，是当今全球化的核心。金融虽然创造了通过战争获取收益的资本增值方式，但现代高科技战争耗资巨大，已经成为挥金如土的豪门盛宴，这显然带来了一定的挑战。即使是美国这样财大气粗的国家也不可等闲视之，尝试创新战争的新方式。

具体而言，如在第二次世界大战中，美国一艘航母的价格为5500万美元，一架轰炸机为50万美元，一辆坦克为7万美元。到20世纪80年代，美国 M1 主战坦克的价格为 250 万美元，核动力航母为 40 亿美元。在科索沃战争中，一枚“战斧”巡航导弹造价为 200 万美元，B-2 隐身战略轰炸机则达 21.6 亿美元，美国 F-16 战斗机每公斤价值 2680 美元，为白银的 20 倍，F-117A 隐形战斗机每公斤的价值，差不多与黄金相等。北约对南联盟的空袭，头 24 小时就消耗了 1 亿美元，空袭进入第三周则消耗 5 亿美元，平均每天消耗 3000 万美元。对于伊拉克战争，按照诺贝尔经济学奖得主斯蒂格利茨在《3 万亿美元的战争》一书的研究，美国为伊拉克战争付出的代价极其高昂：年轻的士兵和优秀的工程师在战争中丧生；因致残的军人和军人家属遭受着身心的折磨；社会承担着战争带来的高昂医疗费用；国民警卫队由于远赴伊拉克战争无法应对国内危机。最后，斯蒂格利茨认为伊拉克战争的费用将高达 3 万亿美元。

对于这种贵族决斗式的现代战争，传统的“美元＋美军”双轮驱动的机制也面临着创新的必要。对此，作者在《币缘论：货币政治的演化》一书中指出，现在看到美国的解决方案是发动“溃疡面战争”，“通过灵巧、快速、远程的打击，按照需要制造多个动乱区，促使全球资本按照资本增值需要迅速流动。……把军事手段作为影响金融市场的快变量，是全球金融化时代战争演变的新动向。……只有从金融＋战争的视角，才能窥见当代多场战争和动荡背后的原因——这就是全球金融资本的逐利行为”。

面对一部“准经典”的作品，试图与之对话的读者不时会陷入知识匮乏的困境与认识肤浅的窘境。《币缘论：货币政治的演化》一书有关金融与军事的问题，还论述了“火器与资本的联合”“军事科技：资本取胜之道”“战争与币缘的互动”等相关内容。而有关全球体系的问题，论述的相关内容就更加系统、更加精深了，涉及“币缘要素”“银本位与金本位时代的币缘”“美元体系的全球化”“金融化时代的币缘政治”“币缘圈和洲域共同体”“多元共生的全球体系”等章节，这些内容目前似乎超出了笔者的认知水平，尚无法与作者在一个层面上展开对话，仍需进一步学习钻研。

古希腊历史学家修昔底德，在其《伯罗奔倪撒战争史》中曾写道：“我的这部著作，不是应景之作，而将成为长久流传的财富。”不知作者在撰写《币缘论：货币政治的演化》一书时，是否也有修昔底德这样的自信，但笔者认为该书确有重大原创性突破。作者王湘穗作为一线的带兵人，对军事问题有着职业的敏感与洞见，但大爱的情怀又让其超越了原本的职业，对战争、和平、世界、安全、未来等人类超经验层面的思想空间，有着浓烈的介入志趣与终极关怀。对此，作者在该书后记中有段朴素的话，读来让人心生感动、感叹与感念。

作者如是写道：“书写完了，如释重负。有两件往事，常浮现脑海。一件是早年间挑货郎走乡串户的事。1970 年，我参军到江西兴国县。连队与驻地的上社供销社是帮学对子，遇五逢十，我时常要随供销社的同志赶墟送货。上社供销社曾是土地革命战争时期中华苏维埃的一面旗帜，毛泽东主席当年在兴国调查时亲自撰写了‘上社调查’的报告，表彰他们去活跃农村经济的做法。我们挑担下乡，是为延续这一传统。一晃几十年过去了，当时的许多细节已经淡忘，唯记得孩子们用自家鸡蛋来交换笔记本与铅笔时的渴盼眼神。这一经历，构成了我对‘生民之本’的最初记忆与理解。另一件事，是我与北大副校长吴志攀教授的一次对话。那天，我向他讲述了我对币缘的认识和想法。他脱口一句：你赶紧去写，写完这本书就可以死了。志攀有赤子之心，无忌之言中实寄托了对币缘研究的名山之愿。每念及此，总有受鞭策之感。如今书已付梓，心愿了却，人亦六十有二。身虽有病，尚能思、能讲、能做，还在上下求索中。记下吴君此言，为抚卷谈笑之资。”

读懂一本书，是一种收获；读不懂一本书，似乎是一种更大的收获。《币缘论：货币政治的演化》一书，或许就是这样一部让读者纠结的作品。走进它，就是走近一段斑驳的历史、一座思想的城堡。

用科学理性驱散战争迷雾

正如人们对智慧的不懈追求一样，亘古以来，人们同样也从未放弃对战争规律的探索和认知。尤其是在智能化战争呼之欲出的当代，艺术与科学一方面由于专业分工细化的原因而渐行渐远，另一方面又在具体的应用领域呈现出融合的趋势。认识和处理这种矛盾，自然需要专业知识的充沛、探索追求的勇气，更需要高屋建瓴的洞察、元阶思维的智慧。作为《战争工程论：走向信息时代的战争方法学》一书的姊妹篇，《战争科学论：认识和理解战争的科学基础与思维方法》是一本给人启迪的厚实的作品。

该书用七章的篇幅，介绍了什么是战争研究的科学基础，复杂系统与复杂性科学思想，复杂性研究在复杂网络、大数据及深度学习方面的新进展，信息化战争的科学思维方法，复杂性科学思想与战争研究，从科学思维到科学方法，科学对于战争的意义等内容。作者超越了机械论自然观主导下的科学范式，用复杂系统思维重新研究战争，进而探索出契合于新时代战争的科学认识方法，建立了一套透视战争的新思维工具。

一、叩问战争：艺术抑或科学?

战争是艺术，还是科学？这一问题颇难回答。克劳塞维茨就认为，战争是一个“充满不确定性的领域”，“人类任何活动都不像战争那样给偶然性这个不速之客留有这样广阔的天地”，“战争中的一切行动都仿佛是在半明半暗的光线下进行的……这些由于光线微弱而不能完全看清的一切，必须靠才能去推测，或者靠幸运去解决”。的确，时至今日，战争仍因其显著特性而被一些人认为如艺术般难以琢磨。主要表现包括：战争的发生具有不确定性，像艺术家的灵感；战争实施的过程具有复杂性，像艺术创作的过程；战争的结果具有一定的随机性，像艺术品的完成。

然而，随着战争工具的不断改进，人类对战争的承受能力愈发脆弱，迫切需要科学地认识战争规律，以阻止战争的随意发生，或是将其扼杀在萌芽之中。因此，对战争的科学解读就成了不少军事家热衷的事业。出生于意大利的拉伊蒙多•蒙特库利科伯爵是最早以科学的视角看待战争的理论家和实践家之一。他认为，战争科学与其他科学一样，都是一门力图使普遍规则和基本原理战胜人的主观经验的学问。此后出现的著名战争理论流派如几何学派、数学学派等，都试图用科学的方法对战争做出规律性的解读和指导，虽然各有成败，但都在一定程度上反映了战争作为可量化研究对象的科学属性。

事实上，从战争实践上来说，其科学性主要体现为以下三方面：首先，战争力量的准备是可计量和十分明确的。不难理解，任何军队在投入战争之前，都要经历兵员征召、军兵种分类、军事训练、武器生产、物资投送等多个流程，每一个流程目前几乎都有专门的学科进行系统化的研究。其次，战争力量的运用是可控的。在何种情况下运用何种兵力、运用的数量和范围、以何种方式运用等，都有着规律性的结论作为指导，进而可以由指挥员进行决策和控制。最后，战争效果的评估是有理可循的。对于战争经济效益的评估，有战争经济学的理论作为指导；对于战争政治效果的评估，有政治学和国际关系学等理论作为支撑；对于战争社会效果的评估，有社会学理论及其调查方法可供运用。

显然，从上述角度来看，战争也有其科学性的一面。尤其我们更应看到，科学的发展和技术的进步，总是带动着战争与克劳塞维茨所言的战争艺术性，即概然性或偶然性背道而驰。当现代科学技术的光芒照亮了战争的每一个角落，这种概然性与偶然性的领域也就开始逐渐缩小，传统谋划决策中的“艺术”开始走向“科学”。时至今日，无论是作战决策的思维方法，还是组织控制的物质手段，无不在科学巨浪的推动下，开始由单纯的“权谋”向“器良技熟”转变，更加强调运用数理科学，特别是各种新兴科学方法和先进技术去研究指导战争。

二、范式对冲：东西方兵学文化的历史分野

古老的东方有着深厚的谋略思想传统。在“天人合一”思想浸润下的东方世界，面对无法回避的战争，先贤哲人往往求助于虚无缥缈的神，以

及“人的神性”来解释面对战争时的心灵困惑。如在我国夏商周时期，将帅进行战争行动之前，就要通过占卜、夜观天象等方式来辅助决策，这就产生了以天命观为核心内容的军事思想。随着战争实践经验的日益丰富，军事学家逐渐形成了自成体系的谋略思想，一些悟性更强的人成了谋略思想的集大成者。从古代的孙武、孙膑著兵书指导战争，到近现代毛泽东、朱德等从战争实践中总结经验教训，“虚实”“奇正”“众寡”“攻守”“进退”等矛盾一直是中国军事家们展开论述的着力点。正是对这些矛盾的破译，形成了独具东方特色的军事理论体系。《孙子兵法》《论持久战》等军事名著，都在人类研究战争、指导战争的历史上镌刻下永不磨灭的烙印。有不少西方军事学家特意著述研究孙子的谋略艺术、毛泽东的战略思维，彰显了其广泛影响力。

反观西方，近代虽然也有一些军事家，如贝伦·霍斯特、沙恩·霍斯特、克劳塞维茨，以及曾任总参谋长的老毛奇元帅等，受德国浪漫主义、民族主义和理想主义的影响，认为战争是具有极大不确定性的艺术。但从近代科学在欧洲勃兴开始，从科学的视角透视战争就成为主流。具体而言，受到近代自然科学体系建立的巨大影响，西方对于战争的研究常借助于自然科学的方法。如法国军事工程师赛巴斯蒂安·勒普雷斯特雷·德·沃邦元帅善于运用几何学、建筑学、兵器学指挥战斗，并取得了辉煌的战绩。在他之后的很多军事家的著作，如冯·比洛的《新战争系统的精神》、约米尼的《战争艺术概论》、查尔斯大公的《高级战争艺术原理》，虽然在名称中不乏“艺术”气息，但讨论的却是不折不扣的军事“科学”。后来在机械论自然观影响下，近代西方常用钟表来隐喻军事体系，用机械运动的有序性和规则性来追问战争的可知与可控，这显然是战争研究的科学论走向极致的表征。

在历史深处，我们不难看到东西方战争研究范式的巨大差异：东方强于谋略，西方重于科学。这种东西方兵学文化的分野今天仍折射在诸多方面。如美军就对科技制胜情有独钟，类似国防高级研究技术局（DARPA）这样的机构，就在千方百计地探寻未来科技的地平线，以期在未来颠覆性变革的竞逐中拔得头筹，打造非对称优势。着眼未来，面对科学技术与未来战争的紧密耦合，我们固然要在东西方兵学文化中汲取营养，保持一种必要的张力。也要充分认识到，艺术性的思维，如灵感、直觉及一切科学尚未解释的“人的神性”，仍在指导战争的即时决策中扮演着不可替代的角色，恰如恩格斯所说：“赢得战斗胜利的是人而不是枪。”当然，在以批判反思和严谨实证来指导战争研究的过程中，科学理性有其不可替代的优势，是认识当代战争和掌控未来战争的思想利器。

这种科学理性的光芒能够帮助我们驱散战争的迷雾。尤其要看到，“拓扑学”“博弈论”“模糊数学”“灰色理论”以及思维学、生物工程学等先进科学在军事领域内的交叉渗透，能在揭示军事谋略的科学本质、思维规律、内在结构和行为方式的同时，使许多传统谋略思想更加清晰，一些过去无法解释的谋略原理也有了科学的诠释。由此出发，作战决策的全过程进入了一个主观与客观相结合、定性与定量分析相统一、推测与实证相辅佐、艺术与科学相辉映的崭新阶段。这种“科学”进入“艺术”、“艺术”使用“科学”的崭新形势，正随着现代科学的不断发展而日显强劲。战争正在从“黑箱艺术”大步流星地步入“科学艺术”的殿堂。

三、文化自觉：科技兴军的逻辑延展

我们强调研究战争问题应秉持科学理性这种文化自觉，并不是要固守唯科学主义的极端立场：或强调真正的科学知识只有一种，即自然科学；或认为科学是一种独特的文化，科学与其他文化之间存在着一条截然分明的界线；或主张由于科学的客观性、合理性以及在经验上或实践上所取得的巨大成功，因而它在整个人类文化中应当享有特殊的地位。相反，我们认为，《战争科学论》一书除却内容的饱满、论证的严密及细节的丰富之外，最重要的价值在于，它提醒我们用一种科学的立场而非主义来透视战争，这对于一支从农耕文明走来的军队，面向未来打赢高科技战争有着特殊的意义。

这种文化自觉是由人类军队发展的历史昭示的。在漫长的农耕文明时期，尤其是在全球化尚未到来的之前，世界各国的军队形态五花八门，这段历史，我们今天从世界各地的军事博物馆就不难窥见。但到了近代，尤其是工业革命兴起后，战争的工业化导致世界各国的军队面貌开始趋向统一，日益接受现代科学技术的重塑。原因何在？因为科学技术从根本上来讲，是世界性的、普遍性的、竞争性的，延伸到军事领域，就带来了世界各国军队都在向科技靠拢、转型和升级。目前来看，这个转型难度较大，毕竟武器装备升级易，思想观念换代难。打赢一场高科技战争，无论是太空战、网络战，抑或是智能战争、混合战争等，都需要对科技兴军有一种文化自觉，用科学技术这种低依赖度的规制性力量来重塑我们的军事头脑。

战争是对抗的领域。今天我们讲的狭义科学，主要指近代以来诞生的自然科学。它无论是作为一种反映客观事实和规律的系统化、理论化知识，还是作为一种生产知识的特殊认识活动，或者作为一种社会建制，都更为近代西方所熟悉，古老的中国对其有一种天然的陌生感。这种陌生感在近代我们与西方列强的对抗中被涂上了极其悲壮的色彩，痛定思痛，“师夷长技以制夷”的认识结晶背后，留下了一种隐隐的文化创伤。

具体而言，当欧洲的科技文明以坚船利炮为先锋越洋而来的时候，置身农耕文明的古老中国就面临着“亡天下”的灭顶之灾。对此，苏联文化学者马林诺夫斯基的论断一针见血：“在一切关于文化优劣的争执中，最后的断语就在武器，它是最后的一着。”虽然我们的先祖也曾陶醉于泱泱大国的文化自信，自恃地大物博，睥睨四海，坚信“天不变，道亦不变”。但当西方列强携军事暴力来犯之时，囿于军事科技的落后，古老中国过去的灿烂繁荣文化立马凋零，变得暗淡无光。亨廷顿曾说：“物质上的成功使文化和意识形态具有吸引力，而经济和军事上的失败则导致自我怀疑和认同危机。”这种因科技落伍导致的军事失败，直接留下了文化不自信的后遗症，至今在某些方面仍隐约可见。着眼未来，中华民族的伟大复兴仍然面临着严峻的安全挑战，也正是从这个意义上，我们才能更深刻感悟科技兴军文化自觉的重要意蕴。

应该说，“战争是艺术还是科学”这一问题时至今日依具有独特魅力。《战争科学论》作者虽未提供给我们赢得未来全部战争的“万灵药”，但其传递出对战争新的科学认识论，已足以推动战争研究向前跨越一大步。正如作者所言：“认识是推动人类发展的唯一动力。”只有用正确的角度、系统的方法、明确的思路去认识和解读战争，才能把握战争的脉络，也才能在愈发复杂的现代战争和即将到来的智能化战争面前，不至于陷入新的战争迷雾。站在新时代的历史潮头，我们会发现，《战争科学论》一书启迪我们的，绝不仅是科学知识，也不仅是科学方法论和认识论，更是一种对我们这支军队制胜未来而弥足珍贵的科学价值观。

人文教育：西点军校精英辈出的文化基石

“当我听到这些熟悉的歌曲，我仿佛看到了第一次世界大战中步履蹒跚的步兵小分队，背着湿透了的军包，迈着沉重的脚步，踏过炮弹轰震的泥泞小道，与敌人进行着殊死的搏杀。从大雨滂沱的黄昏到细雨蒙蒙的黎明，他们嘴唇发青，浑身污泥，在风雨中战斗着……他们从不犹豫，毫无怨恨，满怀信心，嘴角叨念着继续战斗，直到看到胜利的曙光才合上双眸。这一切，都是为了它们：责任—荣誉—国家。”“我的生命已近黄昏，暮色已经来临，过去的音调与色彩已经消失，往事也日渐模糊……但我渴望聆听到过去那微弱而迷人的起床号声，和那咚咚作响的军鼓声。在梦境里，我又听到隆隆的炮声、噼里啪啦的枪击声，以及那战场上那古怪而悲伤的低语声。在我黄昏的记忆中，我总是来到西点军校，耳边始终回响着：责任—荣誉—国家。”

这是西点军校 1903 届校友，美国麦克阿瑟将军在其母校所做的《我的生命已近黄昏》中的演讲片段。西点军校不愧号称“将军的摇篮”，甚至可以说，世界上没有哪所军校能像西点军校一样，在其不无坎坷的发展历程中，培养了如此众多的军事将领：格兰特、潘兴、谢尔曼、巴顿、布莱德利、麦克阿瑟及艾森豪威尔等，这些都是从西点军校哥特式风格的大门中走出的一流将帅。两百多年来，从 1812 年的战争，到美国西部疆域的开拓，再到墨西哥战争、美西战争、一战、二战、越南战争、沙漠风暴行动、科索沃战争、伊拉克战争与阿富汗战争，以及其他不计其数的军事行动，西点军校毕业生不断向世界证明了同一个母校的卓越。

除了这些杰出的军事将领之外，不大为人所知的是，西点军校其实还培养了更多的美国社会精英，正如西点军校的缔造者赛耶所预见的那样，西点人在社会中扮演着艺术家、工程师、作家、物理学家、天文学家、政治领导者、大使、投资家、政府顾问、内阁官员以及企业领袖等不同的角色，并因其在各自领域所取得的成就而广受赞誉。

西点军校到底凭借什么培养了如此之多的精英人才呢？按照其杰出校友艾森豪威尔总统的说法，这一切的关键在于“荣誉制度”。他曾在给西点军校校长泰勒的信中这样写道：“通过努力使一届又一届毕业班中的每个人都拥有对国家坚定的责任感，热切而持久地关注个人荣誉和荣誉制度……西点军校就会在国民的思想意识中占据长盛不衰的位置，坚持这样的制度使其发扬光大值得我们付出任何代价。”

多年来，这种以“荣誉制度”为核心的西点军校精神已为众人所熟知，但其背后更深刻的文化底蕴却鲜有深究。西点军校为什么会形成这样一种独特的精神气质呢？

最近，美国亨德里克斯学院艺术专业副教授，建筑史学家罗德·米勒在其所著的《西点军校人文建筑之旅》一书中，就从一个独特的视角给我们揭开了谜底，它就是西点军校高度重视的人文教育。

罗德·米勒硕士毕业于爱荷华大学，博士毕业于路易斯维尔大学，还获得了奥斯汀大学英语和摄影专业的学位。曾在路易斯维尔大学、惠沃学院、东华盛顿大学执教，并在《帕纳塞斯》《美国艺术季刊》等刊物发表多篇文章。与罗德·米勒的文字记述相得益彰的是，《西点军校人文建筑之旅》一书中配有 150 余幅精美的插图，这些照片由建筑摄影师理查德·奇克拍摄。她自 1966 年起就开始记录美国建筑设计的视角史，出版过 16 部摄影书，是该领域创造力最旺盛的摄影师之一。

在该书中，作者在介绍每座建筑的外在构形、内部构造及修饰细节的同时，也娓娓地讲述了这些建筑背后的故事，涉及历史沿革与人文特色等诸多方面。因此，沿着罗德·米勒与理查德·奇克的指引，在《西点军校人文建筑之旅》一书中，我们不仅可以欣赏到西点军校异彩纷呈的建筑科技文化，还可感受到西点军校浓浓的人文教育理念。举例而言，点缀在西点军校校园里的众多建筑不仅造型别具一格，其命名就颇有深意，大部分建筑都是为了纪念在战争中做出巨大贡献的校友及其他精英人物而命名的。

为了真正营造出这种一流的人文育人环境，许多杰出的建筑大师都参与了西点军校的校园规划和建筑设计，如麦克兰、米德、怀特、亨特、克莱姆、古德修、弗格森、克莱特等，这些在建筑界大名鼎鼎的人物，不遗余力、殚精竭虑地为西点军校贡献了自己最壮丽的作品，从而使西点军校的人文教育拥有了厚实的文化底蕴。正是凭借这种人文教育的底蕴，在 19 世纪早期还被认为是“山姆大叔的最蚀本生意”的西点军校，而今早已被称为“山姆大叔的最赚钱生意”之一。显然，这种巨大变迁背后的根源恰在于艾森豪威尔所说的，由于人文教育的成功，西点军校赋予其毕业生的诸多素质，能够很容易地转化到军事之外的绝大多数领域。

2010 年 7 月，美国高校联合会（Association of American Colleges and Universities，简称 AAC&U）的会刊——《人文教育》（*Liberal Education*）杂志——刊登了一组主题为“人文教育与军事领袖”的文章，聚焦探讨了美国陆海空三大军事院校为何长期以来优先考虑发展人文教育，以及当前为迎接 21 世纪挑战，他们在修订本科培养方案时又是如何把人文教育放在首位来加以改革的等问题。其中，在谈到西点军校时，作者写道：“在西点军校看来，当今的军事行动，最常见的情况是变化无常与模糊不定。那么，一名军官在面对复杂环境可能出现的一系列问题时，必须具备做出迅速而有效反应的能力。这种能力即是人的创造力、灵活多变和适应性。唯有从人文教育中，军官们才能在这些能力方面获益。”正是秉持这一理念，在新一轮教育改革中，西点军校实施了通识教育规划，修订了教育评价体系，更加注重培养学员的人文素质，以适应不断变革的战争与不断变化的世界。

战争的果实：甜果还是苦果？

科学社会学的奠基人贝尔纳在研究科学史后曾说："科学与战争一直是极其密切地联系着的，实际上，除了19世纪的某一段期间，我们可以公正地说，大部分重要的技术和科学进展是海陆军的需要所直接促成的。"贝尔纳所指的科学与战争之间的这种姻缘，即战争如何影响了科学，作为观点常被后人广为引用，但却鲜少见有精致的科学史著作加以诠释佐证。与此相反，革命导师恩格斯的一段论述——"一旦技术上的进步可以用以军事目的并且已经用于军事目的，它们便立刻几乎强制地，而且往往是违反指挥官的意志而引起作战方式上的改变甚至变革。"——这种"科学如何影响战争"的研究进路却不乏继承人。

这一反差是在我初涉科学史研究领域时发现的，当时还畅想多年后或许自己能写一本题为《战争中的科学》的著作，为扭转这一状况尽绵薄之力。然而，《战争的果实：军事冲突如何加速科技创新》一书却让我暂时打消了此念头，美国畅销书作家迈克尔·怀特基于科技、战争与文明进化的广阔视角，勾勒了一幅军事冲突、科技创新及人类生活交织互动的复杂图景，全书分七章展开，分别从医学、物理、化学、航海、航空、航天以及互联网等多个方面，讲述了今天弥漫在你我周围难以驱散的科技气息、形塑着我们生活多维结构的科技产品，何以拥有一个共同的起点，即它们都是战争或者军事冲突的孩子。为进一步触发读者沿此线索继续思考，作者在该书封底悬置了如下问题：战场上的经验教训如何使巫术转化成了21世纪的尖端医学？古代烽火台怎样发展到了互联网？战争如何促使人类开发了语言、书写方法及加解密技术？汽车如何从马拉战车演进而来？军事冲突怎样推动了人类出海远航、铺设了跨洲的铁轨？

总之，怀特认为，由于贪婪和攻击的本性使然，人类无可避免地总会发动战争。然而，战争的结果却不仅仅是毁灭，还有毁灭之后的浴火重生。因此，对享受着科技成果的大多数人来说，世界仿佛因为战争而变得美好了……幸亏作者所用的是“仿佛”一词，因为通读全书，你会发现科技创新这一所谓战争的果实，已不再是简单的“双刃剑”（取决于用途）所能隐喻了。甜果还是苦果？——拉直这一问号需要一个聪明的头脑作更为精细的解读。

如果认可战争之果实是甜果，您会和作者产生较好的共鸣，怀特开篇即援引医学史教授罗伊・波特的话描述道：“对医学来说，战争往往是个好事。它让医学专业得到超多的机遇提升技艺，在实践中得到磨砺。而且，人们在战后往往渴求化利剑为手术刀。”的确，军事医疗领域的革新并在战后向民用领域的转移，往往能使民众得以靠更先进的医疗技术呵护健康，充分享受战争孵化的甜果。怀特用大量的案例论证了这一说法，并从更深层面阐述道：从心理学来讲，人类的进攻性和人类的创造性原本是一对冤家，它们像同卵双胞胎，邪恶与创造性冲动共生。正是人类对战争的需求，人类对冲突的狂热，戏剧性地催生了许多正面的东西。换而言之，人类在战场上遭受的各种磨难，反过来在相当程度上促进了人类文明。既然促进了人类文明，那当然是好孩子，是甜果了。因此，在怀特看来，美国历史学家威廉•H•麦克尼尔所感叹的话自然不无道理——“当你环顾现代化居室里装配的那些在近乎恐惧中诞生，经过数不胜数的炮弹、炸药、枪击的洗礼，然后由产业变革带给人们的设备时，显而易见的是，我们在相当程度上应当有感恩之心，这是人类为生存必须付出的代价。”您是否默认麦克尼尔的“显而易见”之说呢？

如果认可战争之果实乃苦果，那最好“从尾到头”逆向阅读怀特此著作，因为在“从古部落信息鼓到互联网”、“从木桨船到跨海巨轮”及“从燃气球到航天飞机”倒数三章，我们才能捕捉到战争诱发的“军备竞赛”的苦果，尽管作者刻意回避了这一军事冲突之负面效应。举例而言，怀特认为互联网是为数不多的专门满足军事需求的科技创新，由 DARPA 创造，其诞生背景是防止美国在遭到核袭击后，由于通讯系统瘫痪导致孤立的计算机所储存信息丢失，相反，部分网络在核战争中遭到摧毁后，剩余部分依然可以继续交换信息和正常运作。于是，在 DARPA 组织的聚智攻关下，1969 年世界第一个计算机网络（ARPANET）问世，五十年飘逝，如今互联网的触角已延伸到社会的每一个角落，极大地改变了人类交往的模式。

然而，阿帕网的诞生同时也开启了军事史上一个崭新时代，计算机与通信技术的联袂出场使得一场军事革命扑面而来，或曰“信息化军事革命”，或曰“网络中心战”时代。先是由美国国防部长布朗及其助手秘密提出“抵消战略”，旨在用技术优势取代人海战术以对抗苏联。很快，美国五角大楼这一战略引发苏联关注，20 世纪 70 年代末苏联军事理论家开始在军事刊物上撰文讨论所谓“军事技术革命”，80 年代中期以苏军总参谋长奥加尔科夫元帅为首的苏联军方高层开始极力倡导这一革命，并公开表示美国已凭借其军事技术优势领先苏联。而这一时期，美军在国防部基本评估办公室主任马歇尔的主导下，与苏军在“信息化军事革命”的战场上展开了激烈的军备竞赛。尔后，美军参联会副主席比尔·欧文斯上将更是极力推动一项以“系统集成”为核心的军事变革，直至掀起如今的“网络中心战”浪潮。两个超级大国的这一较量进而又引爆了世界范围内一场军事信息网络革命。全球无数人力、物力、财力源源不断地被吸进这一无边无底的军事“黑洞”。而这一切皆来源于早年战争的果实——阿帕网，您说，它是甜果还是苦果？

最后，透过《战争的果实：军事冲突如何影响科技创新》一书的指引，我们还窥见科学史与战争史中大量的偶然性。怀特说，如果没有战争，如今人类出远门乘坐的或许还是螺旋桨飞机和蒸汽火车，人们对新奇的药物青霉素会惊叹不已，人们通过黑白电视观看人类首次月球漫步——时间是 2005 年。当然我们不妨接着说，如果没有某些科技创新，人类或许生活的十分安详，根本也就远离了血雨腥风、硝烟弥漫的相互残杀之苦。如此想来，“战争的果实：甜果还是苦果？”之命题，都可以倒置为“科技的果实：战争还是和平？”，对后者的回应，也许没有一个简单的答案，一如这一问题不会出自如此简单的头脑。

科学主义能通向国家安全吗?

1957年10月4日，苏联第一颗人造地球卫星“Sputnik-1”发射成功。次日，《纽约时报》以“时速18000英里绕地球旋转，无线电信号确认，卫星通过合众国上空轨道”为大标题在头版做了通栏报道。记者威廉·乔丹根据塔斯社新闻的要点，在文中说：“苏联昨天发表公告称：‘已成功发射了’人造卫星。这一成就在于强调说明，在将科学装置送入宇宙的竞争中，他们已战胜了对手。”由此，美国陷入了前所未有的国家安全危机旋涡之中。

面对危机，美国社会内部发生了巨大的争论，执政的艾森豪威尔政府、在野的民主党、美国军方、大学及科学界等不同利益主体，围绕美苏所谓的“外空差距”问题展开了激烈的政治博弈。最终，当肯尼迪于1961年5月21日宣布美国将开展“阿波罗登月”计划与苏联展开全面竞赛时，我们发现，最终的博弈结果是“科学主义”的胜出，氢弹之父泰勒、火箭科学家布劳恩等激烈主张的，“‘用科学战胜科学’以确保国家安全”的思想，最终主导了美国的国家安全战略调整方向。

对于上述这段历史，在“Sputnik-1”事件发生后的半个世纪中，无数学者从不同的侧面给予了研究，而今居住在美国的专业科学史学者王作跃教授在其著作《在卫星的阴影下：美国总统科学顾问委员会与冷战中的美国》一书中，通过聚焦“Sputnik-1”事件与艾森豪威尔总统科学顾问委员会的兴起，以20世纪上半叶美国科学与政府关系的演变开始，以解密的史料为基础探讨了冷战时期的科学政策，尤其是总统科顾委在其中所扮演的重要角色。作者考察了科学家们如何在二战中获得影响力、如何在1950年代早期的“红色恐慌”中拯救科学、如何在利用“Sputnik-1”事件后的良机来增加美国政府对基础研究的资助并控制核军备竞赛，以及如何应对越南战争期间动荡的社会和政治环境。

特别需要指出的，作者充分肯定了科学家参与政治决策的价值，并指出该项研究最有意义的一个发现是："总统科顾委最重要的贡献不是它就技术能做些什么，而是它就技术不能做什么给政府所提供的建议。我相信，在我们所处的全球性技术乐观主义时代，如果我们要避免技术滥用、技术狂热以及其他各种各样的苏卫一号的阴影，我们依然需要这种技术怀疑论的意识。"应该说，上述这一发现对深度剖析"科学与国家安全"问题颇有启发意义。

就美国20世纪的经历而言，从第一次世界大战到"9•11"事件，在国家安全维度，美国对科学的认识也经历了跌宕起伏的变迁。第一次世界大战期间，美国政府开始动员科学家参与战争，如在1915年，海军秘书长约瑟夫斯•丹尼尔就邀请发明家汤姆•爱迪生解决海底探测问题。战争结束后，美国更加重视科学研究，建立了种类繁多的研究机构。

第二次世界大战爆发的时候，科学家参与战争已为寻常之事，如诺伯特•维纳、冯•诺依曼、万尼瓦尔•布什等著名科学家都不同程度地卷入到战争中了。正是由于这些著名科学家的积极推动，美国战时科学研究取得了丰硕成果，这些成果为赢得反法西斯战争提供了巨大支持。正所谓："用雷达赢得了战争，用原子弹结束了战争"。

随后的"Sputnik-1"事件犹如一颗炸弹，震动了美国朝野的心灵，艾森豪威尔政府迫于批评的压力，最终调整了科学政策，并在肯尼迪继任总统后，全面走上了与苏联军备竞赛的道路，并最终在1969年美国登上月球时向全世界宣告了科学的胜利。而就在"阿波罗计划"执行期间，美国凭借其军力优势卷入了一场越战的泥潭。走出越战泥潭的美国很快就走到了一个重要的历史关口——1981年——一个新时代的转折点。那一年，预测学家约翰•奈斯比特做出了最大的预测："我们已经进入了一个以创造和分配信息为基础的社会。"而刚刚掌舵美国的里根刚好又吹响了"重整军备"的号角，显然，自1946年计算机问世，1969年阿帕网诞生以来，某种因素注定了这场军事革命的技术内核是"信息化"。今天，我们知晓，恰恰是充分发育的民间信息化水平，依托良好的军民融合机制，借着越战后美军渴望改革诉求，美军迅速打造出了一支"全球尖兵"，终于在1991年以"沙漠风暴"震惊世界，科学再次展示了其保障国家安全的强大威力。

然而，2011年9月11日发生的事件却无情地宣告了这一威力的破产。当天早晨8时40分，四架美国民航飞机几乎被同时劫持，其中两架撞击位于纽约的世贸中心，造成两幢110层的摩天大楼倒塌；另有一架飞机撞击了五角大楼，造成了大楼局部坍塌；还有一架被劫持的飞机在宾夕法尼亚州坠毁。这就是震惊世界的“9•11”事件。它是继珍珠港事件之后，美国本土遭受的最严重袭击事件。这起事件造成3000人命归黄泉。本•拉登，这一美国培育出来的弗兰肯斯坦怪物，用血的事实告诉美国，科技优势并不能够保障国家安全。对此，王作跃教授在《在卫星的阴影下：美国总统科学顾问委员会与冷战中的美国》一书中也评论道：“要赢得恐怖主义战争，要解决美国和世界的无数其他问题，只启用像‘震慑战’行动这样的军事和技术力量是不够的。”

在20世纪美苏惊心动魄的冷战史大背景下，重新思考1957年“Sputnik-1”事件的意义，我们即发现一些非常有意思的事情。对美国而言，“Sputnik-1”成功升空，在恰当的时候引发了美国人的国家安全危机，“苏联是否已具备直接攻击美国本土能力？”这一硕大的问号，给各方利益主体提供了登场表演的机会。最终，美国选择了用“科学主义”来保障国家安全，短期内赢得了科技革命的竞赛，但最终又使自己因迷恋科技而将国家置于了危险境地。就苏联而言，“Sputnik-1”的辉煌带来的兴奋笼罩着整个国家，在随后与美国进行的军备竞赛道路上，其严重扭曲的国民经济结构、盲目推行的军事扩张战略，积重难返的高度计划体制，最终给自己带来是灾难而非安全。至此，通向军备竞赛的科学主义并没有给对抗的任何一方带来安全，这或许正是人类历史的吊诡之处。

制脑权：国家认知空间角逐的焦点

伴随着科技的飞速发展，国家安全的边疆逐渐由自然空间、网络空间拓展到了认知空间。作为大国战略博弈的疆域，认知空间中的对抗与冲突是一种古老而又年轻的事物。说它古老，是因为物理战与心理战作为两种基本的作战样式，一直是人类战争演进的主流。而说它年轻，是指近年来有关认知空间的较量，世界主要军事强国都在积极探索，提出了一系列新的理论。

在《制脑权：全球媒体时代的战争法则与国家安全战略》一书中，作者对科技发展与战争演变的机理进行了深入探讨。从古至今的战争演变，就其与科学的关系而言，可以称之为物理战。正是物理学成果的广泛军事应用，推动着战争手段的急剧更新，催化着战争思想的激烈绽放，影响着战争体制的深刻变革，引导着战争模式的火速演进。但是，按照辩证法的思想，所谓有所得必有所失，既然人类得益于物理学，也就必然受制于物理学。我们通过对物理战进行检讨，发现它存在三大困境，即作战对象偏转、作战时空受限、作战费用飙升。这就需要我们跳出物理战的现有模式，对未来战争的发展趋势做出新的研判。

的确，从更高的层面上看，武器杀人，还不是战争的终极目的。战争的最终目的是使对方屈从于我方意志，即从精神层面上制服对手。这就意味着，光有物理战是远远不够的。信息化战争是物质与精神、观念与现实的统一，它既是物质形态发展的表现，也是精神因素作用的必然结果。信息化战争使人类战争第一次真正拥有了三个作战空间：一是陆、海、空、天等组成的自然空间；二是基于物理原理的网电空间，它本质上是一种技术空间；三是由人的精神和心理活动构成的认知空间。赢得未来信息化战争，必须掌握战争的主动权、获取战争的制域权并主导战争的话语权。夺取认知空间的制脑权，谋求“不战而屈人之兵”，是信息化战争的最高境界。

认知空间指的是人类认知活动所涉及的范围和领域，它是反映人的情感、意志、信仰和价值观等内容的无形空间，存在于斗争参与者的思想中。国家认知空间分散存在于每个个体的主观世界，由全社会无数个体的认知空间叠加而成。国家利益不仅以实体形式存在于自然空间、技术空间，也无形地存在于认知空间。制脑权就是以宣传媒体、民族语言、文化产品等所承载的精神信息为武器，以渗透、影响及形塑社会大众与国家精英的认知、情感、意识为指向，最终操控一个国家的价值观念、民族精神、意识形态、文化传统、历史信仰等，促使其放弃自己探索的理论认识、社会制度及发展道路，走向自我毁灭的彼岸。

伴随着全球网络的崛起及新兴媒体的发展，目前，美、俄、英等世界主要军事强国都十分重视认知空间安全的战略问题。美军正在信息战框架下整合传统的心理战、战略传播、公共外交等不同形式的认知空间作战。2009 年 6 月，美国防部在“信息协调委员会”基础上，又成立了全球接触战略协调委员会，随后又向国会提交了首份《战略传播报告》。2010 年 12 月 3 日，美时任国防部长罗伯特·盖茨签署命令，将“心理作战”（Psychological Operations）改为“军事信息支援作战”（Military Information Support Operations），正式将心理战纳入信息战框架。在这个组织架构中，一共囊括有 91 个机构。其中，既有陆海空各军种以及隶属于军方的第 4 心理战大队、第 67 信息作战中队等，也有白宫、中央情报局、国务院甚至能源部、商务部及国家安全电信咨询委员会等非军方机构。除美军之外，近年来，俄军也先后提出了“战略心理战”、“战略信息战”及“思想战”等概念，逐渐整合相关作战力量。英军在传统心理战理论基础上，专门制定了《媒体战》条令，正式提出了“媒体战”，这也是西方主要军事强国中唯一单独出台《媒体战》条令的国家。德、法等国军方也在探索加强心理战力量体系建设，切实提高信息作战水平。

当前，随着全球媒体时代的到来，特别是新兴社交媒体的发展，大国之间的政治博弈持续加剧，人类心理困惑、道德危机、信仰迷失等“认知域症状”不断凸显。对此，作者在《制脑权：全球媒体时代的战争法则与国家安全战略》一书中指出，认知空间对抗主要有以下三个特点：一是国家认知空间的安全边界具有模糊性；二是国家认知空间的信息攻防具有操控性；三是国家认知空间的战略对抗具有持久性。

作者剖析了夺取国家认知空间较量制脑权的四种主要方式：

一是感知操纵。感知操纵又称意识操纵。它旨在通过影响他人的心理与精神达到操控他人行为的目的，既可以针对个人、团体，也可以针对一个国家，甚至可以针对全世界。二是篡改历史记忆。人的思想与社会意识形态总是同历史记忆紧密相连。一旦通过某种手段巧妙地“切断”个体或群体的历史记忆，使其失去精神的家园，也就扫除了对其进行价值观和意识形态渗透的障碍，为各种错误杂乱的思想入侵敞开了大门。三是改变思维范式。一个国家和民族都有其特定的思维范式，它是人们认识世界的前提。但是人的理性思维是有弱点的，通过操纵可向其中灌输“病毒程序”，促使人们背离明显的事实而接受谬误、有时甚至是荒唐透顶的结论。四是攻击象征。借助于移情作用，一个民族拥有了一些伟大的象征，就拥有了一个凝聚社会的情感纽带，它能唤起人们的归宿感，从而使人们为了一个共同的梦想而团结在一起，创造和延续新的文明。如果有人刻意重新涂抹、攻击一个国家和民族历史上的象征，通过颠倒黑白、公开嘲讽和戏弄话说历史上的辉煌时刻、伟大人物及崇高文化，其后果将是十分严重的，它将导致人们逐渐丧失国家、民族和自我的认同感。

在信息化和全球化浪潮的交互作用下，以信息和大众精神文化产品为武器，旨在改变目标国家的意识形态、价值观念、文化传统和社会制度的认知空间争夺愈来愈激烈，国家安全空间正在从有形的自然空间向无形的认知空间拓展，认知空间的“制脑权”争夺，在巩固国家安全的战略博弈中，地位日益凸显，如何打赢这场“没有硝烟的战争”，《制脑权：全球媒体时代的战争法则与国家安全战略》一书为相关研究插上了一个路标。

小国崛起：大国角逐的另一面镜子

威尼斯这个小小水乡之地，何以能碟化为中世纪末期的一代全球霸主，冠名“世界的珠宝盒”长达近六个世纪？尼德兰这个北海堤岸的沼泽地，何以迅即变成了17世纪的海上帝国？瑞士这个操着四种不同语言，夹杂在阿尔卑斯山脉的高山之家，如何避免了两次世界大战的浩劫，并在周边的强权中顽强地生存和发展？普鲁士原来只是欧洲边陲的一个落后地区，如何经由铁血洗礼就统一了整个日耳曼？又是怎样的因素最后反而给世界带来了空前的灾难？身处天涯海角的芬兰如何在恶劣的生存环境下定位自己？又怎样在西方与俄罗斯列强之间忍辱负重、不断壮大？长期被英国压制，人口外移最严重的爱尔兰，何以最终却成了21世纪的“翠绿之岛”？

这些都是我国台湾地区政治大学欧洲研究中心主任张亚中教授，在其《小国崛起：转折点上的关键抉择》一书中抛出的“问题钩”。作为国际战略研究领域造诣深厚的专家，作者依托早年撰写《德国问题》《欧洲统合》等十余本专著所积淀的厚实学术功底，在该书中回眸千年历史，聚焦威尼斯、尼德兰、瑞士、普鲁士、芬兰及爱尔兰等诸多小国，试图从他们身上寻觅大国崛起的“他山之石”。

的确，在众人习惯将目光投向英雄豪杰与王公贵族主演的大国历史剧时，作者却锁定了这样一些地区性小国成长的道路，在追问他们生存与发展逻辑的同时，也触摸到了其崛起与隐没的谜底。可以讲，这种独辟蹊径的探究视角不仅在研究选题上极富创意，而且对我们更好地把握国家未来发展的战略机遇期也不无启迪。因为从某种意义上而言，小国崛起不就是大国角逐的另一面镜子吗？

以威尼斯为例，早在“海权论”尚未声名远扬的时候，其就决定以大海为财富的源泉，通过大力发展海上贸易，力争以“商人共和国”的面孔亮相国际舞台。后来的历史演进也表明，正是这一战略抉择创造了威尼斯约600年的繁荣。再说尼德兰，在17世纪的黄金岁月里，借助地理大发现的良机，首先让阿姆斯特丹利用有利的地理位置及高明的经济政策，一跃成长为经济重镇。尔后，又趁着英、法及日耳曼民族经济尚未形成的良机，迅速创建了东印度公司，以全球第一个多国公司的姿态抢占海外市场，为国家收敛了巨大的财富。接着我们看瑞士。借三十年战争之所赐，瑞士在1648年获得独立。26年之后的1674年，瑞士庄严宣布未来以中立国行事。1798年，拿破仑的军队打破了瑞士的中立。1815年，瑞士再次得以中立。1848年，瑞士在欧洲革命中制定宪法，从邦联变成联邦，以进一步巩固其中立政策。正是多年来始终坚守这一战略抉择，瑞士得以远离了两次世界大战的战火，获得了巨大的国家利益。最后，我们看芬兰和爱尔兰。冷战的硝烟刚刚散去，芬兰就牢牢抓住信息科技革命的机会，谋求更大的发展，单是一个诺基亚公司就为小小的芬兰带来了滚滚财富。而几乎与此同时，面对汹涌而来的全球化浪潮，爱尔兰审时度势，在明白了一个内部纷争的国家根本无法成为跨国公司投资的目标之后，迅速与英国就北爱尔兰问题的争议达成了和平解决的共识，敞开胸怀迎接经济全球化的到来。

从威尼斯、尼德兰，到瑞士、芬兰及爱尔兰，《小国崛起：转折点上的关键抉择》一书，通过将镜头对准这些崛起的小国在历史发展的关键时刻所做的不同于他国的战略抉择，为我们展示了一幅精彩纷呈的小国崛起画卷，一面闪闪发光的大国发展明镜。透过这面历史的镜子，我们不仅可以看到大国兴衰演进的规律，同时也能发现大国霸权更替逻辑的局限。

2008年，一部纪录片《大国崛起》开篇这样写道："公元1500年前后的地理大发现，拉开了不同国家相互对话和相互竞争的历史大幕。由此，大国崛起的道路有了全球坐标。五百年来，在人类现代化进程的大舞台上，相继出现了九个世界性大国，他们是葡萄牙、西班牙、荷兰、英国、法国、德国、日本、俄罗斯和美国。大国兴衰更替的故事，留下了各具特色的发展道路和经验教训，启迪着今天，也影响着未来。"

从那时起，"大国崛起"开始成为一个热门话题。与此同时，一些有关大国霸权更替的理论也开始受到热捧。某些人一谈到大国崛起，就不假思索地引用一些西方学者提出的霸权周期律来简单类比，如美国乔治·莫德尔斯基的"百年周期律"——在近500年的时间里，16世纪的主宰是葡萄牙，17世纪的主宰是荷兰，18至19世纪的主宰是英国，20世纪的主宰是美国。从一个主宰国过渡到另一个主宰国其间流淌着无尽的鲜血。再如罗伯特·吉尔平的论述："当一个国家的权力在增长的时候，势必将按捺不住加强控制的诱惑。为了提高自身安全，它一定会加强自己对政治、经济和领土的控制，从而按照自身的特定利益改变国际体系。"当然，也有人还追溯到了更早的理论鼻祖修昔底德。

其实，修昔底德、罗伯特·吉尔平及乔治·莫德尔斯基所建构的这些理论都属于现实主义流派，它萌芽于古代，兴起于20世纪初，发展于20世纪50年代，至今依然在国际关系理论界颇有话语权。正是基于这种理论思维框架，至今一些人还在弹着一首陈年老调，自觉不自觉地充当着修昔底德的忠实信徒，认为和平将在权力转移时期被打破，一部大国崛起史就是一部战争流血史，最明显的案例莫过于美国。据德国学者妮科勒·施莱与莎贝娜·布塞在《美国的战争：一个好战国家的编年史》一书中考证，单是在二战结束后世界发生的重大冲突中，就都有美国的影子。如朝鲜战争（1950—1953年）、越南战争（1957—1975年）、三次阿以战争（1967年，1973年，1982年）、海湾战争（1990—1991年）、科索沃战争（1999年）、阿富汗战争（2001年）及伊拉克战争（2003年）等。于是，有关美国崛起史就是战争史的说法便日渐流行开来。

从某种角度看，没有战争，就没有美国。在美国发展史上，战争一直相伴随。特别是借助20世纪两次世界大战，远离血雨腥风之战场的美国，在大发战争横财的同时一跃登上了世界霸主的宝座。就这个意义而言，无疑是战争催生了强大的美国。然而，面对历史的画布，我们不能总固守"战争崛起"这一条线索，一想到美国历史，脑海里浮现的就只有一部战争扩张的血腥史。历史不是一块单色板，而犹如多彩的阳光，我们拿不同的透镜，将看到截然不同的色彩。

倘若，我们拿"科技革命"这块透镜去面对历史，就会发现，只有那些敏锐地迎接了科技革命浪潮的国家，才获得了历史的青睐，最终站到了大国角逐的领奖台上。据香港城市大学刘杨钺博士的专门研究，在18世纪中叶，英国作为当时的科学中心，以第一次工业革命为契机，从一个人口仅占世界2%的较落后的小国，在不到一个世纪的时间里就崛起为世界头号强国。19世纪中叶，科学中心转移到欧洲大陆，是德国敏锐地抓住第二次科技革命的机遇，在世界工业生产中的份额于1890年即上升到第一位。第二次世界大战爆发后，科学中心又转移到美国，为其战后至今保持世界第一强国地位奠定了雄厚的基础。对于这种从科技角度透视美国的兴衰，国外学者康德拉季耶夫及汤浅光朝也都有过探讨。

由此可见，在大国崛起的过程中，各种因素之间存在着盘根错节的关系，并不是像一些人勾勒的那样只有“战争崛起”这一“粗线条”，在流血的战争之外，我们其实还应看到更多导致大国兴衰的因果链，科技就是其中之一。

沿着科技的通道重新审视历史，我们会发现，修昔底德确实在当年认为“权力由斯巴达向雅典转移是伯罗奔尼撒战争的根本诱因”。在罗伯特·吉尔平与乔治·莫德尔斯基所言的霸权更替理论背后，也确实存在着刀光剑影的流血争夺。但这一切皆源于资源的有限性，源于国际关系的“零和博弈”。历史在发展，时代在演进，当国与国之间的关系告别丛林生存中你多我少的“零和博弈”，当科技博弈、教育竞争及文化较量都走向国家战略对垒的前沿阵地后，大国崛起是否已不再仅凭“流多少血”来裁定，转而要用“有多少脑”来考量了呢？

如果这一判断合理，那么它就需要我们重新思考富国与强军的内在逻辑，重新思考生存与发展的战略机遇。

对此，杰弗里·赫雷拉在其著作《铁路：原子弹与技术变革的政治》一书中，就有类似的观点。在他看来，科技才是国际体系变迁背后的根本动因，也只有紧紧抓住科技发展，才能真正实现大国的和平崛起。具体而言，这一趋势发生在二战之后，战后日本与德国的再次崛起就没有再搞武力扩张，特别是日本，从废墟中站起来时所依靠的是科技与教育，30 年时间即发展起一大批世界一流企业，靠顶尖创新科技傲立全球。与此相反，苏联却因盲目推行的扩张战略、积重难返的计划体制、歇斯底里的军备竞赛等，终于导致与信息科技革命的趋势背道而驰，在国力衰落的道路上渐行渐远。这一切都说明，在当今世界，以往攻城略地般的武力征服正在逐渐让位于科技、教育、文化等领域的隐形较量。曾经靠军事强力去主宰世界的时代已一去不复返，依赖科技与文化的力量来赢得世界的时代正在降临。这就是时代大趋势，是我们认识大国发展战略机遇期的理论支撑。

机关枪：工业技术和平主义的梦幻

战争何以存在？这个在诗歌、小说及戏剧等文艺作品中频频闪现的问题，数千年来引无数哲学家、政治家及科学家苦苦追问。修昔底德、马基雅弗利、卢梭、康德、霍布斯、黑格尔、爱因斯坦及诺贝尔等古哲先贤，从人类的自然本性到世界的资源短缺，再到军事技术竞赛的无法规约，国际政治体系的不尽合理，探寻视角纷呈，答案莫衷一是。与此相对照，有关如何避免战争、寻求和平，在人类历史上出现过许多理论流派，工业技术和平主义就是其中的分支。

工业技术和平主义怀疑能用宗教和道义的力量来制止战争，而将希望完全寄托在军事技术本身的发展上。换而言之，工业技术和平主义深信科学技术能终结战争制度，认为工业化将自行导致战争的彻底消亡。对于这一思想流派的信奉者来说，其观点主要建立在下述两个基本的哲学前提下：第一，军事技术的发展是有止境的，它的上限就在于，或者武器的破坏力足以使敌我双方同归于尽，或者某些技术的军事应用将使一切进攻成为不可能。第二，敌我双方是战？是和？是积极扩军备战？还是和平友好相处？这些都是服从理性算计的。

工业技术和平主义的这种理论假定与理想目标到底是否具有可行性呢？对此，长期以来，虽然也有诸多学者从理论上进行了反驳论证，但从史学的角度，就具体“案例”进行剖析，相对而言却是不足的。亦正因此，美国军事学者约翰•埃利斯所著的《机关枪的社会史》，就凸显出了其与众不同的学术价值。

埃利斯精通军事技术史与战争史，先后出版有《一线直击：二战中的士兵》《骑兵：马背上的战争史》《卡西诺战役：有名无实的胜利》《一战数据手册》《二战数据手册》《漫长战争中的一天》等作品。《机关枪的社会史》是其早年的一部较有影响的经典作品。该书一反以往同类著作仅仅关注机关枪作为一种机械技术演进的内史，而将研究视角转换到机关枪问世之后如何被社会及军方接纳的外史。作者这一从社会角度剖析军事技术发展的研究进路，不仅有助于深入挖掘机关枪问世背后复杂的社会因素，更有助于引导人们反思机械化或工业化战争。

从埃利斯的研究中，我们看到，在机关枪诞生的过程中，每一个发明者都曾标榜自己的技术革新是有助于遏制人类战争或减少战争灾难的。如理查德·加特林就曾在 1877 年他的一封信中写道："你可能对我为何转而去发明刻有我名字的机枪感兴趣……1861 年，在战争的初始阶段，我几乎每天都见证部队出发去前线或返回的伤员、病员和死者……因此我想，如果能发明一样机器——一种枪——单个士兵能凭借它的射击速度完成 100 个士兵在战场上的职责，这就将最大限度地取代大量兵力的必要性，他们暴露于战场上和疾病中的机会也将大大减少。"比加特林的想法更进一步，当时同样致力于发明机枪的鼓吹者迈伦·科隆尼和詹姆斯·麦克林，则直接表达了 19 世纪对科技进步潜力不加批判的信心。当时，科隆尼说："听说欧洲和亚洲那些勇敢的士兵被杀戮，詹姆斯·麦克林博士努力致力于发展如此可怕的破坏性武器，将迫使所有国家彼此间和平共处。"

机关枪的发明是否真给世界带来了和平的曙光？答案显然是否定的。在经过了最初阶段向军方颇费心思的推销之后，很快，机关枪这一杀人利器就引发了军备竞赛的狂潮。1904 年，美国维克斯军火公司每年提供给陆军部不超过 11 挺机枪；1914 年 9 月，他们每周最多只能提供 10—12 挺；然而，1915 年，维克斯公司生产了 2405 挺机枪；1916 年，7429 挺；1917 年，21782 挺；1918 年，39473 挺。在同样的四年中，英国军队也生产了 133196 挺刘易斯枪和 25379 挺霍奇基斯枪。全部加起来，机枪总数只略低于 25 万挺。至此，当我们再回顾加特林当初发明机枪时的愿望——当人们意识到要为武器付出沉重代价时，战争就可以避免，就会感到，这种工业技术和平主义的思想实在是一个毫无结果的梦幻。

工业技术和平主义在 19 世纪的兴起，有着深刻的历史根源。具体而言，就在 19 世纪，人类自古以来对待战争的无可奈何的超然态度第一次受到了理性的挑战。在这个世纪里，一方面是战争之后相对和平局面的维系，另一方面是科学技术的硕果累累。于是，探寻科学与战争、科学技术与人类和平之间的关系，导致了工业技术和平主义思想流派的形成。

19 世纪，工业技术和平主义这种对待科学技术的态度是十分理想化的。

与《机关枪的社会史》一书中提到的诸多发明者类似，19 世纪的许多科学家都相信科学技术对于制止战争、争取和平所具有的力量。他们想当然地认为，科学技术的发展不仅可以带来财富，也可以缔造和平。

例如，俄国化学家门捷列夫就认为，武器的完美化和对爆炸品的研究是“达到全面和平最好、最可靠的手段”。法国化学家巴斯德也写道：“这样的一天将会到来：即科学的进展促使毁灭有可能达到极度，以致任何矛盾都成为不可能，此时战争就会自行消灭。”甚至对炸药的发明与改进做出了卓越贡献的诺贝尔，也曾在 1892 年写信给友人说：“我的这些工厂或许会在你的会议之前将战争结束；在那一天，双方军队在一瞬间同时相互歼灭对方，所有的文明国家或许会恐惧地退缩并解散他们的军队。”后来，诺贝尔似乎意识到他发明的武器毁灭性还不够强：“为了弥补这个缺陷，应该使战争不仅对于后方的平民百姓，对于前方的军队也成为一桩死亡交易。让临头的危险笼罩在每个人头上，那么你将会亲眼看到一个奇迹——如果武器是细菌性的，那么一切战争将立即停止。”作为每当新的战争手段出现时常会产生的那种预言的又一例，19 世纪的李斯特似乎对铁路尤为偏爱。在他看来，发达的铁路网可把一个大国的防御力提到最高水平，甚至可以提高到使战争根本不可能发生、地球上将实现永久和平的程度。

然而，19 世纪的科学家们对战争手段对目的的抑制作用过于乐观，接踵而至的两次世界大战很快使人们相信，他们错了。即使在核武器出现之后，情形也是如此。那么，既然依靠技术革新不能从根本上达到遏制战争与谋求和平之目的，为何人类历史上有此想法的武器发明者依然对此理想热情不减呢？从埃利斯所著的《机关枪的社会史》一书中，我们可以看到，有两个因素值得注意：一是武器发明推广之后可能带来的巨大利润诱导；二是武器发明者对人类智力自信不可遏制的冲动。

军事科技传播：好莱坞与五角大楼联姻背后

全球唯一的第四代战斗机——F-22“猛禽”、美军目前重量和功率最大的直升机——MH-53、美国阿利·伯克级驱逐舰启动的电磁炮、F-18 舰载机、M1A1 坦克、核潜艇、航空母舰及最先进的无人侦察机等“明星武器”悉数闪亮登场。在宽大的银幕上，前一刻还在上海工业区鏖战的美军大兵，下一刻已经置身中东沙漠浴血奋战。为了取得胜利，美军精锐武器倾巢而出，几乎囊括了陆海空三军武器库中的主要精品，且无不展现出惊人的作战威力。

这一描述不是美国五角大楼的征兵广告，也不是最近某次重大战役的影像记录，而是娱乐之王——好莱坞——推出的军事电影《变形金刚 2：复仇之战》中的情节。作为近年来美国军方动员武器装备、作战人员及训练场地支援好莱坞电影拍摄的“规模之最”，《变形金刚》系列电影见证了好莱坞与五角大楼合作的巅峰。

长久以来，对于军事界与娱乐界这一联姻，相关研究文本极其欠缺。在国外，就笔者所见，代表性著作是美国学者戴维·罗布所撰写的《好莱坞行动：美国国防部如何审查电影》。在该书中，罗布通过聚焦多部经典军事影片，剖析了美国军方与好莱坞之间的密切合作关系：一方面，五角大楼向好莱坞提供必需的武器装备用于拍摄电影；另一方面，五角大楼又在影片的剧本、拍摄、发行及上映等各个环节操控好莱坞，最终目的是要确保好莱坞制做出符合五角大楼意图的影片，从而帮助美国军方塑造公众形象。

而今，令人欣喜的是，我国职业影迷托托，撰写了一部名为《电影中的武器》的评论集。之所以说他是个职业影迷，倒不是因为其在书里对军事电影中的武器颇为熟稔，而是从其作者简介来看，“1991 年 8 月毕业于中国人民大学新闻广播电视专业，以电视编辑为业，勤勤恳恳，毫无建树。外国电影控，乐此不疲。”

作者在书中总共提到了141部电影的名称，在谈论的武器装备名单中，涉及陆海空三大军种之战车、战机、战舰、枪械等诸多门类，论述内容从外观造型、研制生产到功能特征，应有尽有。而且，作者为了“炫耀”其对影片中武器装备的精熟程度，还特意指正了许多影片中的穿帮镜头，一路读来，不时让笔者感慨“够军迷，够专业”。这里不妨试举一例：就《黑客帝国》影片，基努·里维斯在那张几个人物持枪站立的海报上拿的是M-16A1枪械，对此，作者指正说，按影片交代，帝国的时间背景设定在1999年，而从20世纪80年代中期开始，各国就已经用M-16A2取代了M-16A1，M-16A1最常出现的影片是越战片，如在拍摄于1984年的《第一滴血》中，史泰龙使用的还是M-16A1，但到描写1991年海湾战争的《夺金三宝》和1993年索马里维和的《黑鹰坠落》中，美军已全部使用M-16A2。因此，里维斯手拿M-16A1就不大合常理，更何况影片拍摄地在澳大利亚，其军队的制式武器是M-16A2，故在那里找寻M-16A1反而并不容易。

通读全书，除了作者对影片中武器装备的“考究”使人耳目一新之外，触动笔者思绪的还有这样一个命题：为何美国军方愿意和好莱坞合作？这一“军事—娱乐”复合体背后蕴涵着美军怎样的军事科技传播观呢？这一切对我军而言，又有何启迪意义？

原来，美军与好莱坞的“共生关系”已有百年历史。第一次世界大战期间，描写美国内战的史诗片《内战的诞生》，是美国军方和好莱坞联姻的起点。在拍摄南北战争的战斗场景时，西点军校的官兵特别为影视公司提供了专业的咨询意见，以便重现内战时期的军事细节，并且还出借了许多古董级武器装备以求影片效果的逼真。战争期间，好莱坞专门成立了“电影委员会”，配合拍摄了一系列反德电影，如《内部破坏者》《德国皇帝》《柏林之战》《野人的脚印》等。一战结束后，好莱坞已深谙与军方合作的价值，其战争题材电影进入第一个黄金时代。1927年，派拉蒙公司拍摄了《铁翼雄风》，获得第一届奥斯卡奖最佳影片。在该片拍摄过程中，美国军方鼎力相助，出动了千余名士兵及百余架战机协助拍摄，在当年的环境下，这显然是相当大的手笔。

第二次世界大战期间，美国军方与好莱坞再度联手，拍摄了许多战争影片，以激励民心士气。如众所周知的纪录片《我们为何而战（1943—1944）》；描述威克岛守军力抗日军侵袭的《血战威克岛》；描述美军志愿飞行员在我国助力抗战的《飞虎队》；描述B-1轰炸机机组在欧陆战场上浴血奋战的《血战九重天》；以及其他如《轰炸东京》《撒哈拉》等军事影片。二战之后，美国军方又资助好莱坞继续拍摄了一些反映美军在二战期间英勇壮举的影片，如《晴空血战史》《硫磺岛浴血战》《最长的一天》《桂河大桥》等。

美国军方与好莱坞的密切合作，在60年代中期后出现转折。当时，越战形成的反战浪潮，使美军形象大大受创的同时，也让好莱坞视与之合作为畏途。期间，好莱坞老派硬汉明星约翰•韦恩于1968年执导的《绿色贝雷帽》，在公映之后，获影评与票房双双惨败。好莱坞与五角大楼的这一“冷战”关系，直到1986年拍摄《捍卫战士》才重新开启。于是，自90年代至今，《真实谎言》《黑鹰计划》《珍珠港》《猎风行动》《冲出封锁线》《硫磺岛的英雄们》《来自硫磺岛的信》及两部《变形金刚》等方才相继问世。

托托在《电影中的武器》一书中，对上述影片皆有提及，但遗憾的是，并没有从军事科技传播的视角，深入挖掘好莱坞与五角大楼联姻背后更复杂的秘密。

按罗布在《好莱坞行动：美国国防部如何审查电影》中提供的线索，军事电影的拍摄背后确实蕴藏着美国国防部独特的军事科技传播观。简单而言，那就是要通过影片开展公共外交或进行战略传播，通过宣传美军的强大形象，达到武器装备贸易、强化全球霸权等战略目的。

相反，参阅已出版的《中国军事电影史（1905—2001）》，我们会发现，我国的军事电影长期以来在军事科技传播方面，一直是个短板。近年来，虽也拍摄了《集结号》《陈赓大将》《大刀向鬼子头上砍去》《我的兄弟叫顺溜》《十兵突击》《惊天动地》等优秀影视作品，但大多数是通过挖掘抗日战争和解放战争时期的历史题材，塑造革命战争时期我军的英勇形象。对创作军事科技色彩浓郁的影片，尚有广阔的开拓空间。当然，可喜的是，早期拍摄的《DA师》在展示我军未来“信息化军队”方向上小试牛刀，也取得了十分可喜的传播效果。2011年3月10日，在我国影坛重磅推出的空战电影《歼十出击》中，曾令无数“军事发烧友”欢呼雀跃的我国第三代战斗机“歼十”终于飞上了荧屏，从而开创了我国军事电影的新时代。

总而言之，在科技主导战争的今天，一支军队对未来武器的想象，已然成为制胜战争的基石，而这一切，自然需要军方与娱乐界在传播领域密切合作，拍摄出一系列优秀的军事科技影片。《电影中的武器》一书从独特的视角，以专业的叙述，提醒了我们这一点。

走进军事思想的城堡

在人类文明史上，20 世纪是一个军事主导、血雨腥风的世纪——两次世界大战的族类相残，半个世纪的冷战对抗，给生灵带来了无穷的浩劫，给文明抹上了浓重的阴影；20 世纪同时也是一个群星璀璨、将星闪耀的世纪——一大批杰出的科学家、政治家、军事家和艺术家化育而出、交相辉映，共同主导了人类文明演进的世纪历程。

在回顾 20 世纪的百年沧桑，审视和梳理 20 世纪战争对抗和军事学术发展历程之时，我们的目光最终聚焦在那些改变了 20 世纪战争面貌和世界进程的军事学名著上。虽然那些军事枭雄、战略天才多已作古，但凝聚了他们聪明才智的文献成果却依然留存和流传着。透过这些文献，我们可以去触摸 20 世纪的惊心动魄，去感受军事史上的波澜壮阔。于是，就有了这本《20 世纪军事学名著导读》。

“吹尽黄沙始到金。”为什么这些军事学名著历经时间和实践的筛选，不仅保留下来了，而且至今还熠熠生辉呢？这曾是我们反复打量、长久思忖的问题。

第一，它们呼应时代解决了现实问题。对时代特点的真切了解、对现实问题的科学把握，是一切名著诞生的首要前提；而对解决现实问题的理论分析和策略指导，则是诸多名著得以形成的不二法门。可以说，无论是毛泽东的《论持久战》、蒋百里的《国防论》、杨杰的《国防新论》，还是希奇的《核时代的国防经济学》、弗里德曼的《核战略的演变》，无一不是对现实世界面临的重大问题进行深度理论剖析的成果。以《论持久战》一书为例。到 1938 年春，抗日战争已进行了多时，日本侵略者占领了华北地区各中心城市和交通要道，把战线推到华中、华南。在此情况下，具有轻敌倾向的“速胜论”和具有妥协倾向的“亡国论”甚嚣尘上。正是为了廓清思想，让全国人民从“速胜论”和“亡国论”的误区中走出来，毛泽东旗帜鲜明地提出了持久战，正确揭示了中日战争发展的客观规律，科学预言了中日战争的基本趋势和前途，明确了不同战争阶段的战略战术原则，指出了抗日战争取得胜利的力量源泉，为取得抗战最后胜利提供了最高，也是最正确的政治指导和战略指导，被誉为世界十大军事名著之一。

第二，它们面向未来进行了前瞻研究。拓荒性的前沿著作之所以能够称之为经典，大抵是源于此类著作对未来的洞察，对时空的跨越以及对规律的把握胜人一筹，并随着历史的前行而日益展示出人类理性的光芒与威力。费尔当的《空间战争——武器与新技术》、厄尔曼等所著的《震慑论》以及奥斯古德的《有限战争》都属此类。以《有限战争》为例。作为西方最早阐述有限战争理论的著作之一，该书敏锐地意识到，随着核武器的出现，人类拥有了毁灭自己的能力；如果人类对自己的行为不加以限制，继续奉行总体战争的理论，势必将世界引向灾难。因此，未来战争将具有局部化、有限化的特点，故称之为有限战争。该书出版后，美国评论界认为它对于美国军事政策和战略的影响，堪与基辛格的《核武器与外交政策》相媲美。

第三，它们跨越疆界展示了新的范式。一本好书代表着一种研究进路、一种理论示范和一种分析视角，因此能够超越特定时空、特定领域和特定问题，成为后辈学习借鉴的光辉典范。布热津斯基的《竞赛方案：进行美苏竞争的地缘战略纲领》、克里费尔德的《技术与战争》以及杜普伊的《把握战争——军事历史与作战理论》皆在此列。以《把握战争——军事历史与作战理论》为例。作者在书中为军事历史研究开拓了作战数据量化分析的新方向，提出了自己的定量评估模型（Quantified Judgment Model，简称 QJM）。该模型是一种数学表达式，可以作为军事演习或预测战斗结果的依据，实质上就是用科学的方法探索和分析军事行动的行为模式。该书正是由于既依托军事史料进行定性研究，又借助数学方法开展严密的定量分析，在研究方法上实现了重大突破，因此成为该领域开创性的名著。

第四，它们根植泥土内嵌着理想信念。战争是流血的政治。经典论著的作者大都善于扎根实践，探索理论。毛泽东的《论持久战》、斯大林的《斯大林文集》、伏龙芝的《伏龙芝文集》、沙波什尼科夫的《军队大脑》等，无不体现了作者理想的高远、信念的坚定和行动的果敢，并积淀为20世纪马克思列宁主义军事思想中的重要成果。

凡此种种，都使得入选著作摆脱了湮灭无闻的结局，具有了恒久流传的价值，成为后来读者心中的经典。因此，我们解读上述名著的一切尝试和努力，都无外乎抛砖引玉，希冀能够为读者把握 20 世纪军事学成果的累积路径贡献微博力量。

对此，我们有一个小小的体会和建议：一本好书不仅要字斟句酌式地细读，还需要积极开展“并行阅读”和“串行思考”，亦即参照相关领域的其他好书进行批量式连读。在相互映照中，我们不仅能够正确理解和把握某书精髓，也能够方便迅速地对相关领域、学科或时期有整体把握，甚或激发新思想的涌现。举例而言，如欲深刻理解富勒《战争指导》一书中提出的“有限政治目的战争往往能使胜利者获得较大的利益”思想，我们不仅需要该书姐妹篇《西洋世界军事史》的帮助，也离不开取小戴维·佐克等人所著《简明战争史》来参照，甚至需要杰弗里·帕克等人所著《剑桥战争史》的印证；要想理解布热津斯基的《竞赛方案：进行美苏竞争的地缘战略纲领》，或许需要参阅其所著的《权力和原则》与《大棋局》；倘若要理解杜普伊《把握战争：军事历史与作战理论》一书提出的“定量评估模型”，那么《武器和战争的演变》《数字、预测和战争》《军事历史百科全书》等著作也是颇值一读的。

我们也深知，好的著作无一不将读者视为智者；因而它所做的，不是一味展示繁琐的推导，罗列枯燥的结论，而是引导读者自己去思考，启发读者去判断。就此而言，作为绕不过的文献，每一本名著都是一座散发理性光芒的思想城堡，一个意蕴丰厚的文化据点，静静期待着读者走进来，与作者对话交流。同时我们也深知，与流行读物相比，这些名著读起来并不轻松惬意、悠悠自得；但这也许恰恰是它们学术价值的一个重要表征。因此我们坚信，在大多数人青睐“文化快餐”的时候，我们主动远离众声鼎沸的喧嚣，走近历久弥新的思想城堡，不限于粗放了解，致力于自由驾驭，那么我们最终获得的，将不仅仅是知识的扩充，更是思想的洞彻，心灵的充沛，自由的通达。

科技创新终结美国霸权?

这是一本比较难以评介的作品，之所以这样说，并非它有多晦涩难懂。相反，它揭示了一个帝国兴衰的逻辑，一个因果链条清晰的逻辑。面对这个逻辑，有人惊叹于其独辟蹊径的历史洞察力，而有人则对这种非同寻常的探究半信半疑。主宰帝国命运的那个终极的“因”，真的就是这般模样吗？

对此，乔良在《帝国之弧：抛物线两端的美国与中国》一书中，平静而自信地给出了肯定回答。在他看来，“我们从不这样理解历史：先有青铜和铁，后有恺撒和秦始皇；先有马镫和火药，后有成吉思汗；先有蒸汽机，后有全球贸易和‘日不落’；先有美元与黄金脱钩，后有金融霸权和全球化。”显然，这是一个借“技术之眼”透视帝国兴衰的逻辑。在这里，技术不仅是人类驾驭的工具，更是一种人类智慧凝结的力量，一种重塑我们世界观、价值观和历史观的力量。

事实上，回眸历史，无数古哲先贤都致力于探寻战争的胜败之律及国家的兴衰之道。然而，不无遗憾的是，人们往往习惯于从科技、经济、军事或文化的单一维度寻找规律，而不善于从复合的视角透视问题。《帝国之弧：抛物线两端的美国与中国》一书最启人心智的地方，恰恰在此。它一针见血地指出，美国发明的金融技术和信息技术，是支撑霸权的根基。前者借助后者之力，推动美元的全球化，建立起无远弗届的金融帝国，把整个地球变成了美利坚的金融殖民地。物极必然，或者说，美国依赖的东西最终也成了毁灭自己的东西。美国海军军事学院托马斯·曼肯曾说：“近代历史中，没有哪个国家像美国这样如此重视技术在规划和进行战争中的作用。”的确，追求物质力量进步固然是人类征服自然、改造自身的不懈追求，但绝不能迷失于狭隘的战略思维胡同。依托科技创新的支撑，美国凭借金融与战争的双轮驱动，虽然在一定时期以强力获得了世界霸主地位，但单边主义和冷战思维的顽疾只能助推霸权的自我终结。

对此，乔良在该书中有深刻的剖析：“从技术史的角度看，过去一百年里，美国为这个世界做出的最大贡献，就是创新出了互联网。令人意想不到的是，正是这一让美国引以为傲的创新，将成为美国为自己准备的‘帝国掘墓人’——互联网演变必然带来的两大趋势性结果：‘去中心化’和‘去货币化’，不可避免会伤及乃至剥夺美国的两大特权：政治霸权和货币霸权。”美国竞争力委员会在发布的《创新美国》报告中，曾不无自豪地宣告：“创新精神是决定美国在21世纪获得成功的唯一最重要因素……创新精神一直深深根植于美国的国家精神之中……我们美国人一旦停止创新，就不再是真正的美国人。”在“科技创新—美国霸权”的逻辑链条中，乔良在《帝国之弧：抛物线两端的美国与中国》一书中的预言，是否经得起历史的检验，这或许正是本书难以评介的地方？当然，这也是本书最令人着迷之处。

总之，科技创新是全球格局演化的重要诱因。纵览人类发展的浩荡世界史，不同民族和国家的相互竞争，在现代化进程的大舞台上，演绎了全球格局演化的惊心动魄，也彰显了科学技术的独特价值。无论是早年瑞士雇佣兵因引入长矛而获得的变革国际体系权力；抑或后来德国迅速将铁路用于战争动员而对世界和平大局的冲击；直至核武器的诞生，直接导致了东西方长达半个世纪的冷战阴影，两大力量体系军备竞赛的最终结果，由此形塑的全球格局延宕至今。如今，面对互联网这一20世纪人类最伟大的创新成果，《帝国之弧：抛物线两端的美国与中国》一书却指出，中国与美国站在了互联网这一同一起跑线上，在这场大国“马拉松”竞逐中，谁是最后的撞线者，一切皆未知。无论这一判断是否准确，它毕竟给我们提供了一个独特的认知视角，也提醒我们去关注历史深处那拨动全球格局演化的科技之手。

大国博弈需关注“话语权”

大国博弈领域，是一个话题不断的领域，也是一片值得耕耘的沃土。自古以来，就一直吸引着众多喜欢“指点江山，激扬文字”的睿智头脑。

犹记得，2010 年初，刘明福大校出版《中国梦》一书，引发广泛关注。2011 年 5 月，大洋彼岸的基辛格出版《论中国》一书。而今，刘明福又推出《论美国：对话基辛格〈论中国〉》这一新作品进行理论回应。这是一个学界的好事，有理论的对话，就有良性的沟通。

对此，在《论美国：对话基辛格〈论中国〉》一书序言中，作者刘明福也直言，“我们的时代，的确需要更多的基辛格，的确需要更多人具有基辛格式的战略思维……进入 21 世纪，基辛格是第一位以一本《论中国》的专著来论述一个国家——中国的政治家，是第一位以一部大书来集中论述一种大国关系——中美关系的政治家；也是第一位在长达 40 年的时间里为中美关系友好做贡献的政治家。他是唯一一位与 5 代中国领导人都打过交道的美国政治家。基辛格是中美关系的一个符号，是中美关系一块宝贵的活化石。”

秉持强烈的“对话”意识，《论美国：对话基辛格〈论中国〉》一书旗帜鲜明地抛出了一系列观点：“美国的最大挑战是美国，中国的最大危险是中国”“美国，你又伟大，又渺小！”“美国 21 世纪的最大错误是遏制中国”“中国要成为战略上的‘发达国家’”“美国之后，霸权没有接班人”……此外，该书还围绕“中美决赛——震撼世界的‘三个时刻’”“中美博弈——波澜壮阔的‘三个阶段’”等问题，进行了大胆而谨慎的预测。

读完全书，我们会发现，要详尽地深入讨论《论美国：对话基辛格〈论中国〉》一书中所涉猎的广泛话题，那都需要创作另一大套新作品了。如此说，并不是否定该书的研究价值。相反，一个理论研究者在工作退休后本可“坐以待币”，却耗时写出这样一部大信息量作品，唯一的解释就是作者浓厚炽热的兴趣、不可遏制的才华，以及一份悠悠的家国情怀。

战争树

多年的阅读经验告诉我，一部好的理论作品并不在于你说了什么，而关键在于你能启发读者想到什么？当然，“一千个读者就有一千个哈姆雷特”，基于“观察渗透理论”，每个读者心中的感受与自身的知识背景密切相关。或许是自己近年来对“话语权”问题的讨论颇为关注，读完刘明福的《论美国：对话基辛格〈论中国〉》一书，心中涌起的第一感受，依然是有关国际政治研究话语权的问题。

话语作为文化的重要内容，不仅仅是表达思想和描述事实的工具，更重要的是，它能建构社会事实，建构人的思想，甚至建构国际政治。法国哲学家福柯认为，话语更是一种权力，即操控力和影响力。由话语产生的权力是国家软实力的重要组成部分。拥有话语权，从某种角度而言，就有助于在大国博弈中通过议题设置、制度规约、技术规制等，占据认知空间较量的制高点。

然而，不无遗憾的是，长期以来，在我们的国际政治理论研究领域，来自域外的声音往往分贝更高，影响更大，传播更广。许多时候，经常围绕着一些国外学者创立的“理论岛”绕来绕去，飘忽不定。基于本土中国的实践经验，大胆建构自己的理论，并大声地说出来，对此，我们的认知观念、舆论氛围甚至研究范式往往还不太习惯与适应。于是，我们经常看到，在某些时候，总是来自域外的一个理论先传播过来，随即引发国内热烈的呼应和讨论。

比如，约瑟夫·奈提出的“软实力”理论。当它被引入国内时，就激起了广泛的关注。从国际政治领域，逐渐蔓延到在各个领域都在谈“软实力”——军事软实力、外交软实力、科技软实力、文化软实力、体育软实力等，不一而足。当然，我们不是说约瑟夫·奈的“软实力”理论就没有价值。恰恰相反，作为一名游走于政治与学界的“两栖人”，约瑟夫·奈先后出版过《核伦理》《注定领导》《美国实力的悖论》《软权力：世界政治制胜之道》《权力游戏：华盛顿新篇章》等大量著作，在冷战、核扩散、美日关系、中美关系等领域有过广泛的研究。这些前期的研究积淀让约瑟夫·奈的理论有了较高的“可信度”，也颇有启发性。

但是，我们也需要反思，本土的理论研究也要深入探索，努力建构自己的理论体系。否则，我们的理论创新工厂就会被边缘化，就会被“地球是湿的”“世界是平的”“地球是又湿又平的”等，占据我们的头脑。也正是在这个意义上，我国政治学者王义桅所创作的《世界是通的》，无论是独立探索精神、理论建构精神，都难能可贵。

同样，针对基辛格《论中国》一书，刘明福推出《论美国：对话基辛格〈论中国〉》作品。在书中，作者全景式、广镜头聚焦剖析了美国霸权战略的手段、思维及困境，并长时段、高站位宏观研究了中国国家战略的方位、布局及挑战。最后，又对中美战略竞逐的背景、本质及前景，进行了研判。不管结论是否经得起历史的检验，这种主动研究、自主建构、理论对话的精神，值得赞许。特别是对国际政治感兴趣的青年朋友，通过该书文笔鲜活的论述，一定会勾起自己进一步探索的欲望，顺藤摸瓜，阅读精品，或许有助于自己深入研究某一个具体问题。

应该说，伴随着信息网络时代新媒体的崛起，大国较量的权力版图正在迅速改变。对此，上面提及的约瑟夫·奈在《权力大未来》一书中，有着敏锐的洞察：

“一个更为基本的问题是，在21世纪的全球信息化时代，权力的运用将意味着什么？我们要避免落入的第二个陷阱是：将权力同国家拥有的资源混为一谈，并且仅关注国家行为体。哪些资源能够转化为权力？16世纪，西班牙通过对殖民地和黄金的控制获得了霸权地位；17世纪，荷兰从贸易和金融活动中受益，成为全球霸主；18世纪，法国凭借人口优势成就了大国地位；19世纪，英国依靠工业革命和强大的海军成为世界霸主。在肯尼迪与赫鲁晓夫时代，国家实力取决于核导弹，以及军队和坦克的数量。传统智慧通常认为，拥有最强大军事力量的国家可以主导一切，然而，在21世纪的信息时代，全球信息时代的到来正迅速使这些传统实力符号成为过去式，权力关系版图正在重新绘制，最擅长讲故事的国家（或非国家实体）可能胜出。”

约瑟夫·奈在此有关“讲故事的能力”，就与话语权紧密耦合。它提示我们，理论研究也要注重“话语”意识！

前些年，在傅高义所著的《邓小平时代》一书出版后，针对话语权的问题，刘戟锋将军就曾一针见血地指出，“谁在为西方话语权张目？”“我们在宏观上也知道话语权重要，而一到微观运作上，却有意无意地轻易将话语权拱手让了人……外来的和尚好念经，其骨子里透着的就是民族的不自信……当大家都在为傅高义所著《邓小平时代》的到来弹冠相庆、为傅高义在中国大陆的四处传经布道热情喝彩时，却未必能清醒地意识到，我们在主观上虽然清楚话语权的重要性，而在客观上竟然再一次为西方话语权张了目。”

从前人类时代、农耕文明、海洋文明到信息文明，人类历史的发展还极为短暂，未来围绕不同地域、不同民族、不同文化之间的大国博弈，依然会在世界舞台上展现尔虞我诈、纵横捭阖的激烈竞逐，如何真正关注话语、创新话语、引领话语，是大国博弈必须关注的命题。

刘明福针对基辛格《论中国》一书推出的《论美国：对话基辛格〈论中国〉》，就是一个有益的探索。

面对战争新高地，我们锻造怎样的将才？

战争，何以号定其脉搏？仁者见仁，智者见智。在人类漫漫历史长河中，无数军事家都在苦苦探索，希冀获得智慧女神的青睐，一劳永逸地找到那个终极答案，但这绝非易事。

我国兵学圣祖孙子，在《孙子兵法》中明确将“道、天、地、将、法”列为战争之五事，却并不言器，这显然是囿于时代的局限。

拿破仑麾下的约米尼将军，在其名著《战争艺术》中开篇就断言：“所有的科学都有原理，唯有战争的科学独无”，“战争并不是一种科学，而是一种艺术”。断言战争没有科学“原理”的约米尼将军，在谈到将才素质时进一步宣告：“一个将才的最重要条件，永远只有下列两条：其一，精神上的勇敢，能够负责作重大的决定。其二，物质上的勇敢，不怕任何的危险。”

永远有多远？这位曾受拿破仑器重的将军，参加了多次重要战役，但一辈子也没有赫赫战功。虽被尊为“兵学泰斗”，但有关战争规律及将才素质的见解，无意间漠视了科学技术的价值，今天看来，这不免受时代局限。

相比之下，19世纪欧洲另一位兵学大师克劳塞维茨，在其名著《战争论》中谈到制胜战争的“精神要素、物质要素、数学要素、地理要素、统计要素”时，显然已经开始关注到影响战争的科技因素了。

在信息化战争的今天，美国空军少将布莱斯·戴尔在谈到美军优势之时，曾直言不讳地说：“现代战争已成为科技战，许多美军潜在的对手并不了解美国在高科技作战方面，以及卫星制导的智能武器的威力。不管是伊拉克，还是美国及其盟国的其他敌手，我都会告诉你们，美军主宰太空科技方面的所有优势，我怜悯自以为能对抗美军的国家。”

尽管布莱斯·戴尔的言语透露着一种极度的狂妄，但却冰冷地折射出一个事实：在战争与科技紧密耦合的今天，指挥官如果没有科技头脑，就没有现代战争的入场券。

也正是从这个意义上看，《战争新高地》是一部富有前瞻、启人心智的作品。

该书聚焦“太空、网络、海洋、深海、极地、生物及智能”七大战争新型领域，探讨如何抢占战略制高点。显然，这些新型领域都是人类科技创新拓展出的新战略空间，是国家安全的“枢纽”和“命门”。倘若不能在这些领域占得先机，势必会留下受制于人的“阿喀琉斯之踵”。而要成功抢占高地，一切都有赖于现代军人尤其是高级指挥员，拥有一颗智慧的“科技头脑”。唯有如此，才能敏锐地洞察军事变革的“风吹草动”，提前谋划，变道超车。

其一，敏锐的科技洞察力。

被誉为“哲人与将军”的恩格斯曾说：“一旦技术上的进步可以用于军事目的并且已经用于军事目的，它们便立刻几乎强制地，而且往往是违反指挥官的意志而引起作战方式的改变甚至变革。”

这段话很多人都耳熟能详，被广泛引用。恩格斯无疑是第一位指出作战方式对技术依赖关系的马克思主义者，所以列宁后来也肯定说：“战术是由军事技术水平决定的。这一真理恩格斯曾向马克思主义者作过通俗而详尽的解释。”恩格斯关于作战方式出现违反指挥官意志变革的论述，主要指的是 18、19 世纪一段时期火器进步与散兵战变革。保守的指挥官倘若不能洞察新科技的意义，就会在战争史上留下笑柄。毕竟，越是级别高的指挥员往往是上次战争中的功臣，他们已习惯于上次战争中那些广为使用的陈旧武器装备以及与之相适应的过了时的作战原则与方式。也正因此，后来马克思和恩格斯在评论克里木战争的塞瓦斯托波尔围攻时，分别表达了完全一样的思想。马克思说：“塞瓦斯托波尔的围攻无论如何证明了长期的和平使得军事学术的倒退同工业发展给兵器带来的改进成正比。”恩格斯则认为：“这次围攻非常突出地证明了一个事实，即在长久的和平时期兵器由于工业的发展改进了多少，作战方法就落后了多少。”

刘亚洲上将在给《战争新高地》一书写的序言中，也引用了恩格斯的上述这句话，并一针见血地评论说：“这句话确实令人警醒。如果我们的战略指导仍然陶醉于昔日的辉煌，那将要犯重大的历史性错误。”

这并非杞人忧天，第二次世界大战初期，苏军未能有效阻止德军机械化部队的长驱直入，就是源于对装甲装备的理解有失误。当时苏军的一些高级指挥员满足于国内战争的经验，只重视步兵、骑兵、炮兵等传统兵种的作用，对新兴的装甲兵认识不足，过高估计了反坦克兵器的作用，把仅有的四个坦克军也解散了，从而导致在战争初期陷入了被动挨打的局面，教训不可谓不深刻。

当然，人类军事史上也有成功范例。如在第一次世界大战中，德国的坦克并未给人留下什么印象，但到下一场世界大战中，当德国法西斯在无限制的扩张目的同现实能力不相适应时，迅速接受了最初从英国诞生的机械化战争理论，并刷新成“闪击战”的作战原则。正是由于“闪击战”的实施，使德国将坦克集中使用，能够充分发挥其强大的突击力，在一些主要攻击方向上形成装甲优势，弥补了德国装甲力量在数量和质量上的不足，取得了对一系列国家速战速决的胜利。德国“闪击战”充分印证了“先敌制胜”“在战争中迟缓就等于死亡”这些古训的现实意义，同时也给世界各国上了一堂重要的军事思想课：军事斗争中注意提高武器的技术性能固然重要，但不失时机地采用新的作战方法也具有同等重要的意义。

将军的伟大与天才之处就在于，要善于根据军事技术的新萌芽、新进展，及时更新过时的军事思想，变革旧有的作战方式。

1903 年，莱特兄弟成功进行了首次有动力飞行，今天看来，这是一次伟大的创举，当时却也被不少人笑掉大牙——费那么大劲糊的飞行器像个空中书架，晃悠几十米就掉下来摔烂，有什么用？当时没有多少人理解这一军事技术蕴含的巨大价值，更意想不到一种新“颠覆性技术”即将出现，延续几千年的平面作战从此将走向立体。在这种情况下，美国陆军航空兵准将米切尔在《空中制胜论》中最先说出了他对航空技术的感悟。比米切尔更加彻底的是意大利人杜黑。这位前航空局长由此预言，将出现一种全新的战争样式——空中作战。对于杜黑的预见，不少权威人士纷纷站出来，依据浩瀚的兵学圣典对其反驳和诘难。批评了几十年之后，在立体战事实面前，世界才慢慢认可了杜黑对航空技术的透彻洞察力。

其二，熟稔的科技运用力。

一支部队，要做到能打胜仗，战斗力是根本。战斗力来自人与武器的有机结合。指挥官只有得心应手地驾驭各种武器装备，各得其所、协调一致地发挥它们的作战效能，才能指挥部队，取得胜利。

对此，第二次世界大战中有一典型战例。1941 年 7 月 15 日，北非战场上的英军对希特勒德国隆美尔的部队发起攻击。当时，隆美尔在部队数量和武器装备的质量上都处于劣势。具体而言，英军约有 200 辆装炮坦克，隆美尔指挥的部队只有 100 辆，且半数以上位于前线 80 英里以西的地方。隆美尔部队 2/3 以上的反坦克炮都是老式的 37 毫米炮，对英军的“马蒂尔达”坦克毫无办法。即使是隆美尔的 50 多门 50 毫米反坦克炮也只能在极近距离击穿“马蒂尔达”坦克的装甲。可以说，隆美尔部队想要挫败英军的进攻是非常困难的。在这种情况下，隆美尔将仅有的 12 门 88 毫米高射炮改装成轮式反坦克炮——这种火炮能够在 2000 码射程内击穿“马蒂尔达”坦克 77 毫米厚的前装甲。当两军对垒的战斗打响之后，7 月 15 日黄昏，英军参与进攻的坦克就已经损失半数以上。7 月 16 日、17 日，隆美尔部队更是大举反攻，将英军赶回了进攻发起线。在三天的作战中，英军共计损失坦克 91 辆，而隆美尔部队只损失 12 辆。

在这次战斗中，作为指挥官的隆美尔之所以在部队数量和武器装备质量都处于劣势的情况下，还能够取得胜利，在熟练掌握武器装备技战术性能的基础上，近乎完美地驾驭部队的武器装备，是关键原因。

现代军事高科技日新月异，如何掌握千差万别的现代武器装备技战术性能？如何统筹协调好诸多门类现代武器装备以发挥其综合效能？这对每一名指挥员来说，都是不小的挑战。指挥员必须能够跟上这种变化的节奏。

如在海湾战争中，多国部队使用了 500 多项微电子技术、红外探测技术、航天技术、定向能技术等军事高科技，技术专业达到 2000 种以上。武器装备的高技术化逼迫指挥员不能墨守成规。于是我们看到，指挥海湾战争的不少美军指挥员已不再是站在前线指挥所里，拿着望远镜，看着军用地图，通过参谋们指挥战争，而是一边看着电脑屏幕，一边按着各种自动操作装置。

这就是变化！

曾负责策划与指挥海湾战争的美军原参联会主席鲍威尔将军说：“以参联会主席的身份策划和指挥 1991 年的海湾战争，是我军旅生涯的顶峰，回想起那持续 38 天的空中打击，它为美军实施地面作战创造了条件，我深感此生干了一番光荣的事业。”接下来，它继续回忆说：“空军参谋部提出了实施空中战役的计划，这个思路是由杰出的战斗机飞行员沃登上校提出的，施瓦茨科普夫安排他 8 月 11 日向我汇报了这一‘迅雷’计划。

他的汇报使我深受启发，但迄今为止从来没有人能做到这一点，我们正在计划打一场空中、地面、海上和太空的全面战争，我们行吗？”

鲍威尔在这里的发问，是在问美军，更是在问他自己。如何合理调配参战部队的武器装备，考验着这场战争的指挥员。几十万部队、几千架飞机、几百艘战舰、几千辆坦克能在短时间内迅速集结部署到海湾地区，并形成作战能力，这是一个极大的挑战。在38天的空袭中，共出动了22种、44型、各种各样的飞机3000余架，平均日出动2000架次以上，在国家多、机种多、全天候、多批次出动的情况下，始终没有发生碰撞、起飞和着陆事故。所有这一切从一个侧面映射出美军前线指挥员过硬的科技运用力。

其三，理性的科技反思力。

在《艰难一日：海豹六队击毙本·拉登行动亲历》一书中，作者曾提及这样一个案例。海豹突击队的指挥官佩特·布拉巴尔上校，对美军过度依赖高科技优势（甚至有时达到了对技术的迷信）提出了批评和质疑。他说：“许多美军指挥官有迷信高技术侦察手段的倾向，特别是在技术侦察‘印证’了原先判断的时候，指挥官更不愿派遣侦察分队冒险实施远程侦察。但实际上，‘基地’组织低技术含量的伪装和欺骗手段往往能骗过我们的无人机和侦察卫星。在‘蟒蛇行动’中，尽管先遣小队抵近侦察后发现了‘基地’组织真实的兵力状况，但‘海豹’突击队指挥官海德仅以卫星图像为依据，迷信技术，在敌情不明的情况下贸然行动，导致直升机在塔寇喀尔峰陷入敌防控火力网，造成了不必要的损失。”

在现代战争中，科技体系纷繁复杂，作战手段五花八门，指挥员的“科技头脑”已然成为感知未来战争神经的触角，但这绝不是将科技摆上神坛，奉为圭臬，除了顶礼膜拜，狂热赞美，便再也发不出什么声音了。相反，面对战争，既要看到科技的伟力，又要看到科技的局限，只有学会反思科技，才能真正把握科技，进而真正赢得信息时代的战争，这正是辩证法的魅力所在。

“制天权”理论创立者格雷厄姆曾说：“在整个人类历史上，凡是能够最有效地从人类活动的一个领域迈向另一个领域的国家，都取得了巨大的战略优势。”意大利军事天才杜黑更是说：“胜利总是向那些预见战争特性变化的人微笑，而不会向那些等待变化发生后才去适应的人微笑。在战争样式迅速变化的时代，谁敢于先走新路，谁就能获得用新战争手段克服旧战争手段所带来的无可估量的利益。”

名言之所以是名言，就在于它标示了超越时空的规律。谁也不能与规律为敌，军事领域更加如此。

总之，大国军事领域的较量，是生与死的较量，特别残酷，特别现实，特别直接。古代中国与火药化军事变革擦肩而过，晚清错失近代军事变革机遇，留下杨芳以粪桶御敌耻话，直至甲午海战战败，历史给我们提供了足够的镜鉴。

它告诉我们，在科技革命与军事革命的逻辑链条上，原点的迟钝与错失，直接影响着世界舞台上竞争者的不同命运。适者兴、违者衰，主动者赢、被动者败。当前世界新军事革命正进入深水区，孕育新的重大突破，尤其是伴随着无人化技术、空天技术、深海技术、大数据技术、激光技术、生物科技、脑科学等战略前沿科技的蓬勃发展态势，军事领域的较量已暗潮涌动，世界主要军事强国纷纷抓紧谋划，布局未来。在《战争新高地》一书聚焦的“太空、网络、海洋、深海、极地、生物及智能”七大战争新型领域中，战争制胜机理已然正在发生深刻变化。而且，这七大新型领域的耦合与叠加无疑增加了战争的复杂性，对指挥员运筹战争的艺术确立了新标杆。

面对新的“变革浪潮”“机遇风暴”，我们能否站立潮头，关键看我们是否有忧患意识、前瞻意识、创新意识，是否能敏锐研判战争空间拓展走势，通过创新发展新一轮战略前沿科技，成为新竞赛规则的重要制定者、新竞赛范式的重要引领者、新竞赛领域的重要主导者，制胜未来而不是尾随未来，打败敌人而不是被敌人打败。

战争，既是科学，也是艺术，期待着富有使命的新一代军人做出睿智的回答。

《战争新高地》一书启迪人们——面对未来战争新高地，指挥员只有具备一颗敏锐的“科技头脑”，才能精准认知昨天战争的面貌，把握今天战争的脉搏，参悟明天战争的法则。

警惕“超限战”冲击波

当历史的钟声在公元1991年12月25日19时38分撞响的时候，印有锤子和镰刀的苏联国旗，在飘扬了69个春秋之后，于沉沉夜色之中伴随着寒风在克里姆林宫缓缓降下。世界上第一个社会主义国家的执政党——具有93年历史、执政74年的苏联共产党及苏维埃社会主义共和国联盟——苏联，一个庞大的国家旋即轰然崩塌，“苏联”二字永远定格在了陈旧的地图上，默默地走进了历史的博物馆，从此不复存在。

苏联为何会解体？多年来，这一谜题犹如一块黑色的大磁铁，深深吸引着国内外无数学者、公众及政治家孜孜以求。有人说，这是当代“没有国家战略的国家”之悲剧。也有人说，这是苏联自食军备竞赛之恶果的必然。还有人说，这是苏联精英层蜕化变质的结果。应该说，苏联解体一定是内外因共同作用的结果。有关内因的探讨，近年来国内也引进出版了诸多高质量的作品。而有关外因的研究，则以《里根政府是怎样搞垮苏联的？》《第三次世界大战：信息心理战》《论意识操纵》等为代表。

美国中央情报局前雇员彼得·施魏策尔所著的《里根政府是怎样搞垮苏联的》一书，详细记录了美国精心策划搞垮苏联的战略过程，包括五个主要方面：一是以隐蔽手段对波兰团结工会的活动给予财政、情报及后勤支持，以确保反对派在苏联控制的华约心脏地带得以生存；二是对阿富汗抵抗组织提供财政及军事援助，也对穆斯林游击队提供支持援助，并且极力把战争引向苏联境内，对其内部稳定和领土完整构成威胁；三是通过与沙特阿拉伯合作来千方百计地压低国际市场的石油价格，并且限制苏联向西方出口天然气，减少苏联的硬通货收入，使其难以摆脱财政困境；四是通过发动一场包括秘密外交在内的全面的全球性绞杀战，对苏联进行技术封锁与技术欺骗，以便在军备竞赛过程中消耗苏联的财力；五是对苏联决策层展开“制脑权”战争，对其意识形态领域进行攻击。

显然，里根政府对苏联展开的这种战争，与人类社会以往的传统战争极为不同。它更符合我国军事学者乔良、王湘穗所创立的“超限战”理论。在里根看来，苏联体制有一种根本性的弱点，只要美国针对这种弱点运用综合手段展开攻击，就一定能够从内部将其击溃。于是，1982 年初，里根总统和几位重要顾问开始制定一项战略，对苏联体制的基本经济和政治弱点进攻。时任美国国防部长温伯格说：“我们采取了一项包括经济战在内的全面战略，用以攻击苏联的弱点”，“它是一场无声的战役，与盟国一道开展工作，并且要使用其他措施”。对于这种战争攻击，施魏策尔在《里根政府是怎样搞垮苏联的？》一书中也评论说：“这是一种战略攻势，其目的就是要把超级大国的斗争矛头转向苏联集团，甚至苏联自身。”

在里根政府对苏联展开的这场“超限战”或“混合战争”中，美国中央情报局扮演了重要角色。1981 年 1 月，里根总统在就职典礼仅仅两天之后，就在白宫椭圆形办公室召见了新任命的中央情报局局长凯西。随后，里根、凯西与总统国家安全助理艾伦和国防部长温伯格一起，用了五年左右时间大致完成了对苏联攻击的策划。在这个过程中，哈佛大学历史学家理查德·帕普斯也积极参与，他作为智囊为里根草拟了美国对付苏联的代号为“NS-DD-75”的战略计划。配合这种战略的实施，里根政府也积极在苏联国内寻找代理人。对此，英国前首相撒切尔夫人于 1991 年 11 月 18 日访问美国时，在休斯敦发表演讲直言不讳地透露了如何选择戈尔巴乔夫等作为代理人的内幕，剧情令人震惊。

施魏策尔在《里根政府是怎样搞垮苏联的？》一书结尾，对里根政府发动的这场非常规战争感慨：“使克里姆林宫陷入深渊的并不是哪一个事件或者哪一项政策。里根政府的总体战略之所以有这么大的威力，是各种政策的综合效应。这些政策就像一阵阵强烈的飓风吹进虚弱的苏联体制之中。”

这场隐蔽战争的后果导致了苏联解体，带给俄罗斯民族近十年经济社会的严重停滞，甚至倒退，被普京总统称为“20 世纪最严重的地缘政治灾难”。在历史的潮水退去之后，留给我们的除了警惕，还是警惕！传统战争主要是在自然空间和技术空间中进行，而这种新形态的非常规战争则同时在自然空间、技术空间及认知空间展开，需要我们有足够的警惕。

可幸的是，我国学者在《超限战》一书中给予了精准预见：

技术综合—全球化时代的战争，取消了武器对战争的冠名权，在新的基点上重新排列了武器与战争的关系，新概念武器特别是武器新概念的出场，使战争的面孔日渐变得模糊。一次“黑客”侵袭，算不算敌对行动？利用金融工具去摧毁一国经济，能否被视为一场战争？CNN对美军士兵曝尸摩加迪沙街头的报道，是不是动摇了美国人充当世界宪兵的决心，从而改变了世界战略的格局？以及对战争行为的判断是看手段还是看效果？显然，从传统的战争定义出发，已经无法对以上问题给出令人满意的答案。当我们突然意识到所有这些非战争行动都可能就是未来战争的新的构成因素时，我们不得不对这种战争新模式进行一次新的命名：超越一切界线和限度的战争，简言之就是超限战。如果这一命名能够成立的话，那么这种战争意味着手段无所不备，信息无所不至，战场无所不在；意味着一切武器和技术都可以任意叠加；意味着横亘在战争与非战争、军事与非军事两个世界间的全部界限统统都要被打破；还意味着已有的许多作战原则将会被修改，甚至连战争法也需要重新修订。

正是上述这些散发着文学气息但又富有哲理的文字，将我们的思绪从眼前的战争引向了遥远的未来。

生物战还有未来吗？

前些年，曾和杨爱华教授一起在哈尔滨考察日军当年的731部队遗址，那是第一次近距离从文字之外对视生物战的残酷与日本侵略者的残暴。步入纪念馆内，幽暗的灯光，映着泛黄痕迹的墙，空气中仿佛飘荡着燃烧的味道，是血腥，是残暴，是仇恨……日本对中国的罪恶就着无数难以安眠的惨案一同在燃烧，一幕一幕触目惊心，让人思绪万千，悲愤不已……

当年代号731的石井部队为研制生物武器，惨无人道地对我国军民进行细菌试验，获得了有关炭疽杆菌、鼠疫杆菌、马鼻疽杆菌的数据，并在我国十余个省的广大地区施放鼠疫、霍乱、伤寒和炭疽杆菌等十余种生物战剂，成千上万中华儿女惨遭蹂躏、折磨、杀戮。日军当年丧失人伦、臭名昭著的生物战行为，永远都应当受到谴责与痛斥，并钉在人类战争史的耻辱柱上，警示后人。

长期以来，战争史研究领域一直缺少一部力作，来系统梳理剖析生物战的演进之路。如今，我国军事专家朱建新推出的《生物战史》可谓是补白之作。该书基于翔实的历史资料，分20世以前、20世纪上半叶、20世纪下半叶三段历史时期，分别总结了人类生物战的发展历程，尤其注重阐述各国生物战政策、生物战行为、生物战机构、生物战研发项目，以及生物战相关人物的产生、承继、沿革等情况。正如封面所印，该书“拉开了从未拉开的历史帷幕，一幕幕展现世界各国发生的隐秘的生物战史实，从生物武器、生物战方式、国家生物军备政策等演变中，思考人类面临的危险和应对之策”。

在《生物战史》作者看来，从古代一直到20世纪初，人类直接从自然界采集、拾取病原体及媒介用于战争。19世纪后期，巴斯德为现代微生物学奠定了基础，生物战也由此进入由实验室培养细菌用于战争的阶段，人类对生物武器的利用由自在状态进入自为状态。20世纪40至60年代遗传学的发展和70年代基因工程的进步，进一步推动生物战进入病原体改造利用阶段，即用人为的方法，如基因拼接重组，进行微生物病原体遗传变异，制造出新的生物战剂。作者认为，在这三个生物战的不同历史阶段，生物武器的类型、生物战的方式、生物军备状况和各国生物战政策都表现出不同的历史特点和国别差异。由于生物战历史相对隐秘，各国有关生物战组织和实施的资料也严重缺失，从而使得战争被害者、旁证者、调查者的记述缺少印证，给研究梳理带来一定困难。尽管如此，我们从该书中仍然看到了作者为弥补资料匮乏、勾勒战争进步之路而做出的真诚的努力。

纵览全书，引发有关人类战争发展的诸多思考。其中，需要拉直的最大问号是，生物战还有未来吗？

众所周知，生物科技被用于军事领域便产生了生物武器。生物武器是以生物战剂杀伤有生力量和破坏植物生长的各种武器和器材的总称。它的杀伤破坏作用不是靠炸药爆炸所产生的杀伤力，而是靠其中装载的细菌、病毒、立克次体、病原体、毒素等为主的生物战剂，使人员、牲畜等致病或死亡。相比与常规武器、核武器，生物武器具有以下特征：

杀伤力大。据美国国会评估办公室等相关机构研究报告显示，生物武器同其他大规模杀伤性武器相比，具有更强的杀伤力。从杀伤规模看，1 吨 TNT 当量的弹头，可造成两位数的人员伤亡。一枚 300 公斤的化学武器弹头，可造成三到四位数的人员伤亡。一枚携带炭疽菌的“飞毛腿”导弹，可夺去 10 万人的生命，相当于核武器的杀伤力。从杀伤面积看，100 万吨 TNT 当量的核武器，杀伤面积是 300 平方公里。15 吨神经性化学毒剂，是 60 平方公里。10 吨生物制剂，则可达到 10 万平方公里，生物武器的杀伤面积远远大于化学武器和核武器。从成本看，以 1969 年为例，每平方公里 50％致死率的成本分别是：传统武器 2000 美元，核武器 800 美元，化学武器 600 美元，而生物武器则仅仅只要 1 美元。因此，生物武器的俗称又叫“穷人的核武器”。

隐蔽性强。生物武器使用方法简单，释放手段多样，可用飞机、火炮、导弹等将带菌的昆虫或有致病基因的微生物投入敌方的河流、城市、居民地等，具有极强的隐蔽性，被攻击的地区难以在第一时间觉察到这种攻击。有时候，这种攻击还可以伪装成一种自然流行的疫病。等攻击开始生效后，被攻击的地区很难查找出攻击来自何方，由什么人、如何实施。另外，大规模引进国外疫苗，也会增加生物武器攻击的风险，美国人威廉•恩道尔在《目标中国——华盛顿的“屠龙战略”》中指出，“中国引进西方的疫苗和药物，其实是引进了一种威胁。药物和疫苗早就神不知鬼不觉地武器化了，而今日中国或许还没有真正觉察到：用药物控制全部人口，过去完全不可能，今天是完全可能的。”

难防御。生物武器与其他武器一样，以人为作战目标和对象，但攻击一旦成功，被袭击的目标又往往成为新的增殖载体或传染源，成千上万倍的扩散，产生新的更大的危害源，极容易迅速扩大影响范围，造成灾难性后果。同时，生物武器可利用的生物体种类繁多，数量巨大，被改造和操控的基因序列或蛋白质结构就像一把密码锁，只有研制者才知道它的遗传密码，其他人很难破译和控制。而且，人类基因或蛋白质可被攻击的靶点十分繁多，被攻击后难以迅速明确诊断和及早治疗，因而难以有效防御。

尽管但受国际战争法的规约与控制，未来生物武器的使用可能会受到一定限制。但由于生物武器上述明显的特点，目前世界一些军事强国仍在悄悄地研发生物武器，相关动向值得关注。此外，基于生物科技新进展的军事应用研究，也越来越成为各国关注的焦点。

如在2014年4月1日，美国国防部高级研究计划局（DARPA）就专门成立了生物技术办公室（BTO），主要进行生物学、工程学和计算机科学的交叉研究，旨在借助最新的生物学研究成果保障国家安全，维护美国国家利益。2015年3月26日，DARPA官网发布DARPA两年一版的《保障国家安全的突破性技术》（*Breakthrough Technologies for National Security*）报告。报告中，DARPA重点关注四个领域：复杂军事系统再思考（Rethink Complex Military Systems）、信息爆炸主宰（Master The Information Explosion）、生物技术利用（Harness Biology As Technology）、技术前沿扩展（Expand The Technological Frontier）。2016年2月，DARPA生物技术办公室（BTO）又发布了《生物控制》（*Biological Control*）报告，旨在为生物系统控制建立新的跨尺度能力——从纳米级到厘米级，几秒到几周，生物分子到生物族群——运用生物材料的嵌入式控制器来运行系统行为。

DARPA作为隶属美国国防部的一个创新研发机构。自1958年成立以来，它一直秉持“保持美国的技术领先地位，防止潜在对手意想不到的超越”的宗旨，在促进美国军事技术创新方面取得了不凡的成就，并直接奠定了美国在全球的军事优势。2016年2月，美国国防部公布2017财年预算申请，其中DARPA的科研经费预算达29.7亿美元，而生物科技领域为重点投资的关键领域。从近期DARPA在生物科技方面的创新计划来看，其主要在认知神经科学、仿生材料与系统、生物合成与制造、生物传感与生物计算和人—机—环前沿技术五个技术领域开展研发布局。

需要指出的是，在DARPA生物技术办公室成立之前，DARPA在生物科技领域的创新研究是相对分散的。如国防科学办公室（DSO）中的神经系统科学研究、生物学研究；微系统技术办公室（MTO）中的生物平台研究；战略技术办公室（STO）中的环境改造研究等。直到DARPA的生物技术办公室成立后，才将这些传统的生物科技与新兴的交叉性科学领域整合到一起，从单个细胞到复杂的生物系统，再到这些生物体存在的宏观和微观环境，其研究范围十分广泛。

美国学者迈克尔·怀特曾在《战争的果实：军事冲突如何加速科技创新》一书中，基于科技、战争与文明进化的广阔视角，勾勒了一副军事冲突、科技创新及人类生活交织互动的复杂图景。最后，怀特感慨地说，由于贪婪和攻击的本性使然，人类无可避免地总会发动战争。的确，从某种意义上说，一部人类发展史，也是一部科学与战争互动的历史。对此，科学社会学的奠基人贝尔纳在研究科学史后曾说：“科学与战争一直是极其密切地联系着的。”恩格斯从相反的角度也有断语。由此看来，只要科学与战争联姻互动的历史不会终结，人类笼罩在战争阴霾中的宿命就不会终结。

倘若不得不承认这一点，我们就必须对战争演进多一份关注，对未来安危多一份未雨绸缪！也正是在这个意义上，我们说，朱建新所著的《生物战史》给我们开启了一条认知未来战争的通道！

生物化军事变革的理论预见

一支军队要制胜未来，离不开一些先知先觉的头脑，也许这些头脑今天的所思所想，还远远超越现实，但其指向远方的思考却不应被我们忽视。

郭继卫的《制生权战争：新时代的军事战略重构》就出自这样的头脑。

与列夫·托尔斯泰在《安娜·卡列尼娜》开篇中有关幸福家庭的感慨一样，军事领域失败的作品各有各的“问题”，但出类拔萃的上乘之作却有极大的相似之处。这种相似性或许就是——面向未来进行了拓荒性的前瞻研究。正是源于对未来的洞察、对时空的跨越及对规律的把握胜人一筹，于是，随着历史的前行，这类作品往往会展现出人类理性的光芒与魅力。历史上马汉的《海权论》、杜黑的《制空权》、费尔当的《空间战争》、奥斯古德的《有限战争》等都属此类。

在《制生权战争：新时代的军事战略重构》开篇，郭继卫断言：“老战争死了，新战争还未出世”，“这本书试图阐述一种新的战争——制生权战争，包括它的概念和观念，它的价值和意义，它出现的必然性和迫切性，它带来了什么并改变了什么，以及，它还等待着什么——因为它在现阶段还不曾出世。我们还不能准确描述它长得是什么样，但是可以肯定：它是全新的一代。它的出世将意味着掀起一场前所未有的‘军事变革’。”

有关军事变革，这已是我们耳熟能详的词汇了。20 世纪 70 年代末，苏军总参谋长奥加尔科夫元帅，基于电子信息技术的萌芽提出了“军事技术革命”概念。1991 年，海湾战争一声炮响正式拉开了世界新军事革命的序幕。1993 年，时任美国国防部基本评估办公室主任的安德鲁·马歇尔认为，技术革命已不足以反映这场军事革命的全部内涵，于是他提出用“新军事革命”取代“军事技术革命”。1998 年，美国前国防部长佩里在该年度国防报告中专门就新军事革命定义做了说明。至此，有关新军事革命的讨论开始从大洋彼岸的美国扩散到全球，在很长一段时期成为我们透视军事事务的一种流行思维范式与理论坐标。

在军事领域，最大的不变就是“变化”，最大的危险就是“守旧”。尽管信息化军事变革的“浪潮”至今仍在拍打着世界各国军队的“海岸”，而且在可以预见的未来仍将伴随着人工智能技术、空间科技、海洋科技、脑科学等向深度发展。但是，我们也需要站在信息化军事变革浪潮之外，静静地听听是否还有别的什么声音，它或许决定着未来。这正是郭继卫在《制生权战争：新时代的军事战略重构》中所讨论的问题。

其实，这本《制生权战争：新时代的军事战略重构》并不是一个孤立的文本。在此之前，郭继卫已相继出版《制生权：军事变革未来的制高点》《战争生物观与制生权预见》，随后又推出了军事理论随笔《新战争咒语：下一仗的 23 条军规》以及其他一些相关的军事论文。可以说，研究的逻辑线条是清晰的、一脉的、迭代的。

这些相关的理论著作启发我们认识到，人类进入 21 世纪之后，生物科技异军突起，成果斐然。体细胞克隆、转基因动植物、基因治疗、生物芯片等新技术与产品的大量涌现，在为生物科技创新奠定充足的发展后劲的同时，也为制生权战争的崛起构建了坚实的基础。战争的基本目的是消灭敌人、保存自己，拼装备、打金钱只是手段，如果某种技术的采用能避开与敌方武器的对抗，而直接造成人体的伤亡，那么拼装备也就失去了任何意义。物理学着眼的是能量的开发，它应用于战争，导致的也只能是能量的抗衡，核武器可谓是这一思路的极致。与之不同的是，生物学着眼的是生命奥秘的解读和破译，它应用于战争，可直接作用于人本身。这也就与战争的基本目的能很好吻合。

近年来，信息化战争的引领者美军也已加大了关注力度。21 世纪初，在基因组学等前沿生物技术初露端倪的时候，美国国防部高级研究计划局（DARPA）就开展了军用生物技术的研究，超前部署了一批重要研究项目，其目标就是利用现代生物技术开发基于生物学的材料和装备，实现武器装备工程技术的优化，提高武器装备作战效能。2010 年 6 月，美国国防大学发布《生物启发的创新与国家安全》报告，全面深入系统地阐述了生物科学技术与国家安全的密切关系及深远影响。原国防部净评估办公室（ONA）主任安德鲁·马歇尔在报告中指出，生物技术是未来军队获取战略优势的重要依托。2016 年 5 月，DARPA 又启动了一批新的生物技术探索项目，包括“系统性神经技术新疗法”（SUBNETS）、“超脑芯片”（RAM）、“革命性义肢”（RP）、“手本体与触觉接口”（HAPTIX）、“电子处方”（ElectRx）、“病毒预测”（Prophecy）、“类透析治疗”（DLT）、“生命代工厂”（Living Foundries）、“微生理系统”（MPS）等。

未来学家阿尔文·托夫勒曾说，“人们生产的方式，就是军队作战的方式。每一次军事技术变革，总会强制性地给战争样式、作战方式、武器装备、编制体制带来全新的变化。”现代生物技术自诞生之日起，就已逐步渗透到国防科技和武器装备研制中，并与信息技术、材料技术和制造技术等交叉融合，形成军用生物技术这一新兴技术领域，出现了武器装备生物化。随着生物武器的研发和武器装备生物化，必将颠覆传统武器装备的打击方式，催生出全新的作战思想，从根本上改变现有的战争模式，推动信息化战争迈向新的发展阶段，深刻影响未来新军事变革进程。

对于新军事变革的这种前景，郭继卫在其系列作品中进行了专业的、深度的、连贯的探讨，提出了诸多真知灼见。如在其看来，传统战争的攻防对抗，都是在肉眼能够看得见的宏观世界展开，利用枪弹、炮弹、导弹等武器毁伤目标，通过铠甲、掩体、隧道等进行防御。使用生物武器进行的攻防对抗由宏观延伸至微观，依靠对生命结构功能的调控毁伤目标，在攻防、制导、毁伤等环节呈现出全新的作战模式。类似这样有洞察力的见解，在其系列作品中还有很多，读来每每让人耳目一新，启人心智。

沉湎于对上次战争的特点、模式、经验的反思，是人类军事史上屡见不鲜的痼疾与通病。尽管军队的指挥官们深知，没有哪场战争是上一场战争的重演，但刚刚谢幕的战争毕竟太富有吸引力了，它给人们带来了切肤之感或者切肤之痛，谈感论受自然大行其道，面向未来探索的微弱声音结果，被淹没在大谈昨日经验，乃至围绕昨日战争之冠名权争吵的强大吼声之中。

源自苏联“军事技术革命”的新军事变革研究，在海湾战争之后，受到广泛关注，引发不同层次、不同背景、不同职业的人聚焦，著述颇丰。然而，无论是就学科自身的发展而言，抑或就推进军事现代化的需求而言，新军事变革研究，未来应当从规范研究走向实证研究，培育新的增长点。正如科学史有萨顿“实证主义”编史法、科瓦雷“思想史”编史法、默顿与贝尔纳“社会史”编史法一样，军事变革研究也应该深化“分科”研究、“国别”研究、“人物”研究和“大综合”研究。从这个意义上说，郭继卫的《制生权战争：新时代的军事战略重构》就是“分科”研究的有益尝试。

乔良在给该书写的序言中说：“与大多数棋手都是臭棋篓子，而大多数艺术家都是平庸之辈一样，大多数军事和军史研究者，都不过是蹈前人窠臼的‘二道贩子’。也就是说，因袭前人陈见者多，有独步一时创见者少。故能在众多把军事学术研究当饭碗的庸碌者中，脱颖而出，独树一帜，哪怕仅有一得之见的人，必鹤立鸡群，翘楚者更将名垂青史。”“继卫以生物医学为专业本行，以小说、散文为业余爱好，又以前沿军事理论为主攻方向，不经意间就已然具备了一个研究大家所需的诸种技艺训练和能力。而读他的东西，还能读出不同俗见、独具视野的思辨和逻辑。”

这或许是大家的共同心声。

找一个风轻云淡的日子，拿起书与智者交流吧。

想象力：武器装备创新发展的翅膀

军事领域是对科技前沿感知最敏感的领域，只有第一，没有第二；创新则生，守旧则死。

我们能否在未来发展中后来居上，变道超车，关键看创新。秉承“技术制胜”战略思维的美军，自第一次世界大战以来，就极其重视科技创新，其国防部高级研究计划局（DARPA），自 1958 年成立以来，虽然研发重点随历史境况不同不断变化，但始终不变的是，它一直站立在科技发展的前沿阵地，凭借对创新“痴迷”般的执着和良好的运行架构，作为武器装备新概念的“摇篮”，为美军孵化出了诸多尖端武器装备。

有时，DARPA 的超前创新思想都会被认为是“疯狂”的，甚至被讥讽为“DARPA 的幻想”，被嘲笑为“匪夷所思”。然而，面对这些冷嘲热讽，DARPA 坚持自己的发展理念，作为一座架设在基础研究与军事应用之间的桥梁，这个带有神秘色彩的特殊部门，竭力张开想象的翅膀，将自己的触角伸向遥远的未来，通过原始概念创新，引领武器装备发展，以避免他国“技术突袭”，确保美国“技术优势”。

想象力是武器装备跨越发展的助推器。杀人于无形的激光武器，自由穿越战场的各种作战机器人，雷达无法“看到”的隐形战斗机……曾几何时，只能在科幻小说或电影中想象的武器装备正在以惊人的速度走入现实世界，不断刷新着人们的想象力。研发新型作战装备是实现我军武器装备跨越式发展的必经之路，而大胆的想象力正是实现这种跨越的有力助推器。

想象力是创造武器装备新需求的起点。科学研究被认为是发现问题和解决问题的智力活动，而武器装备发展则是满足用户需求的探索实践。但要实现具有前瞻性的科技飞跃，仅仅满足需求显然是不够的，更需要发挥想象力去创造未知的潜在需求。正如约翰·福特的名言：“在汽车出现以前，你去问消费者要什么，他们都会告诉你：一匹更快的马。”对于国防科技创新而言，就是更加迅速地找到比“一匹更快的马”更能够满足对于“快速”

的需求，从一个新的起点上引领武器装备创新发展。

想象力是实现跟踪赶超的跳板。武器装备创新发展，一般有两种模式：一是跟踪对抗式发展，即钱学森曾说的“追尾巴、照镜子”；二是自主创新式发展，即不管外军怎样发展，要心无旁骛地发展自己独有的武器装备，让人家来“追尾巴、照镜子”。在科学技术迅猛发展的今天，单一国家很难在全部科技领域都保持领先，必然存在对外军成果的学习和借鉴。尤其是在我国军队机械化建设尚未完成的当前，跟踪追赶依然是我军武器装备创新发展的必然选择。但在赶超的过程中，充分借助想象力的翅膀，可以在“抄近路”吸收已有成果的基础上，另辟蹊径寻求新的发展方向，在引进消化吸收再创新的过程中实现超越。

想象力是武器装备体系创新的支点。武器装备创新发展，除主战武器装备外，还涉及维护保障、联合指挥、甚至作战条令等，是巨型系统工程，只有完成了武器装备体系的整体创新，才能发挥出新装备的最大效能，从而实现战斗力的显著提升。当武器装备创新发展遇到瓶颈时，可以充分发挥想象力，在武器装备体系的全要素中寻找突破口，带动武器装备系统的升级，从而为整体效能的提升寻找有力的支点。

被誉为“哲人与将军”的恩格斯，在1855年全面考察欧洲各国军队后指出：“在目前军事公开的情况下，只有多动脑筋，在军事领域和国家资源的利用方面不断改进和发明创造，以及发展本民族特有的军事素质，才能在一个时期内使一个国家的军队在竞争者中间跃居首位。”在科学技术突飞猛进的今天，武器装备创新发展，也必须开动脑筋，充分发挥想象的力量，努力使研发走在需求之前、引领跟踪超越、带动体系创新。

AK-47：一把枪、一个符号和一段传奇

军事技术是一种战争工具，也是一种符号象征。有人说，当人们想起俄罗斯这个民族时，浮现在脑海中首先不是伏特加、套娃、巴拉莱卡琴，而是一把枪，即卡拉什尼科夫自动步枪——AK-47。

多年来，在这支世界名枪背后充满了无数传奇的故事，令人惊叹、钦佩、好奇。如今，俄罗斯记者兼作家伊丽莎白·布塔所著的《AK-47 步枪之王：俄罗斯的象征》一书揭开了传奇故事背后的谜团。

AK-47 的发明者卡拉什尼科夫出身于农村，发明该枪之时他是一名刚刚离开军队的士兵。根据卡拉什尼科夫自己的说法，他将全部生命奉献给了自己的武器。从二十岁起，他的脑海中就只存有一个想法：发明世界上最好的武器，并不断将其完善来捍卫自己的国家。事实上，AK-47 的发明并不是一个奇迹。那是伴随着无数次的巨大失败，长期艰苦工作的结果。设计一件新武器的念头萦绕在他脑海中五年，重伤住院时，他在笔记本上完成了几款武器的最初草稿。卡拉什尼科夫和他的金手指故事让人想起比尔·盖茨和史蒂夫·乔布斯。

卡氏武器的魅力来源于卡拉什尼科夫本人性格里的爽直与可靠，全无矫揉造作的复杂。70 余年里，AK-47 参与了全球 90% 的战争，既伸张正义，也助力邪恶；它是廉价枪支的代名词，却被各类硬汉，甚至位高权重者奉为至爱。在 AK-47 的枪口下，演绎出一种独特的战争亚文化！军火商利用 AK-47 揽钱无数；恐怖分子端着 AK-47 继续制造血腥；好莱坞电影中也频频出现 AK-47 的身影，甚至出现了 AK-47 酒、AK-47 文化衫，还有人把它改装成一把吉他，AK-47 仿佛成了一种文化的标志。在电影《战争之王》中卡拉什尼科夫自动步枪成了主角。在上百款电子游戏中也可以看到卡拉什尼科夫自动步枪。在《使命召唤》《反恐精英》《孤岛惊魂》《潜行者》《战争前线》《马克思·佩恩》等所有畅销作品中都可以遇到卡拉什尼科夫自动步枪。

哪里有压迫，哪里就有反抗，有反抗的地方，你就一定会看到AK-47的身影。作为一款杀人武器，已经有至少700万人倒在AK-47枪口之下，这值得我们人类深刻反思。对于这一点，卡拉什尼科夫也感到痛心疾首：很长时间以来，AK系列武器不仅脱离了它的制造者的控制，甚至也逃离了俄国领导者的控制。审视自己的一生，卡拉什尼科夫承认：这件武器，已经完全独立于我的初衷。

卡拉什尼科夫始终坚信：杀人的不是自动步枪，杀人的是人。他曾说："我研制武器并不是为了对人的屠杀，而是为了保卫自己的祖国。经常会有人问我这样一个问题：'有这么多的人死于您的自动步枪枪口下，您能睡得着觉吗？'我在回答这样的问题时会说：'我睡得很好，睡不着觉的应该是那些挑起战争的政客'"。

毫无疑问，和平是人类的不懈追求，同时也是尚未解决的千古难题。对于捍卫和平同时又破坏和平的武器，我们必须以辩证的思维和历史的眼光去审视：AK-47在人类文明进程中究竟扮演了如何角色？是促进了人类的解放还是加倍了平民的苦难？历史的天平到底会倾向于哪一边？或许，历史暂时还无法给出定论。

揭开战争的迷雾

回顾世界军事史，军兵种由单一走向多样、由独立走向合成，这是必然的发展趋势，谋求整体合力是军队建设的永恒课题。联合作战指挥体制是重中之重。面对改革中的深层次矛盾和问题，需要我们的思想观念有一个大的解放，勇于改变机械化战争的思维定势，树立信息化战争的思想观念；改变单一军种作战的思维定势，树立诸军兵种一体化联合作战的思想观念。

他山之石，可以攻玉。最近，我们阅读了美军比尔•欧文斯上将的著作《揭开战争的迷雾》，作者致力于预言新世纪最初十年及之后可能发生的情况。作者当时坦言，信息技术势必在军事领域触发一场革命，尽管这场军事革命在发展之初容易为世人所忽视。传统观念、作战模式、编制体制往往会掩盖新兴革命的真正效能。毕竟，这场革命仍然处于新生阶段，但与所有革命一样，技术所带来的巨大变动将彻底影响军队的所有编制体制，打破所有传统作战形式和军事观念。

阅读这本理论著作，总能感受到一种反省的力量，这是确保美军持续革新的重要因素，似乎总有一批职业军人在为这支军队“仰望天空”，生怕其有一点点误入歧途。

在美军，欧文斯上将的经历可谓比较典型，他穿梭在军方、大学及企业之间，或许正是由于其复合的经历，加上美军强烈的创新文化，促使美军诞生了一大批著名的战略学者，他们在为这支军队“仰望天空”，把脉未来。比尔•欧文斯上将是在 20 世纪 90 年代力推美国围绕“系统集成”进行军事变革的重要人物，其在伊战后就对美国国防部的深层体系弊端展开了尖锐的批评。

在《揭开战争的迷雾》一书中，比尔•欧文斯发出了质问：“美国在伊拉克最后竟然陷入如此被动局面，原因何在？正当美国证券交易委员会这样的监管机构加大管理力度，大行问责，强调对债权人利益负责之时，我们对美国的作战部门却无类似的判断标准，原因何在？一方面是美国的防务开销尘嚣日上，另一方面是美元不断贬值，有人竟然对这种随意挥霍和美元崩溃之间的关系无动于衷，原因何在？过去十年间，我们一再强调新的全球危机即将到来并为之投资，但我们又得到了哪些回报？美国为这场战争军费已斥资数百亿，过去十年美军建设费用更是高达数千亿，如此大手笔背后的真正推手为何？谁该对此负责？又有谁该为现在这种混乱低效和浪费生命承担责任？”

欧文斯在书中引用了美国参议院军事委员会主席巴里·戈德华的话，以揭示美军军种文化的冲突。他说：“我很难过，三军不能把国家利益放在小山头利益之上。问题是双重的：第一，缺少真正的统一指挥；第二，需要联合作战时，美国三军之间不能充分合作，缺少真正的统一。在战局不利时，我们就不堪一击……”

阅读《揭开战争的迷雾》这本书最大的感受是，我们必须借鉴外军的有益成果，同时避免走外军已走过的弯路。当前，作战指挥战略性、联合性、时效性、专业性、精确性要求越来越高。要强化危机意识，紧跟世界新军事革命潮流，抓住和用好国防和军队改革这个历史性机遇，努力构建适应打赢信息化战争、能有效履行使命任务的联合作战指挥体系。

回顾世界军事史，军兵种由单一走向多样、由独立走向合成，这是必然的发展趋势，谋求整体合力是军队建设的永恒课题。联合作战指挥体制是重中之重。面对改革中的深层次矛盾和问题，需要我们的思想观念有一个大的解放，勇于改变机械化战争的思维定势，树立信息化战争的思想观念；改变单一军种作战的思维定势，树立诸军兵种一体化联合作战的思想观念。

俗话说，开卷有益。我们尤其要记住这本书中这样一句话：“新一代军官能否成功，国家能否成功，取决于这些军官能否更好地认识、更彻底地理解信息时代，取决于他们能否果断摆脱工业时代陈规俗套的束缚。”

苏联对华军事技术援助的尘封往事

在大国关系史上，军事技术交流与合作是一个极其特殊、极其专业又极其重要的领域。如此说，不仅仅是因为军事技术与国家安全高度关联，在此领域的任何蛛丝马迹都彰显着大国关系的风吹草动，更重要的在于有关军事技术合作与交流的评介与研究，往往由于资料的保密性、人物的敏感性及历史的复杂性，在短时段之内难以有清晰的勾勒、推理及定论。

一、揭开历史的迷雾

签订于 1957 年 10 月 15 日的《中华人民共和国政府和苏维埃社会主义共和国联盟政府关于生产新式武器和军事技术装备以及在中国建立综合性原子工业的协定》，简称 10 月 15 日协定或国防新技术协定，该协议详细规定了苏联对华提供援助以生产原子弹、导弹和飞机。如今，国防科技大学刘艳琼所著的《揭开迷雾：国防新技术协定与苏联对华军事技术转让》，就是这样一种与历史对话的尝试。本书首次全面研究了国防新技术协定的基本内容、履行情况、转移效果及启示意义。

纵览全书，从总体上来看，作者有许多突破性的所谓“创新点”：首先，作者首次考证了当时转让的七种武器装备型号分别是：РДС-3 加强型空爆原子弹、P-2 地地导弹武器系统、C-75 地空导弹武器系统、K-5M 空空导弹、C-2 岸舰导弹武器系统、米格-19 歼击机、图 -16A 基本型轰炸机，并梳理了苏联应就各种武器装备所提供的援助内容；其次，首次全面梳理并评估了苏联关于国防新技术协定的履行情况与效果，对各型武器装备的技术水平进行了客观评估，并研究了中国在仿制过程中自行解决的重大问题；再次，对比分析了苏联米格飞机技术对华和对印转移效果，国际航空技术对日转移的三种方式及效果，并比较了许可证生产、国际合作研制与转包生产对引进方而言的优缺点；最后，总结了苏联对华国防新技术转移活动的特点，并基于此分析了对当今军事技术引进有何启示意义。

细读该书，令笔者印象深刻的是，作者对一些历史疑点的考证，使历史的画布呈现出鲜活的色彩。这一点尤其体现在中共对核武器和导弹军事新技术的认知考证上。通常公众所熟知的就是毛主席那句名言——“原子弹是美国反动派用来吓人的一只纸老虎”，而在这一论断背后的故事却鲜为人知，对此，作者在该书中条分缕析地还原了毛主席该论断的来龙去脉，让我们看到在历史粗线条背后是饱满而生动的故事。

二、“原子弹是纸老虎”背后

作为敌对双方的暴力行动，战争是生死的博弈，是力量的竞逐。

影响战争胜负的人与武器两个因素，两者孰轻孰重，历代兵学大师仁者见仁，智者见智。恩格斯曾经说过，“赢得战斗胜利的是人，而不是枪”。毛主席则进一步指出，“武器是战争的重要因素，但不是决定的因素，决定的因素是人不是物。”显然，毛主席的这一论断与“原子弹是美国反动派用来吓人的一只纸老虎”的论述是一致的，但其背后却隐藏着怎样的一串故事呢？

从作者在《揭开迷雾》一书中的考证来看，早在日本被原子弹空袭后，延安《解放日报》就连续几天报道原子弹威力。1945年8月9日，《解放日报》头版报道了苏联当天对日宣战消息，同时也在第一版以《战争技术上的革命原子炸弹首袭敌国广岛》为题，转发了美国新闻处、合众社、路透社发表的关于原子弹威力消息。8月10日，《解放日报》第三版头条是《原子炸弹又炸长崎》，转发了美国新闻处、路透社、合众社的七则消息，并以《一个原子炸弹威力的估计》为题，引用了合众社、美国新闻处的两则消息。当天，毛泽东主席就批评解放日报社代理社长兼副总编辑余光生、解放日报编辑委员会委员兼新华社编辑科科长陈克寒，指出不应该过分渲染原子弹的作用。一年之后的1946年8月6日，在美国投下第一颗原子弹一周年之际，毛主席接受美国记者安娜·斯特朗采访。斯特朗在询问了毛泽东对美国是否可能举行反苏战争的看法后追问，但是如果美国使用原子炸弹呢？如果美国从冰岛、冲绳岛以及中国的基地轰炸苏联呢？毛泽东回答说：“原子弹是美国反动派用来吓人的一只纸老虎，看样子可怕，实际上并不可怕。当然，原子弹是一种大规模屠杀的武器，但是决定战争胜败的是人民，而不是一两件新式武器。”这是毛泽东第一次提出原子弹是纸老虎的论断。

作者对历史深处上述这段历史迷雾的廓清，到今天仍然散发着理性的魅力。众所周知，武器不仅有物理效能，也有心理效能，当年美军核击日本时，异常惨烈的战争毁伤，瞬时就给广岛、长崎市民以深深的心灵杀伤，无以数计的人爬出废墟，带着满身血污狂奔于空旷的大街，本能的反应促使他们去寻找一处避难之所。然而，街道两旁满目疮痍的景况彻底击溃了每个人心中那一丁点希望，到处是残垣断壁，到处是伤者哀号。多年之后，灾难的幸存者每每回想起那悲惨的一幕，双眸中无不立刻惊显一种绝望般的恐惧，从中，核武器的实战心理效能一览无余——这可谓是武器的“直接心理效能”；今天，我们从有关二战的书籍记载中，从当时著名人物的追忆访谈中，重新凝望那段历史，虽然尘封多年，但核武器超强的杀伤后果，依然给我们以强烈的心理震慑。从美苏两国长达半个世纪的核较武较量中，从世界各地此起彼伏的反核声浪中，从接连不断缔结的防扩散条约中，我们看到，核武器依然是高悬在人类心头的达摩克利斯之剑。这种心理效能正是核武器的“间接心理效能”，用学术语言讲，是“杀伤存在”经过信息传递后的放大效能；用通俗语言讲，是武器对人类心灵的第二次煎熬。核武器的直接心理效能与间接心理效能共同构成了核武器的重大战略威慑价值。

然而，从《揭开迷雾》一书中，我们看到，在当年原子弹对中国普通民众的心理冲击力之大前所未有之时，毛主席却能对原子弹从战略、战术两个层面进行辩证分析，不唯原子弹论，不过分报道渲染美国核武器之利，但也清醒认识到其巨大杀伤力，尤其是在抗美援朝、台海危机中深受核弹之威胁，从50年代中早期起积极从各方面着手，为可能的核战争做准备。1958年9月5至8日，毛泽东在最高国务会议第十五次会议上发表关于国际形势若干观点的讲话，“氢弹、原子弹的战争当然是可怕的，是要死人的，因此我们反对打……它打原子弹，这个时候，怕，它也打，不怕，它也打……还是横了一条心，要打就打，打了再建设。”在这里，我们看到了毛主席的战略胆魄与政治智慧，这对于我们今天处理复杂的国际局势与动荡的地缘安全，破除“唯武器论”的思维定势，依然具有极其重要的战略价值。

三、恩怨交织的岁月

尖端军事技术领域往往牵动着大国关系最敏感的那份神经。在历史上，苏联为何向中国转让国防新技术、又为何突然中止，个中原因众说纷纭。作者在《揭开迷雾》一书中梳理了中国就原子弹与导弹等新技术向苏联请求援助的过程，并分析了国防新技术协定签订起因与中止原因，揭开了许多谜团。

按作者的考证，早在建国初期，中国共产党就有发展核科学技术的初步打算，只不过由于时局未定，当时不可能有几年之内研制出原子弹的明晰目标。在斯大林时期，中共高层向苏联试探性提出给予核技术方面的援助，遭到了拒绝。1949 年 5 月上旬，中共中央决定由刘少奇率团秘密访问苏联，就建立新中国等问题，与苏方进行会谈。这一次访问时间长达一个多月，斯大林与刘少奇会面计六次。此次访问还引出了苏联向中国展示原子弹技术的问题。1953 至 1957 年，在斯大林去世后及赫鲁晓夫时期，对于中国发出的核武器与导弹技术援助请求，赫鲁晓夫的总体态度是先拒后松。中国在这一过程中，把握时机，利用国际局势，通过多方努力，使得援助不断深入，从以研究为主的原子能工业发展到以生产武器为指向的原子弹技术，从以教学科研为主的研究性工作到以仿制导弹为指向的导弹制造技术。从援助启动到中止，在作者看来，赫鲁晓夫对华的国防新技术转移是不情愿的折中之举。赫鲁晓夫利用这些作为交换，获得困难时期来自中国的支持，加强了自己在国际上的声望与国内的地位，展示了其能力。这种折中只是短时期内的权宜之举，因此，任何变数都可能导致国防新技术转移的中止。

国防新技术对华转移虽然已成为尘封的历史，但作者对这段历史的考证与剖析，对于今天我们思考军事技术与国家安全问题仍有重要启发意义。

四、军事技术与国家安全

在世界军事技术演进史上，古老中国在冷兵器时代长期领世界之先，尤其是在火药、火器研究及应用于军事方面，曾经让西方国家难望其项背。后来，中国火药与火器技术在 14 世纪初经由阿拉伯人西传入欧，掀起了西方军事革命的新一波浪潮，极大地改变了人类历史的进程。因此，才有马克思那段著名的评价：“火药、指南针、印刷术——这是预告资产阶级社会到来的三大发明。火药把骑士阶层炸得粉碎，指南针打开了世界市场并建立了殖民地，而印刷术变成传播新教的工具。总的来说，变成了科学复兴的手段，变成了精神发展创造必要前提的最强大的杠杆。”而当历史的车轮转到近代的时候，“天朝上国”的军事技术却与西洋列强之间拉开了“断代之差”，由此而引发的血火之灾与千年变局，让有识之士开启了“师夷长技以制夷”的“西学东渐”自强之路。

无奈，历史并没有留给中华民族稍微舒展的时空以从容赶路，在跌跌撞撞之中，尽管近代中国也兴工业、办学堂、建海军、育人才，但战火纷飞的岁月，更多的是应急式的补血求强。新中国成立后，面对机械化战争的挑战，我们才得以筹划从国家安全战略的基石上构筑全面国防工业体系。于是，那段中苏军事技术合作与交流的历史，就在新的时空展开了宏伟的画卷。如今，六十年过去了，在信息化军事变革、智能化军事变革如火如荼的今天，我们再次回望那段岁月，看到的不仅仅是大国关系的波诡云谲，也不仅仅是技术转移的非凡历程，更重要的是，我们在历史深处看到了未来，看清了我国国防科技创新发展的方位、方向与方略。

历史告诉我们，在国防科技创新的道路上，倘若与世界总体水平拉开了“断层线”，那就需要一代甚至几代人不懈的努力，才有可能迎头赶上，而这一切还必须有赖于安定的国际大环境及稳定的国内小环境，否则，稍纵即逝的历史机遇只会把落伍者抛得更远。鉴古知今，方懂得中国近代军事技术追赶世界的不幸与艰辛，方懂得今天我们开启科技兴军新时代的幸运与担当。

复兴的中国需要战略理性

越是在浮躁的时代，越需要严肃的写作。读完我国著名战略学者王湘穗新作《三居其一：未来世界的中国定位》，脑海中涌现的首先是这样的判断。

这是一部严肃讨论而非急功近利的作品，它讨论的话题都是难题、真题、大题。因此，作者对话的对象也都是世界范围内的一流理论研究者，要势与高手过过招。这毫无疑问是有一定挑战性的，但我更想说的是，这也是十分危险的，因为弄不好就会露馅，毕竟在高手面前，武功深厚与否其实一目了然。也正因此，我们看到许多学者在国际问题的讨论中，往往选择避重就轻，或自说自话。总之，回避与高手的同台竞技，更遑论超越高手。

然而，王湘穗所著的《三居其一：未来世界的中国定位》读下来不是这种感觉，在浓浓的家国情怀背后，作者立足世界格局思考中国命运，追寻历史经验谋划民族复兴，预言世界秩序正在重构，天下三分乃大势所趋，国家崛起需理性定位，三居其一乃中国定位。通读全书，笔者认为，这部作品实际上很好地回答了以下四个大问题。

一、古老中国何以停滞？

应该说，在漫长的农耕文明时期，古老的中国长期是领先于世界的，欧洲尚处于世界的边缘地带，还处在看不到曙光的黑暗之中。然而，历史的车轮滚滚向前，当曾经阻隔文明沟通的海洋变为通途时，世界的天平也就开始向西方倾斜了。对于这种大变革，多年来历史学家、经济学家、政治学家等都从各自视角给予了解读。然而，在流行的说法中，无论是破解“李约瑟难题”，抑或探寻“兴亡周期律”，大都将目光锁定在科技、经济或军事等单一维度上，而不善于从历史发展的大视野中寻找答案。对此，《三居其一：未来世界的中国定位》一书就有重大突破，在“源自历史的提示”一章中，作者从全球化的高涨与低潮中洞察到了东方衰落的根源，指出在海洋文明到来之前，主要是农耕文明与游牧文明的较量。通常情况下，“游牧民族虽然具有机动性优势，但在人口规模上无法与农耕文明相比，即便其凭借机动性的军事优势占领并统治了广袤土地和人口，也会被拥有更多人口、更高生产力水平、也更加稳定的农耕文明所改造、同化。”当然，“边缘地区的文明时常会挑战中心地带的主导文明，特别是在气候进入小冰期或受火山效应影响时，农耕文明的优势被自然因素所撼动，处于相对不利于游牧文明的地位，不同文明间的生存竞争就变得分外严酷。”

然而，当海洋文明主导的时代到来之后，相比之下，农耕文明与游牧文明就都没有竞争力了。此时，远距贸易的规模和影响力也不会再受交通工具局限，从事贸易的民族和国家自然也就不会再处于边缘地位了，反而走到了国际体系的舞台中心。而反观古老中国，在农耕文明时期曾长期居世界之巅，郑和下西洋的远航，更是将帝国之威仪传及四方。但是，“因其巨额耗费及非经济性的战略目标，在明成祖去世之后，此举被视为耗费巨万的弊政而中止。随着海洋贸易纽带的日渐松弛，东亚地区经济体系逐步瓦解，中华经济圈无法抵抗欧洲人带来的冲击，这是中国及东亚在世界近代史上被边缘化的重要因素。”

显然，从金融全球化的角度透视古老中国在近代的衰落，这是有深刻洞见的。美国耶鲁大学威廉·戈兹曼在《千年金融史：金融如何塑造文明，从5000年前到21世纪》中也有类似考察，在他看来，在金融全球化的过程中，虽然中国的金融制度也历经了从事官方借贷的泉府、唐朝飞钱、宋代“交子”等金融技术创新，甚至也有子母相权论、称提之术等金融理论创新。但中国金融技术在时间维度上存在缺失，“羸弱的欧洲政府在中世纪晚期和文艺复兴时期一直诉诸赤字财政和发行债券，但中国没有。”“中西方在金融发展上的差距早于技术进步上的差距而出现。欧洲的资本市场并不是和蒸汽机的发明以及生产过程机械化一同突然出现的。在工业革命发生之时，商业银行和有组织的证券交易所已经存在了至少200年。”可见，戈兹曼看到了中西近代科技大分流、军事大分流及国运大分流背后的金融大分流，并深深地追问——“如果19世纪东西方工业上的发展差异源于金融差异，并且晚于金融差异出现，那么如何、何时以及为何产生了这种差异？欧洲如何建立了超越中国的纸质经济？”这一串追问，是有深度的，也是不易回答的。

二、近代西方何以崛起？

西方近代的崛起与中国近代的落伍，这其实是一枚硬币的两面，没有相对的比较，事实上也确实很难讲到底谁崛起谁停滞，毕竟中国与西方都一直在各自轨道上按惯性发展。在《三居其一：未来世界的中国定位》中，王湘穗指出，“如果说，东方文明的崛起，主要靠农耕经济；那么，西方的崛起，则主要依靠把海洋天堑变成通途。”当然，当真正意义上的全球性经济网络形成之后，现代资本主义体系也就得以形成，“随着海路的开拓，世界经济活动的重心从大陆转到了海上，全球各主要地区的经济活动突破了区域性内部循环网络，开始围绕着一个大三角在运行：欧洲人把非洲的奴隶运往美洲，再把美洲白银运往欧洲和亚洲，以换取亚洲商品再运回欧洲。这是欧洲人发现的一种可以让资本不断增值的生产方式。这种方式不需要春耕秋收，甚至也不依赖于凶险难卜的长途贩运，其核心就是以贵金属为载体、以海运为渠道的全球资本流动。伊比利亚人把海洋那边的美洲贵金属运到了欧洲，改变了欧亚大陆数千年的财富和力量的格局。”

必须指出的是，西方崛起的这一进程充满了暴力与罪恶，并不是其涂抹的所谓文明的妆容。对此，著名非洲史学家，来自圭亚那工人家庭的沃尔特·罗德尼在《欧洲如何使非洲欠发达》一书中，就深入挖掘论证了这一点。他详细考察了非洲在15世纪欧洲人到来之前的发展境况，以及非洲对欧洲资本主义发展的贡献，这种贡献包括前殖民主义时期与殖民主义时期。“由于很多对‘欠发达’的浅薄认知及造成的误解，有必要再次强调发达和欠发达不仅是相对的术语，它们还彼此存在着辩证的关系。确切地说，双方通过互动促进彼此的形成。西欧与非洲形成了一种确保财富从后者转移到前者的关系。这种转移只有当贸易真正国际化后才成为可能，这可以追溯到15世纪后期，当时非洲和欧洲以及亚洲、美洲第一次卷入了共同关系。当下资本主义世界的发达和欠发达地区的交往已经持续了四个半世纪。此处的论点是，在这一整个时期，非洲帮助西欧使之发达，而西欧则以相同程度致非洲欠发达。”

在此，欧洲的军事暴力与金融获利之间形成了某种正反馈。两者之间的链接是军事技术优势，或者说的更准确一点就是火器优势。火药和火器较早在我国投入军事实践，然而后来经由阿拉伯地区传入欧洲后，欧洲的枪炮技术竟然超越前者，使其在随后数百年间获得了相对于世界其他地区的军事优势。2017 年 7 月，笔者在巴西国家博物馆看到，当年西班牙于 1693 年在巴西发现最大的金矿时，侵略杀戮之所以能够得逞，也是仰仗火器的优势。可以讲，这种军事暴力的不对称是西方在近代称雄全球的前锋，它奴役了非洲文明，也冲击了亚洲文明。当欧洲的科技文明，以坚船利炮为先锋越洋而来的时候，置身农耕文明的古老中国就面临着“亡天下”的灭顶之灾。对此，苏联文化学者马林诺夫斯基说的一针见血，“在一切关于文化优劣的争执中，最后的断语就在武器。”刘戟锋将军也曾指出，虽然我们的先祖也曾陶醉于泱泱大国的文化自信，自恃地大物博，睥睨四海，坚信“天不变，道亦不变”。但当西方列强携军事暴力来犯的时候，囿于军事科技的落后，古老中国过去的灿烂繁荣文化立马凋零，显得暗淡无光。亨廷顿就曾说，“物质上的成功使文化和意识形态具有吸引力，而经济和军事上的失败则导致自我怀疑和认同危机。”这种因科技落伍导致的军事失败，直接留下了文化不自信的后遗症，至今在某些方面仍隐隐显现。

有关上述这种欧洲军事暴力与金融获利之间的正反馈，作者在《三居其一：未来世界的中国定位》中也有通透的认知，“简言之，白银使欧洲获得了调节亚洲生产和世界贸易的杠杆，而支点就是欧洲占据优势的暴力。财富与暴力是催生全球资本主义体系的两个最重要的因素，在白银杠杆和暴力支点的交互作用下，世界经济的中心渐渐向大西洋地区移动。从全球角度衡量，这无疑是翻天覆地般的乾坤倒转。”

三、美国霸权何以衰落?

1620 年，一小群欧洲人乘坐“五月花”号小船从英国航行到美洲。他们是一群对英国教会不满的清教徒，所谓的宗教改革者。他们放弃了从内部“净化”教会的希望，转而选择退出教会，这一行动使他们被称为“独立派”，后来的美国人称之为“朝圣者”。他们在北美洲登陆，在今天美国的马萨诸塞州之普利矛斯建立了第一个落脚点。近 400 年后的今天，当初的定居点已经插上了星条旗，变成了今日强势而霸道的美国。他们经常一手拿着“胡萝卜”，一手握着“大棒”，在全世界晃来晃去，扮演着“世界警察”的角色，宣扬着“自由女神”的魅力，吸引着“全球人民”的眼球，招惹着“普天之下”的争议。

的确，美国是被世人骂之最多的国度，同时也是被誉之最多的国度。亲美、敌美者，都有各自的理由。问问美国的盟友，其可能会说，美国绝对是“自由的乐园”“民主的灯塔”；问问美国的敌人，其一定会说，美国简直是“魔鬼的化身”“邪恶的帝国”。恩恩怨怨、是是非非，就这样，在这个美国全方位主导的时代，“山姆大叔”的一举一动皆牵动着全球的每一根神经，其兴盛与衰落都引发了广泛的讨论与争议。

“我们什么时候才能预见渐渐迫近的危机呢？会不会有哪个从大西洋彼岸过来的巨人给我们猛击一拳，将我们彻底打垮呢？永远不会。欧洲、亚洲和非洲所有军队加起来，倾全球之资源，用上一千年，也永远无法借武力饮马俄亥俄河、远足蓝脊山。如果我们命中该亡，我们必定是自己结局的作者。我们这个自由民众的国度，要么国运长久，要么自取灭亡。”

这是美国前总统亚伯拉罕・林肯在 19 世纪 60 年代所发布的豪言壮语。大约 80 年后，美国《时代》杂志创始人亨利・卢斯再次温习了这种极度的豪迈与自信。他说：“20 世纪将是美国世纪。”亨利・卢斯说这话是在 1941 年，幸亏他没有说“21 世纪也是美国的世纪”，否则，如今这位世界知名媒体的创始人，一定会被全球媒体大肆冷嘲热讽一番。为什么呢？因为就在 2007 年，有关美国衰落与否的争议再次引发媒体的关注。虽然这并不是一个崭新的话题，早在 20 世纪 80 年代末，伴随着苏联这个超级大国走向衰落，人们普遍认为美国将步其后尘。保罗・肯尼迪所著的《大国的兴衰》一书位居畅销书榜首就是明证。然而，保罗・肯尼迪的预言并没有变为现实，之后有关美国衰落的讨论也渐归沉寂。

2007 年 7 月，美国出现次贷危机。2008 年秋，次贷危机进一步演变成全方位的金融危机。于是，讨论美国衰落风行一时：雅典盛极一时，但最后在伯罗奔尼撒之战中败在了斯巴达手下，后来又被北方“野蛮”的马其顿征服。辉煌的罗马帝国，如日中天，但同样没有逃脱崩溃的命运。大英帝国曾经号称“日不落帝国”，但一样最终走向了日薄西山。今天的美国已经到了 20 世纪 70 年代保罗・肯尼迪曾经预言的边缘。当时，保罗・

肯尼迪在其大作《大国的兴衰》中惊呼：现在的问题不是美国是否会衰落，而是它能否像大英帝国那样体面地衰落。美国真的从此崩塌了吗？星条旗内外开始激辩“美国衰落”。然而，许多论述却不得要领，或没有历史纵深，或流于表面现象。因此，我们说，在《三居其一：未来世界的中国定位》中，作者从资本主义全球周期视角所进行的剖析，就显现出其穿透力与科学性。“此次全球金融危机刚刚爆发时，就被当时的美联储主席格林斯潘称之为‘旷世危机’。如今，一语成谶。全球危机已经十年，人们对于世界经济恢复景气的期望和预言，屡屡被新的经济数据打脸。……根据以往的经验，走出体系周期危机的路径主要有四条：新技术革命；新市场开拓；新制度及新的生产组织方式；战争。”如今，这四条路径都前途未卜，布满陷阱，世界不得不面对美式全球化体系解体危机的漫长寒冬。

为何会出现如此危机的状况呢？就连刚去世不久的美国著名战略家布热津斯基都开始担忧美国霸权，认为美国的全球霸权正在走向“终结的阶段”，未来的世界将走向“无序和混乱”。对此，在王湘穗看来，“在危机的冲击下，所有支撑美式全球化体系的主要支点都被撼动，维系世界一体化的秩序出现瓦解的态势。1944 年建立的布雷顿森林体系早已解体，而替代金汇兑制美元的牙买加体系也陷入危机，美元纸币本位制已经被金融衍生品创造的超主权的虚拟信息所透支，石油美元体系正风雨飘摇，目前事实上的世界核心货币——美元，因债台高筑和信用缺失正面临崩盘的危险。”了解了这一点，我们自然也就了解了“特朗普困境”，“总之，以往支撑美式全球化体系运行的货币制度、贸易体系、银行体系、安全体系、观念体系、产业标准、科研教育、文化传播等几乎所有体制机制，都在发生着严重的机能蜕化。而这直接导致美国的综合实力和影响力的下降。这意味着，美国这只老虎还是真老虎，只是变成了筋疲骨软的老老虎。”

四、中国复兴何以可能?

曾几何时，我们热衷于叩问“21 世纪是谁的世纪？”，近年来，这一问题再次引发争议。早在 2002 年，时任印度副总理阿德瓦尼两次发出“21 世纪是印度世纪”的豪言壮语。2005 年，美国福特汽车公司国际商务管理主席奥戴德·申卡出版了一本题为《中国世纪》的书，断言 20 世纪是美国的世纪，21 世纪将是中国的世纪，而且还开出了具体的时间节点——2025 年。而创立“中美国”一词的美国哈佛大学历史教授尼尔·弗格森及出版《当中国统治世界》一书的英国人马丁·雅克也都极赞“21 世纪将是中国的世纪”。

到底 21 世纪将是谁的世纪？在此，笔者无意去细究这一问题，更感兴趣的是，这种关注背后映照了一种什么样的心态？这种心态对于今天的中国全面走向复兴是利还是弊？沿着这一思维线索追问下去，我们即发现，由于近代中国落后挨打的惨痛教训，一种隐隐的痛楚深深地埋藏在整个民族的心灵深处，一方面，它激励着我们忍辱负重，为重塑一个富强文明的现代化国家而奋进，另一方面，每当我们在奋进的道路上取得一些成就时，它又促使我们急于要得到世界的认可与膜拜，假使不能实现这种承认，有时也会默认许多外人的“过度赞誉”。而事实上，走在复兴路上的中国特别需要对全球局势有个清醒的认知与判断。在《三居其一：未来世界的中国定位》中，王湘穗指出，从世界格局的演变来看，“当前仍在深化的全球危机，已经被把美国主导的世界秩序带入了分崩离析的过程之中。与以往不同的是，如今并没有出现新兴帝国取代衰落帝国的现象，霸权国家之间权力转移的传统，正在被多中心的现实所打破。数百年来由英、美等单一国家控制世界权力中心的局面，正在被几个洲域共同体的出现所颠覆，‘天下三分’成为世界格局的新趋势。”

进而，王湘穗指出，面对“天下三分”的新世界格局，中国复兴的战略考量就有了清晰的路线图：

首先，让泛亚共同体成为中国的立身之所。当然，在建设泛亚共同体的过程中，“要对历史与现实、内外因素对泛亚共同体建设的影响有充分认识，把内外因素的互动作为共同体发展的题中应有之义，其中也包括做好对冲式的战略与策略的设计。”按照这种思路，作者认为在泛亚共同体建设过程中，还要特别注重打造核心国家之间稳定的合作，“中俄核心的形成，塑造了泛亚共同体侧重于亚欧大陆的特征，这虽不利于对濒海地区的整合，却也避开了与海权国家的正面对抗。假以时日，陆海此长彼消，可收到不战而改变世界力量格局之效果。”“以印度的巨大体量，远隔万里之外的其他国家难以拉动其前行。正因此，印度无法舍近求远，印度迟早会进入‘一带一路’的框架，成为泛亚共同体中的重要成员。印度与中国不是竞争性的国家关系，而印度洋将成为泛亚共同体的内湖。”这些有关中俄、中印关系的洞察，因为背后有大框架而显得新颖但不草率。

其次，创新安全机制，以更低的成本保障发展环境。沿着战争史与金融史协同演进的双通道，我们会发现全球化时代的金融与战争新变化。在王湘穗看来，全球金融化与战争全球化，是当今全球化的核心。金融虽然创造了通过战争获取收益的资本增值方式，但现代高科技战争耗资巨大，已经成为挥金如土的豪门盛宴，这显然带来了一定的挑战。即使是美国这样财大气粗的国家，也不可等闲视之，尝试创新战争的新方式。对此，王湘穗进一步指出，对于这种贵族决斗式的现代战争，传统的“美元＋美军”双轮驱动的机制也面临着创新的必要。现在，我们看到美国的解决方案是发动“溃疡面战争”，通过灵巧、快速、远程的打击，按照需要制造多个动乱区，促使全球资本按照资本增值需要迅速流动。把军事手段作为影响金融市场的快变量，是全球金融化时代战争演变的新动向。只有从金融＋战争的视角，才能窥见当代多场战争和动荡背后的原因——这就是全球金融资本的逐利行为。为应对这样的安全挑战，一个国家必须对其发展环境所面临的威胁有清楚的认知。在此，王湘穗认为，“着眼未来，一个国家的军力发展，要考虑其潜在威胁对象及要应对的冲突类型。这一点又与自身的国家生存方式（主要经济模式与发展模式）与威胁对象的国家生存方式有关系。中美两国总体上是不同的生存方式，不在一个层面，有竞争的一面，也有联系的一面，‘敌对式共生’是中美未来的关系常态。……未来两国之间的冲突是长期的，也是必然的。”

从这一逻辑推演开来，在《三居其一：未来世界的中国定位》中，王湘穗提出，“中国军事力量的发展目标，不仅是保卫领土，护卫海外航线、市场，而且主要就是避免霸权国家用加害能力，用损害中国利益的方式获取经济、政治收益，进而中断中国的民族复兴。遏制‘加害权’，防止国家和区域共同体的发展进程被暴力干扰和打断，保护和平发展的大环境，是中国军事力量发展的基本目标，也是区域安全的基本目标。”通俗而言，基于对潜在威胁对象及要应对的冲突类型考量，中国军事力量的发展，要有三步走的战略：打造应对美国军事压力的军事力量；打造“一带一路”指引下区域发展的军事力量；打造维持全球总体和平环境的军事力量。当然，要实现这样的目标，就需要我们创新国家安全理念，构建超越国家的新安全观，打破主权国家体系在安全领域的“零和博弈”，走出一条新型的共同安全之路。

最后，中国崛起要顺势而为。在王湘穗看来，从人类社会演化的大历史来看，人类社会由各自平行发展的“大分之世”，到现代资本主义世界体系的“大统之世”，再到多模式并存的“大争之世”，这三世观可简略勾勒人类社会由分趋合的全球化进程。如今的天下三分，只是漫长全球化进程的一个阶段。明白了这样的大时代坐标系，我们就可以谋划中国的崛起策，为此，他提出了包括“顺应大争之势”“走好并行线”（中国的国家复兴与洲域发展）“建立泛亚币缘圈”“保持陆海新均衡”“与美国博弈式共生”“构建新时代的仁智体系”等一系列新思想新方案新韬略。其中，尤其是在“构筑新时代的仁智体系”中，他指出，“在政治多样性竞争的框架中，亚洲传统的‘仁智体系’展现了不同于西方‘均势体系’的东方智慧，在远大于欧洲的区域中维持了长期的秩序和稳定。然而，在资本主义全球扩张的压力下，东亚的‘仁智体系’被摧毁瓦解，亚洲也被纳入现代资本主义体系之中。……东方式的‘仁智体系’，随着中国的崛起和泛亚共同体的成形，正在显示出现实价值。”

通览全书，在这部严肃的国际政治或大国战略作品中，我们每每能感受到渗透其中的理性之美，这种理性之美，来源于将深刻而复杂的理论问题“简洁”而非“简单”地呈现出来。正如在科学史上，开普勒、牛顿及爱因斯坦等一流科学巨匠，用“简洁”的公式勾勒出大自然的奥秘一样，那是“给自然界立法”，展现了科技的理性之美。其实，一流的人文学者亦如此，倘若能够闲庭信步般穿越历史迷雾，廓清纷杂的人类社会演进规律，这就是理论高手。从历史上那些古哲先贤身上，我们见识过这种风范，也应当是后来者努力超越的方向。

最后，有关《三居其一：未来世界的中国定位》作品的语言魅力，也值得一提，现采撷几例：“中国发展的困境在于，如果在群狼环伺的背景下不具有狼性，就可能成为牺牲品；若一直延续这种狼性，最终将变成一只新的狼。”“在任何时候，国家实力都是国家意愿和行动的基础。当菩萨要有真法力，不然就会是自身难保的泥菩萨。”“人类发展的历程是非线性运动的湍流，只是湍流也有趋向，而不是随机的布朗运动。如今，曾经一统天下的资本主义世界体系，正在向多洲域共同体的世界过渡。由一向多，这是新的历史大趋势。”

逻辑的理性、优美的语言、开阔的视野及通达的论述，构成了这部作品的魅力。我相信，这种判断经得起历史和读者反复检验。

六、考察见闻

人们会把自己视野的极限，当作世界的极限。

——叔本华

走近瑞典安全和发展政策研究所

5月，瑞典斯德哥尔摩，绿意盎然，景色宜人。笔者有幸借参加中瑞第九届联合研讨会之际，访问了瑞典安全和发展政策研究所。

该研究所是一个主要研究全球安全问题和发展政策的非营利性科研机构，研究地域包括东北亚、东南亚、中亚、高加索、东欧等地区，研究课题包括冲突管理、能源安全、跨国犯罪、发展等内容。近年来，该所的研究成果受到瑞典政府和企业界的重视，对瑞典政府制定外交政策有较大的影响。该研究所在国际上也享有一定的知名度和影响力，所长尼古拉斯·施万通先生曾受邀在香山论坛发表演讲。

走进研究所，一座砖红色的建筑映入眼帘，整体设计自然质朴，体现出优雅静谧而又别具一格的北欧风情。所内设施简朴，注重实用，墙壁上挂满世界各国地图和国旗，随处可见世界著名智库的出版物，让人感受到一股浓厚的学术氛围。通过施万通所长的介绍，笔者对其科学而高效的科研模式有了一定了解。

突出精英研究。研究所总人数不超过30人，研究助理以上职务的占到51.3%，每个人独自负责一个研究领域，基本上都是该领域的学术权威，或有着丰富的经验。曾任瑞典驻日大使的拉尔斯·瓦戈，卸任之后就到该研究所进行相关研究。有时，该所根据专题研究需要，在世界范围内公开招聘，吸引来自欧洲、美国、澳大利亚、韩国、日本等地的研究人员进行短期项目合作，该所还在美国、缅甸等国设立驻点，可以随时调集驻地国的学术资源。

强化合作科研。研究所内部提倡建立协作机制，一般以研究任务为牵引，实行研究员与研究员、研究员与实习生、研究员与行政人员、研究员与编辑人员的自由组合，集智攻关。每周四下午是该所固定的学术交流时间，相关人员会自由陈述自己的学术观点和研究进展，其他人员则会提出自己的观点。此外，该所还与多个国家的知名智库和科研机构保持研究协作关系，经常邀请国外学者讲学或开展客座研究，每年受邀进行客座研究的人员保持在 20 人以上。

注重实地调研。为掌握第一手资料，研究人员大都不在本部留守，而是长年奔波于世界各地，甚至长时间驻在某个国家和地区，进行实地考察，跟踪研究。比如，受任务方委托，为研究东北亚安全问题，研究员李相洙与编辑埃里克斯·弗罗斯曾相继走访俄罗斯、日本、韩国等国家，根据调查结果撰写提交研究报告。这种深入实地考察的科研方式，使结论建立在大量的一手资料基础上，极大地增加了研究成果的可信度和可行性。

美军军事文化建设探析

长期以来，美军十分重视军事文化建设，把军事文化创新作为军事理论创新的重要内容。美军根据新军事变革需要，不断探索军事文化建设发展规律，适时提出新概念和新观点，通过采取务实有效的措施，以军事文化的转型助推军队建设的全面转型和升级，从而指导新的战争实践。

一、赋予政治教化功能

美军认为，军队是执行政治任务的武装集团，军事文化必然要注入体现本阶级属性的政治理念，其军事文化以宣扬资本主义政治制度、政治观念为核心内容。美军把军事文化作为教化军人的重要手段，通过军事文化对外传播来宣扬资本主义意识形态和价值观念。

绝对保持对军队的绝对控制。美国政府为了使军队成为维护自身统治、实行对外扩张和强权政治的得力工具，非常注重从思想上、政治上控制和领导军队。美国实行“文官治军、军官带兵”的组织原则，认为“社会政治训练是保证文职政权控制军队的手段。文职领导人通过说服和强制两种基本手段来控制军队”。美军始终强调军队保持“中立”地位，只不过是在资产阶级内部轮流执政党派之间保持“中立”，它所要保证的是国家政权的平稳过渡和社会制度的稳定性，本质上是在维护资产阶级对军队的绝对控制。

注重培养军人的政治意识。美军认为，如果需要士兵了解战争，就必须让他了解政治。没有政治，战争就毫无意义。因此，美军非常重视培养官兵的政治意识，要求军队利用一切机会在政治上进行自我教育，培养军人在政治上“了解情况的意识”和做出政治判断的能力。美军不遗余力地向军队灌输“民主、自由、人权”的价值观，强调军人要积极献身于民主政治的基本思想和基本原则，通过开辟“战史室”和“纪念馆”等手段进行教育，引导军人树立政治信念，提高政治素养。

广泛推广资本主义价值观。美军认为，美国军人都是美利坚民族的精英，有义务和责任将美国的政治制度、价值观念和社会模式推广到全世界。美军一直充当美国政治文化对外扩张的急先锋，成为在世界范围内传播和推广美国政治文化的得力工具和重要力量，对外积极宣扬美国“社会制度最优越、立法制度最健全、选举制度最民主”，是“自由世界的堡垒、自由世界的希望”。如《美国空军军官手册》明确规定，“美国空军是美利坚合众国实现共同防卫和追求全球利益的工具”。

二、作为战斗力构成要素

美军发展军事文化，前提是把战争作为一个系统，在揭示战争规律的过程中提炼观点、思想和理论，反之用于指导战争实践。美军军事文化以国家利益论和文明冲突论为理论基础，以服务战争为主要目的，从国家安全和军事战略的角度考量，突出实用主义。

发展理念超前。美国军力之所以一直是世界各国军力发展的领跑者，与其超强的概念创新能力密不可分。美军认为，军事文化是一个持续的演进过程，而并非是革命性的突变，这种演变性的创新依靠的是组织系统长时间的关注。美军在军事概念上不断推陈出新，率先实现理论上的跃升和实践上的先行，都是为了保持和提高军队的战斗力。从提出“网络中心战”“基于效果作战”“快速决定性作战”“文化中心战”，无一不反映出美军军事文化建设的独到之处。

建设目的清晰。美军军事文化吸收了社会达尔文主义的国际生活观和门罗主义的世界主义观，这就决定了他们自认为其价值观是世界上最先进的，民主也是最具有代表性的。在世界各地输出民主，输出价值观，煽动革命，成为美国赋予其军事文化的历史使命。从而使得其军事文化奉行干涉主义，充满扩张性。美军将军事文化的渗透辐射和直接作战功能发挥得淋漓尽致。比如，美军在全球范围内实施文化霸权战略，针对被侵害国民族主义、宗教文化的反抗，及时提出“文化中心战”，也是基于战场上熟悉被占区民族、宗教和语言的官兵，更能理解交战方的作战思想、动机和意图，缓和与被占区民众的关系，有利于迅速实现其作战目的。

备战意识强烈。美军强调，对自身而言没有和平时期，只有战争和准备战争时期。平时怎么训练，战时就怎么展开。通过不断调整和改革军事训练体系，美军严格按照实战标准加大模拟训练力度，坚持把战场当作新战术演练场、新兵器试验场，从而有效掌握了世界军事转型的引导权。近年来，发生在中亚的“颜色革命”、西亚的“阿拉伯之春”，都清晰可见美军的幕后推手。而发生在世界各地的局部战争和武装冲突，更能见到美军的身影。如美军出兵伊拉克、阿富汗，其反应之快、协同之强、战果之硕，震惊世界。

三、发挥价值塑造作用

美军认为，价值观是一支军队的精神支柱，是构成军队战斗力的重要因素。因而，美军始终把价值观培育作为军事文化建设的主题，采取各种手段，持续灌输体现资产阶级属性和军队特色的军事价值观。

价值理念灌输。美军注重通过媒体宣传和思想渗透，向军人灌输自由主义的人文精神、个人主义的价值观念、民族主义的政治意识，引导军人崇尚个人奋斗以及创新、冒险精神，树立“美国至上”“拯救世界”的价值观念。同时，经常组织官兵参观军事博物馆、军事纪念馆、战役纪念塔，瞻仰烈士纪念碑，开展向无名烈士墓献花圈等活动。五角大楼的部分场所对公众开放，也成为一个重要的宣传窗口，走廊墙面上挂满了反映美军历史、展现美军荣誉和风采的照片、油画和挂图。纵然是在美军基层连队，“忠于国家”“无私服务”“诚实正直”等标语口号也随处可见，以此教育官兵为国而战、为国献身。

精神荣誉激励。美军认为，军事奖励是美军精神和士气激励工作的重要内容和手段。目的是通过对军人勇气、功绩、服役、特殊技能或资格以及非战斗英雄行为的鼓励，促进任务的完成。美军的军事奖励包括个人奖励和集体奖励，分为荣誉勋章、国防部奖章、联邦军事奖章、与特定军事行动相关的奖章和军种奖章，奖励标识形式包括奖章、勋章、徽章、勋带以及授予个人的饰品。美军军事奖励对于激发军人战斗精神、培育军人荣誉感、规范军人操守等方面具有重要作用。

物质利益刺激。在资产阶级奉行金钱主义、利己主义的价值观主导下，美军认为，军人的个人需求能够在多大程度上得到满足，对他们的荣誉感、责任心以致战斗精神就能产生多大程度的影响。仅就薪金而言，美军军官普遍高于联邦公务员 15%—25%。同时，军人及家属还可以享受其他各种福利待遇。美军通过物质利益刺激，使军人在社会各阶层中保持了较高的生活水准，从而增强军人的职业荣誉感，提升他们对国家安全的责任感。

四、突出军队管理功效

美军十分崇尚学者丹尼尔·雷恩关于“一切管理都是文化的产儿”的观点，认为就管理模式而言，管理主客体受到所处文化环境的影响。美军管理思想吸收借鉴了美国泰勒科学管理原理、德国韦伯行政组织理论和法国法约尔提出的关于管理职能和管理原则的学术观点，把管理作为文化的一个过程和文化环境的产物。

创新管理理论。美军强调，在军队建设发展过程中，科学的管理理论产生的效益同现代化武器装备一样，直接关系着战斗力的生成与提高。美军根据军队建设发展需要，提出一种全新的思想与方法——赋权管理理论，把管理过程分为授予职权、施以规范、过程监理和评估导向。这种管理理论具有特有的优势，即管理者不需事必躬亲地去管理部属，不必事无巨细地向部属布置任务和传达要求，通过赋予部属充分责任的权利，帮助他们制定工作目标，指导其掌握必要的技术、经验和工作方法以完成任务。

坚持以法治军。美军根据新军事变革的发展变化，不断对军队建设所遵循的标准和原则进行更新、调整、完善，坚持以法规制度指导军队全面建设，强化军事法规在军队管理中的重要地位和统揽作用。强调军事法一经通过，即具有极强的法律效力，任何部门或个人都不得任意更改或违抗，否则将受到法律的严厉追究。美军通过建立门类齐全、层次分明、内容协调、结构严密的军事法体系，实现以法强军的目的。

优化管理环境。美军认为，军队管理活动与环境之间存在着相互作用，管理环境对管理活动起着客观制约作用，管理主体对环境又有一定的主观能动作用。军队管理活动必须根据国际环境、社会环境和军队环境的变化，及时调整管理方法与手段，最大限度的优化内部环境，以求得管理极限效益。美军根据越战阵亡军官 18% 是被己方士兵打死的事实，改变传统的带兵方法，由传统的“命令—服从”型向目前的“领导—追随”型转变，要求部（分）队指挥官要像磁铁一样，把部属紧密团结在自己周围，形成一个向心力很强的战斗集体。

五、坚持创新引领原则

美军不仅把创新作为军事文化发展的内在动力，更当作军队的灵魂。始终把创新摆在重要位置，以文化创新牵引技术战术战法的创新发展，推动军队建设快速转型。

注重思想创新。美军强调，要以思想创新引领军事科技的创新发展。美国前总统小布什曾在《加速军事转型时美国第一要务》的讲话中公开表示：“我们的军事转型，一定要营造一种创新文化氛围，鼓励而不是打击那些拥有超前思维、勇于冒险的人，我保证让那些敢于想象又敢于承担风险的人们得到赏识和提升。”美空军成立“创新委员会”，主要负责支持和鼓励空军人员积极创新，以确保那些有利于发展航空航天转型能力的新思想、新理论和新技术，能够及时纳入空军转型计划，进入转型实验。

重视科技创新。美军注重把创新思想及时转化为现实的科技成果，并用于军事实践中。美军认为，投资于技术就是投资于美国的前途。始终把技术创新作为推动质量建军的最大动力牵引，坚持科技优势不仅在实战中能提高战斗力，而且可成为对付潜在对手、遏制战争的强有力的手段。为此，一直致力于开发富有创造性的关键技术，以技术文化的创新发展推动军队战斗力的有效提升。正是确立了这种创新思想，好莱坞电影里曾经作为科幻设想的无人飞机、蜘蛛侠等，都已经或者正在成为现实。

强调转化创新。美军一直把转化创新作为衔接创新思想和创新技术的关键环节。美军设立了作战实验室，运用技术演示验证和计算机仿真等作战实验手段，特别是运用虚拟战场环境对新武器装备技术和战术性能进行检验。此外，还通过实战进行转化创新，如海湾战争中实践和检验了“空地一体”作战理论，战后又提出了“全维作战”“信息战”“精确战”“网络中心战”“快速决定性作战”等诸多全新的作战理论和概念。伊拉克战争、阿富汗战争等无一不成为其检验和创新战技术的实验场，以此不断推动从理论到实践、从设想到现实的转化。

战略传播：美军“软实力”的重要支撑

2015 年 11 月初，美国海军网站高调发布潜艇部队最新宣传片，展示其新型潜艇的强大战斗力。此前不久，美军网站连续发布其航母舰载机及航母舰队形象宣传片，通过互联网广泛传播。

“9•11”事件后，美军立足信息传播全球化的发展趋势和反恐战争现实需要，明确提出“战略传播”概念。近年来，美军不断调整战略传播的策略与职责，健全完善战略传播组织体系，为美军提升“软实力”发挥了重要作用。

一、国家主导，全球视野——全方位动员传播力量

美军战略传播将公共外交、公共事务、国际广播、信息和心理运作进行充分整合，以期通过认知操控达到影响国内外受众的目的。

坚持国家统一规划。美军把战略传播视为“精心运作的传播”，强调由国家主导，直接服务于国家战略利益和战略目标。阿富汗战争爆发前，美国启动了面向全球的“总体宣传”。美政府首先对巴基斯坦政府施加压力，要求其切断与塔利班的外交关系。时任国务卿鲍威尔、国防部长拉姆斯菲尔德等人纷纷在卡塔尔半岛电视台露面，向伊斯兰世界解释美国的立场。在国内，美政府对主要电视媒体直接施加压力，要求其在播放拉登录制的声明之前“认真考虑一下”，因为这些讲话“可能含有对其信徒发出的攻击命令和指示”。“美国之音”则增加了阿富汗普什图语的广播，同时把阿拉伯语广播延长为每天 9 小时。

发动官兵广泛参与。美军强调，每人都是潜在的军方发言人，每一个使用脸书、推特等社交媒体的美军官兵都是其所在部队的形象大使。因此，要努力培养普通官兵的国际传播能力，使其谙熟媒体应对之道并鼓励官兵实名上网，通过个人点滴“故事”树立美军形象。2004 年，美国大兵科比·

布泽尔开设个人博客记录“我的战争”，成为“士兵博客之父”，折射出美军利用社交媒体打造“新美军”形象的意图。

充分借助社会资源。美陆军2008年版野战条令《作战纲要》指出，“军民合作行动领域中的任务已经从辅助活动演变为与进攻和防御同等重要的关键任务。”“战士们不是在民众之外或民众之上执行任务，而是在民众之中执行任务。”美军把公关公司视为舆论传播的重要平台。阿富汗战争结束后，美国国防部雇用了一家位于华盛顿的公关公司，筹办用以影响舆论的“战争影响办公室”。其主要功能是向外国媒体机构提供包括虚假消息在内的新闻信息，以达到影响外国政府决策、影响舆论等目的。

操控国际舆论导向。美军往往通过邀请国际媒体参加新闻发布会、主动接受媒体采访、对外投资扶植亲美媒体等手段，向世界传播自己的声音。科索沃战争爆发后，在不到三个月时间内，美国国务院和国防部组织了近百次要闻发布会和电视采访，全球368家新闻媒体和533名新闻记者参加。美军大力宣传对己有利的战场情况，争取国际话语权。此外，美还投巨资在一些国家扶植亲美媒体。伊拉克战后出现了200多家报纸、十几个电视台，阿富汗战后出现350家报纸和杂志、68个广播电台和电视台，其中很多是由美国防部和美国际开发署出资成立的。

二、体制支撑，注重科技——多手段构建传播优势

美国防部2011年颁发《国防部战略传播与信息作战》备忘录，明确了战略传播的领导力量、执行机构、责任划分、本质定义，以及信息作战相关工作，全面加强战略传播能力建设。

科学设置组织机构。美军从国防部到各军种部、联合作战司令部、集团军、师、旅、基地、舰队、航空队和院校等均设有公共事务机构，呈等级链分布，构成上下畅通、辐射全军的公共事务传播网络。公共事务机构作为指挥官的参谋部门，履行信息评估、信息咨询、信息传播和信息修正等职能。美国防部设有主管公共事务的助理部长，作为美军战略传播的最高领导，还兼任国防部首席新闻发言人。其下设助理部长办公室，负责美军公共事务。自1959年设立第一任公共事务助理部长以来，美军对外发出的每一张图片、面向公众的每一个声音、公开发送的每一组摄影都要经

过这个办公室审查。此外，国防部还设有信息协调委员会，重点协调国防部与国务院的战略传播活动，以增加战略传播活动的透明度。

适时修订法律法规。美军为解决战略传播活动合法地位，2012 年颁布《国防部军事及相关术语词典》对“战略传播”进行明确定义：“美国政府通过国家权力机构各部门协调一致的行动，全力理解并接触关键受众，以创造并维持有利于推进美国国家利益、国家目标及政策的环境。”美国防部颁布了《信息原则》等一系列涉及职责划分、机构运作、组员分配和信息管理的指令和指示；参联会也颁布了《联合信息战条令》《联合军事欺骗条令》等文件。美军各军种参照国防部和参联会有关规定，结合本军种特点颁布相应的国际传播工作政策、规定和操作指南。

注重运用科技成果。美军事专家指出：“影响未来战争媒体环境的趋势，不受政府和军队的控制。”一些在线社交网络中评价和关注程度更能决定某条新闻的价值，甚至比报纸头版头条还有效。在这种背景下，美军战略传播对新兴媒体的重视程度迅速提升。与此同时，美军还加大力度研发“翻墙软件”，组建“数字水军”，推销“影子网络”，谋求实现美主导的“网络自由”。美军组织本国 IT 巨头研发针对别国防火墙的破解技术，并拨发专款资助研发对抗网络监管的软件。美网络司令部还下设“网络水军”，常冒充别国发布虚假信息，制造有利于美军的舆论氛围。

三、威慑对手，塑造形象——重实效确定传播目标

美军战略传播是将受众和利益攸关者的观念及各个层面的决策、规划和军事行动进行整合的过程，旨在协调多种行动路线（如政策执行、公共事务、部队调遣、信息作战等），使它们为实现国家目标而共同发挥作用。

形成强大军事威慑。在美军网站上，排列整齐的美军战机随时准备起飞，作为美国霸权象征的航母编队在大洋游弋。这样的图片常常处在醒目位置，展示美国强大的军事实力。对公众来说，美军的强大和专业已深入人心，大多数国家的民众都认为美军是世界上最具战斗力的军队之一。美军还经常邀请外国驻美武官或来访的外军代表团以及外国记者观摩其大规模实兵演习，参观航母等先进武器系统，借此保持对各国军队与民众的心理威慑形成“预防性防御”的效果。

塑造军队正面形象。美军善于利用经过精心设计的战略传播计划，通过媒体塑造、人际沟通、多国合作等方式树立美军的正面形象。在历次战争中，美军都专门成立新闻传播机构，调动各种舆论工具，塑造美军“正义和不可战胜”的形象。二战期间，美国政府为好莱坞军事题材电影确定了五项任务：揭示美国为何参战、反映美国人民意愿、促进美国国内的工作和生产、提高美国社会道德水平、宣扬美军功绩。二战后，好莱坞相继推出《巴顿将军》《壮志凌云》《中途岛战役》等军事大片，大力塑造美军良好形象。同时，美军还将“民事支援”作为战略传播的重要内容。2011 年，日本地震及海啸发生后，美军派遣包括“里根”号航母在内的 20 余艘舰船、140 架飞机、近 2 万名官兵赶赴灾区执行救援任务。这些行动在一定程度上改善了美海外驻军给当地民众带来的负面印象。

欺骗迷惑作战对象。美军非常重视通过欺骗性舆论传播，诱使对手在重大问题上做出错误决策。伊拉克战争前，美军利用各种方式，特别是利用公开媒体宣称其重型数字化部队已抵达土耳其，使伊军误判美军主攻方向，将精锐的共和国卫队部署在所谓主要方向上，导致战事爆发后美军避实击虚，长驱直入巴格达。战争中，美军利用声像技术将妇女婴儿的哭叫声、士兵的求救声等剪辑到一起反复播放，散播伊方高层官员被炸身亡、伊军部队整建制投降等消息，有效瓦解了敌军士气。

有效化解舆论危机。美舆论传播专家认为，“要揭穿谎言，唯一的办法就是尽快说出真相。”美军各部队都设有新闻发言人，每当出现对美军不利言论时，美军立即通过新闻发言人对相关说法进行“澄清”，控制局面，防止事态恶化。2010 年 10 月，美空军沃伦基地第 319 导弹中队所管辖的 50 枚“民兵 -3”型战略核导弹与发射指挥控制计算机失去联络 45 分钟。此事被媒体曝光后，关于此次事件的原因及其后果影响的各种传言充斥媒体。美国防部、参联会等相关机构迅速召开新闻发布会，向公众说明情况，强调事故系技术原因造成，导弹仍在控制之中，不会对国家安全造成威胁。随着事件“真相”的不断披露，各种传言逐步平息，公众不满情绪和恐慌心理得到缓解。

孤独的人类与人类的孤独

“爱一个人需要理由吗？”“不需要吗？”电影《大话西游》中普提与至尊宝的这段经典对话，让无数人在捧腹大笑中眼含泪花。在中国航天日，我们也不妨问问自己：爱航天需要理由吗？不需要吗？

曾经，我们聆听嫦娥奔月与月神阿尔忒弥斯的神话传说，钟情凡尔纳与威尔斯的科幻小说，惊异阿利斯塔克与伽利略的科学发现，感动齐奥尔科夫斯基与戈达德的探空故事。在这里，我们体会到宇宙探索的艰辛，感受到人类理性的伟大，找寻到航天科学的意义。其实，在众多理由中，或许我们疏漏了最重要的一点——孤独的人类与人类的孤独。

自从亚当和夏娃走出伊甸园那天起，孤独就是人类的一种基本生存状态。对此，古哲先贤柏拉图提出过，现代作家村上春树也认同。因为孤独，人类发明语言试图沟通，但语言的终极只是更大的孤独。也因为孤独，人类致力科学尝试解谜，但科学的末端更是无尽的黑洞。

尽管如此，人们依然幻想，在寂寥的星空中一定有同伴，他们也一定在呼唤来自地球的讯息。比如，红色的火星长久以来牵引着人类视线，激发人类的联想，原因就在于，人类试图探知这个与地球极为相似的星体上是否存在适于生命居留的条件。每当夜半其在黄道星座里升上苍穹之时，火星表面淡红色的辉光总是格外引人注目。在古苏美尔、巴比伦、波斯、埃及和希腊等诸多古代文化族群中，红色被认定为生命的颜色。数千年之后的航天探索中，这个红色星球依然承载着人类试图摆脱孤独的心灵诉求。从伽利略、牛顿、赫歇尔、华莱士等科学巨匠的不懈追求到斯威夫特、伏尔泰、拉斯维茨、威尔斯等文哲大师的大胆畅想，人类一直渴望有一种外星生命的存在，以慰藉孤独的灵魂。

应该说，正是这种渴望直接催生了 19 世纪末 20 世纪早期《星际战争》《火星公主》《阿爱里塔》《人猿泰山》《火星漫游》等系列科幻作品。直到 20 世纪末期及 21 世纪初期，以《火星人玩转地球》《火星幽灵》《红色星球》《火星任务》等为代表的科幻影视，仍在探讨饱受现代性引发的生态环境问题困扰的人类，怎样和平、安全地移居火星，开启新的文明之旅。

20世纪后半叶，人类航天先后经历了载人登月、航天飞机、空间站及火星探索等大事洗礼。浩瀚的太空，也先后被赋予“美丽的世界”“军事的高地”“女性的崛起”“寻找地外文明的希望”等形象，这些超越科学话语的修辞在不同时期为人类探索太空进行着辩护。

其实，所有的辩护理由都指向一点，那就是，人类栖息于这个至少目前看来唯一的星球所注定的孤独宿命。对此，英国社会学家齐格蒙德·鲍曼在《废弃的生命》中“杞人忧天”地指出，作为人类追求现代性不可避免的产物，未来的人类注定会遭遇无归属、丧失自尊和生存目的、面临不确定性恐惧等幻灭感。这是一种令人害怕的、幽幽的孤独。

为了驱散这种与生俱来的孤独，人类需要热爱太空、拥抱苍穹，填平幻想与现实之间的鸿沟，寄托心灵与精神的忧思。在人类被现代化绑架的时代，这可以是你我“爱航天”的一个理由吗？不可以吗？

失去海洋的民族，也终将失去家乡

在人民海军节来临之际，忽然想起，近些年和海军也有些不得不说的故事与情感。

海战场、潜艇、航母、南海、战舰、海岛、军港……走近海军，你会发现，这是一支英勇的军队，是一支创新的军队，也是一支开放意识最强的军队。

因为，大海在召唤，历史在诉说！

2015 年国庆节期间，我们曾到中日甲午战场考察一番。

在旅顺口近代战争遗址。1894 年 7 月 25 日，日本对中国发动侵略战争，这一年是中国旧历甲午年，因此这场战争被称为甲午战争。时年 11 月 18 日，日军进犯旅顺口，遭到了旅顺清军的英勇阻击。旅顺失陷后，毫无人性的日军在旅顺对手无寸铁的百姓进行了血腥屠杀。上至年迈老人，下至刚出生的婴儿都未能幸免。制造了震惊中外、骇人听闻的旅顺大屠杀惨案。

对此，英国《泰晤士报》记者托马斯·科文在战地报道中写道："想要将日军攻占旅顺后所发生的一切当时就报道出来几乎是不可能的，若这样做甚至会给自己带来危险。所有的外国记者都尽快逃离了这一人间地狱，去往言论自由可以达到保障的地方。8 天前乘坐长门丸号驶离旅顺时，我们万分惊讶地发现，自己竟然从一场疯狂蔓延开来的、令人难以置信的残暴杀戮中得以生还。我们最后听到的是嬉笑着的日军不停射击的声音，旅顺陷落后这样的屠杀一直持续到第 5 天。"

在威海卫北洋水师基地。我们迎着海风乘船靠近刘公岛，这个素有"海上仙山"和"世外桃源"美誉的岛屿，上面有在北洋水师提督府旧址基础上建立的"中国甲午战争博物馆"，包括北洋水师提督府、丁汝昌寓所、北洋水师将士纪念馆、刘公岛水师学堂和黄岛、旗顶山、东泓三座炮台。其中，北洋水师提督府是中国第一支近代海军的指挥中枢，是国内仅存的、保存完好的清代高级军事衙门。北洋水师将士纪念馆中还有长达 18.88 米、寓意北洋水师于 1888 年成军的北洋水师将士名录墙，铭刻着近 600 位北洋水师将士的姓名、职衔。此外，刘公岛水师学堂，也是清末四所近代海军学堂中唯一一座规模完整、有迹可循的学堂。在“中国甲午战争博物馆”收藏的近千件珍贵的历史文物中，镇馆之宝是从海底打捞出水的济远舰前双主炮，每门主炮重达 20 多吨。当我们今天站在这些锈迹斑斑、见证了历史风云的主炮前时，心中五味杂陈，悲愤不已。有着几千年文明的中华民族在近代竟然沦落到被西方诸强甚至是来自相邻的东方蕞尔小国所欺凌、所蹂躏的地步。这是北洋水师的将士海殇，也是中华儿女的民族情殇，更是有着 5000 年历史、泱泱大国之称的中国国殇。

甲午之战，日本成了战争的最大受益者。1895 年 4 月 17 日，清政府和日本签订了丧权辱国的《马关条约》，日本得到了价值 1 亿两白银的战利品和 2.3 亿两的赔款，并侵吞了中国台湾全岛及所有附属岛屿，包括钓鱼岛。日本所获得的这两笔巨额赔款，相当于其当时七年的财政收入，正是依靠这些赔款，战后日本经济和军事实力飞速扩张，为其在 20 世纪 30 年代大举侵华奠定了财力基础。

反思甲午战争的历史耻辱，需要我们把思绪投向历史深处——15 世纪，那是一个中西分化的大时代。

众所周知，在漫长的农耕文明时期，我国军事技术是领先于世界的。比如，我国雏形火器的问世，就比欧洲初知火药早 400 多年。在公元 1332 年，世界上最早的金属身管火器——火铳——就在中国问世了，比欧洲最早的金属身管火器要早半个世纪。即使在宋代，当发明的铁壳火球已用于战争时，欧洲东侵阿拉伯的十字军还在使用长剑、盾、长矛、战斧等冷兵器在战场厮杀，而当时英军最锐利的兵器——长矛——才得到初步发展。

然而，当海洋文明到来的时候，东西方军事力量却逆转了。对此，黑格尔曾说：“中国没有分享海洋所赋予的文明。”这一判断应该说是精准的。

据我国学者周宁在《风起东西洋》一书中的研究，1405 年的明朝，有着当时世界上最强大的军事、政治和科技实力。黑死病几乎摧毁了西方基督教国家，伊斯兰地区战乱频仍。东方古老的中国却生机勃勃，实力雄厚。15 世纪初，郑和七下西洋，当郑和率领的庞大明朝船队，一次次出航到东南亚、南亚、东非、阿拉伯半岛的时候，那是中国称雄海上的时代。根英国科学史家李约瑟估计，1420 年间明朝皇家拥有的全部船舶，应不少于 3800 艘，超过当时欧洲船只的总和。郑和船队最大的宝船长 150 米、宽 62 米，可载千人，相当于现代 8000 吨级轮船。

然而，在 1450 年前后，中国的远航却突然中止，而葡萄牙的远航恰好兴起，伊比利亚人探索新航路，向西发现了美洲，向东绕过好望角，最终酿成了西方全球化扩张的大潮。随着大航海时代的到来，加之意大利热那亚、威尼斯等城邦国家开启和阿拉伯通商基础上的文艺复兴，西方开始了海上殖民的商业贸易资本主义，金融与军事的复合体形成，海权竞逐的时代，资本在大炮的庇护下，开始走出西方世界的角落，彻底冲击东方世界的秩序。

而此时的明朝却正在实行“海禁”，这种“闭关锁国”的思维，彻底扼杀了中华民族的命运。在明代之前，要么是官方派船出海，要么是经官方许可后，私人船只出海进行贸易，从未有“海禁”一说。朱元璋建立明朝后开始实行海禁，不派官方船只出海贸易，也不允许私人船只出海或外国商船来华，中外物品交换被严格限制在规模甚小的“朝贡贸易”范围内，这实际上是对宋元以来海外贸易发展的开历史倒车。自然，后来的历史也用血的教训证明了，如果一个国家、一个民族消极地实行海禁，是根本没有出路的。

因此，我们说，郑和下西洋是中国航海千年探险发现的一次辉煌而短暂的终结典礼。郑和下西洋为何中止？葡萄牙人为何要远洋？历史充满了许多吊诡之处。如果没有世界现代化的历史大叙事，不论是郑和远航还是葡萄牙扩张，其意义都微不足道。从世界大历史的视野来看，公元 15 世纪是世界历史上东西消长、大国兴衰的关键世纪，是世界从农耕文明向海洋文明的重大转折点，适者，国运兴；违者，国运衰！历史的发展也充分证明了这一点。然而，悲剧的是，欧亚大陆两端，一方是内敛的大陆帝国，一方是扩张的新兴资本主义民族国家。郑和下西洋，不过 20 年，而明朝海禁却 200 年，正是在 1450 至 1650 这 200 年间，西方完成了地理大发现。从葡萄牙开始的西方海外扩张，一发不可收拾，先是葡萄牙、西班牙、荷兰，后是英、法、德，整个西方耀武扬威地从世界的一个冷落贫瘠的角落扩张到了全球。

近代世界大国的兴衰史，昭示着我们：重农抑商、重陆轻海，没有出路。拥抱海洋的民族，才能拥抱世界，失去海洋的民族，也终将失去家乡。这个道理，在数百年后，从甲午战场惨败的硝烟中，从一系列丧权辱国的条约中，我们才痛苦地体悟到。而那些先知先觉的民族与国家，此时已然占据了大国较量的制高点。如 19 世纪末，美国海军少将阿尔弗雷德·马汉就指出：“未来的任何一场战争……完全取决于海上力量的平衡，取决于那些没有归属权的海域上的海洋大国。”正是在总结 19 世纪之前人类海战经验后，马汉于 1890 年在《海权对历史的影响（1660—1783）》一书中提出了“制海权”思想。

其实，海权思想的落后，实质是战略的落后，是对不断变化的世界的认识落后。今天，为了让“甲午悲剧”不再重演，我们需要奋力打造一流的海军力量，更需要用开放的眼光面对未来。从某种意义上说，今天崛起的中国，需要的海权也不再是“马汉式”的海权了，它需要有创新的思维，来拥抱变化的世界。

愿人民海军越来越强！愿中华民族早日复兴！

后　记

本书中的文章乃我们近年来在导师曾华锋教授（国防科技大学文理学院院长）及王湘穗教授（北京航空航天大学战略问题研究中心主任）指导下持续研究的结晶。期间，团队成员刘一鸣、陈童、贾珍珍、赖燕茹、王文超、金宁及黄嘉博士等，慷慨贡献了各自的智慧与汗水，在书中已标明。此外，诸多领导、恩师、同学及朋友给予了大力帮助，家人的理解与支持给我们撑起了安心求学问道的宁静天空，在此一并表达深深的谢意！

此外，为保持全书内容的统一风格，文中注释没有保留，若读者需要可查阅发表时的相关文章，做了详细注释。

最后，特别需要指出的是，就在本书创作收尾之际，我们偶然接触到陈国强将军力推的“红蓝融合”，其敢想敢做的担当、锐意创新的精神及无比睿智的头脑，给我们深深的触动，也启发我们设计了该书“红蓝融合”的封面图案及“战争树”这个新颖的标题。见贤思齐，我们在路上。

石海明　林　涵

2018 年 5 月

参考书目

《马克思恩格斯全集》（第 15 卷），北京：人民出版社，1963 年

[德] 克劳塞维茨：《战争论》（第一卷），军事科学院译，北京：商务印书馆，1982 年

[苏] 马林诺夫斯基：《文化论》，费孝通等译，北京：中国民间文艺出版社，1987 年

罗国杰主编：《伦理学》，北京：人民出版社，1989 年

毕波：《美国之音透视》，青岛出版社，1991 年

[美] 伯纳德·巴伯：《科学与社会秩序》，顾昕译，北京：三联书店，1992 年

[瑞典] 英瓦尔·卡尔松，什里达特·兰法尔：《天涯成比邻——全球治理委员会报告》，赵仲强等译，北京：中国对外翻译出版公司，1995 年

刘继南：《大众传媒与国际关系》，北京广播学院出版社，2000 年

[美] 理查德·尼克松：《真正的战争》，萧啸等译，北京：世界知识出版社，2000 年

杨伟芬：《渗透与互动：广播电视与国际关系》，北京广播学院出版社，2000 年

韩召颖：《输出美国：美国新闻署与美国公众外交》，天津人民出版社，2000 年

[美] 罗伯特·福特纳：《国际传播：全球都市的历史、冲突及控制》，刘利群译，北京：华夏出版社，2000 年

[美] 贾雷德·戴蒙德：《枪炮、病菌与钢铁：人类社会的命运》，谢延光译，上海译文出版社，2000 年

[法] 阿芒·马拉特：《世界传播与文化霸权：思想与战略的历史》，陈卫星译，北京：中央编译出版社，2001 年

傅静：《科技伦理学》，成都：西南财经大学出版社，2002 年

［美］汤姆·威克：《偶像和英雄：艾森豪威尔传》，司小莲译，合肥：安徽教育出版社，2005 年

［美］德怀特·艾森豪威尔：《艾森豪威尔回忆录》，樊迪等译，北京：东方出版社，2007 年

［美］琼·约翰逊－弗里泽：《空间战争》，叶海林等译，北京：国际文化出版公司，2008 年

［美］道格拉斯·诺斯，罗伯特·托马斯：《西方世界的兴起》，厉以平等译，北京：华夏出版社，2009 年

徐能武：《外层空间国际关系研究》，北京：中国社会科学出版社，2010 年

［美］查尔斯·金德尔伯格：《西欧金融史》，徐子健等译，北京：中国金融出版社，2010 年

［英］查德威克：《互联网政治学：国家、公民与新传播技术》，任孟山译，北京：华夏出版社，2010 年

檀有志：《美国对华公共外交战略》，北京：时事出版社，2011 年

毕研韬、王金岭：《战略传播纲要》，北京：国家行政学院出版社，2011 年

［英］尼尔·弗格森：《文明》，曾贤明等译，北京：中信出版社，2012 年

汪玉凯等：《互联网发展战略》，北京：学习出版社，2012 年

［美］埃瑞克·拉森等：《影响战》，珂戍译，北京：航空工业出版社，2012 年

［美］威廉·麦克尼尔：《竞逐富强：公元 1000 年以来的技术、军事与社会》，倪大昕译，上海辞书出版社，2013 年

［美］伊恩·莫里斯：《西方将主宰多久：东方为什么会落后，西方为什么能崛起》，钱峰译，北京：中信出版社，2014 年

［美］帕特里克·麦克唐纳：《和平的无形之手：资本主义、战争机器与国际关系理论》，白云真等译，北京：社会科学文献出版社，2017 年

王湘穗：《币缘论：货币政治的演化》，北京：中信出版社，2017 年

［美］戴维·罗布：《好莱坞行动：美国国防部如何审查电影》，林涵、王宏伟译，北京：金城出版社，2018 年